# SEARCH FOR DEVELOPMENT ROAD OF CHARACTERISTIC AGRICULTURE, PEASANT AND RURAL AREA IN WENZHOU

## ——TRANSFORMATION, PROGRESS AND INSTITUTIONAL REFORM

# 求索温州特色三农发展之路

## ——转型、发展与制度变革

陈国胜 ◎主编

ZHEJIANG UNIVERSITY PRESS
浙江大学出版社

# 前 言

温州市成为全国第二批农村综合改革试验区以来,深入推进试验区改革工程,取得了显著的成效,当然也有许多问题有待于解决。本书为温州市三农研究中心与近年来就这些问题的研究成果汇编。全书围绕温州市城乡统筹发展的主题,共收录研究报告27篇,各位专家学者从不同的角度对温州市"三农"转型、发展与制度变革进行了新的探索研究。

温州半城市化问题突出,这是温州城市转型升级的最大障碍,也是最大的潜力所在,以统筹城乡来推进新型城市化是必由之路。作为国家级农村改革试验区,要通过城乡统筹、城乡一体化解决"三农"问题,温州在这方面必须走在前列,其核心为"产城一体化"和"人文城市化",陈国胜、董晓东等同志分别就此展开研究。温州城市化的重要抓手之一是农房改造集聚建设,潘杨福、陈琛凝等同志就投融资问题做了大量的调查研究。

在推进新型城市化的同时,不能忽视与农业现代化的两轮驱动。人多地少是温州资源禀赋的现状,温州"三农"工作走传统农业发展路子是行不通的,发展现代都市农业是农业现代化的必经之路。推进土地规模流转,实现现代农业是整个农业工作的中心环节,叶洁汝等同志就农村土地承包纠纷仲裁问题开展研究。特别是在生态循环农业发展、新型农村经营组织农合联的体系建设、农业走出去战略、农业电子商务、农业企业转型升级、国有农场改革上要有突破和扩面,真正走出有温州特色的现代都市农业改革路子。陈国胜、高光照、周胜芳、夏守慧、杨再春、蔡婧等同志就此开展深入的调查研究。

现代不现代,关键看生态。建设生态文明,是关系人民福祉、关乎温州未来的长远大计。温州要以水环境治理来倒逼转型升级,推动生态高效产业业发展。完善流域生态补偿,尝试建立碳汇交易市场,加快现代林业发展,建立资源节约型、环境友好型社会,打造美丽温州和魅力温州,是温州可持续发展的必经之路。李红、陈方丽、周胜芳、林玲玲、曹露露、朱莲芬等同志就相关问题开展研究。要赢得真正的富裕文明,必须守住"绿水青山"。温州"七山二水一分田",山区发展已成为温州继海洋战略以后下一个经济增长点,陈国胜等同志就新山区建设的相关问题展开系列研究。

当然,温州作为国家改革试验区,要深化"金改"和"农改"两大改革,同时,要扎实推进社会力量办学办医以及民政综合改革等各项改革。薛无瑕、陈美丽等同志就此问题开展了研究。新型农业经营主体也离不开职业农民,陈国胜等同志提出了农类高职院校学生发展型职业能力的构建模型。

温州市三农研究中心的科研项目得到了浙江省哲学社会科学发展规划领导小组、浙江省社科联、浙江省中小企业局、温州市决策咨询委员会、温州市发改委、温州市社科联、温州市科技局、温州市财政局、温州市委农办(市农业局)、温州市扶贫办、乐清市人民政府等单位的大力支持。本书的出版得到了温州科技职业学院领导的大力支持,得到了学院社科联和科研处的精心指导,得到了学院经贸管理系(农村经济研究所)教师的全力配合,特别是潘伟琪老师为本书的出版付出了辛勤的劳动。同时,浙江大学出版社杜玲玲等同志为此做了大量的工作,在此一并致谢!

由于编者水平有限,书中错误或疏漏之处在所难免,恳请同行专家批评指正!

编者

2013 年 9 月

# 目 录

## 新型城市化

# 现代都市农业发展

# 美丽温州建设

# 新山区建设

# 综合改革

# 职业农民培育

# 新型城市化

# 一、浙江现代新型小城市培育政策跟踪研究
## ——以龙港镇为例①

温州科技职业学院　陈国胜　钟小娜

温州市发改委　胡明送

**摘　要**　从中心镇到小城市是推进新型城市化的重大举措,是统筹城乡发展的战略选择,也是中心镇自身发展壮大的内在要求。然而,从现实实践来看,有条件的中心镇如何进一步形成集聚效应和辐射效应,在资源要素有限的条件下加快小城市培育步伐,面临重重困难。本研究以浙江省中心镇培育成小城市的试点镇——龙港镇发展现状为切入点,梳理该镇在小城市培育上的做法,调查现代新型小城市培育政策的实施成效和存在的问题,进而探索中心镇培育成小城市的对策。文章认为,新型城市化是一个长期的过程,必须体现以人为本的理念,走集约、节能、生态的科学发展新路子,抓住规划、建设和管理这三个关键环节,着力提高小城市的内在承载力,使之真正成为实现经济发展方式转变的重点和全面建成小康社会的载体,有效形成新的增长极、增长带、增长面,拓展扩大内需的新空间,最终真正实现从"镇"到"市"的科学跨越。

**关键词**　中心镇;小城市;培育政策;浙江;龙港镇

随着城乡一体化的快速推进,近年来,浙江省涌现出一批经济实力强、设施功能全、具有小城市形态的特大型中心镇。2007 年浙江省政府出台了《关于加快推进中心镇培育工程的若干意见》,在全省有重点地选择 141 个省级中心镇实施"扩

---

① 项目来源:2012 年度浙江省哲学社会科学规划课题(项目编号:12YD04YBM),课题组成员:陈国胜、钟小娜、黄武刚、董晓东、周胜芳、林晓飞、吕卫、潘伟琪、胡明送、汪浩。

权",温州市 15 个镇列入名单。2009 年温州市委市政府印发了《关于推进强镇扩权改革的意见》,选择乐清市柳市镇、瑞安市塘下镇、永嘉县瓯北镇、平阳县鳌江镇、苍南县龙港镇 5 个省级中心镇作为温州市强镇扩权改革第一批试点镇。但是,由于受管理体制等因素制约,这些中心镇在进一步培育成小城市过程中也面临着一些困难和问题。2010 年 12 月,浙江省政府办公厅出台了《关于开展小城市培育试点的通知》,首批确立了苍南县龙港镇、瑞安市塘下镇、乐清市柳市镇、平阳县鳌江镇等 27 个小城市培育试点镇,期限为 3 年。培育之初,规定省财政 3 年内每年下拨 10 亿元专项资金,支持 27 个试点镇的发展,并给予试点镇所在县(市、区)土地指标切块总量 2% 的倾斜。除了扩大财权和土地使用权,浙江省 27 个试点镇享受的主要政策红利还包括事权下放、人事权改革两个方面。通过推进人口集中、产业集聚、功能集成、要素集约,培育一批功能定位清晰、空间布局合理、经济繁荣发达、服务功能完备、生态环境优美、体制机制灵活、宜居宜业、社会和谐的现代化小城市。浙江试水撤镇设市的改革正在进行中。

温州是我国首批农村改革试验区之一。改革开放以来,温州以市场化带动城镇化,屡开全国先河。温州市政府在城镇化建设与发展方面所作的探索,以及地方政府建设方面的制度创新,对推进浙江农村的城镇化进程,起到了积极的推动作用。苍南县龙港镇是闻名遐迩的"中国第一座农民城",地处温州南部,位于浙江八大水系之一鳌江入海口南岸,东濒东海,西接 104 国道、沈海高速公路和温福铁路,南依江南平原,北为鳌江;是联合国开发署可持续发展试点镇、全国小城镇建设示范镇、全国小城镇综合改革试点镇、浙江省中心镇和小城市培育试点镇、浙江省城乡统筹现代商贸服务示范镇和温州市强镇扩权改革试点镇。现辖 17 个社区,28 个居民区,171 个行政村,辖区面积 172.05 平方公里,总人口达 50 万。本研究将以温州市龙港镇为例,以重点调查和访谈法调研方式收集该试点镇的发展现状的第一手调查资料,调查现代新型小城市培育政策的实施成效,揭示小城市培育过程中存在的问题,最后对加快浙江省中心镇培育成现代小城市提出相应的对策建议。

## 1　研究意义

发展小城市是实现我国农村现代化和城镇化,解决"三农"问题的必由之路。城市化是今后一个时期我们扩大内需的最大潜力,包括城市本身的建设,也包括农村人口转移到城市以后消费水平成倍的增长。所以,城市化既作为发展的必然趋势,也是我省扩大内需潜力之所在。今后我省还要引导城镇化健康地发展。最重要的对于我省实现城市化来说,就是要提高城市化的质量和水平,不仅仅要看它的速度、它的规模,更要看它的质量和水平,这是需要我们在今后工作中注意的。而对中心镇蝶变而成的现代小城市进行科学的形态功能定位,是这一新战略的目标任务得以全面实现的重要保证。以城带乡战略的关键是,把中小城市作为城市化战略的重点,这是非常必要和正确的选择。

### 1.1 把中心镇培育成为小城市是新型城市化战略的重大创新

大中小城市协调发展是人口众多的大国城市化发展的必然选择，也是实现城乡一体化发展的战略抉择。把农村地域建制的中心镇发展成为现代小城市，这既是优化城市空间布局的迫切需要，也是推进以人为本、以城带乡的新型城市化的必然要求。当前中央提出城镇化，浙江还是得提城市化。中央是从全国平均状况出发，而浙江自有其领先全国的特殊性。浙江继续提城市化，恰恰科学体现了对于中央推进城镇化要求的具体落实。提倡中小城市的优先发展，因为它们解决进城农民的市民化成本比较低，既符合中国的国情，又不会影响城市的功能发挥。事实上，在信息化和现代网络交通发展的今天，城市并非越大越好，中小城市基础上的城市集群是城市化的方向。

### 1.2 把中心镇培育成为小城市是统筹城乡发展的战略选择

中心镇是城乡一体化的战略节点。2010 年中央"一号文件"强调要把加快推进城镇化作为统筹城乡发展、解决新时期"三农"问题的新的战略举措，并强调要努力形成城镇化与新农村建设协调发展、良性互动的体制机制。在此背景下，浙江省委省政府提出的把中心镇培育成为现代小城市的战略决策具有鲜明的前瞻性，成为我省实施以新型城市化为主导，加快推进城乡一体化新战略的一个关键性举措。党的"十八大"也明确指出：解决好农业农村农民问题是全党工作重中之重，城乡发展一体化是解决"三农"问题的根本途径。坚持走中国特色新型工业化、信息化、城镇化、农业现代化道路，推动信息化和工业化深度融合、工业化和城镇化良性互动、城镇化和农业现代化相互协调，促进工业化、信息化、城镇化、农业现代化同步发展。中国城镇化将成为世界最大的投资机会。据专家测算，城镇化率每提升一个百分点，将会有 1000 万人口转移到城市。未来 10 年，中国城镇化将会拉动 40 万亿元投资，以水泥为例，按照每人住房面积 30 平方米算，城镇化率每提升一个百分点，水泥需求是 0.6 亿吨。城镇化是未来中国发展的引擎，而把中心镇培育成为现代小城市是未来中国发展的主引擎。

### 1.3 把中心镇培育成为小城市是中心镇发展壮大的内在要求

遵循现代城市发展的规律性和小城镇差异化发展的现实性，把一批特色产业支撑作用强、人口承载潜力大的中心镇培育成为现代小城市，能够从根本上改变农村人口数量庞大，城市数量太少和城少镇多的状况，这既是小城镇转型升级的现实需要，也是进一步加快城市化进程的客观要求。相当一部分人士顽固指责浙江城市化"散"，认为由此导致中心城市发展较慢。其实这种"散"恰是浙江优势，即区域发展有多个中心，多个引擎，动力强劲，历久弥新。浙江还有一批特大镇的人口，已达到 20 万以上或将要达到 20 万，形成了中国其他省区所不具有的中等城市的较高密度。总的说来，镇里有需求，老百姓有诉求，党委政府也觉得需要把镇向更高的城市提升，那么小城市培育试点就应运而生了。我们始终坚持一点，通过自身的努力,通过我们的试点,为全国城镇化推进做一个示范,积累经验。

### 1.4　把中心镇培育成为小城市是推进社会经济转型的必然选择

城市化的实质是优化要素布局,建设现代文明社会。浙江人多地少,只有走城市化道路,才能既节约耕地,又促进全省经济社会快速健康发展。根据农村劳动力向小城市、大中城市梯度转移和小城镇向现代城市梯度演变的规律,适时推动小城镇中的佼佼者——中心镇向现代小城市率先转型,将把小城镇的发展推到一个新高点,为城乡融合发展和扩大内需提供广泛而持久的动力,为实现从工业化主导的外向型经济向城镇化主导的内源型经济转型发展提供重大的战略支撑。小城市培育也将成为浙江投资拉动消费最重要的增长点和发展新平台。

当前,我国城乡分割的二元经济社会结构尚未从根本上突破,户籍、土地、住房、社保、公共服务等一系列制度障碍依旧存在;城乡财政体制和公共财政预算分配还存在严重偏差;中心镇作为农村行政区划和乡镇政府管理体制还有很多传统制约;现有城乡规划建设体制难以适应城市化和中心镇发展的新趋势、新要求;城乡居民和各级干部在城乡发展的观念思路和工作方法上还存在严重的路径依赖。这些问题已成为中心镇向小城市转型的重要制约因素。中心镇向小城市的发展需要置于城乡统筹、城乡一体的框架中,要在新型城市化与新农村建设互促互进的基础上,推进有条件的中心镇向小城市发展,这也是本课题的研究重点。

## 2　研究方法

### 2.1　调研对象

温州市有 30 多个经济强镇,2009 年,温州市入选浙江百强镇的有 13 个;入选全国千强镇的有 32 个,其中排在 500 名前的有 28 个。本课题选择龙港镇作为研究的调研对象和研究基点,具有以下考虑:首先,龙港镇曾是农民自费造城实践的热土,因率先推行土地有偿使用、户籍管理制度和发展民营经济等三大制度改革,在二元对立的城镇与农村之间耸立的高墙上打开一个口子。石破天惊的创举,曾让世界为之震惊,被誉为"中国第一座农民城"。从五个小渔村到中国第一座农民城,从农民城到产业城,从产业城再到小城市,28 年来,龙港实现了城市发展"三级跳",其建设、发展和改革一直处于先进行列,并一直受到国家和省市的关注;其次,龙港镇社会经济面貌具有普遍代表性,从镇域面积、镇域人口、城市化水平等指标来看,基本具备培育成小城市的条件。再次,龙港镇不是县(市)政府所在地,却是温州市特色鲜明的经济强镇和特大型镇,在浙江省百强镇和全国千强镇中的排名都比较靠前。最后,龙港镇作为中心镇在发展中取得了一定的成效,同时也面临着扩权措施落实有限、权力下放缺乏有效监管等"后扩权时代"困境以及碰到要素瓶颈制约等问题的困扰。

本次调研的主要访谈对象为本地居民和外来人口,户籍类型包括本镇居民

（80.4％。其中从职务看，领导占2％、科员占17.2％、普通民众占80.8％）和外来人口（19.6％），年龄结构中以21～35岁为主（62.1％），工作单位涉及政府部门（13.6％）、事业单位（18.0％）、村两委（1.6％）、企业（37.1％）及其他（29.7％）等5种岗位。

## 2.2　调研内容

本次调研根据"小城镇培育政策"的主题，采取了问卷调查和访谈两种形式。调查问卷内容包括客观题和主观题两部分，客观题的内容主要集中在相关政策的了解、落实情况，政策执行效果的影响因素，建设过程中存在的问题，以及发展定位等方面；主观题的内容为就个人的理解上提出本镇培育成小城市的相关意见和建议。访谈的内容主要从扩权改革、要素集中、体制机制改革等方面考察小城市培育状况。

## 2.3　调研方法

### 2.3.1　实地调查访谈

为了对浙江省现代新型小城市培育政策的实施成效和存在的问题进行总结、评估，本课题重点选择了浙江省小城市培育试点镇——龙港镇进行重点考察。在多次调研考察中，分别与中心镇领导和相关部门进行座谈，并对该试点镇的政府部门、部分村两委主要干部、居民等进行了问卷调查。其中访谈内容主要涉及中心镇建设中的机构改革、管理权限、经济社会管理权限、政策落实概况、强镇扩权的体制障碍、中心镇治理的困难与思路等内容，在几次调研访谈中，课题组获得了该试点镇的经济发展数据、中心镇建设的相关政策文件等资料；调研问卷主要涉及试点镇建设的相关政策知晓程度、中心镇建设情况、中心镇建设满意度和困难调查。

### 2.3.2　文献研究方法

本课题的研究建立在充分掌握相关文献资料的基础上，并以此为基础进行研究。本课题的研究查阅了浙江省关于中心镇建设、小城镇建设的相关文件、意见，包括《统筹城乡发展、推进城乡一体化纲要》《浙江省人民政府关于加快推进中心镇培育工程的若干意见》（浙政发〔2007〕13号）、《关于进一步加快中心镇发展和改革的若干意见》（浙委办〔2010〕115号）、《关于开展小城市培育试点的通知》（浙政办发〔2010〕162号）、《2011年全省中心镇发展改革和小城市培育试点工作要点》（浙政办发〔2011〕52号）、《2012年浙江省小城市培育试点和中心镇发展改革工作要点》（浙政办发〔2012〕33号）等。自开展小城市培育试点以来，浙江省发改委始终坚持把制定出台扶持政策作为加快小城市培育的强大动力来抓，在出台本部门《关于支持小城市培育试点工作实施意见》的基础上，切实履行省中心镇协调办职能，会同省财政厅出台了《关于省小城市培育试点专项资金管理若干问题的通知》，会同编委办、法制办出台了《浙江省强镇扩权改革指导意见》，会同省工商局出台了《关于下放部分工商行政管理权限支持小城市培育试点的若干意见》等文件，做到对政策措施的科学准确把握。此外,在研究中还认真查阅了相关理论文献以及温州市、苍南县、龙港镇在推进中心镇建设方面的相关文件资料。

对于参与本次调研的有代表性调研对象的选定,主要运用配比方法和随机抽样调查等方法,在具体的调研过程中,方法如下:

本次问卷名称为"小城市培育政策跟踪研究调查问卷",问卷调研对象为机关事业单位、企业、村两委、居民等。对于问卷调查,主要采取面谈和留置问卷相结合的方法展开调研,共发放问卷 377 份。最终回收问卷 377 份,经甄选问卷全为有效问卷,有效率达 100%。

## 3  龙港镇小城市培育试点的主要做法

苍南县龙港镇被列为全省首批小城市培育试点镇之一。根据省政府办公厅《关于开展小城市培育试点的通知》要求,龙港镇五项举措并举,积极推进小城市培育工作,目前进展情况如下:

### 3.1  建立相应的组织领导机构

苍南县建立了以县长任组长,相关分管领导副书记、副县长、龙港镇党委书记任副组长,相关部门主要领导为成员的小城市培育试点工作领导小组;龙港镇也建立了以党委书记任组长,镇长、相关分管领导任副组长,各局、办、中心主要负责人为成员的小城市培育试点工作领导小组,统一负责小城市培育试点工作。苍南县建立工作例会制度,定期召开小城市培育试点协调小组会议,及时研究解决小城市建设进程中出现的各种矛盾和问题,确保行动计划有效实施和扎实推进。建立考核奖惩机制,将小城市三年行动计划分解为年度工作任务落实到部门和单位,明确责任人;同时强化监督检查,做到年初下任务,年中查进度,年末抓考核。

### 3.2  明确功能定位和发展目标

龙港镇加快建设全国城镇综合改革示范基地、鳌江流域中心城市和宜居宜业的滨海工贸特色城市。到 2013 年,将建成区面积扩大到 18 平方公里,常住人口达到 23 万人,城市化率达到 68%,完成投资 181.8 亿元,GDP 总量达 178 亿元,年财政总收入达 17.6 亿元,农民人均纯收入达到 17970 元。这些目标正在逐步实现之中。

### 3.3  编制完成小城市培育三年行动计划并顺利推进

龙港镇根据省编制三年行动计划范本,结合自身实际,编制完成了小城市培育试点三年行动计划,内容主要分为功能定位、行动目标、主要任务、保障措施以及发展指标和建设项目。龙港镇镇小城市培育试点三年行动计划经省专家组评审通过后正在顺利推进。该镇经济实力显著增强、服务能力快速增强、人文魅力逐步展现、环境承载力不断提高、发展活力不断提升,促进了经济社会协调发展,发挥统筹城乡的战略节点作用;推动了城乡要素和流动,发挥资源要素的优化配置作用;开创了特大镇发展新模式,发挥由镇向城转变的示范作用;促进了周边地区优化发展,发挥区域集聚辐射的带动作用;建立了多元化投入新机制,发挥财政资金的杠杆作用。

### 3.4 明确重点扶持政策

如果说放权是为小城市发展松绑,那么强有力的财政支持就是小城市的发展引擎。试点镇被允许城镇建设配套费、教育附加费、土地出让金净收益三个 100%返还。财政返还有这么几块,第一是政策分成,首先保民生;第二是土地出让、配套设施的收入,这些基本上是用在基础建设上;第三是人力补助的资金,市里还有配套的,主要是用在城市建设上。

苍南县按照试点要求出台了一系列配套扶持政策,主要涉及推进强镇扩权改革、建立专项扶持资金和加大税费扶持、强化土地保障等。据统计,苍南县直接下放 26 个部门的 49 项经济社会管理权限,建立年 1 亿元以上的小城市培育专项资金,一般用地指标不少于全县 1/3。

目前,通过强化政策推动,该镇由分散发展低水平建设向合力推进高标准发展转变;注重规划引领,向各具特色发展转变;促进产业协调,由偏重工业向三次产业联动发展转变;推进集聚集成,由偏重外延扩张向更加注重功能完善宜居宜业提升转变。

### 3.5 重点推进各项改革创新工作

新型城镇化,新就新在从传统的"规模扩张"到更注重"人的城镇化"。通过建立健全被征地农民社会保障机制、农村宅基地换城镇住房等制度创新,让越来越多就近就地转移到龙港的农民成为"看病有医保、养老有保障、读书全免费"的市民。通过"三分三改"和"农房集聚改造"政策,在原有承包权不变的情况下,鼓励农民以农村宅基地换城镇新住房,吸引众多创业者、管理研发及高技能人才竞相到龙港镇落户兴业。通过扩大经济社会管理权,下放行政审批权、执法权等管理权限,破解发展束缚。按照三年行动计划的部署,苍南县发文明确"五大中心"和"四大重点改革"的具体实施措施、编制安排、投资计划和落实时间。苍南县"五大中心"共投资8000 万元,落实 84 名工作人员,行使 160 项职能。这些公共服务中心的建立,一举解决了试点镇以往政府职能缺失、公共服务管理短缺的问题。通过深化改革,该镇逐步实现由政策体制束缚向创新管理体制增强服务转变。

## 4 试点镇小城市培育的成效分析

### 4.1 社会经济成效明显

经过两年左右的中心镇小城市培育试点工作后,温州 4 个试点镇经济社会发展取得了显著的成效。2011 年,4 镇平均实现 14.9% 的工业产值增速、115.7% 的固定资产投资增长和 25.2% 的财政增收,分别比全市平均水平高出 2、26.5 和 9.2个百分点,贡献了全市 19.9% 的工业总产值(16.9% 的 GDP 增加值)、13.1% 的固定资产投资和 5.8% 的财政收入；另从数据也可知，经培育试点后，4 镇镇均农村居民人均纯收入也不断提高，超过全市平均 2300 多元。2012 年龙港镇实现生产总值 161.23 亿元，完成限额以上固定资产投资额 91.78 亿元，财政总收入 16.35 亿元，税收收入 15.87 亿元，城镇居民人均可支配收入 28900 元，农村居民人均纯收入 13712 元；而 2011 年，龙港镇实现生产总值 146.2 亿元，完成限额以上固定资产投资额 79 亿元，财政总收入 14.85 亿元，税收收入 14.41 亿元，城镇居民人均可支配收入 26913 元，农村居民人均纯收入 12013 元。经过几年的发展，小城市培育试点镇各项经济社会发展指标都取得了明显增长。2012 年，柳市全镇拥有 3000 多家企业，其中规模以上工业企业 351 家，4 家企业集团跨入中国企业 500 强行列。可见，小城市培育推动了镇域经济的快速发展（详见表 1）。

**表 1　2011 年温州 4 个试点镇部分经济指标发展情况**

|  | 工业总产值<br>（亿元,%） | 全社会固定资产投资<br>（亿元,%） | 农村居民人均纯收入<br>（元,%） | 财政收入<br>（亿元,%） |
|---|---|---|---|---|
| 柳市 | 609.6(15.7) | 45.2(>100.0) | 18238(10.0) | 28.1(20.8) |
| 塘下 | 325.8(8.6) | 65.4(74.5) | 17766(13.7) | 15.9(13.4) |
| 龙港 | 319(13.1) | 65.8(110.0) | 12013(13.3) | 14.8(19.0) |
| 鳌江 | 155.9(21.8) | 53.2(178.4) | 14198(21.4) | 10.8(47.7) |
| 平均 | 352.6(14.8) | 57.4(115.7) | 15554(14.6) | 17.4(25.2) |
| 温州 | 7073.6(12.8) | 1751.5(89.2) | 13243(16.0) | 485.9(17.8) |

注：括号中数据为同比增长幅度。

资料来源：4 个试点镇相关数据来自于调研；温州市数据来自《2011 年温州市国民经济和社会发展公报》。

2013 年以来，面对严峻复杂的国内外经济形势，小城市培育试点镇围绕建设现代化小城市总目标，坚持集聚发展、特色发展、转型发展、创新发展，全力实施试点三年（2011—2013 年）行动计划，继续保持了强劲发展态势。根据省体改委城乡体改处提供的数据，2013 年上半年，27 个试点镇限上投资、GDP、财政总收入同比分别增长 29.1%、15.1%、13.6%，分别高出全省 7.1、6.8、5.6 个百分点。

（1）有效投资保持快速增长。以全面完成小城市试点三年行动计划重点项目建设为目标，着力抓好有效投入。上半年，27 个试点镇共实施在建项目 2523 个，完成投资 606.3 亿元。实体经济投入强劲，完成工业投资 288.1 亿元，占总投资比重达 47.5%，同比增长 23.1%。其他投资全面增长，完成基础设施投资 100 亿元，同比增长 47.9%；完成社会事业投资 27.4 亿元，同比增长 42%；完成生态环境建设投资 16.5 亿元，同比增长 34.2%。

（2）经济实力显著增强。上半年，27 个试点镇实现 GDP1091 亿元，柳市、龙港、织里、店口、横店、塘下、瓜沥 7 个镇超 50 亿元；第三产业增加值同比增长

20.6%,高出 GDP 同期增速 5.5 个百分点,第三产业占 GDP 比重为 33.8%,比去年提高了 0.4 个百分点。完成财政总收入 159 亿元,柳市、横店、周巷、店口、塘下 5 个镇超 10 亿元。二、三产业从业人员增加了 18.4 万人,比重上升到 90.1%,比去年同期提高了 1.2 个百分点。农村居民现金收入为 11782 元,同比增长 19.4%,比同期城镇居民收入增快 8.6 个百分点,高出同期 GDP 增速 4.3 个百分点,城乡居民收入差距比为 1.72 倍,比去年下降 0.07 倍。

(3)集聚集约水平不断提升。产业加快集聚发展,上半年,27 个试点镇新增个体工商户 19487 户,新设立各类企业 6880 家。人口加速集中,建成区常住人口比去年同期增加 18.1 万人,城镇化率达 62.8%,比去年同期提高了 1.5 个百分点。集约发展水平不断提升,新增规上企业 324 家,每亩建设用地 GDP 产出为 14.3 万元,同比提高 1.6 万元;通过大力推进"机器换人"、"电商换市",减少了低素质外来就业人员 2.5 万人,全社会劳动生产率达 39303 元,同比提高了 2927 元。

(4)公共服务加速推进。行政审批中心服务范围进一步扩大,上半年,27 个试点镇镇均新增服务事项 15 项、日办理事项 225 件,服务范围新扩大 7 个乡镇。社会保障中心着力提供就业服务,介绍就业人员 92367 人,同比增长 40.5%。行政执法中心执法工作力度加大,立案查处 5860 起,比去年同期多 1777 起。应急维稳中心高效运行,调处纠纷 13250 件,比去年同期多 2916 件,排除事故隐患比去年总量多 2713 件。医疗教育服务能力提升,新增床位 111 张,新开学幼儿园 18 个,新增入学幼儿 2013 人。

(5)城市环境整治力度加大。"三改一拆"力度空前,上半年,拆除违法建筑 432.1 万平方米,改造旧城 58.8 万平方米、旧村 135.3 万平方米、旧厂房 111.9 万平方米。"四边三化"成效卓著,投入 3.4 亿元,完成"三化"建设长度 904 公里,建成区绿化覆盖率达到 24.7%,比去年底提高 1.3 个百分点。污水处理设施建设力度持续加大,新铺设污水管网 230 公里。城市道路加快完善,投入 2.6 亿元,完成 20.3 公里的城市道路的管线上改下。

(6)体制改革继续深化。坚持用改革的办法破解发展中的难题和要素制约。行政区划调整稳步推进,上半年慈溪周巷镇行政区划调整全面完成,并入 1 个镇(天元镇),新增区域面积 14.6 平方公里、常住人口 4.7 万人;萧山瓜沥镇行政区划调整方案已上报省政府,计划并入 2 个镇(坎山、党山镇),新增区域面积 84.4 平方公里、常住人口 5.3 万人。用地保障力度进一步加大,省国土厅下达 2013 年全省土地利用计划时明确试点镇年度建设用地总量不少于 300 亩。投融资体制改革深入推进,专业公司参与小城市建设的势头十分强劲,绿城、九龙仓、众安、龙湖、万达、银泰等上市公司纷纷进驻和抢滩试点镇,上半年社会资本占总投资比重达 77.9%,比去年提高 3.8 个百分点。

#### 4.2 民众愿景普遍良好

##### 4.2.1 在试点工作的支持程度方面,均具有较高的民心

从试点镇整体上看,全部 377 名调研对象中,有 172 人回答很支持,占 45.6%;136 人回答较为支持,占 36.7%,两者之和达到 82.3%,而回答无所谓和(很)不支持的人数分别仅占 16.7% 和 1%。从调查数据看,本镇居民基本选择前两项,这表明试点工作具有较好的群众基础。

##### 4.2.2 在对小城市转型前景认可方面,民众均具有较高的信心

从试点镇整体上看,相对于回答少有信心(27.6%)和没有信心(6.6%)的,全部 377 名调研对象中有 49.6% 和 16.2% 的居民分别回答较有信心和信心十足;而回答少有信心和没有信心的调研对象也指出,只要各级政府部门加强宣传、提高支持力度、切实落实政策等,中心镇转型值得期待。

#### 4.3 体制机制改革进展顺利

"人进城、地流转、房置换",是小城市试点镇体制创新的核心内容,有效促进了劳动力、土地、资产等资源要素的合理流动。2011 年以来,27 个小城市试点镇共帮助上万名村民"洗脚进城"过上了城里人的生活,节约了农村住房建设用地 2849 亩,促进了土地流转,流转率比全省高 6.1 个百分点。

从国家层面来看,党的十八大提出了加快城镇化的发展战略,为加快小城市培育带来了千载难逢的机遇,此举意味着浙江 27 个中心镇有望升级为小城市;从省级层面来看,为支持培育工作的开展,浙江省政府专门出台了《关于开展小城市培育试点的通知》,决定从 2011—2013 年,每年从省财政中拨付 10 亿元专项资金用于支持试点镇的发展;另省委省政府、省发改委也多次召开有关培育工作的推进会,督查相关工作的进展,撤镇设市进程正在提速,目前试点镇的相关工作都在按行动计划得到落实;从市级层面来看,在新型城镇化发展和经济发展需求大背景下,政府也在一定程度上支持小城市培育工作的开展,各市新型城市化的相关规划正在制订中。温州对所有的小城市都赋予了县级审批权限,特别是中心镇充分授权享有县级审批权限,简化了审批程序。据统计,试点两年多来,试点镇被下放扩权事项 171 个。

新机制添活力。步入经济发展快车道的小城市,投融资机制及财政体制也焕然一新。拓宽融资渠道,引得各类资本竞相而来。乐清市柳市镇垃圾焚烧发电厂、苍南县龙港镇污水处理厂等通过 BT 或 BOT 方式顺利运行;鼓励企业上市直接融资,目前 27 个小城市试点镇拥有 18 家上市企业。活跃的体制,吸引了大批金融机构来到小城市。工农中建四大国有银行在钱清都设有营业网点,商业银行、股份制银行也纷至沓来,连财通证券也在这开了分支机构,落户该镇的金融机构已有 10 多家。财政体制改革亦破题。小城市试点镇实行"划分税种、核定基数、超收分成、三年不变"的一级财政体制和税费优惠返还机制,激励试点镇加快发展。在余姚市

泗门镇,受益于新财政体制,2011年净增加镇级财政收入7200多万元。而余姚市泗门镇、慈溪市周巷镇、苍南县龙港镇还建立了金库,进一步健全了财政结算体制。

## 5 中心镇培育成小城市存在的问题

从基本的战略来讲,城市化是作为下一个经济发展的引擎,这是没有什么疑问的,现在的问题是怎样推动一个持续的、健康的城市化。所以我们要打破现在的城乡二元体制,真正实现政府主导的城市化和农民自动自发的城市化这两个城市化轨道之间的融合,这里就牵涉到我们的规划体制、土地体制、基础设施建设的体制、公共服务提供体制和社会保障体制,这些制度改革真正实现了才能实现二元体制破除。通过调研,我们发现龙港镇在培育成现代小城市过程中存在以下普遍的问题。

### 5.1 强镇扩权措施有待进一步加强

随着中心镇的发展,虽然中心镇的规模和功能具备了小城市的性质,但镇政府缺乏应有的城镇管理、协调和执法权限,大量的职能集中在县级部门,普遍存在"乡镇看得见却管不着,主管部门管得着却看不见"的管理脱节问题。另外,行政机构设置不完善,与经济、社会、事业的发展不相适应,出现"小马拉大车"现象,严重削弱了乡、镇一级政府的管理能力。虽然省、市已明文出台了作为小城市培育试点镇应有的职能和优惠政策,但没有真正执行到位。在对关于中心镇强镇扩权的政策措施的落实情况调查中,我们发现49%的被调查者反映不了解中心镇扩权改革措施。在对了解中心镇扩权改革措施的被调查者中,对扩权改革措施的落实情况并不满意。具体来讲,满意度最高的是人事管理,为32.11%;其次为社会保障、财政投入、行政执法和户籍管理,分别为30.89%、29.66%、29.66%和29.17%;满意度介于10%到20%的有就业政策、项目审批、用地指标、文化建设和规费政策;其他因素的满意度在10%以下(见图1)。

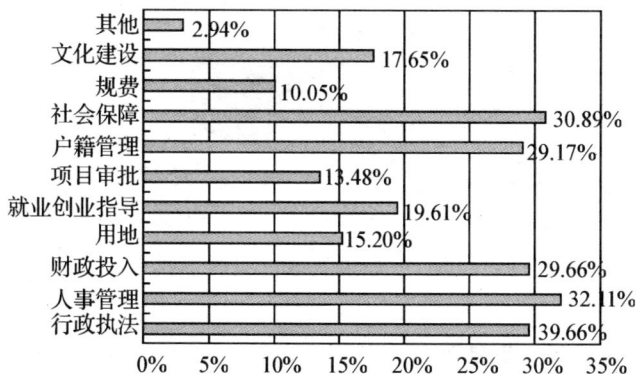

图1　中心镇强镇扩权政策措施满意度调查

强镇扩权作为基层政府管理体制改革的最新实践形式之一,政策性强、涉及面广,难免存在与扩权改革相伴生的新问题。针对这些问题产生的原因,本课题对龙港镇党政机关干部、镇域企业经理、村两委干部等进行了广泛调研。在关于对试点镇开展强镇扩权因素的七个选项中,从被调查者的反映看(见图 2),市政府支持不力以 41.67% 的认同度居于首位;镇政府人力财力有限的认同度为 37.40%,位居第二;上级配套资金不足则以 30.89% 的认同度紧随其后;基层事务复杂、缺乏相关专业培训和对政策认识不到位的认同度分别为 30.15%、22.80% 和 20.17%;其他影响因素为 3.68%。这有效地说明中心镇强镇扩权改革措施落实效果有限受到上述因素的影响。

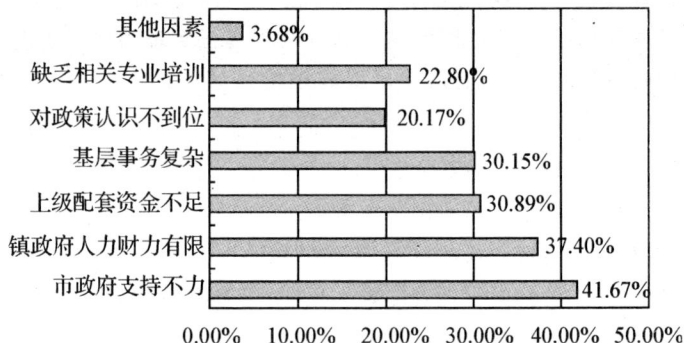

图 2　强镇扩权改革措施影响因素分析调查

关于县直部门在中心镇派出机构的管理模式,39.22% 的人认为可以实施县直部门和中心镇共同管理、中心镇管理为主的管理模式,22.55% 的人认为应全面下放县直部门派出机构归中心镇管理,15.44% 的人赞同实施县直部门管理派出机构的完全垂直管理体制,22.79% 的人表示不清楚。总而言之,倾向认为县直部门在中心镇派出机构实施中心镇管理或中心镇管理为主的人数占总调研对象的 61.77%。

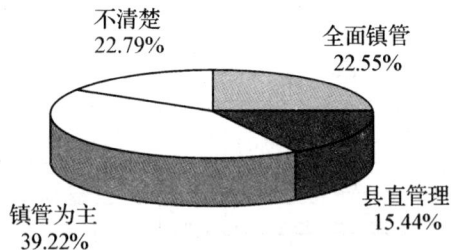

图 3　县直部门在中心镇派出机构的管理模式调查

从前面三个问题的调研可知,中心镇强镇扩权改革效果有限,相应的扩权政策的执行效果并不理想。

### 5.2　要素瓶颈制约进一步显现

调研发现,各中心镇在转型成现代化小城市过程中,最突出和最普遍的问题仍是资金、土地、人才等要素制约。

### 5.2.1　资金问题突出

中心镇培育包含基础设施建设、城镇配套功能完善、产业扶持等都需要一定的建设资金和配套资金。虽然省政府专门为试点镇出台了扶持政策和改革举措，并设立专项扶持资金，支持小城市培育，但目前资金问题还是比较突出。一方面由于中心镇没有独立完整的一级财政体制和镇级金库，中心镇能支配的财政资金是非常有限，城镇基础设施投入基本靠土地出让金返回和银行贷款解决，远远满足不了需求，城镇污水管网建设、工业园区、旧城改造、新城开发、文化教育卫生等重大基础设施建设和事业项目的投入力度更显不足。另一方面，当前国有商业银行要求必须县级以上融资平台才能进行融资，作为市级中心镇，其融资平台等级不够，而且运用市场机制筹措建设资金的渠道尚未形成。龙港镇的小城市建设三年行动计划要完成 6 大类 74 个项目，总投资达 147.3 亿元，尽管该镇超前意识已到位，但项目资金支出数额大、时间又紧，地方财力难消化，财政收支平衡压力非常大。

### 5.2.2　土地约束明显

随着国家土地政策持续收紧，土地因素对中心镇发展的制约作用越来越明显。随着中心镇建设进程的加快，各中心镇日益显现出可用土地资源总量有限与用地需求量逐年增加的矛盾，而中心镇与其他镇一样，受"农保地"政策制约，尤其是温州市高农保率的情况下，即使有资金投入能力，往往也因发展空间不足、没有土地指标而不能有效开发，成为制约城镇建设与经济发展的最大瓶颈。如龙港镇总体上也是一个人多地少的城镇，随着一大批工业设施、基础设施和公共设施等重大项目上马建设，"小城市三年行动计划"设定三年要使用建设用地 4400 亩，但县里统筹下达的用地指标远远不能满足经济社会发展需要，土地的供需矛盾越来越突出。

### 5.2.3　人才资源匮乏

关于如何吸引人才，其实是个俗套的话题。待遇留人，感情留心，事业留魂，政府人士对这样的话大都耳熟能详。可是真正做得好的也不多，可见俗套的话题里有不俗套的经验。

通过强镇扩权工作，大量事权下放到中心镇。部分下放的管理权限往往专业性比较强，现有工作人员难以适应，部分岗位特别是一些行政处罚权的执行需要有专业执法资格，专业技术人才严重缺乏，成为影响中心镇发展的突出问题。另外，中心镇扩权后机构设置并未调整，人员编制也没有增加。如苍南县规划建设局龙港分局要负责龙港镇及周围乡的规划编制、审批和监察工作，同时还负责一些建设项目的管理工作，现有管理能力与管理需求明显不符。同时调研还发现，规划人才尤其紧缺，因而规划管理带有很大的随意性，加之农村工作的复杂性，重要的规划工作往往被束之高阁，失去应有的作用。

## 5.3　进城人口的市民化进程缓慢

目前看来，尽管我省的城市化进程在加快，但是存在较大偏差，核心是城市扩展很快，也有大量的农民进城务工经商，但进城农民的市民化问题解决还滞后，农民并没有从城市化中获得相应的利益。尽管在空间概念和职业概念上,农民从农村转移到了城市,但他们却难以真正转变为"市民"。这就需要反思我们的城市化道路,城市化不应仅仅是人口和产业的集聚过程,我们的城市化必须考虑与解决进城人口的市民化问题,这也是城乡二元社会结构的突破问题。

另外,浙江城市化是全域城市化,推进乡村发展可能有四条主线索,城乡生产生活方式总体趋同,城乡基础设施均衡配置,城乡公共服务均衡提升,城乡生产要素无障碍流动。乡村发展的一个重要方面是促进乡村人口进入城镇,在这一问题上,户籍改革大致是个伪命题,真正的症结是公共服务均等化。我们当前已面临着给农民以市民待遇,农民却予以拒绝的难题。就未来而言,所谓市民待遇,应该不是城市想不想给,而是农民工领不领情、愿不愿接受的问题。统计口径的城镇化率与户籍人口的城镇化率落差是很大的,温州统计口径的城镇化率就达到了66.7%,但是户籍人口的城镇化只有30%多。想搞城市化,千万不要把它变成造城运动,重要的是真正把农民变成市民。

### 5.4 小城市文化建设滞后于硬件建设

现在的倾向是城镇化中似乎只关注房地产、水泥、新型建材、机械设备和大众消费品这"五朵金花",而文化被边缘化了,这是小城市建设中较为普遍的问题。城市建设存在"重硬件、轻软件"现象,贪大求快,照搬照套,千城一面、万屋一貌,没有文化创意,城市缺乏个性和特色;有的过分重视城市规模扩展和人口集聚,城市房子漂亮了、设施齐全了,但城市文明、市民素质没有得到同步提升,只看到一个漂亮的外表,城市缺乏美的内涵;有的一味追求所谓的现代化,忽视对城市历史文化的传承保护,城市缺乏文化内涵,整体品位不高。如果城镇化浪潮让人们都进入城市一元文化,那么这是对文化多样性的致命打击。

## 6 对浙江省小城市培育工作的建议

城市化是一项极其复杂的系统性工程,牵涉到经济社会发展的各个方面,其中体制改革和机制创新是城市化成败的关键所在。中心镇向小城市的发展需要置于城乡统筹、城乡一体的框架中,要在新型城市化与新农村建设互促互进的良性互动基础上,增强产业发展、公共服务、吸纳就业、人口集聚功能,加快推进户籍制度、社会管理体制和相关制度改革,有序推进农业转移人口市民化,推进有条件的中心镇向小城市发展。

### 6.1 分类推进小城市培育

#### 6.1.1 抓紧完成三年行动计划的实施,加快推进27个省级小城市试点工作步伐

要按照省政府对培育试点镇的工作要求,落实省、市、县有关小城市培育配套政策,加强对27个省级小城市培育试点镇的指导和督促,坚持上下联动,吸引更多

的农民入镇,在今年完成推进三年行动计划的顺利实施,加快首批小城市培育步伐。

6.1.2 全力推进地级市大都市副中心建设,培育第二类小城市(逐步发展成为中等城市)

当前,各地县城建成区不断扩大、新城区不断崛起、城市化水平不断提升,拓展县级政府对县城的管理范围,做大做强县城,有利于增强县城在区域发展中的辐射带动能力和以城带乡的龙头作用,推动副中心向中等城市、大城市发展。如温州市,按照"1650"布局,所属乐清、瑞安、平阳、苍南、文成、泰顺等六县(市)县城要加快城市化步伐,把县城逐步建设成为设施配套、功能齐全、辐射力强的大都市副中心。

6.1.3 着力培育区域性中心镇,打造第三类小城市

依托各地乡镇行政区划调整成果,加快中心镇培育工作,按照"两步走"思路,将中心镇最终培育成为区域小城市。第一步是以推进城乡统筹综合改革为抓手将中心镇打造成为区域新市镇。第二步是以小城市培育改革为抓手将新市镇发展成为区域小城市。

## 6.2 完善小城市培育工作载体

以落实"四个一"政策措施为途径,完善小城市培育工作载体:

6.2.1 制定一个规划

推进新型城市化,必须更加重视"改革的推动力"和"规划的约束力"。以打造小城市为目标定位,可按照将新城的建设和老城区的有机更新结合在一起的思路,以做大做强"1"(中心镇建成区)、做精做优"X"(建成区以外的新社区或村居)为要求,每个中心镇制定"1+X"村镇建设规划,优化规划布局。以规划为龙头,推进小城市培育工作。

6.2.2 建立一个平台

围绕解决小城市培育融资保障问题,每个中心镇建立新农村建设投资有限公司,承担中心镇投资融资平台功能。各县(市、区)以撤扩并后的中心镇所拥有的存量资产,通过收回改性(改变土地性质)、评估升值、注资注册以及财政投入等方式,做大做强中心镇新农村建设投资有限公司公司平台,并通过建立县级担保体制机制,为中心镇提供融资支持,扩大中心镇的投融资和建设发展能力。

6.2.3 制定一套政策

县级层面根据中心镇布局情况,按照"一镇一策"原则,制定小城市培育政策。各中心镇围绕小城市培育目标,制定实施小城市培育实施方案,完善政策体系,推动方案的实施,落实各项政策,加快小城市培育。

6.2.4 组织一个试点

除了省级已经启动实施的小城市培育试点以外,其余县(市、区)由县(市、区)主要领导负责,落实一个中心镇开展小城市培育试点,拓宽小城市培育试点面。

### 6.3 以实施"扩权改革"为重点,理顺小城市政府管理体制

按照"依法下放,能放则放"的原则,赋予中心镇部分经济或社会管理职能,提高城镇发展的行政效率。县(市)各部门要进一步通过授权委托等方式下放行政管理权,如基本建设项目审批权、企业项目核准备案权、建设管理审批权、工商行政管理权、财税管理权、违章处罚权等部分权限,能放则放,减少部门对中心镇工作的不当干预,进一步健全中心镇政府的综合协调管理能力。对于国家规定实行垂直管理的派驻部门要赋予中心镇一定的人事、财力调配权。其他县(市)一级驻镇派出机构,实行属地管理。

#### 6.3.1 扩大经济社会管理权限

坚持"依法放权、高效便民、分类指导、权责一致"的原则,对省、市两级政府下放的经济社会管理权限进一步延伸下放,通过授权、委托和交办等方式,赋予试点镇更大范围的经济类项目核准、备案和市政设施、市容交通、社会治安、就业社保、户籍管理等方面的经济社会管理权。

#### 6.3.2 实施许可和执法重心下移

按照"能放则放"的要求,将非行政许可事项由县级部门直接交办给试点镇行使,将行政许可事项委托给试点镇直接行使。按照"条块结合,以块为主"的原则,开展城市管理相对集中行政处罚改革试点。建立综合执法大队,对城管、交通、卫生、文化等行政执法权进行整合,整合归并行政执法管理权限,形成综合行政执法新体制。

#### 6.3.3 强化便民服务功能

加快便民服务中心平台建设,构建县、镇、社区三级便民服务网络,提升试点镇社会管理水平和服务能力。建立社区综合管理制度,强化社会管理、公共服务、维稳维权等方面的职能。

### 6.4 强化要素保障

站在全新的起点上,如何突破传统体制机制的束缚,让资金、土地、人才等要素充分涌流,让一切促进发展的活力竞相迸发?这不仅是对小城市决策者的考验,更决定着小城市的发展未来。释放新型城市化所蕴含的巨大内需潜力,就要加快改革土地、户籍、公共服务等管理体制,消除各类生产要素在城乡之间双向自由流动的障碍,为促进城乡一体化发展创造良好的政策环境。

#### 6.4.1 实行倾斜性财政政策

市、县各级财政每年要安排一定比例的资金支持中心镇的基础设施建设,对中心镇实行倾斜性财政政策,以保障投入资金的有序运转。在中心镇收取的行政事业性收费按规定上缴给省、温州市分成外,原则上全额返回。合理提高财政分成比例,增加土地出让金和基础设施配套费的返还。重点做好存量增量文章,存量上合理定基数,增量上重点支持中心镇发展,超基数部分中心镇享受增值税、企业所得

税地方留成部分全额分成。

### 6.4.2 加大用地支持力度

主推人地挂钩,适当降低中心镇的农保率,建设用地规划指标适当向中心镇集中。对落户在中心镇符合条件的项目,优先安排用地指标。从省里切块下达的用地指标分配应向中心镇倾斜,用于中心镇的新农村建设和急需的公共服务设施建设。

### 6.4.3 加大资金投入

县级政府可通过投入资本金和提供以储备土地为主的抵押物,扶持中心镇建立专门的城镇建设投资管理公司,负责市镇重大项目建设筹资、投资和资产经营任务。金融机构要加大对中心镇的信贷扶持力度,通过政策引导国有商业银行认可中心镇的融资平台,可吸引民间资本进入中心镇的建设领域,鼓励以股份制、合资、独资等灵活的形式成立市政管理公司。推行城镇建设投资主体多元化、项目经营企业化、设施享用市场化的运作模式。

### 6.4.4 加强人员配置和人才引进

中心镇领导班子成员要配齐、配好、配强,优化干部队伍结构;加大干部下派和交流力度;允许中心镇在核定编制内自行确定机构设置和人员配置。

突出人才战略,真正按照人才的客观规律,敢于在引智上有大手笔、大投入。一是规模化引智。规模烘托氛围,氛围激励成功。高智商高情商人士密集区域的人才成功率,大大高于不密集区域,而这也正是一些地方引智工作的重要经验。二是重金引智。规模化引智需要重金,高智力人才引进需要重金,营造一个好的人才生存发展环境更需重金。

## 6.5 "产城一体"推进中心镇转型提升

完善的城市功能,是"镇"向"城"转变的关键。小城市培育过程中必须明确生产、生活、生态功能分工和空间布局。要促进生产功能配套、完善和高效,引导生产要素空间集聚,发挥生产领域的经济效益;促进生活功能安全、便捷和舒适,合理布局生活性设施和业态,发挥生活领域的社会效益;促进生态功能平衡、稳定和可持续,保障生态系统不同类型单元规模和边界,发挥生态领域的环境效益。围绕我省建设新型城市化的目标任务,可按照"产城一体、宜居宜业"的发展要求,将各地级市全域统筹起来,分门别类地规划好各地的优势产业,在区域内做好相关生活配套和环境建设。坚持新型城市化、新型工业化"两新两化互动"的理念,将产业功能、城市功能、生态功能融为一体,始终围绕产业升级、绿色生态、山水风光、特色人居等综合性目标整体打造,构建"以产兴城、以城促产、产城一体"的具有鲜明的浙江特色小城市城乡一体化发展格局,努力把中心镇中的各类新区、功能区、园区打造成产业强区、宜居新区和文化名区。

### 6.5.1 制订和完善产城一体规划

坚持科学规划,引领园区发展。按照"现代化、生态化、精品化"的要求,实行"园(区)"、"城"一体化思考,产业发展和城市建设"一张图"规划,引领小城市各类园区由纯工业区向产业新城、产业新区转型。主动对接和配合规划、国土部门的工作,尽快完成我省现代新型城市化建设总体规划。尤其结合战略功能区和相应的重大项目建设,统筹规划工业集中发展区发展和城市建设。今后不要搞纯粹的传统的开发区,现有开发区要向功能区转变,力争早日完成全省工业集中发展区产城一体化发展的规划编制。在编制规划时,必须合理考虑工业用地、商业用地、住宅用地、基础设施用地的比例,只有比例恰当,土地才能快速增值。同时,工业集中化和立体厂房建设是我省未来解决小城市环境问题和用地问题的关键。

6.5.2 以产业集聚区建设为平台打造小城市产城综合体

要着力优化小城市产业发展布局,增强小城市发展的经济驱动力。坚持功能创新,促进产业升级。清理低端产业,对产业层次低、占地多、贡献小的企业和闲置土地进行清理,推进企业"退二进三"、"退地进房"、"腾笼换鸟",提高园区土地集约程度,释放发展空间。坚持实行新型工业、现代服务业"两翼齐飞",推动单一工业园区向综合性产业新区转变,打造都市产城综合体,助推园区转型。围绕支柱性产业、战略性新兴产业、现代高端服务业等领域。在功能区建设方面,要以城市综合体为龙头优先发展现代服务业,着力提升发展现代制造业,积极拓展现代都市型农业,最终打造成高端产业集聚中心。推动工业化与信息化融合、先进制造业与现代服务业融合、新兴技术与新兴产业融合,促进生产规模由小变大、产业层次由低到高、企业关联由散到聚。做活新兴产业,拉长产业链,把培育和发展现代高端服务业作为转方式、调结构的重要抓手。

6.5.3 以"产城一体化"项目推动"产城一体化"示范区建设

以"政企合作、市场化运作"方式,积极推进"产城一体化"项目启动,以"发展一个产业、建设一座新城(区)"为目标,加大市政基础设施、公建配套投入,通过几年左右的努力,做好最有条件实现高质量的"产城一体化"的区域产城一体的规划和建设试点示范工作,在全省小城市建成一批产城融合示范区。"产城一体化"重点项目规划有办公、会议、质量认证、营销推广、服务运营、仓储、配送、分销、培训、采购、保险、资金、生活娱乐等中心功能区,建成后企业可"拎包入驻",生产不出城、生活不出园(区)。按照高起点规划、高标准建设、高质量管理的要求,逐步发展成为"整体结构优化、功能分工合理"且集生态产业、商务办公、养生居住、休闲服务为一体的产城一体化的成功示范基地。我省小城市各大开发区可结合城市有机更新计划开展"产城一体化"改造。

6.5.4 按综合示范样板社区的标准提供"三生融合"型公共服务套餐

小城市各新区、功能区的建设按照"两化互动、产城一体"模式,着力建设"区在城中、人在区中"的新城,产业支撑城市发展,城市提供产业配套,走出一条工业化与城市化协同推进,产城相融、和谐共生的发展新路子。我省的"产城一体"要强调居住与产业互为推动,形成产业对城区发展的有力支撑,从而有效解决人往哪里去的问题。农民通过城市发展和产业发展成为市民,成为产业工人,在提高生活品质的同时,获得持续的收入保障。要切实抓好安居住房、人才培育、卫生健康、社会保障、就业增收、平安创建、道路交通、市政配套、环境美化、文化惠民等民生工程建设,促进产业集聚与城市功能互补,大力提升园区承载能力,实现生产区与生活区融合。工业园区内科学规划住宅、超市、街区、游园等生活配套服务以及学校、医院等公共配套设施,通过工业园区相关生活服务的配套,城市里的人根据产业发展转移到一片集中区域,最大限度地使生产和生活相融合。建成标准化的厂房、繁华的商务中心、高档的居民小区,大幅提高园区的利用率,实现生产生活都方便。注重绿化、美化、洁化"三化"工作,实现真正的"三生融合",着力打造一批生产生活同步提升,公共服务、社会管理配套完善的统筹城乡综合示范样板社区。

### 6.5.5 创新智慧型产城一体管理体制和运行机制

未来我省各地的城市建设还存在相当大的压力,特别是"三改一拆"等一系列规划建设,但相信在不断对城市运营模式探讨的过程当中,会找到一个好的切合点。探索建立"统一规划,科学管理,协调联动,产城相融"的产城一体管理体制和运行机制,把小城市工业集中发展区建设成为宜居宜业的现代化新城。加快战略功能区建设,按照"省内领先、全国一流"标准,以区街融合为标志健全管理体制和推进机制,创新开发建设模式和社会管理模式,完善基础设施配套,强力推进高端产业和产业高端集聚发展。智慧城市是在物联网、云计算等新一代信息技术的支撑下形成的新型信息化城市形态,应发挥其在产城一体管理和运行中的积极作用,实现城市"智能化",包含城市管理智能化、基础设施智能化、社会智能化和生产、生活智能化等方面。

## 6.6 积极推进以户籍制度为核心的城乡综合配套改革

### 6.6.1 户籍制度改革

户籍制度改革,即户口以实有人口、实有住所为依据,按居住地登记,剥离依附在户口制度上的身份、职业、公共服务、社会保障等附属功能,还原户口本来的社会管理功能。通过户籍制度改革之后,农民和市民没有区别,同等享有城镇居民的待遇,同时保护农民在原来农村享有的正当权益,农民就可以自愿进镇入城转变成市民,从而提高人民生活水平,加快推进城市化。

### 6.6.2 城乡综合配套改革

以户籍制度为核心的城乡综合配套改革要以土地制度、社保制度、产权制度、住房制度改革的"四配套"为重点。一是农村土地制度改革,其重点是进一步赋权(不仅要赋予使用权,而且要赋予相应的财产权)与确权基础上的可流转和可交易。二是社会保障制度改革,其重点是从目前的城乡居民社保"广覆盖、低水平、可持续",向"全覆盖、提水平、可转移"转变。三是农村集体产权制度改革,其重点是对村级集体经济中的非土地资产进行股份制改革。实行股改以后,农民对自己拥有的股权享有自由处置权,这些股权不会因农民居住地的变化而丧失,这样农民就可以没有牵绊地自由流动。四是城乡统筹的住房制度改革,其重点是在规范完善农户宅基地分配制度的基础上,赋予农户宅基地上住房的财产权利,按照农民可接受,政府可承受,发展可持续的"三可"原则推进农房集聚改造,允许农户住房有偿转让、置换城镇住房或进入城乡房地产市场交易。

## 6.7 以体制改革推进社会管理创新

人民的城市人民建,人民的城市由谁管?仅仅是城管部门的事,或者是需要更多的部门协同管理?市民是否有权利且有责任参与城市管理?这些问题需要认真思考。

### 6.7.1 社会民生建设——推进城市基本公共服务覆盖常住人口

浙江城市化是全域城市化,推进乡村发展可能有四条主线索,城乡生产生活方式总体趋同,城乡基础设施均衡配置,城乡公共服务均衡提升,城乡生产要素无障碍流动。乡村发展的一个重要方面是促进乡村人口进入城镇,在这一问题上,户籍改革大致是个伪命题,真正的症结是公共服务均等化。我们当前已面临着给农民以市民待遇,农民却予以拒绝的难题。就未来而言,所谓市民待遇,应该不是城市想不想给,而是农民工领不领情、愿不愿接受的问题。应加快推进以保障和改善民生为重点的社会建设,实现基本公共服务均等化。在小城市建成区,建设和完善至少一校(九年一贯制学校)、两院(二级乙等医院、综合性敬老院)、二中心(文化中心、体育中心)等设施,完善商业、金融等网点布局,加快就业、培训、司法援助等服务机构建设,实现公共服务向小城市建成区集中。

在社会民生建设过程中,小城市要构建完成比较完善的基本公共服务、居民互助服务、市场商业服务三结合的公共服务体系,形成便民利民的基本服务网络。同时,城镇化要重视就业问题。要鼓励城乡居民创办小微企业,扶植家庭农场和农民专业合作社。农民迁入新社区后,可以家住新社区,办好家庭农场,或继续在农民专业合作社中工作,也可以开办小微企业,或在城镇务工,切实营造有利于创业、创新、创造的环境。

### 6.7.2 社会管理创新——构建多元协作的社会管理模式

城市是人群、机构、资源和财富的积聚之处,也是问题、矛盾、风险和危机的积聚之处,城市管理水平关乎民生、发展、宜居,集中体现城市政府的行政能力。要积极推进服务型行政机构与社会体系建设。

完善社会稳定工作体制。积极探索法治化社会管理方式,坚持"一类一策"原则,建立中心镇综合执法大队,对城管、交通、卫生、文化、环保等行政执法权进行整合,整合归并行政执法管理权限,形成综合行政执法新体制。

通过对社会权利与社会福利的平等享有破解城乡二元和户籍制度的瓶颈。建立以社会融合为取向的流动人口管理体制,实现从消极的防范式管理转向积极的公共服务供给,新老居民充分参与公共事务管理和公共社会生活的授权,在机会平等的条件下职务和地位向所有人开放。

优化利益协调工作体制。完善多元群众利益诉求表达机制、多元利益调节补偿机制和矛盾纠纷排查调处机制。

### 6.7.3 治理平台创新——构建新型社区管理服务体制

在社会转型发展的新形势下,必须要以"人"为中心来考量城市综合治理举措安排,由传统的"城管执法"转型为新型的"共同治理",将以往的城管体制纳入更加民主化、规范化和法治化的新路径。要加快社区服务中心和中介服务组织建设,构建政府主导、社会参与、社区支持的小城市综合服务功能体系。

培育和发展社会自治和自我管理能力,不断扩大社会自治和自我管理的社会空间,是推动小城市社会管理模式现代化发展的关键环节。积极推进社区组织自治化,提高社区服务专业化。

积极培育发展社区社会组织,将发现、确认和培育社会机制作为中心镇政府基本职能之一,充分发挥小城市社会自我管理的功能,大力培育一批社会中介组织,将一些可由社会自我管理的职能和权力交由社会中介组织承担。可以先尝试社区社会组织建设试点,在部分县(市、区)部分中心镇(街道)开展社区社会组织培育发展试点工作。该项工作将以社区为综合平台,率先培育一批组织健全、制度完善、运作规范、服务功能较强的社区社会组织示范点,并及时总结经验,抓好典型推广,推进我省社会组织培育发展工作。其核心为完善并落实政府向社会组织购买公共服务的机制和政策,以此推进政府职能转变。

## 6.8 注重文化传承,提升城市软实力

文化是一个城市的灵魂和核心,文化是城市的根脉,是城市最持久的竞争力,是城市持久发展的动力源泉。没有文化、没有历史记忆的城市,是没有归属感的城市。小城市培育建设必须高度重视和加强文化传承,利用文化塑造城市个性和特色。

### 6.8.1 激活传统文化的"现代芯"

这是在城镇化进程中文化传承与发展的不错选择。根植于这片土地上的文化可以形成新的产业亮点,变为新兴城镇的产业支撑。要用综合的方法去保护,具体问题具体分析——有的文化遗产需要抢救,必须原汁原味的保留;有的民间艺术应回归民间,把传统生活方式重新创造后再回到现代生活,进行"活态"的保护。一定要保持城市的历史时间感,任何城市的文化都是一个地域人们审美积累的结果,是历史不断积累形成的。

### 6.8.2 增强城市的归属感和吸引力

要保护文化根脉,留住历史记忆。一座城市延续上千年,需要不断进行有机更新。老城区是非常具有潜力的区域,如果没有老城区的改造提升,就不可能有城市转型。通过文化消费和文化活动,增强城镇文化认同感,构建文化层面的宜居性,繁荣小城市基层文化,提高文化竞争力。要注重教育提升市民文化素质,积极发展社区文化、校园文化、企业文化,组织开展文明创建和群众性文化活动,引导全社会形成良好的行为习惯、健康心态、社会风气和精神风貌,不断强化城市文化归属感。

统筹谋划城市空间布局、建筑造型、色彩以及道路、广场、公园建设,彰显与城市文化内涵相符的城市形象,打造个性鲜明、内涵丰富的精品城市。

### 6.8.3 注重保护开发历史文化街区

历史文化街区承载着重要的城市记忆,是城市文化积淀的体现。要注重历史文化保护和发展,大力弘扬城市传统特色和文化内涵,恢复历史文化古迹,加强民俗文化继承发展,促进民间组织文化交流,实现传统文化与现代文化交相辉映,文化传承与经济发展互促双赢。保护开发历史文化街区是精细活,要一点点精雕细琢、慢慢打磨,使其散发出文化光芒和独特魅力。城市化绝不是大拆大建,不是造城,而是要让农民进的来、住得下、过得好。要注重历史文化街区的公益性,发挥政府在历史文化街区规划、开发、建设、运行和管理中的主体作用,通过连片开发、有机更新相结合的方式,推进历史文化街区开发保护,进一步提升城市文化内涵。

# 二、温州市中心镇建设的对策研究<sup>①</sup>

温州科技职业学院　董晓东

**摘　要**　中心镇培育工程是浙江省提高城市化水平、推进统筹城乡发展、加快社会主义新农村建设的重大战略举措,也是温州市统筹城乡一体化发展、解决"三农"问题的重要途径。中心镇是统筹城乡的节点,投资与消费的交汇点,支撑当前增长与推动长远发展的结合点;以及中心镇在产业集聚和人口集聚的功能,对加快我市农业现代化和城市化进程中起到了巨大作用。本研究采用文献调查法、问卷调查法、重点调查法及专家座谈法等调研方法,对温州市中心镇培育现状及存在的问题进行梳理剖析,提出相应的对策建议。

**关键词**　中心镇;培育现状;城市化;对策

## 1　引　言

### 1.1　研究背景和意义

2000 年 6 月中共中央、国务院发布《关于促进小城镇健康发展的若干意见》(中发〔2000〕11 号)中指出:加快中国城镇化进程,实现城镇化与工业化协调发展,小城镇占有重要的地位,发展小城镇是实现中国农业现代化和城镇化,解决"三农"问题的必由之路。党的十六大提出"全面繁荣农村经济、加快城镇化进程"的要求,均表明大力发展小城镇,是根本解决三农问题,全面建设小康社会的重要途径。

浙江改革开放 30 年来,民营经济高速发展,产业不断聚集并形成主导产业和主导产业群,涌现出一批经济实力强、设施功能全、具有小城市形态的特大型中心镇。中心镇培育工程是浙江省提高城市化水平、推进统筹城乡发展、加快社会主义新农村建设的重大战略举措,也是温州市统筹城乡一体化发展、解决"三农"问题的重要途径,对推进新农村建设、统筹城乡发展,具有积极的推动作用。浙江是"强县扩权"改革的先试者,也是受益者。从 1992 年开始,连续 4 轮扩权,让浙江县域经济实力大增。浙江省在四轮强县扩权的基础上,为解决镇级经济社会发展与镇政府管理权限不相适应的矛盾,决定进一步深化改革,推进扩权强镇工作。2007 年

---

① 课题来源:温州市科技局软科学研究课题(编号 R20100111)。课题组成员:董晓东、林瑜彬、周胜芳、陈国胜、陈方丽、万明宝、董黎晖、陈乃华。

和 2009 年,浙江省分别下发了《关于加快推进中心镇培育工程的若干意见》(浙政发〔2007〕13 号)和《关于深化改革开放推动科学发展的决定》,对扩大中心镇经济社会管理权限提出指导性意见,鼓励县级政府将部分经济社会和公共服务方面的管理权限下放给中心镇。特别是中心乡镇最靠近农村前沿,加强镇域经济,无论对"三农"的带动力上,还是在加强块状经济带培育上,都显得十分重要。在全省有重点地选择 141 个省级中心镇实施"扩权",温州市 15 个镇列入名单。2009 年温州市委市政府印发了《关于推进强镇扩权改革的意见》,选择乐清市柳市镇、瑞安市塘下镇、永嘉县瓯北镇、平阳县鳌江镇、苍南县龙港镇 5 个省级中心镇作为温州市强镇扩权改革第一批试点镇。为认真贯彻落实中共中央国务院《关于加大统筹城乡发展力度,进一步夯实农业农村发展基础的若干意见》(中发〔2010〕,温州市政府相应下发中共温州市委文件温委〔2010〕1 号《关于加大统筹城乡发展力度,加快社会主义新农村建设步伐的若干意见》,该文件中指出推进中心镇中心村建设,把建设中心镇、中心村作为推进城乡一体化、统筹城乡发展的重要载体和纽带。为加快培育建设中心镇,应按照"责权匹配"和"管理权限多放、资源要素多配、基础设施多投"的要求,理顺中心镇的管理体制,完善财税、投融资、用地、户籍管理等政策。目前龙港镇、柳市镇、塘下镇和鳌江镇等 4 个镇不仅为温州市和浙江省主要经济强镇、温州市强镇扩权第一批试点镇,被列入浙江省"十一五"中心镇培育工程名单,同时也是在 2010 年 12 月被列为浙江省首批 27 个小城市培育试点乡镇、全国小城镇综合改革试点镇,积极开展小城市培育试点工作。可见,中心镇的建设与培育是大势所趋,是加快温州市农业现代化和城镇化进程,解决"三农"问题的重要途径。

在推进中心镇"扩权强镇"改革中,温州市政府在城镇化建设与发展方面所作的探索,以及地方政府建设方面的制度创新,对推进浙江农村的城镇化进程,起到了积极的推动作用,并取得了一些成效。但在温州市中心镇建设过程中,仍存在着一些薄弱环节和问题。本研究通过大量的调研工作收集上述四个试点镇发展现状的相关资料,对温州市中心镇建设的思路进行梳理和评述,揭示中心镇的培育工程过程中存在的问题,最后就如何加快温州市中心镇发展从完善财税、投融资、用地及人员配置做深入探讨并提出对策建议;为温州市各级政府推进城乡一体化、统筹城乡发展制定相关政策提供一定的参考价值;对我国沿海地区的社会主义新农村建设也有一定借鉴和指导意义。

## 1.2 国内外研究现状和发展趋势

发展经济学是 20 世纪 40 年代末形成的一门新兴经济学科,主要研究发展中国家面临的发展问题,研究范围包括经济问题,也涵盖社会、人口、城市化等广阔领域,具有较强的综合性、交叉性与边缘性。它注重发展战略研究和政策研究的实践特色,注定其必然引起社会各界的广泛关注和重视。通过对世界发达国家和发展中国家的城市化发展历程比较中发现,发展中国家在发展工业化、城镇化的同时,更应该重视农村经济自身的发展。因此,发展经济学为全面研究社会经济发展与城市化提供了重要的理论支持,对于研究我国城镇化有其重要意义。

从 20 世纪 40 初,国际上许多著名学者开始对城市化问题进行系统的实证研究,取得了一定的成果。1954 年刘易斯(刘易斯模型)提出,在发展中国家存在着二元结构,农村的传统农业部门与城市的现代工业部门并存。农村中存在着大量的剩余劳动力,可以为工业发展提供劳动力供给。1961 年拉尼斯、费景汉(拉尼斯——费景汉模型)对刘易斯模型进行了重要补充改进,把农业发展在农村劳动力向城镇流动过程中的作用放到了一个更为关注的位置,把城镇化和工农业发展联系起来进行综合研究。1961 年乔根森(乔根森模型)提出,从消费结构变化角度对于农村劳动力向城市转移进行研究。由 1969 年经济学家托达罗提出托达罗模型。它假定农业劳动者迁入城镇的动机建立在城乡预期收入差距之上,这种差距越大,农村人口流入城镇力量就越强。该模型与建立在充分就业假定上的刘易斯模型形成了明显反差。20 世纪以来,我国学者结合国情对于中国城市化问题进行了广泛的研究,主要研究小城镇发展、小城镇规划与建设、小城镇经济等不同专题方面。关于小城镇发展战略是我国政府和学术界共同关注的一个热门话题。20 世纪 80 年代初,著名经济学家、社会学家费孝通开始专注于小城镇研究,小城镇成为费孝通近 20 年辛勤开拓的研究领域。关于“小城镇”,费孝通(2000)将其理论化为“小城镇、大问题”,指出“小城镇建设是发展农村经济,解决人之出路的一个大问题”。费孝通采用类型比较法作为区域发展研究的具体方法,即通过小城镇类型比较,总结了中国经济发展的各种模式并具体提出“苏南模式”、“温州模式”等小城镇发展“模式”,为迈入了小城镇“类别、层次、兴衰、分布、发展”的十字研究课题奠定基础。叶裕民(2001)在《中国城市化之路》中提到我国小城镇研究已成为我国社会经济领域的一个研究热点。但呈现出一般性研究居多,具体研究偏少;散论性研究较多,系统研究偏少;并且研究不深,理论提炼较为缺乏。同时,产业聚集理论、空间结构理论,特别是区位理论、路径依赖理论、生态位理论等运用于小城镇还才开始,仍有很多融合、提升的空间,值得去进一步研究。陈秉钊(2001)在《发展小城镇与城市化的战略思考》中指出一般城市化研究多从经济的发展对城市化推动作用方面进行,并深入研究推动城市化的战略意义及相关对策。王富喜、林炳耀(2005)在《发展中心镇——新世纪我国农村城镇化的现实选择》中指出新世纪小城镇发展必须走以中心镇建设为重点的集约化、内涵型发展之路。为促进中心镇健康发展,必须适当扩大镇(乡)域面积,改革城镇建设投融资体制,用产业集群思想指导经济建设,加快相关制度改革步伐。柳意云、阎小培等(2006)在《快速工业化地区中心镇的土地经》中则对中心镇实行土地经营的思路进行探索,包括实行土地经营原则、内容、模式及不同类型的城镇建设用地的经营策略来求证快速工业化地区的中心镇实行土地经营既有可能也有必要。王士兰、游宏滔、徐国良(2009)在《培育中心镇是中国城镇化的必然规律》中就小城镇城市设计的阶段划分、设计内容及必须重点研究的几个问题进行了理论和方法的探索。同时阐述了培育中小城市的目标要求,分析当前中心镇培育工作的发展优势和制约因素,中心镇培育中小城市等中国城镇化进程中的战略问题。时任中共中央政治局常委、国务院副总理李克强同志(2010)的重要文章《关于调整经济结构促进持续发展的几个问题》中提出加快城镇化进程是经济结构调整的重要内容。文章指出,当前我国经济结构既面临十分严峻的挑战,又面临新的战略性调整机遇。城镇化是经济社会发展的客观趋势,推进城镇化是关系现代化建设全局的重大战略。在这个历史阶段,我们必须按照科学发展观的要求,从全面建设小康社会、加快推进社会主义现代化的高度,应以加快城镇化为依托,调整优化城乡和区域结构,扩大消费需求和投资需求,促进经济长期平稳较快发展。

近些年来,小城镇理论发展不断地与各地具体实践高度结合,从实践中总结经验,从理论中思考小城镇实践发展道路,这方面的研究也层出不穷。如王士兰在《论浙江省中心镇的发展与建设》中就浙江中心镇现状,根据党和国家发展小城镇的战略部署及加速发展城市化的趋势,提出发展和建设中心镇的几个问题探讨。朱党其(2004)在《进一步加快中心镇建设发展的对策建议》中阐述萧山区中心镇建设发展现状、加快中心城镇建设发展指导方针、整体原则和目标及推进中心镇发展政策措施提出10点建议。王志强(2005)则在分析新时期江苏省小城镇和重点中心镇发展现状特征的基础上,遵循总量控制与分区遴选、逐步筛选与优先考虑、择优精选与动态发展的原则,以科学性与可行性相结合、定量测评和多因素综合定性评估相结合的方法,确定了新时期江苏省100个重点中心镇,并提出发展重点中心镇的对策建议。陈剩勇、张丙宣(2008)《强镇扩权:浙江省近年来小城镇政府管理体制改革的实践》提出发展小城镇是实现我国农村现代化和城镇化,解决"三农"问题的必由之路。以"强镇扩权(中心镇培育工程)"为内容的小城镇政府管理体制改革给沿海经济发达地区小城镇的发展注入了新的活力,必将推动小城镇的建设和发展,对推进新农村建设、统筹城乡发展具有积极的推动作用。潘光勋(2009)在《温州小城镇建设的实践与发展对策》指出小城镇作为联结城市与农村的一个节点和枢纽,对于带动区域发展和社会主义新农村建设,促进城乡经济社会发展一体化新格局的形成,有着极其重要的作用。

国外学者对城市化问题进行系统的系统研究已经进行了多年,基本上对发达国家城市化问题进行了比较系统的实证研究,但缺乏对发展中国家—中国城市化问题的实证研究。近几年来,不少国内学者对国外学者关于城镇化的研究成果进行了总结分析,少数学者(主要代表费孝通)对我国小城镇发展做了比较翔实的理论与实证研究,王士兰教授等则对中心镇培育工作的发展优势和制约因素等中国城镇化进程中的战略问题进行深入的探索。浙江也有针对温州的中心镇发展做了实证研究,大多是政府相关部门所为,目前极少有国内学者对温州市城镇化发展及温州政府在中心镇发展过程中的作用进行系统、深入的实证研究。尤其是对针对温州市如何强力推进中心镇综合配套改革等对策研究。然而,这对于加快推进我市中心镇发展及小城市培育,认真贯彻落实党的十六大、十七大会议精神,紧紧抓住中央要求经济较发达地区实施统筹城乡经济社会发展、加快推进城乡一体化重大战略部署,对于促进城乡统筹发展,加快全面小康社会建设进程,有着十分重要的意义。本文的研究旨在弥补这一缺憾。

### 1.3 研究方法

#### 1.3.1 调查方法选择

本课题采用文献调查法、问卷调查法、重点调查法及专家座谈法等调研方法收集温州市中心镇发展现状的相关资料。重点调查温州市 4 个特大型镇("镇级市")建设的典型案例。

(1)文献调查法。本课题的研究建立在充分掌握相关文献资料的基础上,并以此为基础进行研究。本课题的研究查阅了中央及浙江省关于中心镇建设、小城镇建设的相关文件、意见,包括中共中央国务院《关于加大统筹城乡发展力度,进一步夯实农业农村发展基础的若干意见》(中发〔2010〕)、《统筹城乡发展、推进城乡一体化纲要》、《浙江省人民政府关于加快推进中心镇培育工程的若干意见》(浙政发〔2007〕13 号)、《中共浙江省委办公厅浙江省人民政府办公厅关于进一步加快中心镇发展和改革的若干意见》(浙委办〔2010〕115 号)、《浙江省人民政府办公厅关于开展小城市培育试点的通知》(浙政办发〔2010〕162 号)、《中共温州市委、温州市人民政府关于推进强镇扩权改革的意见》(温委发〔2009〕57 号)、《浙江省强镇扩权改革指导意见》、《关于省小城市培育试点专项资金管理若干问题的通知》、中共温州市委文件温委〔2010〕1 号《关于加大统筹城乡发展力度,加快社会主义新农村建设步伐的若干意见》以及《2011 年全省中心镇发展改革和小城市培育试点工作要点》(浙政办发〔2011〕52 号)等,力求做到对政策措施的科学准确把握。此外,研究中还认真查阅了 4 个试点镇在推进中心镇建设方面的相关文件资料以及其他相关参考文献。

(2)实地访谈调查。为了对中心镇培育情况及其成效和问题进行总结、评估,本课题重点选择了温州市 4 个特大型镇("镇级市")建设的典型案例进行重点考察。在多次调研考察中,分别与中心镇领导和相关部门进行座谈,并对 4 个试点镇的政府部门、部分村两委主要干部、居民等进行了问卷调查。其中访谈内容主要涉及中心镇建设中的机构改革、管理权限、经济社会管理权限、政策落实概况、强镇扩权的体制障碍、中心镇治理的困难与思路等内容,在几次调研访谈中,课题组获得了 4 个试点镇的经济发展数据、中心镇建设的相关政策文件等资料;调研问卷主要涉及试点镇建设的相关政策了解程度、中心镇建设情况、中心镇建设满意度和困难瓶颈的调查。

#### 1.3.2 样本说明

温州市有 30 多个经济强镇,2009 年,温州市入选浙江百强镇的有 13 个;入选全国千强镇 32 个,其中排在 500 名前的 28 个。本课题选择龙港镇、塘下镇、柳市镇、鳌江镇等作为研究的调研对象和研究重点,主要因为这四个镇都是温州市特色鲜明的经济强镇和特大型镇,在中心镇的建设、发展和改革一直处于先进行列,并取得了一定的成效,但也面临扩权措施落实有限、权力下放缺乏有效监管等"后扩权时代"困境以及要素瓶颈制约等问题的困扰。为了详细了解这一情况,课题组拟定名称为"中心镇发展对策研究课题调查问卷"、"小城市培育政策跟踪研究调查问卷"及"温州市小城市培育调查访谈提纲"进行实地调查。受访对象为机关事业单位、企业、村两委、居民等。问卷共发出 1000 份,两次发放。第一次 600 份,收回有效问卷 554 份,问卷回收率 92.3%,样本分布情况如表 1-1,第二次 400 份,收回有效问卷 377 份。从表中可以看出样本的分布比较合理、科学。

表 1-1　调查样本分布统计

| | | |
|---|---|---|
| 中心镇 | 龙港镇 | 174 |
| | 塘下镇 | 134 |
| | 鳌江镇 | 99 |
| | 柳市镇 | 147 |
| 年龄 | ≤35 岁 | 361 |
| | 36~55 岁 | 167 |
| | ≥56 岁 | 26 |
| 所在部门 | 机关事业单位 | 103 |
| | 村两委 | 57 |
| | 企业 | 216 |
| | 乡镇居民 | 178 |

## 2　温州市城镇化发展及变革历程

### 2.1　自然地理概况

温州地理位置温州地处中国大陆环太平洋岸线(约 18000 公里)的中段,浙江省东南部。全境介于北纬 27.03′~28.36′、东经 119.37′~121.18′之间。

东濒东海,南与福建省宁德地区的福鼎、柘荣、寿宁三县毗邻,西及西北部与丽水市的缙云、青田、景宁三县相连,北和东北方与台州市的仙居、黄岩、温岭、玉环四县市接壤。温州陆域面积 11784 平方公里,海域面积约 11000 平方公里。其中市区 1187 平方公里。

境内地势,从西南向东北呈梯形倾斜。绵亘有洞宫、括苍、雁荡诸山脉,泰顺的白云尖,海拔 1611 米,为全市最高峰。山脉之间的溪流,大都由西向东注入东海。东部平原地区,主要有温瑞平原、瑞平平原,其间人工河道纵横交错。

河流较长的有瓯江、飞云江、鳌江。其中瓯江曾称永宁江、永嘉江、慎江,为浙江第二大河,发源于庆元县的凤阳山,全长 388 公里,流域面积 1.8 万平方公里。江面宽阔,由于江流海潮相互作用,泥沙沉积,形成了西洲岛、江心屿、七都岛、灵昆岛四个江中沙洲。

温州陆地海岸线长 355 公里,以琵琶门为界,北为泥岸,间有岩岸,南为岩岸。有岛屿 436 个,多为雁荡山脉延伸部,海岸线曲折,形成磐石等天然良港。因为地处温桥岭南,"虽隆冬恒燠",故名温州。

温州属亚热带海洋季风湿润型气候,冬夏季风交替显著,温度适中,四季分明,雨量充沛。年平均气温 16.1～18.2 摄氏度,东无严寒,夏无酷热。年降水量在 1500～1900 毫米之间。春夏之交有梅雨,7—9 月间有台风。

## 2.2 温州新中国成立以来行政区划调整进程

1949 年 10 月,浙江省人民政府第五专区(温州区)所属县、区、乡人民政府先后建立。

1958 年 8 月,撤销原区、乡、镇建制,建立 69 个人民公社。

1983 年 4 月,恢复乡镇人民政府建制。

1992 年,根据民政部统一部署,完成撤区、并乡、扩镇工作,全市由原来的 59 个区、503 个乡镇撤并为 315 个乡镇,减少了 40%。

2000—2003 年,市辖三区范围重新调整,设立若干个街道,部分县市也分别对瓯北、塘下、安阳、昆阳、龙港等 13 个重点镇区进行了扩大性调整,扩大瑞安县城并成立了 6 个街道。

此后的 7 年间,温州乡镇行政区格局基本保持至今。

## 2.3 温州市中心镇发展变革历程

中心镇是指一些具有较好区位优势、较强经济实力、较好基础设施、较大发展潜力、对周边地区具有一定辐射力的区域重点镇。中心镇作为承接城市与农村的枢纽和城镇体系的基础,有着十分重要的战略意义和作用:一是有助于发挥集聚功能,促进经济发展。中心镇的发展为区域经济的进一步增长提供了现实的可能性。二是有助于打破"二元结构",进一步推动城乡一体化。城镇的发展沟通了城市与农村的联系,是解决这一矛盾的有效途径。中心镇能吸引和接纳大量农村人口,并为城市开辟新的发展空间

2007 年 5 月,浙江省出台《关于加快推进中心镇培育工程的若干意见》,提出"十一五"期间全省重点培育和发展 141 个省级中心镇的目标,其中包括温州市乐清市柳市镇、瑞安市塘下镇、永嘉县瓯北镇、平阳县鳌江镇、苍南县龙港镇在内的 15 个中心镇。

2009 年温州市委市政府印发了《关于推进强镇扩权改革的意见》,选择乐清市柳市镇、瑞安市塘下镇、永嘉县瓯北镇、平阳县鳌江镇、苍南县龙港镇 5 个省级中心镇作为温州市强镇扩权改革第一批试点镇,"强镇扩权"系统工程全面启动。强镇

扩权重点建设以上五个"镇级",按照建设现代化城市的要求和理念,全面提升规划建设管理水平,实现城镇向城市转型,努力建设"镇级市"。

2010年6月4日,我省提出深入推进强镇扩权改革,增补第二批省级中心镇。温州市永嘉县桥下镇、瑞安市陶山镇、平阳县萧江镇、苍南县钱库镇列入名单。此至,我市省级中心镇数达到26个。到2015年,力争把200个左右中心镇培育成产业特色鲜明、生态环境优良、社会事业发达、功能设施完善的区域中心。

2010年12月,浙江省政府办公厅出台了《关于开展小城市培育试点的通知》,首批确立了苍南县龙港镇、瑞安市塘下镇、乐清市柳市镇、平阳县鳌江镇等27个小城市培育试点镇,通过推进人口集中、产业集聚、功能集成、要素集约,加快培育一批功能定位清晰、空间布局合理、经济繁荣发达、服务功能完善、生态环境优美、体制机制灵活、宜居宜业、社会和谐的小城市,构筑集聚能力强、带动效应好、体制机制活、管理水平高的城市化发展新平台,走出一条具有浙江特色的城乡一体化发展新路子。

"十二五"期间,温州要在全市建成50个左右集聚水平高并且特色鲜明、规划科学、经济繁荣、环境优美、设施完善、文明富裕的中心镇。在"十二五"末,将它们培育成为经济繁荣、功能完备、生态文明、宜居宜业、集聚能力强、带动效应好、体制机制活、管理水平高的小城市。

## 2.4 中心镇建设的重大意义

推进小城镇的建设和发展,是实现我国农村现代化和城镇化、解决"三农"问题的必由之路。加速发展小城市和中心镇已成为发展新农村建设的目标,是我们国家统筹城乡经济社会发展、加快社会主义新农村建设的基本战略。在新的发展阶段,培育发展中心镇和小城市,已成为新型城市化的一个重大举措,对我市具有深远的经济社会意义。

### 2.4.1 城市化进程的必然选择

2010年中央一号文件强调要把加快推进城镇化作为统筹城乡发展,解决新时期"三农"问题的新的战略举措,并强调要努力形成城镇化与新农村建设协调发展、良性互动的体制机制。发展小城镇是实现我国农村现代化和城镇化,解决"三农"问题的必由之路。以城带乡战略的关键是,把中小城市作为城市化战略的重点,成为我省实施以新型城市化为主导,加快推进城乡一体化新战略的一个关键性选择。"十一五"规划明确提出要"促进城镇化健康发展,坚持大中小城市和小城镇协调发展,提高城镇综合承载能力,按照循序渐进、节约土地、集约发展、合理布局的原则,积极稳妥地推进城镇化,逐步改变城乡二元结构"。中心镇是小城镇发展的龙头,对其他小城镇起着示范作用。

### 2.4.2 实现城乡统筹的有力举措

中心镇是城市化、工业化和农业化的重要载体。加快建设和发展中心镇,既可以把城乡两个市场较好、较快地连接起来,有效促进二、三产业的发展,缓解农村人多地少的矛盾,促进农业规模效益的提高和农民收入的增长。目前我国已进入了工业化的中期阶段。按照经济发展的一般规律,"工业反哺农业、城市支持农村,实现工业与农业、城市与农村协调发展,是带有普遍性的趋向",工业反哺农业的条件开始成熟。在该阶段,重视中心镇在农村城镇化和非农化中的功能和作用,对于解决"三农"问题有重大意义。发展中心镇,有益于促进农业产业化,使农民生活水平得到进一步提高;有益于加快整个农村的发展步伐,加速农村社会文明的全面进步。

### 2.4.3 培育成小城市的前提保证

选择经济基础好、集聚辐射能力强、发展潜力大、基础设施较为完善、带动作用大、产业特色明显的中心镇,通过10年甚至更长的时间,构建工业带动型、商贸流通型、旅游拉动型、居民富裕、环境优美、文明和谐、特色明显、辐射能力较强的现代化小城市,进而快速有序地推进城乡一体化,具有很重要的现实意义。尤其在当前背景下,浙江省委省政府提出的把中心镇培育成为现代小城市的战略决策具有鲜明的前瞻性,成为我省实施以新型城市化为主导,加快推进城乡一体化新战略的一个关键性举措。把中心镇培育成小城市,是浙江迈向现代化的必由之路。因为,在中心镇身上,聚合着多重角色:统筹城乡的节点,投资与消费的交汇点,支撑当前增长与推动长远发展的结合点。不断提升中心镇建设发展水平,积极推进小城市体制机制改革,努力开创我省统筹城乡发展新局面。

## 3 温州市中心镇发展现状

### 3.1 温州市中心镇现状分析

自2007年省政府、市政府文件出台以后,各县(市、区)都成立了中心镇培育领导小组,出台了有关文件,制定了一系列有效措施。近年来,温州市委、市政府非常重视中心镇培育工作,把发展中心镇作为农村工作的重大战略之一来抓,中心镇建设步伐不断加快,并取得了初步成效。

#### 3.1.1 苍南县龙港镇

苍南县龙港镇是闻名遐迩的"中国第一座农民城"。1984年建镇,镇域面积83平方公里,建成区16平方公里,现辖9个办事处、23个居民区和107个行政村,总人口38.79万,其中户籍人口25.4万人。2011年,全镇实现生产总值146.2亿元,同比增长15%,占全县48.6%;工业总产值331.2亿元,同比增长13%;财政总收入14.8亿元,同比增长19%,占全县47.8%;完成固定资产总投资65.8亿元,同比增长110%,投资率达52.8%。龙港镇小城市建设的功能定位是按照龙港镇的自然条件和区位优势、产业特色和竞争优势、区域职能和综合实力,着力把握城镇改革、小城市培育、温州大都市区构建、海洋开发等发展机遇,以转型发展为主线,以改革创新为动力,以保障和改善民生为出发点,加快建设全国城镇综合改革示范基地、鳌江流域中心城市和宜居宜业的滨海工贸特色城市。龙港镇在新农村建设、民生工程建设、产业转型升级、党组织建设、社会事业等方面都取得跨越式的发展，但通过调研访谈，了解到目前龙港镇在向城市化迈进过程中存在一些问题，主要表现在：行政体制束缚，特别是 2011 年以来温州乡镇区划调整后，镇域面积比原来更大、人口更多、规模更大的龙港来说，"小马拉大车的"状况没有得到根本的改变；要素瓶颈制约进一步显现；投资环境亟待改善，政策处理难度较大，龙港社情民意复杂，又由于历史原因及法律法规的健全，群众诉求与政策相抵触现象日益增多，导致一些重点工程和项目政策处理难以顺利进行。

### 3.1.2 瑞安市塘下镇

瑞安市塘下镇是"中国汽车零部件生产基地"。镇域面积 83 平方公里，建成区 9.25 平方公里。辖 89 个行政村，常住人口 17.47 万人，外来人口 17 万人；2011 年，全镇实现生产总值 110.37 亿元，同比增长 9.4%，全社会固定资产投资 65.39 亿元；财政收入 15.87 亿元，同比增长 13.36%，农民人均纯收入 17766 元，同比增长 13.72%。基于对塘下镇区位条件、经济基础、产业特色、竞争优势等要素的分析，强化作为温瑞平原沿海新市的集聚辐射功能，结合小城市培育目标，塘下镇小城市建设的功能定位是中国汽摩配产业重要基地、温瑞平原重要节点城市和海滨宜居活力新城。

塘下镇城市化进程明显加快，主要表现在重点工程建设提速推进、城市框架不断拉开、区镇合一的管理模式使城市功能配套不断强化、城市品位进一步提升等方面，但通过访谈调研，了解到目前塘下镇在向城市化迈进过程中也存在一些问题，主要表现在：历史欠账土地要素制约的问题，过去产业层次低带来城镇建设品位偏低的历史欠账很多，基础设施建设严重滞后于经济发展，需要增加大量的建设用地指标，致使镇里用地指标特别紧张；项目资金支出数额大、时间又紧，地方财力难消化，财政收支平衡压力非常大；作为小城市培育试点镇应有的职能（如部分行政审批权）有待加强。

### 3.1.3 乐清市柳市镇

乐清市柳市镇号称"中国低压电器王国"。全镇总人口 30 万，镇域面积 49.88 平方公里，镇区建成区面积 12.8 平方公里，2011 年，全镇全年工业总产值 609.9 亿元，同比增长超过 15.7%；财政总收入达到 30 亿元，同比增长超过 25%，全年实现全社会固定资产投资 45.17 亿元，超额完成市里下达的 40 亿元的目标任务，同比增长率超过 100%。基于柳市镇的自然和区位条件、区域职能和综合实力、产业特色和竞争优势等方面要素，结合小城市培育目标，柳市镇建设小城市的功能定位是温州大都市经济圈重要城市组团、国家先进电工电气制造业基地和创业投资总部经济示范基地。柳市镇小城市建设卓有成效，主要表现在投资建设有新推进、转型升级有新成效、城乡面貌有新改善、社会事业有新进展、执政基础有新加强等方面。

### 3.1.4 平阳县鳌江镇

平阳县鳌江镇是"百年重镇"。镇域面积 102 平方公里,建成区 10.8 平方公里,常住人口 15 万,辖 8 个社区、59 个行政村。2011 年,鳌江镇域经济综合实力大幅提升,全镇实现工农业总产值 166.13 亿元,同比增长 21.43%;财政收入 10.77 亿元,同比增长 47.74%;全社会固定资产投资 53.22 亿元,同比增长 178.49%;城镇居民人均可支配收入 26084 元,农村居民人均纯收入 14198,分别同比增长 11.23% 和 21.35%。鳌江镇小城市建设的功能定位是建设浙南新都市,重塑"瓯越明珠",抢占浙南城市发展新"鳌头",成为鳌江流域中心城市、浙南特色装备制造业基地和平阳经济社会文化副中心,努力率先建成现代化小城市。

鳌江镇在小城市培育方面成效初显,主要表现在新城区开发建设卓有成效、主干道建设加快推进、市政配套设施不断完善、城市管理不断加强等方面,但通过调研访谈,了解到目前鳌江镇在向城市化迈进过程中仍然存在一些问题,主要表现在:产业层次低、服务业占比低、高新技术产业产值占比低,要素制约比较突出,产业竞争力不强;城镇功能相对薄弱,城镇管理还跟不上形势要求;发展环境急待优化,"清障除污"力度要进一步加强;优质公共服务资源较为缺乏,少数群众生活还比较困难,改善民生、促进和谐的任务依然十分繁重,加强社会建设、创新社会管理面临诸多新课题。

综上可知,这四个中心镇的人口都在 20 万～30 万人及以上,城区建成区面积都在约 10～30 平方公里之间,地区总产值都在 77 亿～380 亿元之间,财政收入 10 亿～30 亿元之间,占所在县(市)的比例都在 30% 以上。这说明,这四个中心镇人口规模、建成区面积、经济总量及结构、财政收入等,均达到了国务院规定的相关设市标准,有的镇甚至达到了中等城市水平。温州具备了按照中央有关精神,率先探索"推进城镇化发展的制度创新"的历史条件。

## 3.2 温州市中心镇发展和改革实践

根据省委省政府《关于进一步加快中心镇发展和改革的若干意见》(浙委办〔2010〕115 号)、《关于开展小城市培育试点的通知》(浙政办〔2010〕162 号)等精神,开展小城市培育试点,是省委省政府面对"十二五"的特殊历史时期,全面贯彻落实党的十七届五中全会精神和国家"十二五"战略部署,为加速推进新型城市化、加快统筹城乡发展、加强体制机制创新而作出的一个重大决策。作为全省首批 27 个小城市培育试点镇,温州市所辖的苍南县龙港镇、瑞安市塘下镇、乐清市柳市镇、平阳县鳌江镇认真按照小城市培育试点三年行动计划,通过实施规划带动、政策推动、投资拉动、改革促动等举措,扎实推进小城市培育试点工作开展,目前进展情况如下:

### 3.2.1 建立县、镇两级相应的组织领导机构

四个县(市)都建立了以党委或政府主要领导任组长,分管领导任(常务)副组长,相关单位为成员的小城市培育试点工作协调小组;各试点镇也建立了以党委书记任组长,镇长任副组长,各局、办、中心主要负责人为成员的小城市培育试点工作

协调小组,统一负责小城市培育试点工作。各相关县(市)都建立工作例会制度,定期召开小城市培育试点协调小组会议,及时研究解决小城市建设进程中出现的各种矛盾和问题,确保行动计划有效实施和扎实推进。建立考核奖惩机制,将小城市三年行动任务分解为年度工作任务落实到部门和单位,明确责任人;同时强化监督检查,做到年初下任务,年中查进度,年末抓考核。

### 3.2.2 编制小城市培育三年行动计划

按照省政府对小城市培育提出"一年一个样、三年大变样"的发展建设要求及省编制三年行动计划范本,结合自身实际,各试点镇均编制完成了小城市培育试点三年行动计划,内容主要分为功能定位、行动目标、主要任务、保障措施以及发展指标和建设项目。目前各镇小城市培育试点三年行动计划已经省专家组评审通过。通过规划的修编完善,使各中心镇进一步明确了功能定位、发展方向和城镇特色,以系统科学的规划引领中心镇培育发展。

### 3.2.3 明确试点镇的功能定位和发展目标

龙港镇加快建设全国城镇综合改革示范基地、鳌江流域中心城市和宜居宜业的滨海工贸特色城市。到2013年,计划建成区面积扩大到18平方公里,城镇户籍人口达15万人,外来人口8万人,城镇常住人口集聚率达68%,完成投资181.8亿元,GDP总量达178亿元,年财政总收入达17.6亿元,农民人均纯收入达到17970元。塘下镇打造中国汽摩配产业重要基地,温瑞平原重要节点城市,海滨宜居活力新城。计划建成区面积扩大到24平方公里,常住人口达到25万人,完成投资190.42亿元,GDP总量120亿元,年财政总收入20.2亿元,农村人均纯收入22100元。柳市镇打造温州大都市经济圈重要城市组团,国家先进电工电气制造业基地,创业投资总部经济示范基地。计划建成区面积扩大到16平方公里,常住人口达到20万人,完成投资105.7亿元,GDP总量达171亿元,年财政总收入达到25.5亿元,农村居民人均纯收入26500元。鳌江镇打造鳌江流域中心城市、浙南特色装备制造业基地、平阳经济社会文化副中心。计划建成区面积达到13平方公里,常住人口达13.8万,完成投资113.3亿元,GDP总量达到100亿元,年财政总收入(不含土地出让金收入)达11.5亿元,农村居民人均纯收入2万元。

### 3.2.4 出台相关重点扶持政策

试点镇所在县(市、区)按照试点要求出台了一系列配套扶持政策,主要涉及推进强镇扩权改革、建立专项扶持资金和加大税费扶持、强化土地保障等。其中苍南县直接下放26个部门的49项经济社会管理权限,建立年1亿元以上的小城市培育专项资金,一般用地指标不少于全县1/3。瑞安将9大类38项市级立项审批权以委托形式下放,每年配套设立1.5亿元的小城市培育专项资金,3年确保安排3300亩左右建设用地指标。乐清市直接下放11个部门65项经济社会管理权限,设立每年1.5亿元专项扶持资金,每年安排500亩以上建设用地指标。平阳县直接下放20个部门39项经济社会管理权限,设立每年1.2亿元专项扶持资金,鳌江镇范围内城乡建设用地增减挂钩指标全部留给鳌江镇政府使用。

### 3.2.5 推进各项改革创新工作

按照 3 年行动计划的部署，各地都已发文明确"五大中心"和"四大重点改革"的具体实施措施、编制安排、投资计划和落实时间。其中苍南县"五大中心"投资 8000 万元,落实 84 名工作人员,行使 160 项职能。瑞安市"五大中心"投资 2450 万元,落实 114 名工作人员,行使 145 项职能。乐清市"五大中心"落实 133 名工作人员,行使 105 项职能。平阳县"五大中心"投资 2760 万元,落实 105 名工作人员,行使 190 项职能。

## 4 温州市中心镇发展的制约因素分析

实施扩权强镇工作,是全面落实科学发展观和深入实施创业创新总战略的重要内容,是大胆探索行政管理体制改革的积极实践,是加快统筹城乡发展的有力保障,也是有效解决当前经济发展面临的困难和问题的重大举措。通过调研,我们发现上述四个中心镇在建设过程中存在以下一些问题:

### 4.1 强镇扩权措施有待进一步加强

下放部分经济社会管理权限,是中心镇建设的重要举措,旨在通过扩大权限提高中心镇的管理能力,解决"看得见管不着"、"管得着看不见"的难题,在调研过程中发现对这一问题争论的最多。

#### 4.1.1 中心镇强镇扩权政策措施满意度比较分析

在对关于中心镇强镇扩权的政策措施的落实情况调查中,我们发现 554 个被调查者,262 人反映不了解中心镇扩权改革措施,占所有调查对象的近 48%。在对了解中心镇扩权改革措施的被调查者中,对扩权改革措施的落实情况并不满意。具体来讲,落实满意度最高的是社会保障,为 190 人占比 34.29%;其次为户籍管理、人事管理、行政执法和财政投入,分别为 184 人占比 33.21%、183 人占比 33.03.66%、173 人占比 31.22% 和 160 人占比 28.88%;满意度介于 10% 到 20% 的有创业就业指导、项目审批、用地指标、和规费政策;其他因素的满意度在 10% 以下(见图 4-1)。

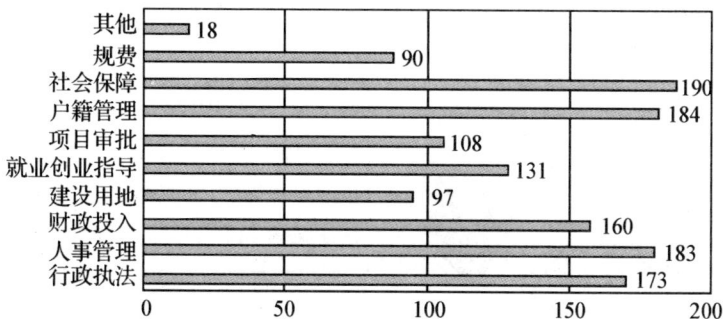

图 4-1 中心镇强镇扩权政策措施满意度比较分析

### 4.1.2 强镇扩权改革措施各影响因素比较分析

强镇扩权作为基层政府管理体制改革的最新实践形式之一,政策性强、涉及面广,难免存在与扩权改革相伴生的新问题。针对这些问题产生的原因,本课题对四个试点镇党政机关干部、镇域企业经理、村两委干部等进行了广泛调研。在关于对试点镇开展强镇扩权因素的七个选项中,通过对 554 个被调查者的反映情况来看(见图 4-2),有 243 人认为市政府支持不力,以占比 43.86%的认同度居于首位;有 238 人认为镇政府人力财力有限,以占比 42.96%的认同度位居第二;有 201 人认为上级配套资金不足则以占比 36.28%的认同度紧随其后;对政策认识不到位、基层事务复杂和缺乏相关专业培训对政策认识不到位的认同度分别为 193 人占比34.84%、177 人占比 31.23%和 155 人占比 27.98%;其他影响因素为 38 人占比6.86%。这有效地说明中心镇强镇扩权改革措施落实效果有限性受到上述因素的影响。

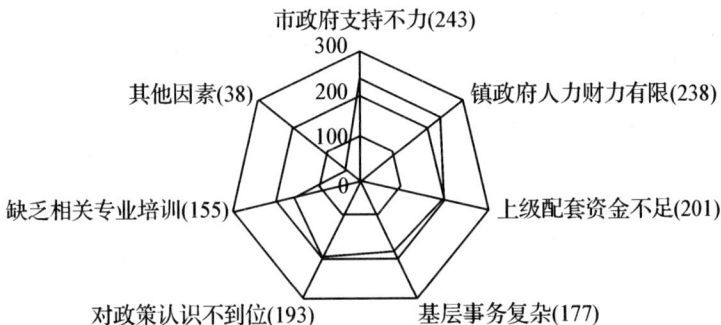

图 4-2 强镇扩权改革措施各影响因素比较分析

### 4.1.3 县直部门在中心镇派出机构的管理模式分析

关于县直部门在中心镇派出机构的管理模式,受访的 554 人中有 45.50%的人认为可以实施县直部门和中心镇共同管理、中心镇管理为主的管理模式(见图 4-3),21.50%的人认为应全面下放县直部门派出机构归中心镇管理,18.90%的人赞同实施县直部门管理派出机构的完全垂直管理体制,14.10%的人则表示不清楚。总而言之,大部分的受访者倾向认为县直部门在中心镇派出机构实施中心镇管理或中心镇管理为主,其人数占总调研对象的 67.00%。

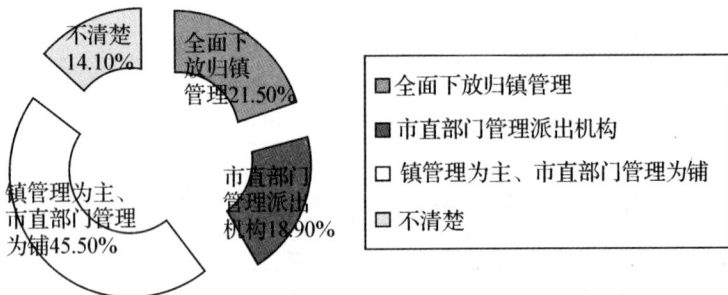

图 4-3 县直部门在中心镇派出机构的管理模式分析

### 4.1.4 目前中心镇政府最应该强化的权力分析

根据调查我们发现受访的 554 人中有 68.17％的居民认为应强化中心镇政府权力;弱化中心镇政府权力占了 26.53％;撤销只占 5.31％。说明政府部门的人员做的还是比较出色的,但还是有小部分居民认为弱化中心镇政府权力的地方,表示政府部门还是在有些方面做的不到位。对于最应该强化的权力,按重要程度排序为项目审批、财政权限、土地审批,分别有 120 人认为项目审批最重要,以占比31.83％的认同度居于首位;有 104 人认为财政权限,以占比 27.59％的认同度位居第二;有 101 人认为土地审批,则以占比 26.79％的认同度紧随其后。这有效地说明中心镇强镇扩权改革措施的切实落实在一定程度上也是民意所愿(表 4-1)。

**表 4-1　目前中心镇政府最应该强化的权力分析**

| 问题:您觉得目前中心镇政府最应该强化的权力? | 所占比例 | 重要程度排序 |
|---|---|---|
| 项目审批 | 31.83％ | 1 |
| 土地审批 | 26.79％ | 3 |
| 财政权限 | 27.59％ | 2 |
| 人事管理 | 21.75％ | 4 |
| 行政执法 | 14.06％ | 6 |
| 城镇综合管理 | 16.98％ | 5 |
| 其他 | 4.51％ | 7 |

综上 4 个问题的调研分析可知,中心镇强镇扩权改革效果有限,镇政府缺乏应有的城镇管理、协调和执法权限,存在管理脱节问题。另外,行政机构设置不完善,与经济、社会、事业的发展不相适应,出现“小马拉大车”现象,削弱了乡、镇一级政府的管理能力。虽然省、市已明文出台了作为小城市培育试点镇应有的职能和优惠政策,但部分没有真正执行到位,相应的扩权政策的执行效果并不理想。

## 4.2 要素瓶颈制约进一步显现

调研发现,各中心镇在转型成现代化小城市过程中,最突出和最普遍的问题仍是土地、资金、人才等要素制约。绝大多数人的意见是用地紧张,被调查者中有247 人认为用地受限是中心镇建设面临的最重要问题,以占比 53.05％的认同度居于首位;有 191 人认为建设资金不足,占比为 37.40％,位居第二。同时,我们也对四个试点镇的政府部门、部分村两委主要干部进行深度访谈记录进行汇总如下:

### 4.2.1 土地约束凸显

随着国家土地政策持续收紧,土地因素对中心镇发展的制约作用越来越明显。随着中心镇建设进程的加快,各中心镇日益显现出可用土地资源总量有限与用地需求量逐年增加的矛盾,而中心镇与其他镇一样,受"农保地"政策制约,尤其是温州市高农保率的情况下,即使有资金投入能力,往往也因发展空间不足、没有土地指标而不能有效开发,成为制约城镇建设与经济发展的最大瓶颈。如平阳县鳌江镇总体上也是一个人多地少的城镇,随着一大批工业设施、基础设施和公共设施等重大项目上马建设,"小城市三年行动计划"设定三年要使用建设用地 3195 亩,但县里统筹下达的用地指标远远不能满足经济社会发展需要,土地的供需矛盾越来越突出。

### 4.2.2 资金问题紧张

中心镇培育包含基础设施建设、城镇配套功能完善,产业扶持等都需要一定的建设资金和配套资金。虽然省政府专门为试点镇出台了扶持政策和改革举措,并设立专项扶持资金,支持小城市培育,但目前资金问题还是比较突出。一方面由于中心镇没有独立完整的一级财政体制和镇级金库,中心镇能支配的财政资金是非常有限,镇城镇基础设施投入基本靠土地出让金返回和银行贷款解决,远远满足不了需求,城镇污水管网建设、工业园区、旧城改造、新城开发、文化教育卫生等重大基础设施建设和事业项目的投入力度更显不足。另一方面,当前国有商业银行要求必须县级以上融资平台才能进行融资,作为市级中心镇,其融资平台等级不够,而且运用市场机制筹措建设资金的渠道尚未形成。如瑞安市塘下镇的小城市建设三年行动计划要完成 6 大类 120 个项目,总投资达 190 亿元,尽管该镇超前意识已到位,但项目资金支出数额大、时间又紧,地方财力难消化,财政收支平衡压力非常大。其次,由于财权与事权不对称,影响了塘下公共基础设施建设和各项社会事业发展,"历史欠账"较多,群众享受的公共服务产品严重不足,城镇承载功能薄弱。

### 4.2.3 人才资源缺乏

通过强镇扩权工作,大量事权下放到中心镇。部分下放的管理权限往往专业性比较强,现有工作人员难以适应,部分岗位特别是一些行政处罚权的执行需要有专业执法资格,专业技术人才严重缺乏,成为影响中心镇发展的突出问题。另外,中心镇扩权后机构设置并未调整,人员编制也没有增加。如平阳县规划建设局鳌江分局要负责鳌江镇及周围乡的规划编制、审批和监察工作,同时还负责一些建设项目的管理工作,现有管理能力与管理需求明显不符。同时调研还发现,规划人才尤其紧缺,有些镇仅有一名干部担任规划员工作,因而规划管理带有很大的随意性,加之农村工作的复杂性,重要的规划工作往往被束之高阁,失去应有的作用。

## 4.3 民众对中心镇培育政策了解程度不高

在对关于中心镇强镇扩权的政策措施的落实情况调查中,我们发现 377 个被调查者中有 50.40%的人不知道本镇被列入浙江省小城市培育试点,219 人反映不了解中心镇扩权改革措施,占所有调查对象的 58.09%。调查还发现 51.46%的居民不熟悉中心镇培育为小城市的相关政策,29.44%的居民对中心镇培育为小城市的相关政策表示一般,8.75%的居民还是较为熟悉中心镇培育为小城市的相关政策,6.63%的居民是很不熟悉中心镇培育为小城市的相关政策的,而只有3.71%的居民是很熟悉中心镇培育为小城市的相关政策。(见表4-2)。

表4-2 中心镇培育为小城市的相关政策的了解程度比较

| 问题:您了解中心镇培育为小城市的相关政策吗? | 所占比例 | 程度排序 |
| --- | --- | --- |
| 很熟悉 | 3.71% | 5 |
| 较为熟悉 | 8.75% | 3 |
| 一般 | 29.44% | 2 |
| 不熟悉 | 51.46% | 1 |
| 很不熟悉 | 6.63% | 4 |

## 4.4 "小城市"文化建设有待提高

城镇建设规划缺乏特色设计,镇内商业网点布局基本以二、三层楼和沿路"走廊式"建筑格式为主,开发分散不集中,建筑形式单一,街景规划设计单调;在重要地段和重要交叉口没有标志性建筑或城市标志,使得人们无法产生深刻的印象。其次,城市文明、市民素质没有得到同步提升,城市缺乏美的内涵;忽视对城市历史文化的传承保护。

### 4.4.1 当前中心镇市政建设主要项目分析

关于中心镇政府目前工作重点项目的选择,受访的377人中有184人选择道路交通,占比48.81%;179人选择公共卫生,占比47.48%;155人选择义务教育,占比41.11%(见图4-4)。根据调查显示大部分的受访者认为义务教育、公共卫生、道路交通这三方面是目前中心镇政府目前最应该首先做好的事情。针对这三个方面,市民呼吁镇政府应该加强学校设施的建设、师资力量的培训;加大公共场所不文明现象的惩罚力度;加强道路交通的管理力度,完善道路交通管理条例。换句话说,城市的建设与发展要与文明的建设分不开的。

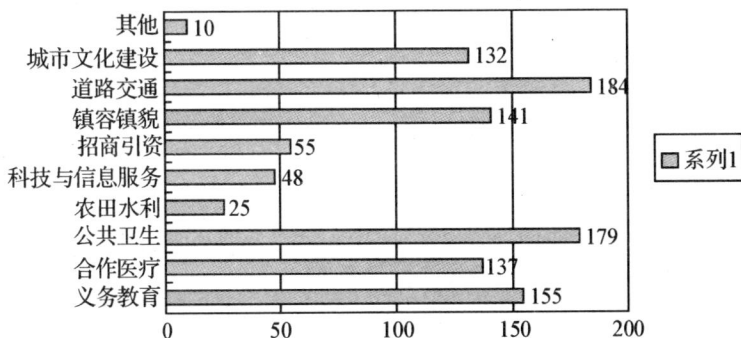

图4-4 当前中心镇市政建设主要项目分析

### 4.2.2 对中心镇文化设施及文化特色知晓度分析

调查结果发现,16.45%的人对于本镇新建的文化设施知道并且比较了解,46.42%的人对于本镇新建的文化设施有所耳闻但不是太关心,37.14%的人对于本镇新建的文化设施不知道没关注。目前,中心镇的文化形式还是比较丰富的,但是中心镇居民有相当一部分人都不太了解本镇的特色文化,需加强文化方面的宣传和建设(见图4-5)。

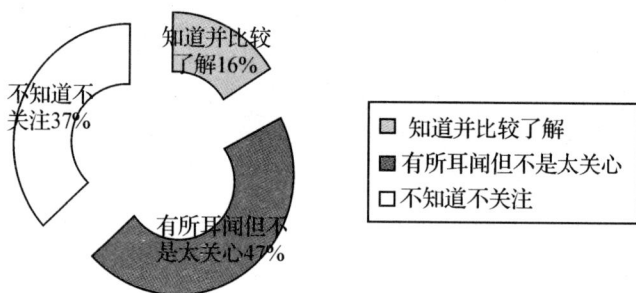

图4-5 对中心镇文化设施及文化产业的知晓度分析

### 4.2.3 最有发展潜力文化产业比较分析

在对关于最有发展潜力文化产业的调查中,我们发现377个被调查者对于本镇的文化产业发展优势的意见比较分散,位居第一的是民间文艺,有133人占比35.28%;位居第二的是文化旅游业,有122人占比32.36%;其次是影视娱乐及广告传媒,分别为59人占比15.65%、55人占比14.59%;最少的是音像书刊业,有20人占比仅5.31%(见表4-3)。

表4-3 最有发展潜力文化产业比较分析

| 产业名称 | 所占比例 | 发展潜力排序 |
| --- | --- | --- |
| 文化旅游业 | 32.36% | 2 |
| 民间文艺 | 35.28% | 1 |
| 影视娱乐 | 15.65% | 3 |
| 新闻出版 | 5.84% | 8 |
| 琴行、书画市场 | 6.63% | 7 |
| 广告传媒 | 14.59% | 4 |
| 音像书刊业 | 5.31% | 9 |
| 文物(非遗)品牌 | 11.14% | 6 |
| 文化科研创作 | 13.53% | 5 |
| 工艺美术业 | 6.63% | 7 |

#### 4.2.4 中心镇文化产业发展制约因素分析

调查结果显示有 163 人认为文化产业用地受限是影响中心镇文化产业发展主要因素之一,占比 43.23％;其次是缺乏有效的引导,155 人占比 41.11％;再次是尚未形成完善的体系,125 人占比 33.16％,认为影剧院太少或科技含量不高也不乏其人,都近百人;极少人选择其他。可见大多数人认为中心镇的文化产业发展制约因素是文化产业用地不足、功能不稳定、缺乏有效的引导(见图 4 - 6)。

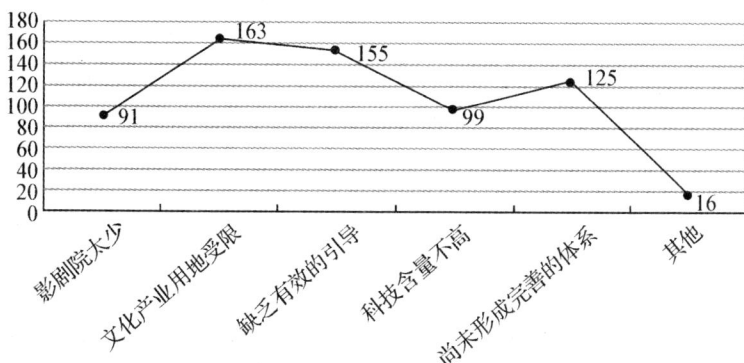

图 4 - 6　影响中心镇文化产业发展各因素比较分析

#### 4.2.5 中心镇文化事业发展中较为薄弱方面的比较分析

关于中心镇文化事业发展中主要建设项目的五个选项中,通过对 377 名被调查者的反映情况来看,按重要性排序分别为文化广场及社区文化服务网点等文化类便民服务设施建设;图书馆、博物馆等文化场馆建设;文化节、艺术节等公共文化活动建设。资料显示,45.62％的人认为社区文化服务网点等文化类便民服务设施建设是中心镇文化事业发展最主要建设项目之一;有 40.58％的人认为图书馆、博物馆等文化场馆建设也是当务之急,以占比 40.58％的认同度位居第二;有 26.26％的人认为文化节、艺术节等公共文化活动建设也是不可或缺的;认可公共文化传媒建设、民俗文化资源相融合的旅游业发展的人也均在 20％以上(见表 4 - 4)。

表 4 - 4　中心镇文化事业发展中主要建设项目的比较分析

| 文化项目名称 | 所占比例 | 按重要性排序 |
| --- | --- | --- |
| 图书馆、博物馆等文化场馆建设 | 40.58％ | 2 |
| 广电网、互联网等公共文化传播媒介建设 | 24.67％ | 4 |
| 文化广场、社区文化服务网点等文化类便民服务设施建设 | 45.62％ | 1 |
| 文化节、艺术节等公共文化活动建设 | 26.26％ | 3 |
| 旅游发展与民俗文化资源相结合,融入更多人文内涵 | 22.55％ | 5 |

# 5  加快温州市中心镇建设的对策建议

温州市中心镇发展成小城市的培育工作,总体上是根据中央文件精神在省委省政府统一部署下有序推进。据此,课题组提出以下相应的对策和建议。

## 5.1  加快推进中心镇培育工作步伐

要紧紧围绕温州市"1650"大都市发展格局要求,按照小城市的规模、功能、框架和现代化的理念,分层次推进小城市培育工作,走温州特色新型城市化之路。要按照省政府对培育试点镇的工作要求,落实省、市、县有关小城市培育配套政策,加强对龙港镇、塘下镇、柳市镇和鳌江镇等4个省级小城市培育试点镇的指导和督促,坚持上下联动,扎实推进三年行动计划的顺利实施,加快首批小城市培育步伐。按照"两步走"思路,将中心镇打造成为区域新市镇,再将新市镇发展成为区域小城市。以打造小城市为目标定位,以做大做强"1"(中心镇建成区)、做精做优"X"(建成区以外的新社区或村居)为要求,每个中心镇制定"1+X"村镇建设规划,以农房集聚建设为重点,全面推进农村新社区建设,努力打破城乡二元结构的束缚,促进各类要素向城镇集聚。同时优化规划布局,推进小城市培育工作。县级层面根据中心镇布局情况,按照"一镇一策"原则,制定小城市培育政策。各中心镇围绕小城市培育目标,制定实施小城市培育实施方案,完善政策体系,推动方案的实施,落实各项政策,加快小城市培育。

## 5.2  加大政府管理体制改革力度

### 5.2.1  扩大经济社会管理权限

坚持"依法放权、高效便民、分类指导、权责一致"的原则,对省、市两级政府下放的经济社会管理权限进一步延伸下放,通过授权、委托和交办等方式,赋予试点镇更大范围的经济类项目核准、备案和市政设施、市容交通、社会治安、就业社保、户籍管理等方面的经济社会管理权,着力破解"大孩子穿小衣服"的束缚,充分发挥中心镇的主体作用。

### 5.2.2  实施许可和执法重心下移

按照"能放则放"的要求,将非行政许可事项由县级部门直接交办给试点镇行使,将行政许可事项委托给试点镇直接行使。县(市)各部门要进一步通过授权委托等方式下放行政管理权,如基本建设项目审批权、企业项目核准备案权、建设管理审批权、工商行政管理权、财税管理权、违章处罚权等部分权限,能放则放,减少部门对中心镇工作的不当干预,进一步健全中心镇政府的综合协调管理能力。如市环保局、市工商局以授权的形式,将部分行政许可、行政处罚权限下放到了基层所队;市建设规划局以委托方式将镇域范围内的市容环卫管理监察职能交予中心镇政府,并将建设项目的规划许可审批、工业企业配套费办理审批等权限全部下放到基层规划分局;市国土资源局将个人建房审批权委托给中心镇政府直接办理。

按照"条块结合,以块为主"的原则,开展城市管理相对集中行政处罚改革试点。建立综合执法大队,对城管、交通、卫生、文化等行政执法权进行整合,进一步完善执法大队人、财、物管理,扩充执法大队执法权限并形成综合行政执法新体制。如设立了环境监察中队、公共卫生所、交警中队等基层所队,把中心镇的国土资源所、规划管理所升格为建设规划分局、国土资源分局,在中心镇设立城市管理行政执法分局,上述分局主要负责人经组织部门批准,在岗期间可享受副科级待遇等。

### 5.2.3　强化便民服务功能

加快便民服务中心平台建设,构建县、镇、社区三级便民服务网络,提升试点镇社会管理水平和服务能力。建立社区综合管理制度,强化社会管理、公共服务、维稳维权等方面的职能。完善农业公共服务体系,加强农资配送中心、农民信箱、渔船安全救助信息中心等平台建设,建成市农林技术服务中心。

## 5.3　注重用好扶持政策,切实保障要素供给

### 5.3.1　实行倾斜性财政政策

市、县各级财政每年要安排一定比例的资金支持中心镇的基础设施建设,对中心镇实行倾斜性财政政策,以保障投入资金的有序运转。在中心镇收取的行政事业性收费按规定上缴给省、温州市分成外,落实了税收"三个全额返还",即中心镇的税收分成市得部分全部返还;中心镇的城市维护建设税,市得部分全部返还;中心镇的基础设施配套费市得部分,在除2%用于镇规划管理人员经常经费外,其余全部返还。此外,中心镇土地出让金净收益90%以上返还,并优先考虑中心镇符合专项资金使用范围的项目资金。建立了一级财政体制,明确县与镇的财政关系采取确定基数,合理提高财政超收分成比例及奖励方法,增加土地出让金和基础设施配套费的返还。重点做好存量增量文章,存量上合理定基数,增量上重点支持中心镇发展,超基数部分中心镇享受增值税、企业所得税地方留成部分全额分成。

### 5.3.2　加大资金投入,拓展融资渠道

县级政府可通过投入资本金和提供以储备土地为主的抵押物,扶持中心镇建立专门的城镇建设投资管理公司,负责市镇重大项目筹资、投资和资产经营任务。各级各部门要支持中心镇深化投资体制改革,降低准入门槛,鼓励民间资本投资旧城改造、农村新居住点和基础设施建设以及社会事业发展,形成多元化投资格局。金融机构要加大对中心镇的信贷扶持力度,由政府牵头建立短期资金调头平台;发挥行业协会作用,加强产业与银行的对接,采取企业分组互保等形式争取银行授信。通过政策引导国有商业银行认可中心镇的融资平台,可吸引民间资本进入中心镇的建设领域,鼓励以股份制、合资、独资等灵活的形式成立市政管理公司,积极鼓励和引导社会资本参与小城市经济社会发展。如苍南县政府授权龙港镇政府履行出资人资格,组建龙港镇国有资产投资营运公司,管理三家全资子公司。其中将龙港镇建设投资开发有限公司、房地产开发有限公司、龙港国利市场投资开发有限公司合并重组为一家公司;将龙港自来水厂、水务市政工程有限公司合并重组为一

家公司;新设立龙港镇污水处理有限公司。推行城镇建设投资主体多元化、项目经营企业化、设施享用市场化的运作模式。另外,县级政府可根据有关要求建立了小城市培育试点专项资金及考核奖励办法,凡经考核确认优秀、达标的试点镇,分档给予奖励补助。

5.3.3　增加用地指标

县里单独切块给予中心镇安排用地指标,一般不少于全县1/3,由中心镇政府统筹安排项目,如有特殊项目另外追加。适当降低中心镇的农保率,建设用地规划指标适当向中心镇集中。对落户在中心镇符合条件的项目,优先安排用地指标。从省里切块下达的用地指标分配应向中心镇倾斜,用于中心镇的新农村建设和急需的公共服务设施建设。另一方面,采用经济补助、异地置换等方式,鼓励中心镇依法开展土地承包经营权、农村宅基地、非农建设用地等流转,盘活农村闲置土地。

5.3.4　加强人员配置

中心镇领导班子成员要配齐、配好、配强,优化干部队伍结构;允许中心镇在核定编制内自行确定机构设置和人员配置。建立中心镇培育发展专项资金,加强政策和相关业务培训,锻造一批懂经济、懂项目、会建设,胸有全局、视野开阔、有事业心的中心镇领导干部队伍,从专业、管理等多方面提升干部人才素质。进一步完善市县两级建设、规划、环保、交通等部门专业人才到试点镇挂职的制度,缓解小城市管理人才紧缺的压力。

## 5.4　加强舆论引导

充分利用广播、电视、报刊、网络、宣传栏等多种渠道和形式,广泛宣传有关中心镇发展及各项惠民政策,激发基层干部群众的积极性、主动性和创造性,形成全社会关心支持中心镇发展和改革的良好氛围,让民众充分认识开展小城市培育试点的重要意义。政府部门相关及时总结推广各地的成功经验,典型引路,示范带动,把中心镇发展和改革工作不断引向深入。

## 5.5　注重城市特色营造和文化建设

5.5.1　彰显与城市文化内涵相符的城市形象

中心镇必须编制详细规划,对重点地段、街道、重点功能小区、园林绿化等进行规划控制。中心镇的规划和设计既要体现出时代气息,又要保护好具有地方特色的自然人文景观,切实处理好经济和社会发展与保护自然、人文环境的关系,只有这样才能充分展示中心镇的文化品位和独特个性,保持中心镇建设的持续发展。中心镇的建设营造特色的关键,在于处理好开发与保护继承与创新的关系,充分利用本地自然风貌,挖掘文化底蕴,放大个性,继承传统,延续文脉,推陈出新。要在规划中明确中心镇发展方向和特色定位,保持城镇景观的连续性,保持现存的美好环境,保护乡土建筑的地方特色。在建筑风格上,要继承传统民居建筑的优秀思想和手法,摒弃消极成分,采用现代材料与工艺,发展和创新出能够体现地方特色和时代精神、彰显与城市文化内涵相符的城市形象,注重统筹谋划城市空间布局、建筑物的尺度、色彩等要突出个性,形象新颖,体现当地的特质与品格,最终成为一个城市品牌。

### 5.5.2 大力弘扬城市传统特色和文化内涵

文化是一个城市的灵魂和核心,是城市持久发展的动力源泉。注重历史文化保护和发展,大力弘扬城市传统特色和文化内涵,恢复历史文化古迹,加强民俗文化继承发展,促进民间组织文化交流,实现传统文化与现代文化交相辉映,文化传承与经济发展互促双赢。深化文化体制改革,积极发展公共文化事业,以满足群众的精神文化需求。注重教育提升市民文化素质,积极发展社区文化、校园文化、企业文化,组织开展文明创建和群众性文化活动,引导全社会形成良好的行为习惯、健康心态、社会风气和精神风貌,不断强化城市文化归属感。其次通过文化消费和文化活动,增强城镇文化认同感,构建文化层面的宜居性,繁荣小城市基层文化,提高文化竞争力,推动文化大发展大繁荣。

### 5.6 完善社会管理体制改革,以体制改革推进社会管理创新

一是社会管理创新－构建多元协作的社会管理模式。深化社会管理体制改革,积极发展社会组织,简化登记程序,降低准入门槛;积极推进社区自治,构建"属地管理、以块为主、条块结合、职责明确、社区服务"的城乡社区管理体系。二是构建新型社区管理服务体制。加强社会治安等社会事务管理机构建设,加大工作力度,有效化解社会矛盾。培育和发展社会自治和自我管理能力,不断扩大社会自治和自我管理的社会空间,是推动小城市社会管理模式现代化发展的关键环节。积极推进社区组织自治化,提高社区服务专业化。

中心镇建设是一项长期而宏伟的工程,要坚持以统筹城乡、区域协调发展,通过地方政府的制度创新,深化政府行政管理体制的改革,推进社会主义新农村建设。

## 参考文献

[1]徐少君,张旭昆.1990 年代以来我国小城镇研究综述[J].城市规划汇刊,2004(3):79－84.

[2]费孝通.费孝通论小城镇[M].北京:群言出版社,2000.

[3]叶裕民.中国城市化之路[M].北京:商务印书馆,2001.

[4]陈秉钊.发展小城镇与城市化的战略思考[J].城市规划,2001,25(2):18－21.

[5]王富喜,林炳耀.发展中心镇:新世纪我国农村城镇化的现实选择[J].山东社会科学.2005(9):140－143.

[6]伍子悠,肖翎,张涌.以中心镇建设为突破口,统筹城乡发展——广州市解决"三农"问题新思路[J].中国经贸导刊,2005(19).

[7]柳意云,阎小培,龚玉瑶.快速工业化地区中心镇的土地经营[J].经济地理,2006

(4).

[8]王士兰,游宏滔,徐国良.培育中心镇是中国城镇化的必然规律[J].城市规划,2009(5).

[9]李克强.关于调整经济结构促进持续发展的几个问题[J].求是,2010(4).

[10]朱党其.进一步加快中心镇建设发展的对策建议[J].中国杭州政府门户网站,2004-4.

[11]王志强.新时期江苏省重点中心镇的选择初探[J].城市发展研究,2005,12(4).

[12]陈剩勇,张丙宣.强镇扩权:浙江省近年来小城镇政府管理体制改革的实践[J].浙江学刊,2007(6).

[13]项思云.解决"三农"问题的根本出路在于城乡一体化[J].山东经济战略研究,2009(6).

[14]潘光勋.温州小城镇建设的实践与发展对策[J].新农村,2009(10).

[15]孟秀红.太仓市中心镇发展现状、存在问题及对策[J].安徽农业科学,2008(31).

[16]陈一新,胡坚,高海浩.创新典范——浙江省首届党政工作创新报告[M].北京:研究出版社,2010.

[17]胡税根,余潇枫,许法根.强镇扩权与权力规制创新研究[M].杭州:浙江大学出版社,2011.

**附件1:温州市中心镇发展的对策研究调查问卷**

# 温州市中心镇发展的对策研究调查问卷

尊敬的女士/先生:

您好!非常感谢您参与本次调查,本调查问卷将花5~10分钟完成。本次调查是以匿名的形式进行,您的回答将处于保密状态。本次调查仅用于课题研究,我们期望通过本次调查来探索温州中心镇发展对策,进而为相关部门制定政策提供参考。其中答案无对错之分,请您按实际情况及个人意愿填写。

感谢您的大力支持!

**第一部分:基本信息**

| 性别 | □男 | | □女 | |
|---|---|---|---|---|
| 年龄 | □≤20 | □21～35 | □36～55 | □≥56 |
| 所在部门 | □机关 | □事业单位 | □企业 | □村两委 □其他 |
| 职务岗位 | □科员 | □镇领导 | □本镇常住居民 | □外来人口 |

**第二部分:调研问卷**

1.您对目前在本镇的生活感觉如何?(　　　)

A.很幸福　　　B.比较幸福　　　C.一般　　　　D.不太幸福

2.您认为您的幸福感主要以哪些指标来反映?【可多选】

A.心理健康　　B.亲情友情　　C.文化　　　D.交通　　　E.政府管理

F.生态　　　G.生活标准　　　H.身体健康　I.教育　　　J.其他

3.您选择在本中心镇就业和生活的主要原因是(　　　)?

A.收入水平高,就业环境好,发展机会多　　B.生态环境好

C.因恋爱婚姻留在本镇就业生活　　D.人文环境、政策环境对人才吸引力大

E.本地人,就业生活方便　　F.其他原因

4.您是否知道浙江省人民政府把本镇列入小城市培育试点?(　　　),是否了解扩权改革的措施?(　　　)。

A.是　　　　　　B.否

5.您了解中心镇培育为小城市的相关政策吗?(　　　)。

A.很熟悉　　　B.较为熟悉　　　C.一般　　　　D.不熟悉

E.很不熟悉

6.对于将您所在的中心镇培育成小城市这一政策,您持何种态度?(　　)

A.很支持　　　　B.较为支持　　　　C.无所谓　　　　D.不支持

E.很不支持

7.就您所在的中心镇而言,您认为哪些方面是令你满意的?哪些方面是您认为有所欠缺的?

(1)镇容镇貌　　□很满意　　满意　　□一般　　□不满意
□非常不满意　　□说不清

(2)交通环境　　□很满意　　□满意　　□一般　　□不满意
□非常不满意　　□说不清

(3)养老　　□很满意　　□满意　　□一般　　□不满意
□非常不满意　　□说不清

(4)文明程度　　□很满意　　满意　　□一般　　□不满意
□非常不满　　□说不清

(5)医疗卫生水平　　□很满意　　□满意　　□一般　　□不满意
□非常不满意　　□说不清

(6)赚钱机会　　□很满意　　□满意　　□一般　　□不满意
□非常不满意　　□说不清

(7)教育水平　　□很满意　　□满意　　□一般　　□不满意
□非常不满意　　□说不清

(8)房价　　□很满意　　□满意　　□一般　　□不满意
□非常不满意　　□说不清

(9)文化生活　　□很满意　　□满意　　□一般　　□不满意
□非常不满意　　□说不清

(10)治安状况　　□很满意　　□满意　　□一般　　□不满意
□非常不满意　　□说不清

(11)就业环境　　□很满意　　□满意　　□一般　　□不满意
□非常不满意　　□说不清

(12)生活便利性　　□很满意　　□满意　　□一般　　□不满意
□非常不满意　　□说不清

8.您对本镇行政管理与服务机关的效率满意吗?

A.满意　　　　B.基本满意　　　　C.有点不满意　　　　D.不满意

9.您对本镇建设中以下哪些政策的落实较为满意?【可多选】(　　),对哪些政策不满意【可多选】(　　)

A.行政执法　　B.人事管理　　C.财政投入　　D.用地　　E.就业

F.项目审批　　G.户籍管理　　H.社会保障

I.规费(证书费、执照费、登记费等)　　　　J.其他

10.为了将本中心镇培育成小城镇并提升居住环境,您认为在以下哪些方面需要提升的?【可多选】(　　　)

　　A.生态环境　　B.交通、公园等基础设施建设　　C.就业创业环境

　　D.科技教育　　E.亲情　　F.人文气息　　G.服务能力　　H.其他

11.您觉得以下哪些因素将会影响中心镇培育成小城市政策执行效果?(　　　)

　　A.市政府支持不力　　B.镇政府人力财力有限　　C.上级配套资金不足

　　D.基层事务复杂　　E.对政策认识不到位　　F.缺乏相关专业培训

　　G.其他因素

12.您认为本中心镇有必要扩权吗(　　　)

　　A.有必要　　B.没必要

如果选有必要,您觉得目前最有必要下放给中心镇的权力是【可多选】(　　　)

　　A.项目审批　　B.土地审批　　C.财政权限　　D.人事管理

　　E.行政执法　　F.治安管理　　G.其他_____

13.您认为关于工商、税务、国土等市直部门派出机构应如何管理?

　　A.全面下放归镇管理　　B.市直部门管理派出机构

　　C.镇管理为主、市直部门管理为辅　　D.不清楚

14.您认为镇政府近几年的招商引资对您的生活工作收入的提升有重要影响吗?(　　　)

　　A.影响很大　　B.影响较大　　C.有点影响　　D.不太影响

　　E.没有影响

15.您对城市功能区了解吗?　(　　　)

　　A.了解　　B.不了解

如果选了解,您觉得目前有必要设置功能区吗?(　　　)

　　A.有必要　　B.没必要

如果选有必要,您觉得采用哪种管理模式更好?(　　　)

　　A.区镇合一　　B.区镇统分　　C.其他

16.您对本镇向小城市转变的前景感到:

　　A.信心十足　　B.较有信心　　C.少有信心　　D.没有信心

17.您对于将本镇培育成小城市有哪些意见和建议?

(1)城市建设与管理:_____

_____

(2)产业发展:_____

_____

(3)社会事业:_____

_____

(4)政府公共服务改善：_____

_____。

**再次感谢您的合作！祝你生活愉快！**

访问员_____

时间_____

地点_____

附件2:小城市培育政策跟踪研究调查问卷

# 小城市培育政策跟踪研究调查问卷

尊敬的女士/先生:

您好! 首先,非常感谢您在百忙中抽出宝贵时间回答我们的问题。本次调查是想了解温州小城市培育对策研究,进而为相关部门制定政策提供参考。本次调查是以匿名的形式进行,您的宝贵意见和看法,对本次调查结果具有重要影响,请您按实际情况及个人意愿填写。感谢您的大力支持! 谢谢!

作答形式:请在相应的选项上打"√",或在横线上填写。

**第一部分:基本信息**

| 性别: | □男 | | □女 | | |
|---|---|---|---|---|---|
| 年龄: | □≤20 | □21～35 | □36～55 | □≥56 | |
| 所在部门: | □政府部分 | □企业 | □事业单位 | □村两委 | □其他 |
| 职务岗位: | □镇领导 | □科员 | □本镇常住居民 | □外来人口 | |

**第二部分:调研问卷**

(请在您的真实感觉选项下填上序号或填写您的其他意见。)

1.您对目前在本镇的生活感觉如何?(　　　)

A.很幸福　　　　B.比较幸福　　　　C.一般　　　　D.不太幸福

2、您是否知道浙江省人民政府把本镇列入小城市培育试点?(　　　)

A.是　　　　　　B.否

3.您了解中心镇培育为小城市的相关政策吗?(　　　)

A.很熟悉　　B.较为熟悉　　C.一般　　D.不熟悉　　E.很不熟悉

4.对于将您所在的中心镇培育成小城市这一政策,您持何种态度?(　　　)

A.很支持　　B.较为支持　　C.无所谓　　D.不支持　　E.很不支持

5.您觉得中心镇建设中哪些政策落实得较好?(　　　)

A.财政　　B.规费　　C.用地　　D.投入　　　　E.项目审批权限

F.委托执法

G.人事管理　　　H.户籍　　I.社保　　J.就业

6.您觉得中心镇政府目前最应该首先做好的三件事情有以下哪些?(　　　)

A.义务教育　　B.合作医疗　　C.公共卫生　　D.农田水利

E.科技与信息服务　F.招商引资　　G.镇容镇貌　　H.道路交通

I.城市文化建设　　G.其他_____

7.您觉得影响中心镇培育成小城市政策执行效果的主要因素有哪些?(　　)

A.市政府支持不力　　B.镇政府人力财力有限　　C.上级配套资金不足

D.基层事务复杂　　E.对政策认识不到位　　F.缺乏相关专业培训

G.其他因素_____

8.您觉得目前中心镇建设面临的最主要问题是什么(3项以内)?(　　)

A.电力紧张　　B.用地紧张　　C.与市区利益冲突　　D.项目审批受限

E.建设资金不足

9.您认为关于工商、税务、国土等市直部门派出机构应如何管理?(　　)

A.全面下放归镇管理　　　　B.市直部门管理派出机构

C.镇管理为主、市直部门管理为辅　　　　D.其他

10.您认为中心镇政府权力应该强化,还是弱化?(　　)

A.强化　　　　B.弱化　　　　C.撤销

如果选强化,您觉得目前中心镇政府最应该强化的权力是:(　　)

A.项目审批　　　　B.土地审批　　　　C.财政权限　　　　D.人事

E.司法　　　　F.公安　　　　G.其他_____

11.您对本镇行政管理与服务机关的效率满意吗?(　　)

A.满意　　　　B.基本满意　　　　C.有点不满意　　　　D.不满意

12.您知道或了解本镇新建的文化设施(比如图书馆)和日渐发展的文化产业吗?(　　)

A.知道,对这些比较了解　　　　B.有所耳闻,但不太关心　　　　C.不知道,没有关注

13.您认为最能体现本镇文化特色的是?

A.鼓词、戏曲　　B.瓯绣　　C.采摘杨梅、早茶等土特产　　D.拦街福

E.木雕、米塑　　F.其他_____

14.大力发展文化产业,结合您所在中心镇的实际情况,下列哪些方面最有潜力?(　　)

A.文化旅游业　　B.民间文艺　　C.影视娱乐　　D.新闻出版

E.琴行、书画市场　　F.广告传媒　　G.音像书刊业　　H.文物(非遗)品牌

I.文化科研创作　　G.工艺美术业　　K.其他_____

15.您认为您所在中心镇文化产业现状的相对不足有哪些?(　　)

A.影剧院太少　　B.文化产业用地不足,功能不稳定　　C.缺乏有效的引导

D.科技含量不高　　E.没有形成完善的体系而加强管理　　F.其他_____

16.您认为目前您所在中心镇文化事业发展中较为薄弱的方面是:(　　)

A.图书馆、博物馆等文化场馆建设

B.广电网、互联网等公共文化传播媒介建设

C.文化广场、社区文化服务网点等文化类便民服务设施建设

D. 文化节、艺术节等公共文化活动打造

E. 旅游发展与民俗文化资源相结合,融入更多人文内涵

17.您对自己未来的居住地有什么打算?（　　）

A. 镇区　　　　　　B. 县城　　　　　　C. 市区　　　　　　D. 其他地区

18.您觉得本镇未来的发展定位应该是:（　　）

A. 专业化小城镇　　　　　B. 综合化小城镇

19.您对本镇向小城市转变的前景感到:（　　）

A. 信心十足　　　B. 较有信心　　　C. 少有信心　　　D. 没有信心

20.您对于将本镇培育成小城市有哪些意见和建议?

(1)城市建设与管理:_____

(2)产业发展:_____

(3)城市文化培育:_____

(4)政府公共服务改善:_____

再次感谢您的合作! 祝你生活愉快!

访问员_____

时间_____

地点_____

附件3:温州市小城市培育调查访谈提纲

# 温州市小城市培育调查访谈提纲

**一、访谈目的**

为了解温州市小城市培育在扩权改革、要素集聚、城市文化培育等方面的状况,我们拟邀请龙港镇、敖江镇、塘下镇、柳市镇这四个小城市培育试点镇的相关专家组成小组座谈形式或重点调查法进行深度调查,以期获得相关信息,以求对调查的结果及对策及建议形成有更全面的参考价值。

**二、访谈方式**

小组(专家)座谈法/重点调查法

**三、访谈对象**

政府部门相关人员、企业员工、本地居民、外来人员。

**四、访谈主要内容**

(1)镇行政区划的历史沿革与调整;

(2)镇党政机构设置、人员编制及实际状况,镇机构改革人员分流实际效果;

(3)镇人事管理权限,干部选拔与任命状况;

(4)中心镇扩权改革政策(重点在城市建设与管理、产业发展、社会事业、政府公共服务改善等方面的扩权情况)及其实践成果,扩权改革中遇到的体制性障碍;

(5)扩权的过程中究竟给中心镇带来哪些改变?

(6)在突破扩权改革的体制压力与机制障碍上,中心镇有何举措?

(7)目前镇政府行政管理体制改革中有没有需要解决的关键问题?

(8)中心镇目前的财政管理体制是怎么样的,小城市培育专项资金的使用情况,如若配套资金不足,如何解决小城市培育过程中的资金保障问题?

(9)土地指标无法满足建设需要,如何在这方面做倾斜?

(10)小城市培育过程中,急缺何种人才,如何保障?

(11)本地文化产业建设存在的不足之处,制约文化产业发展的因素;

(12)镇级干部对小城市培育的设想与感受,以及在培育方面的有益探索经验;

**五、采访步骤**

(1)观察活动现场;

(2)选取对象;

(3)开始访谈并记录;

(4)访谈的反思与评估。

**六、可能碰到的问题**

(1)被访者不肯配合,不愿提供情况;

(2)被访者出差或因其他原因无法受访；

(3)无法接触到被访者；

(4)访谈过程中被第三者打断；

(5)被访谈者敷衍回答；

(6)被访者流动性较强。

## 七、设想解决的方法

(1)选取适当的访问对象,考观察选取容易接近的,明确告知调查目的；

(2)选取适当的访谈时机和地点；

(3)通过第三方接触进行访问；

(4)也可以多对一的进行访问,形成交流小组形式；

(5)如果对象敷衍回答,应尽早结束访谈,并将此次访谈作废；

(6)如果对象流动性较强,我们可以事先预约。

## 八、采访前要携带的器材备注

(1)本子、笔及相关个人证件；

(2)录音笔,照相机；

(3)访谈提纲。

注:在访谈中主要以面谈为主,通过多对一的采访,保证采访内容的完整,采访过程的配合,以保证采访结果的真实有效。

# 三、关于温州市"产城一体化"问题的思考

温州科技职业学院　　陈国胜
温州市委政研室　　徐伟俊

"产城一体化"即将产业功能、城市功能融为一体,重构宜居宜业的城市发展格局。其中,产业是城市发展的支柱和动力源泉,城市是产业发展的载体和依托,两者相辅相成,缺一不可。近年来,我市城乡统筹综合改革取得了积极成效,为破除城乡一体化发展的制度障碍奠定了良好的基础。当前,温州已进入全面建成小康社会和"三生"融合的生态型国际性现代化大都市的关键阶段。随着城市化水平的逐步提高,老百姓越来越关心的是城市的美丽化、人的城市化、幸福生活的持续化。近年来的统筹城乡发展让更多的农村变为了城市,而"产城一体化"的提出,则让温州的未来更加令人期待,必将成为推进城市有机更新的一步妙棋。

## 1　问题的提出

当前国内外的经济形势要求尽可能扩大投资和扩大内需,但经历前几轮的大规模投资刺激后,传统项目的边际效益迅速下降,走现代新型城市化道路是加快新经济模式形成、促进经济持续健康发展的重要战略部署,将集约、低碳、生态、智慧等先进理念融合到我市新型城市化的具体过程中是当前新型城市化建设的最紧迫的课题之一。在城市化进程中,怎样寻求一种发展的平衡点成为城市发展的重要问题。

当前我市新区、功能区建设尚存在以下问题:

### 1.1　规划前瞻性不够

温州这些年吃最大的亏就是城市规划没有前瞻性,总是走一步看一步,或者说总是跟在别人的屁股后面跑。由于过去在城市规划方面过于保守,才使我们现在的城市建设步履艰难。城市规划是决定一个城市今后发展最为重要的一个环节,如果这一步走不好,将来日子就会越来越难过。新区、功能区建设是我市新生事物,高标准规划显得更加重要。

### 1.2　改造提升成本高

由于规划问题,存在城市和农村配套资源的重复浪费,交通、教育、医疗等优质的资源主要集中到中心城区,解决半城市化问题需要大量投入,城乡统筹发展成本较高。先搞纯粹的工业开发区再"退二进三"成本太高。如在温州经济技术开发

区,目前随之而来的是大规模的拆旧建新,瓯江口新区、金海园区、瓯飞工程建设不能再走这样的老路了。

### 1.3 产业低小散

一个区域的经济发展主要靠产业,而产业的载体就是各大新区和功能区的建设;一个区域要加快城市化进程,产业发展是其中的关键所在,产业问题已成为与金融问题同等重要的制约实体经济发展的因素。据统计,目前全市拥有民营企业14多万家,民营企业的数量占全市的99.5%,其中"低小散"企业占90%以上,"低小散"严重制约温州经济发展。另外,新能源等战略性新兴产业如光伏产业、风能产业也在国内很快成为了产能过剩产业,产业升级步履维艰。

### 1.4 工业区状态单一

现有的开发区(新区、功能区)相关生活服务的服务配套不足,一到晚上大多就毫无生机。由于环境制约,许多员工并不住在园区,人们每天匆匆忙忙地从家往开发区(新区、功能区)上班的公司赶,在交通上浪费大量时间,生活的便捷性有待提高。目前现有部分开发区人口集聚速度较慢,只有足够的人口集聚,才能形成一个新城(区)。

### 1.5 土地利用空间、增值空间双受限

温州工业发展最大的问题是土地供应不足。虽然我们有很多工业区,但都是小而零散,规划落后,土地有效利用率太低。现在我们为了保重点,一般是重点企业才能保证供地,而小企业就很难有发展的空间。其次就是因为我们现在的零散管理,也会造成土地供应的不足。一些规模很小的企业占用的土地面积其实并不小。如果实现集中管理,建立立体厂房区,就可以节省出大量的土地,同时可以为住宅建设提供更多的土地。目前一些工业园区"退二进三"却无地可进,由于商业功能、居住功能不足,地价与中心城区相差很大。在新区开发中,首期地价上不去,自然会影响下一期滚动开发。

要解决这些问题,"产城一体化"是有效途径。"产城一体化"的发展模式是建立在温州近几年通过统筹城乡发展的深刻实践上的。对比过国内一些其他城市发现,温州在统筹城乡发展方面率先探索,在"三分三改"等许多方面积累了丰富的经验,在统筹城乡发展的进一步深化中,提出产城一体的发展模式也是非常超前的路子,将成为我市城乡统筹发展的升级版本。

## 2 总体思路

认真贯彻落实党的十八大精神,立足市委、市政府"三生融合·幸福温州"的战略部署,围绕市委十一届三次全会报告提出的建设新型城市化的目标任务,按照"产城一体、宜居宜业"的发展要求,将全域温州统筹起来,分门别类地规划好各地的优势产业,在区域内做好相关生活配套和环境建设。坚持"一个工业集中发展区

就是一座新城(区)"的理念,新型城市化、新型工业化"两新两化互动",将产业功能、城市功能、生态功能融为一体,在"1650"网络型组团式都市区大框架内各新区、功能区互为依存、融合发展,始终围绕产业升级、绿色生态、山水风光、特色人居等综合性目标整体打造,构建"以产兴城、以城促产、产城一体"的具有鲜明的温州特色大都市城乡一体化发展格局,努力把新区、功能区打造成产业强区、宜居新区和文化名区。

(1)产业强城,使产业成为统筹城乡发展的重要根基,努力打造高端低碳、集约高效的产业强区。

(2)宜居立城,使环境成为吸引高端要素集聚的重要抓手,努力打造环境优美、社会和谐的宜居新区。

(3)文化兴城,使文化成为城市的灵魂,努力打造传承创新、独具魅力的文化名区。

我市的各个区域都具有不同的优势,结合当地实际发展,并通过不同的产业错位发展,展现区域特色,在一手抓实体经济的同时,将产业和文化、休闲、人居合为一体式发展。各个新区、功能区成为"产城一体化"的城市新区并具备鲜明的特色后,自然会吸引更多的人才、资源自觉向这些区域集中,反过来又可助推新型城市化的进程,进一步提升城市的档次。

## 3 发展路径

### 3.1 制订和完善产城一体规划

坚持科学规划,引领园区发展。按照"现代化、生态化、精品化"的要求,实行"园(区)"、"城"一体化思考,产业发展和城市建设"一张图"规划,引领园区由纯工业区向产业新城、产业新区转型。主动对接和配合规划、国土部门的工作,尽快完成我市现代新型城市化建设总体规划。尤其结合战略功能区和相应的重大项目建设,统筹规划工业集中发展区发展和城市建设。今后不要搞纯粹的传统的开发区,现有开发区要向功能区转变,力争早日完成全市工业集中发展区产城一体化发展的规划编制。在编制规划时,必须合理考虑工业用地、商业用地、住宅用地、基础设施用地的比例,只有比例恰当,土地才能快速增值。同时,工业集中化和立体厂房建设是我市未来解决环境问题和用地问题的关键。

### 3.2 以产业集聚区建设为平台打造都市产城综合体

坚持功能创新,促进产业升级。清理低端产业,对产业层次低、占地多、贡献小的企业和闲置土地进行清理,推进企业"退二进三"、"退地进房"、"腾笼换鸟",提高园区土地集约程度,释放发展空间。坚持实行新型工业、现代服务业"两翼齐飞",推动单一工业园区向综合性产业新区转变,打造都市产城综合体,助推园区转型。围绕支柱性产业、战略性新兴产业、现代高端服务业等领域。在功能区建设方面,要优先发展现代服务业,着力提升发展现代制造业,积极拓展现代都市型农业,最终打造成温州高端产业集聚中心。推动工业化与信息化融合、先进制造业与现代服务业融合、新兴技术与新兴产业融合,促进生产规模由小变大、产业层次由低到高、企业关联由散到聚。做活新兴产业,拉长产业链,把培育和发展现代高端服务业作为转方式、调结构的重要抓手。

### 3.3 以"产城一体化"项目推动瓯江口新区等"产城一体化"示范区建设

以"政企合作、市场化运作"方式,积极推进"产城一体化"项目启动,以"发展一个产业、建设一座新城(区)"为目标,加大市政基础设施、公建配套投入,通过5年左右的努力,做好瓯江口新区等最有条件实现高质量的"产城一体化"的区域产城一体的规划和建设试点示范工作,在全市建成一批产城融合示范区,而瓯江口新区、瓯飞滩等将来可成为我市产城一体的样板。"产城一体化"重点项目规划有办公、会议、质量认证、营销推广、服务运营、仓储、配送、分销、培训、采购、保险、资金、生活娱乐等中心功能区,建成后企业可"拎包入驻",生产不出城、生活不出园(区)。按照高起点规划、高标准建设、高质量管理的要求,逐步发展成为"整体结构优化、功能分工合理"且集生态产业、商务办公、养生居住、休闲服务为一体的产城一体化的成功示范基地。

就瓯飞滩工程而言,根据《浙江省滩涂围垦总体规划》要求,需确保围垦区保留12%以上的水面率,瓯飞区域开发过程中,保留相当面积的绿地与水域,可建设国家级滨海湿地公园;在丁山三期围垦等相关区域,可结合全市耕地占补平衡、农保地置换的需要,打造融生产、生活、生态为一体的长三角南部海上生态田园,称为相关区域"产城一体化"的有力保障。

我市各大开发区可结合城市有机更新计划开展"产城一体化"改造。

### 3.4 按综合示范样板社区的标准提供"三生融合"型公共服务套餐

各新区、功能区的建设按照"两化互动、产城一体"模式,着力建设"区在城中、人在区中"的新城,产业支撑城市发展,城市提供产业配套,走出一条工业化与城市化协同推进,产城相融、和谐共生的发展新路子。温州的"产城一体"要强调居住与产业互为推动,形成产业对城区发展的有力支撑,从而有效解决人往哪里去的问题。农民通过城市发展和产业发展成为市民,成为产业工人,在提高生活品质的同时,获得持续的收入保障。要切实抓好安居住房、人才培育、卫生健康、社会保障、就业增收、平安创建、道路交通、市政配套、环境美化、文化惠民等民生工程建设,促进产业集聚与城市功能互补,大力提升园区承载能力,实现生产区与生活区融合。工业园区内科学规划住宅、超市、街区、游园等生活配套服务以及学校、医院等公共配套设施,通过工业园区相关生活服务的配套,城市里的人根据产业发展转移到一片集中区域,最大限度地使生产和生活相融合。建成标准化的厂房、繁华的商务中心、高档的居民小区,大幅提高园区的利用率,实现生产生活都方便。注重绿化、美化、洁化"三化"工作,实现真正的"三生融合",着力打造一批生产生活同步提升,公共服务、社会管理配套完善的统筹城乡综合示范样板社区。

### 3.5 创新智慧型产城一体管理体制和运行机制

未来温州的城市建设还存在相当大的压力,特别是"三改一拆"等一系列规划建设,但相信在不断对城市运营模式探讨的过程当中,会找到一个好的切合点。探索建立"统一规划,科学管理,协调联动,产城相融"的产城一体管理体制和运行机制,把工业集中发展区建设成为宜居宜业的现代化新城。加快战略功能区建设,按照"省内领先、全国一流"标准,以区街融合为标志健全管理体制和推进机制,创新开发建设模式和社会管理模式,完善基础设施配套,强力推进高端产业和产业高端集聚发展。智慧城市是在物联网、云计算等新一代信息技术的支撑下形成的新型信息化城市形态,应发挥其在产城一体管理和运行中积极作用,实现城市"智能化",包含城市管理智能化、基础设施智能化、社会智能化和生产、生活智能化等方面。

## 4 保障措施

### 4.1 撬动资金

"钱从哪里来"? 这是一直是"产城一体化"项目建设发展中首要解决的问题。要用足温州对接机制,把政府合作交流的平台,作为建设的引资平台、引企平台,继续把招商引资作为党委政府的一号工程,推行"政企合作、市场化运作"的社会化资金投入机制,探索出一条"市场主体开发园区,社会资金建设城市"的新路子。可由温州城投集团、名城集团等联合其他企业分别出资共同组建诸如瓯江口新区、瓯飞工程等建设发展有限公司,负责基础设施及配套投入与建设,改善发展环境,吸引企业入驻,推进城市开发建设。必要时可考虑包装上市融资,国内云南城投、西藏城投、中天城投、合肥城建、北京城建等均为上市公司,也可考虑采取资产注入的方式利用实际控制人为温州市人民政府国有资产监督管理委员会(持有温州市现代服务业投资集团有限公司比例:100.00%)的浙江东方集团公司(股票简称:浙江东日)这个现有平台增发融资。

在开发中,产业化与城市化如何互动? 这是一个非常重要的问题。产城一体与产业基地是不同的概念,要坚持"基础设施先行,功能比例合理,滚动开发"的思路,把如何提升土地价值作为重要的考量。如果先发展工业,再开发商业,会影响地价。政府的性质决定其不能做亏本投资的。

### 4.2 引来企业

企业的盈利点又在哪里? 企业的投入将从城市土地等优质资源的不断增值、城市开发经营等方面获得投资回报,从而实现多方在资源、资本共享方面的有机结合和互利共赢。工业化、产业化支撑城市化。不断发展壮大的实体经济,是新城区建设的重要根基。要狠抓工业性投资、基础设施投资和其他服务业投资,为吸引企业入驻做好基础性工作。温州的"产城一体化"规划要加强宣传,让企业看到这里的发展潜力,成为选择落户温州的一个重要因素。

## 4.3 改善环境

有山有水才会有上佳的人居环境。温州将以"山"为宜居宜业城市的底色、以"水"为宜居宜业城市的脉络、以"城"为宜居宜业城市的骨骼、以"林"为宜居宜业城市的肌肤,全力打造和谐生态区。各新区、功能区将依托生态抓发展,坚持生态保护和经济发展紧密融合而实现富民增收和生态保护双赢,成功探索出了独具特色的生态居住、绿色发展道路。同时要通过体制机制创新和管理水平的提高进一步改善投资软环境。

## 4.4 留住人才

人才资源是温州发展的第一资源。"产城一体化"项目建设需要一大批人才,特别是留住青年人才,城市才有未来。有什么样的青年人才,就可期许怎样的城市未来。今天的青年人才,可能就是城市明天的骨干与栋梁。留住人才就要为其提供足够的生活物质条件,广阔的事业发展空间以及精神世界的满足等等,当然首先就是要将人才流失的原因查找清楚,并加以改正、弥补。做好人才工作,首要的一条就是要树立服务意识,根据人才类型、不同需求等特点量身定制服务,高层次人才关心自己能否充分发挥自己的突出才华。经过调查发现,我市的高房价是人才引进的主要制约因素之一,建议加快人才公寓的建设步伐,要合理布局,在城市的东、南、西等各部分别建设人才公寓。同时要加快高校建设步伐,进一步深化产学研合作,为温州城市建设和发展提供给人才支撑和智力支持。

## 4.5 保住文脉

城市既是人类文明的成果,又是人们日常生活的家园。各个时期的文化遗产就像一部部史书,记录着沧桑岁月。保留下文化遗产才能使城市的历史连绵不绝,才能使人类的发展需求不断得到满足,才能使城市散发出历史的魅力和时代的光彩。正因为这样,我们在实现"产城一体化"的进程中更要妥善处理好城市更新和文化传承的关系。世代传承性就是强调我们每个人都是过程,文化遗产的创造、发展和传承是一个历史的过程,作为当代人,我们并不能因为现实的优势而有权独享,甚至随意处置祖先留下的遗产。只有各级党委政府和当地民众自觉、倾心地保护文化遗产,文化遗产才有尊严,有尊严的文化遗产才有强盛的生命力。推进产城一体的同时不容忽视通过各种载体弘扬温州城市精神,推进历史文化街区建设,促进文化产业发展。

# 四、探索我国破解农房改造资金问题的有效举措
## ——以浙江省为例

温州科技职业学院　潘杨福

**摘　要**　农房改造是新农村建设的重要工程,资金来源一直是困扰农房改造建设的瓶颈问题。近几年来,浙江省在农房改造的资金筹措问题上积累了丰富的经验,本文旨在调查研究和参考各个地方先进经验做法的基础上,对浙江省农房改造中的资金来源渠道、金融扶持保障以及强化投融资实效方面进行经验总结,以期对我国农房改造中的资金筹措问题有所裨益。

**关键词**　农房改造;资金来源途径;扶持保障;实效

农房改造是浙江省在推进新农村建设中的重要工程。近几年来,在浙江省委省政府的大力倡导和支持下,各个地方的农房改造都不同程度的展开。各级政府在农房改造中结合自己的实际,在资金筹措问题上积累了丰富的经验。本文旨在调查研究和参考各个地方先进经验做法的基础上,对浙江省农房改造中的资金来源渠道、金融扶持保障以及强化投融资实效方面进行经验总结,以期对我国农房改造中的资金筹措问题有所裨益。

## 1　探索多元资金来源途径

农房改造建设资金数额要求较大,单单依靠政府的财政支出显然是不切实际的。因此,浙江省各个地方结合实际探索出了"政府引导、市场运作、农民为主"的资金筹集模式,从实际来看,浙江省各个地方在农房改造中获得资金的途径主要有以下几个方面。

### 1.1　政府财政专项补助

浙江省为了推进农房改造重点工程建设,政府部门成立农房改造专项基金,不断加大政府的财政投入力度。以磐安县为例,2009 年以来,不断加大农房改造的资金扶持力度,"将农房改造和村庄整治建设资金从 2008 年的 1100 万元增加到 2009 年的 1500 万元,并提高了农民拆除旧房的补助标准。同时设立专项基金,对所有村庄建设规划的编制费用进行全额补贴。"2009 年以来,嘉兴市积极强化政策研制,先后就农房改造的规划管理、资金问题、农民保障问题等形成了一套完整的政策支持,在科学规划的基础上,"市财政在原有每年安排 3000 万村庄整治建设补助经费的基础上,再每年增加安排 1000 万元,专项用于农房改造建设和村庄整治

建设补助,制定出台了《嘉兴市本级农民改造集聚和城乡一体新社区资金补助办法(试行)》,也对社区建设规划编制、农房改造建设、城乡一体新社区进行补助。"有些地方为了提高农民在农房改造中的积极性,创新出政府"以奖代补"的投资机制,大大提高了资金的利用率和农民在农房改造中的积极性。浙江省湖州市在资金投入中充分发挥政府的引导功能。"制定和完善'百万'工程以奖代补、农村建设用地复垦、农村困难群众危旧房改造等一系列政策,加大财政资金配套和奖励力度,充分发挥'四两拨千斤'作用。如设立'百万'工程以奖代补专项资金,对村庄规划编制、小城镇环境整治、示范村建设等项目,给予几万至几百万不等的奖励补助,市区将农村宅基地复垦补助标准有 3 万~5 万元/亩提高到 6 万~10 万元/亩,调动农民拆旧建新、土地复垦的积极性。"

### 1.2　政府融资垫付

政府融资主要是政府部门将政府大楼、学校、医院等公共固定资产以抵押的方式向银行贷款,成立城投公司,各个具体的农房改造集聚点也分别成立自己的新农村建设投资公司,负责资金的运作。"该类贷款按政府融资平台贷款管理,实行综合授信。如湖州吴兴农村合作银行为配合八里店镇镇政府推进'百村示范、千村整治'工程、完善农村基础设施建设工作,自 2008 年以来先后发放两笔 1900 万元的流动资金保证贷款用于八里店社区农民新村建设。"温州市的瓯海区等地方也是通过政府融资的方式垫付建设资金,保障了农房改造资金的有效运行。

### 1.3　银项对接融资

所谓银项对接是由政府部门牵头组织的一种引资方式。银项对接即通过政府牵头使具有投资意向的金融机构、企业单位或个人和拥有项目或技术的单位或个人之间通过洽谈达成投资协议的一种融资对接模式。银项对接是农房改造中政府通过吸引金融机构或企业单位对农房改造项目进行融资的重要方式,通过银项对接的融资款项也是农房改造中资金结构的重要组成部分。据了解,温州市龙湾区黄石村在农房改造中成功将 5 个农房改造集聚点的农投公司与相关银行成功进行银项对接,使资金来源获得了保障。

### 1.4　质押贷款融资

质押贷款融资模式在宁波慈溪市推广以来取得了很好的效果。所谓质押贷款主要是用农房改造中的预期收益项目作为抵押,这些预期收益的抵押项目主要来源于三个方面:财政部门的补贴收益、土地置换后的节余土地收益、农房改造项目产生的节余房屋转让收益。该项目在实施的过程中由于很好地解决了贷款风险问题,因此在各个地方推广过程中融资效果十分明显。温州市各个地方现在推行的"村房两改"项目中,主要就是通过置换节余土地收益抵押贷款进行融资建设的,并且在推行过程中取得了很好的效果。

### 1.5 出让建设用地融资

出让用地也是农房改造建设资金的主要来源渠道。出让农房改造过程中置换出来的多余土地通过转让变成资金后投入到下一个项目建设中。温州市瓯海区就是通过建设用地出让财政分成作为筹措资金的主要来源。"以瓯海区 1 年五五分成,瓯海 1 年可以分到 100 亿元,其中部分用于新农改房建设。"

### 1.6 预交定金融资

农房改造是个大工程,单靠单一融资渠道难以满足需求,必须在充分利用政府和市场运作力量的基础上调动群众投资的积极性。为此,各个地方依据当地的实际情况出具相应的政策措施,调动广大群众参与到农房改造的融资中来。温州市龙湾区采用预交定金的方式来争取资金来源。即政府部门采用优先选房、价格优惠的政策,在达成置换协议的基础上鼓励群众先预交一定数额的购房定金,这些举措即大大拓宽了资金来源,也调动了农民参与农房改造的积极性。新基地有偿竞投也是通过农户预交定金进行融资的有效举措。磐安县除了加大政府的财政扶持力度外,积极引进市场机制。"推行'地极差'公开竞投选位,实行'新基有偿安置'方式筹集建设资金。经济条件好的农户可以竞投区位好的地基,经济条件差的农户可以选择位置稍差的地基,没有钱的困难户由村里帮忙安置。通过市场化竞投安置,近年全县共筹集到'地极差'资金 7395 万元,缓解了资金紧张矛盾,有力推进了农房改造进程。"

## 2 积极提供金融扶持保障

据笔者对浙江省不同地方的调查显示,虽然各个地方资金来源结构不一,在资金筹措上各级地方政府均能结合当地的实际情况,积极提供金融扶持保障,并取得了不错的效果,总结起来主要通过以下几个方面的进行提供扶持保障。

### 2.1 支农政策到位

浙江省为了加大落实农房改造的力度,特别成立了城乡住房工作协调委员会,并建立了一系列的考核和监管机制。浙江省结合农房改造的实际,出台了《关于加快农村住房改造建设的若干意见》(以下简称"《意见》")。各个地方在《意见》出台后,结合自己的实际情况,出台了推进农房改造的实施细则,明确金融机构在农房改造中的重要作用和具体做法。如:"如金华市本级出台了《关于推进市区农村住房改造建设的实施意见(试行)》,要求金融部门积极开展农房抵押贷款等多种农房信贷业务,给予政策优惠;坚持'百村示范千村整治'等各项新农村建设工程与农村住房改造建设的有机结合,在项目和资金安排上向农村住房改造建设村倾斜。同时,市、县两级财政部门也拨出专项资金对农村住房改造实施补助和奖励。"2009年以来,嘉兴市也在《意见》的基础上从农房改造的规划、用地保障、产业支持、金融支持、安置就业等不同方面出台了十多个相关的政策文件,形成了完整的政策支持体系。

## 2.2 提供融资对接平台

据了解,为了加大农房改造的融资力度,浙江省出台专项指导意见。2009年,人民银行杭州中心支行出台《关于金融支持我省农村住房改造建设的指导意见》(杭银发〔2009〕140号),要求浙江省各级人民银行积极采取一系列的政策方针和措施,积极拓展融资渠道。浙江省内内各级人民银行积极跟踪农房改造建设项目的融资需求,积极引导金融机构与农房改造项目融资对接,在农房改造融资对接方面开展了有益的探索与尝试。"人民银行宁波中心支行与市农办组织召开金融支持农房'两改'工作推进会,举行现场授信签约仪式,有效促进了金融机构与农房改造项目实现融资对接。人民银行三门县支行专门推动建立了金融机构与农房改造领导小组办公室的联系沟通制度,并在农房改造信贷支持试点村组织召开金融支持农房改造建设工作现场推进会,加强信息共享,跟进金融服务。"

纵观浙江省各个地方农房改造的金融机构参与主体,主要集中在农村合作金融机构。农村合作金融机构在确保农房改造中的资金注入问题提供了大力的支持,但是,农房改造还需要不同的金融主体继续加大农房改造的资金投入。为此,浙江省各级政府积极提供平台,鼓励邮储银行、农业银行等涉农银行业金融机构也应担负起相应的农房改造中的资金支持责任,加大对农房改造的金融支持。同时,相关政府部门还主动和和金融机构加强协调沟通,及时了解农房改造中具体手续的办理情况,主动促进金融机构与农房改造项目的融资对接。积极探索建立银政农三位一体的合作模式,有力促进农房改造的融资问题的有效解决。

## 2.3 推行贷款"五措"保障信贷资金

浙江省在农房改造信用贷款方面通过不断地实践和探索,总结出服务于民的五个举措。一是优先保障农房改造的资金需求、提高农房改造的贷款额度、延长贷款的时间限制。二是通过信用贷款、联保贷款、抵押贷款、第三方担保贷款等多举措的担保形式保证农房改造贷款的落实。三是简化贷款程序。浙江省各个银行部门都为此出台了农房改造贷款的相关政策规定,对贷款流程的简化进行了明确的规定,并采用"丰收小额贷款卡"、"一证通"等形式免除了贷款的申请、审核、审批等繁琐程序。四是对农房改造的贷款款项实行优惠政策。"衢州银行业根据不同借款额度实行差别化定价,对总额在5万元以内的住房建设领域贷款执行基准利率或适当下浮;金华银行业根据村集体和农户对安居贷款的总体需求情况,实行'一村一利率'、'一户一利率'特别定价机制,保证、信用贷款利率比普通贷款优惠30%,抵押贷款利率优惠50%。"五是采取多样的还贷方式,银行针对农房改造项目的还款采取"整贷整还"、"整贷零还"、"余额控制"、"循环使用"等多种方式方便借款人结合自己的实际情况进行还款。

### 2.4 建立降低贷款风险机制

为了有效激励金融机构进一步加大对农房改造的资金支持,各级政府部门在银行业积极创新信贷资金的同时,也出台相应的激励政策,建立配套贷款风险补偿机制。通过对支持农房改造的涉农银行实施风险补偿加大银行金融机构对农房改造的金融支持力度。同时,对于经济能力有限的农户给予一定的政策倾斜,实行财政贴息的办法保证金融机构的风险补偿。通过各个涉农金融机构还应该加强贷款后的监管,以此降低信贷资金的风险。如浙江省部门地方实行的有乡政府监督、村部门牵头的贷款监管制度。等贷款发放后,金融机构直接将所贷项划到村民指定的供应商处,有效减免了不必要的周转,保障了农房改造的专款专用。同时,鼓励银行业金融机构在法律允许的范围内积极创新,进一步拓展农房改造的质押物范围。推广海域使用权、林权等抵押贷款的融资方式,在法律规定的范围内,对风险能够控制的农村各类抵押物均应积极创新试点用于贷款担保。

## 3 统筹强化投融资实效

### 3.1 分解项目,降低融资主体进入的门槛

农房改造建设是一项大工程,要想吸引更多的企业和个人积极投资,必须将农房改造建设工程进行分解,以此来降低农房改造工程建设的门槛。运用"化整为零"的方略,鼓励相关金融机构、企业、个人等单位参与到农房改造项目的招标和投资建设中来。将农房改造工程划分为:房屋建设、公共设施建设、道路建设、线路建设等多项工程,那么投入子项目的公司融资能力自然加强。政府部门通过统一管理、分开建设的方针,能有效地将农房改造建设工程完成。

### 3.2 结合实际、探索出适切的融资模式

在农房改造过程中,政府部门通过大力的政策宣传,逐步完善农房改造的融资机制,从投资主体转变为引导主体。为农房改造建设创造良好的投融资环境,通过提供一系列的优惠政策保障。同时, "近年来,浙江省金融部门有效落实省委、省政府战略部署,不断加大信贷投放力度、创新融资模式、提升金融服务、加强多方合作,涌现出了一大批颇具特色的农房改造融资模式,截至2010年末,全省农房改造贷款余额达139.72亿元,比年初新增48亿元,为全省农房改造建设工程提供了强有力的金融支撑⋯⋯金融机构积极支持农户购买集中安置房、农户自建改建农房,努力配合地方政府或村级组织开发建设集中安置房。如嘉兴地区农村信用社积极支持农户参与'两分两换',以其合法农村住房和宅基地换取规划的市镇公寓房、联排房。嵊州农村合作银行出台《'安居乐'农村住房贷款管理办法》,对能提供合法建造审批书或建设规划许可证的农户予以积极支持。交通银行温州分行结合温州'返回地安置'政策,对拥有当地村镇集体合法宅基地、已获批住宅建设用地使用权的当地村民提供'返回地安置房抵押贷款'。"

### 3.3 创新产品,助推信贷服务

为有效助推农房改造建设中的融资,浙江省地方银行不仅积极创新,多举措为农房改造贷款问题提供了保障。同时,结合实际通过创新信贷产品有力地助推了信贷服务工作。如衢州地区的衢江联社推出的"安居乐"贷款,规定凡符合借款条件农房改造农户均可申请 2 年期限的贷款,采用"一证通"或资产抵押的形式,贷款额度可以达到该农户新建房投资额度的 50%。到目前为止,该信用联社共为 685 户农户发放"安居乐"贷款 3458 万元。截至 2011 年 4 月末,金华、衢州两地农村合作金融机构发放农房改造贷款 28.7 亿元,服务农户 10846 户。

### 3.4 科学监管,保证财力的重点使用

预算作为一种资源配置的手段,其科学性与否关乎农房改造建设的健康持续发展。浙江省各级政府部门在调查研究的基础上,对这些重大的投资进行可行性论证,从定性和定量两个维度进行分析,结合当前资金的实际情况对农房改造资金预算进行科学性分析,有效的规避了财务风险。各个地方还实行资金使用的备案制度,将资金的配套使用形成书面的形式。将农房改造过程中的所用款项名称、金额以及项目等进行详细记录上报纪委监察局和审计局备案。同时,在进行资金预算的时候,通过成立专门的资金监管部门,强化财务支出的刚性机制,建立财务"专款专用"的监管机制,严格控制财务的额外支出。对目前没有展开但是存在的隐形债务进行合理预算,对超出预算的支出加强控制。同时,建立资金使用问责制,市纪委监察局应该建立有效的责任追究制度,对于违纪违法案件严肃处理,把严肃查处违纪违法重视新闻媒体的宣传和正确引导,并通过检查部门和新闻媒体的监督功能,做到有线索就查,违纪必究,将农房改造的资金利用真正做到专款专用。

## 参考文献

[1]李卫宁.加快农房改造建设步伐全面提升村庄整治水平[J].新农村,2010(12):3—4.

[2]陈新森.因地制宜突破难点推进欠发达山区农房改造建设[J].浙江国土资源,2009(11):51.

[3]姜治年.加快推进农房集聚改造着力推进新型城市化[J].中国房地产业,2011(6):251.

# 五、温州市农房集聚建设投融资平台研究[①]

温州科技职业学院　陈琛凝

根据温州市委、市政府关于加快城乡统筹综合改革的总体部署,依据《公司法》、《企业国有资产法》的规定,以"三分三改"为核心,组建各类投融资平台,最大限度地发挥政府性资金引导作用和乘数效应,加快推进政府投入机制改革与创新,有效解决城乡一体化建设进程中所需的资金问题。

2011 年以来温州各县(市、区)和镇陆续组建了各类投融资平台,借以带动更多的社会资金来参与建设农房集聚项目。但从 2012 年 8 月全市农房改造集聚建设项目交叉检查的情况看,仅市区和 11 个示范镇的 159 个农房集聚项目,资金缺口就达 338 亿元,直接制约了农房改造集聚项目的顺利推进。为此,市财政局会同相关部门及科研单位,对涉及农房集聚改造地方投融资平台的建设情况进行了调研分析,以期为化解融资困难,推进投融资平台持续健康快速发展,更好地为地方政府推进农房改造集聚投融资问题提供政策建议。

## 1　农房集聚改造投融资平台现状

从调研的情况看,各地平台的融资渠道均是以银行融资为主,其他融资形式为辅,总体来看比较成熟可操作的有六种模式:

### 1.1　农民自筹资金代建模式

这种模式是村委会或者村民委托的其他主体,委托投融资公司建设,投资公司负责办理本项目全部审批手续,并协助村委会办理产权登记,按相关政策规定组织开展施工、监理、设备采购等项目组织招标。委托方——村委会负责本村安置政策等有关的一切事物及项目资金筹集。乐清石帆街道东朴湖村聚集改造项目总套数 437 套,计划投资 2.9 亿元。因工程建设规模大,投资大,审批手续复杂,经村委会(以下称乙方)决定经村民代表大会决议,将农房集聚建设工程委托给乐清市新农村建设有限公司(以下称甲方)代建。代建协议中对于资金的支付规定如下:

甲方对建设项目建立独立账户,实行独立核算,项目建设资金由乙方负责筹集并提前转入该项目账户,甲方不负责垫付,代建协议签订之后 7 天内乙方支预付600 万元资金用于前期相关手续办理,项目建设资金由甲方根据项目进度需要,向

---

① 课题来源:温州市财政局 2012 年十大项目课题. 课题组成员:陈琛凝、石露、周胜芳。

乙方提出资金使用计划和交款通知,乙方在收到通知后 7 天内将资金转入规定账户。项目建设资金的支付共分四期:建设工程施工和监理招投标后,支付两项合同金额之和的 40%,桩基工程完工后支付 30%,主体工程开工时付 20%,主体工程结顶时支付 10%。

这种模式特点是投资公司不用垫资,成本压力小,但村民的拖延缴款会直接影响工程进度。

## 1.2 农户联保贷款模式

这种模式是由联保人自愿组成联保小组,分别向贷款人申请借款,并对所借款项承担相互连带保证责任。乐清单板桥项目就是按农户联保方式向农村合作银行贷款。农户自愿按 3～5 个安置对象为一个联保小组,相互担保。但每人都要开户,每人每次放贷都要签个人借款合同(超过 60 岁的安置对象不能贷款)及贷款用途声明书、共同还款承诺书等。银行放款到每个农户账户,再通过缴房款转入投资公司账户。贷款期限 2 年,额度为每套 40 万元,单人拥有 2 套以上的贷款金额,最高不超过 80 万元,贷款利率为基准利率上浮 45%。借款人在额度内可以循环使用贷款。首期已放贷每套 10 万元,合计 2000 万元。首期放贷已用完毕,需启动二期贷款。

这种模式的特点:审批简单速度快,不用抵押,农户相互担保不涉及其他部门和单位。但签合同工作量大,放款也要签合同,而且对年龄有限制,利率相对较高。

## 1.3 土地抵押外加担保模式

这种模式是指将项目土地使用权进行抵押向银行贷款,并由投融资公司进行全额担保。如乐清城东街道坝头项目由项目所在的划拨土地做抵押,另加国投公司全额担保,授信额度 1.6 亿元,首期放贷 1300 万元。

这种模式的特点:工作量小,缺点是项目贷款审批手续繁琐,时间长,特别是大银行风险控制很严,差不多需 10 个月,压力大,有的项目投资额超过 30%,但银行贷款还未到账。

## 1.4 BT 代建模式

BT 是英文 Build(建设)和 Transfer(移交)缩写形式,意即"建设——移交",是政府利用非政府资金来进行基础非经营性设施建设项目的一种融资模式。目前采用 BT 模式筹集建设资金成了项目融资的一种新模式。像瓯海区茶山街道山根村、新桥街道高翔村、娄桥街道东风村等 11 个项目就采用这种模式,总用地面积约 679.336 亩,建筑面积 149.86 万平方米,总投资 66.09 亿元。由瓯海区城建办通过招投标方式确定投资人和施工单位,投资人负责项目的融资、建设工作,建成后由政府回购。如娄桥街道农房改造安置工程(D—24 地块－东风村)协议规定,:温州市娄桥新农村建设投资有限公司(以下简称"甲方"),浙江巨力房地产开发有限公司、温州华杰建设工程有限公司(以下简称"乙方")按双方认可的 BT 模式即乙方按本合同的约定负责项目投融资、工程建设全过程的组织和管理,并承担其期间的风险。乙方负责筹集本工程所需资金(包括前期费等)和建设过程中的组织施工、管理。项目的建设管理职责(包括办理相关建设审批手续),勘察、设计及监理单位的委托及管理由甲方承担,工程建成后按约定程序由乙方移交给甲方,并由甲方按本合同约定回购价款支付给乙方回购款项。

这种模式的特点:能缓解当地政府财政性资金的暂时短缺,优化资源配置,合理分散风险。但这种模式成本比较高,据测算采用 BT 模式要比一般银行融资成本多 350 元/平方米。

## 1.5 房屋置换模式

房屋置换是指农民以退出的宅基地与其购买的安置房之间差价交换或等价交换的房屋交易形式。平阳万全镇金星小区三期安置房项目,采用自愿退出宅基地农民并自愿以农房有偿置换集聚点的经济适用房方式,置换价格按综合成本价执行。小高层、高层的安置房置换与万全新农村投资有限公司签约置换合同之日 10 天内先付房房定金 5 万元,基础设施开工时支付总房款 30%,主体工程进度完成 50%时,支付总房款 70%,主体工程结顶时支付总购房款 90%,房屋竣工验收后置换户接受新房使用之日支付总购房款总额 100%。

鹿城藤桥镇在农户置换中还采取了优惠政策,报名并顺利签约的按报名的顺序前 200 名,奖励 200 元/平方米,200~500 名,奖励 100 元/平方米,在签约时预付总房款 80%(含)以上,奖励总房款的 5%,连片置换的农户按连片面积大小奖励 300~1200 元/平方米不等。

这种模式特点:缓解投资资金压力,及时补充后续资金。但工程进度受交款时间制约,农户交款有时会不及时,出现房款拖欠现象。

## 1.6 利用政府引导基金建立项目股权投资基金模式

政府设立保障房引导基金,主要投向温州域范围内的保障性住房社会福利、防灾减灾、社区服务及民政事业设施等建设。基金以有限合伙的形式组建,基金受托管理机构作为普通合伙人出资不低于 1%,引导基金出资 20%,其余部分由受托管理机构定向募集。引导基金不直接持有被投资企业或项目的股权和其他权益,引导基金投资形成的股权可采用约定回报、回购、股权转让,到期后清算方式退出,退出价格按引导基金运作的有关要求确定,通过股权转让等方式退出的,参股基金或受托管理基金股东可在同等条件下优先受让。温州市湾区保障房项目采用 PE 私募股权投资。由温州市级财政部门委托国有企业出资 5000 万元,龙湾区级财政部门委托国有企业出资 4999 万元。其余 4 亿元由兴业银行负责募集。普通合伙人的出资人由兴业银行总行挑选的一家基金管理公司作为普通合伙人出资 1 万元(根据实际情况可以成立多个规模为 5 亿元的基金)。基金向项目标的公司进行股权投资,收取固定收益。整个项目运作时间为"4+2"模式,其中 4 年为运行期,2

年为续存期。贷款利息由龙湾区财政支付按定存利息支付。目前项目已报兴业银行总行待批。

该种模式的特点:拓宽了投资渠道,可以有效发挥投资的乘数效应,解决项目资金短缺的问题。借助股权投资基金专业化的管理,有助于提高资金使用的专业化水平。但审批程序繁琐,获批的难度很大。

## 2 农房集聚改造投融资问题

经过一年来的快速发展,温州农房改造集聚投融资平台在规模、效益上均有了明显提升,对促进农房改造集聚建设工作的加快发展起到了重要作用。但若按每年任务 5％聚集量的需求(全市 160 万户),每年积聚就要有 8 万户/年,每户按 200 平方米计算,需要 1600 万平方米,按 2000~3000 元/平方米,则需要三四百亿资金。从目前的宏观环境和投融资平台的运行情况看,还存在一些的问题,制约了投融资平台融资能力的发挥,不能有效解决农房集聚项目的资金缺口。

### 2.1 贷款规模受限

2010 年 12 月 10 日,央行在本年度第六次上调存款准备金率,意在进一步控制银行信贷投放和管理通胀预期。同时,银监会要求各大银行 2010 年信贷规模增幅控制在 16％~18％,直接抑制对市场的货币供给量,特别是投融资贷款的“三条红线”,即“严禁发放打捆贷款、不得与地方政府签署无特定项目的大额授信合作协议”以及“对出资不实,治理架构、内部控制、风险管理、资金管理运用制度不健全的融资平台,要严格限制贷款,并立即协商风险防范具体措施”,严格控制了政府投融资平台的贷款规模。

### 2.2 土地性质问题导致抵押融资受阻

2012 年,温州市国土资源局在《转发〈国土资源部关于规范土地登记的意见〉的通知》(温土资发〔2012〕265 号)文件中明确规定“严禁为多占的无合法用地批准手续的用地办理土地登记;违规批准以没有地上建筑物的划拨土地使用权和政府储备土地办理抵押融资等类似问题的再次发生。”而各地农房改造集聚建设项目基本采取划拨方式供地,相关贷款手续也以划拨土地性质办理抵押登记手续。温土资发〔2012〕265 号文件下发后,使得部分农房改造集聚建设项目无法办理银行贷款手续。

### 2.3 项目资本金到位不够及时

目前,温州各银行放贷条件为项目资本金先行支付使用,至少要达到项目总投资的 30％。像乐清市新农村建设投资有限公司已开工的 5 个项目投资 12 亿元,还有 3 个项目在办理前期手续,预计投资 9 亿元,合计总投资约 21 亿元,按银行规定项目资本金不能少于 6 亿元。而乐清市新农村建设投资有限公司注册资金只有 1.8 亿元,资金缺口非常大。城乡统筹综合改革试点镇马站镇新农投公司注册资本金 3000 万元，现到位 1000 万元，仅凤山社区农房集聚点总投资 1.2 亿元，远远无法满足项目资本金的要求。在调研中，我们还发现部分乡镇投融资平台注册资金偏低，不足以达到银行规定的项目资本金要求。如平阳山门、腾蛟等 5 个乡镇投融资平台注册资金各只有 500 万元。如何解决 30% 的资本金问题也是当务之急。

### 2.4 融资渠道还不够广泛，风险过于集中

从调研的情况看，各地农房改造集聚项目融资渠道较为单一，融资组合的风险分散能力较弱。目前温州各地融资的渠道主要为银行贷款，而商业性银行贷款的期限一般较短，这就使得项目真正的收益期大多都长于贷款期限，正常还贷的难度较大。同时由于多数融资平台基本上没有采取股票、信托、证券、BT 等融资方式，融资平台是法律上唯一的债务偿还责任人，一旦出现投资损失，风险无法分散。

### 2.5 专业化和规模化程度低

投融资平台运作成功与否，不仅依赖于资产实力，更依赖于运作团队的管理水平，而当前温州各类农房改造集聚投融资平台中有相当一部分是在近年来新成立的，从运营团队来看，融资平台的高级管理人员大多是由政府官员兼任，专业性人才较少，缺乏丰富的企业经营管理和风险防范经验，容易导致投融资过程中决策和操作失误。从运营机制来看，由于部分投融资机构和平台是因时因事而建，一些管理办法和措施也只具有临时效力，运营机制不健全，过程管理较为松散，实际运作过程中，从组建、融资到项目的策划和实施等一系列环节中按照行政命令进行决策实施、依赖行政命令解决问题的现象较为普遍，大部分并未真正按照市场化模式进行运营。另外大多数公司规模小，资本金总量不大，也不利于筹措大额资本金.

### 2.6 项目成本价格影响农民购买意愿，进一步加剧了融资压力

一是尽管各地在优化置换成本上做了大量的工作，但与农民置换价格的期望仍有一定差距。目前一般的多层农房改造集聚建设项目综合成本价为 2400 元/平方米，高层项目为 3500 元/平方米，而农民自建和联建房的成本在 1200 元/平方米左右，在价格上对农民没有吸引力。二是目前整个经济下行，房地产市场不景气，买涨不买跌的心理也一定程度影响了农户置换的积极性。部分地区房产增值空间不大，没有足够的利益吸引农户置换。如文成县巨屿镇的农房改造集聚项目综合成本价为 2400 元/平方米，而当地的市场房价为 3500 元/平方米，农民置换后，若上市交易补交土地出让金后几乎没有财产增值空间。三是低收入农民参与置换难。由于低收入农户相对比较困难，农房改造集聚建设的置换资金对他们来说是一笔很大的支出，往往"望而却步"，在一定程度上影响了整村连片搬迁置换。如永嘉沿江农房集聚点项目综合成本价 4500 元/平方米左右，要搬迁到沿江，每套按 120 平方米计算大约还需补缴 50 万元差价，山区农民往往从事农业，没有其他经济收入，对于 50 万元的差价难以承担。

# 3 进一步完善农房集聚投融资平台的几点建议

推进农房改造集聚政府投融资平台健康发展,对合理控制地方政府债务风险、有序推进农房改造集聚建设工作具有重要意义。今后,应以推进平台自主经营、加强平台监督管理为核心,支持引导投融资平台走自求平衡、滚动发展的路子。

## 3.1 强化县级投融资督导机制,及时化解风险

相对于省级财力雄厚、市级可利用土地资源丰富、增值空间大而言,区县一级由于本身财权受限、事权较多,形成了投融资需求量大、还款保障弱的政府投融资发展瓶颈,县级成为政府债务危机的高危地段。因此,有必要加强省、市两级对县级政府农房改造集聚投融资行为的督导。不仅要对县级债务规模进行调查摸底和总体评估,更重要的是加强对县级政府农房改造集聚投融资行为的指导和支持力度。另一方面应利用县级项目多优势,加大对县级农房改造集聚项目的投资力度,从而形成多层次投融资格局,有利于稀释风险、降低危机发生率。

## 3.2 充分发挥政府引导基金的导向作用,广泛吸收社会资金

《温州市政府平台建设引导基金工作方案》(温政发〔2012〕146 号)中指出,政府平台引导基金通过市财政出资、县级配套,引导社会募集资金进入政府投资项目,重点解决项目资本金不足问题,并带动贷款、债券等后续债权融资,从而产生财政资金高倍数的杠杆效应。要抓紧建立募投项目库及项目审核制,经项目初审后报发改委审核入库,作为基金(管理)公司、投资者与项目对接的依据。各地财政部门要做好引导基金的资金落实工作,确保保障房引导基金及时足额到位。各投融资平台要做好农房集聚项目的前期基础工作,包装项目,确保通过审核入选项目库,争取保障房项目专项引导基金投入。以此为契机,带动社会资金进入农房集聚项目,解决资金短缺问题。

## 3.3 创新转变融资方式,构建多元化融资体系

随着中央加大地方政府投融资平台管理力度,财政性融资担保将受到严格限制。创新转变融资方式,建立起多元化、多渠道的融资体系,成为农房改造集聚项目融资的必然选择。一是引入股权投资公司资金。通过成立项目公司吸引专业股权公司来筹措项目资本金。二是探索民间资本与农房改造集聚建设的渠道对接。利用温州民资丰腴、侨资沉淀的优势,通过定向投资的方式,吸纳民间资本参与项目开发,项目完成后以约定回报方式退出。三是委托贷款。主动寻找有闲余资金并愿意投资的企业法人或自然人,通过向商业银行支付 1‰~3‰ 的手续费,以委托贷款的方式取得资金。五是信托方式。通过信托公司发行定向信托的方式来获取融资。六是债券方式。通过发行由政府设计的与项目收益挂钩的浮息债券来筹措资金。七是积极创造条件,吸引社保资金和保险资金参与温州农房改造集聚建设。

### 3.4　完善经营运作机制,提高规模化程度

科学经营运作平台公司,是做大做强农房改造集聚项目投融资平台,实现投融资可持续发展的关键环节,也是偿还债务的根本所在。一要明确投资主体。作为健全完善的政府投融资体系,应明确其管理主体和投资主体,即实现政企分离。其中,政府投融资管理中心等管理机构作为政府代表,主要是对平台公司进行监督管理;平台公司作为投资主体,要根据政府制定的投资计划,对农房改造集聚项目进行具体实施,并按照现代企业制度,严格公司治理结构,履行董事会领导下的总经理负责制,做好公司运营,保证公司可持续发展。二要扩大公司规模,增强融资能力。农投公司计划将子公司组合,现金流可达 2 亿～3 亿元,总资产增加 30 多亿元。乐清新农村建设公司计划将下面平台合并,成立集团公司,注册资金可达到8.7 亿元。瓯海区明确提出,要立足盘活存量资产,特别是将现有的存量房地产通过收回、改变土地性质、评估升值后,以资产注入的方式充实投融资公司的注册资本金。

### 3.5　全面推进农村产权制度改革,提高农民财产收入水平

农村产权制度改革是关系到我国农村经济社会能否持续健康发展的大问题,也是提高农民财产性收入的关键。因此要从法律上确立农民对承包地的产权地位,按照城乡一体的理念,从维护农民的发展权出发来进行改革设计。要探索建立宅基地有偿使用、有偿退出和县域内置换的机制;鼓励农村集体经济组织利用已取得的合法建设用地使用权和集体林权,以入股、联营、出租等方式参与开发经营;鼓励土地承包经营权作价入股专业合作社;优先支持经过股份改造的村股份经济合作社,大力发展物业经济。从而提高农民的实际收入,也可有效解决农民购房的资金困难。

# 现代都市农业发展

## 六、温州市发展生态循环农业的调查与研究[①]

温州科技职业学院　陈国胜　陈功楷　权伟　朱建军　吴振旺　孙思宇

## 前　言

　　循环经济是研究循环农业的基础。虽然国外已将循环经济应用于农业,但是并没有提出"循环农业"这一概念。在我国正式期刊中,最早出现"循环农业"的是2002年陈德敏的一篇文章。循环农业是涉及清洁生产、农业资源循环利用、生态农业、绿色消费等一切有利于农业环境发展的循环经济,其实质属于农业生态经济,生态农业是建立循环农业体系的有效途径。我国的生态农业与国外早期提出的生态农业有很大的不同,是带有明显中国特色的生态农业,其内涵、目标和技术与国外正大力倡导的持续农业十分相似,是一种可持续的生态农业模式。

　　在近年快速发展的中国经济中,沿海地区的作用日益突出,已成为全国经济增长的主要驱动力。然而,当地农业、居民健康与环境等也为此付出了巨大的代价。突出表现:一是基本农田减少和土地利用的变化;二是种植业、畜牧业、内陆养殖业以及生活和工业废物造成的水体污染;三是农药残留在土壤、食物中的积累和对农民健康的危害;四是由城市和工业污染引起农作物和渔业的减产。

　　与此同时,温州农业正在受人口和收入增长、技术变化以及食物消费模式转变的驱动而发生变化,特别是结构调整使大量耕地和劳动力资源转向城市和工业,而

　　① 项目来源:温州市农业软科学公开招标课题(课题编号201102),课题组成员:陈国胜、陈功楷、权伟、朱建军、吴振旺、孙思宇、谢志亮、夏卿、夏守慧、卢盛若。

且传统农作物的生产正在萎缩,对其可持续性的影响十分广泛。正是在这样的背景下,温州市及时提出了大力发展高效生态农业的战略举措,这是温州现代农业发展在新时期的新定位与新出路。不仅符合国家发展循环经济和构建资源节约型、环境友好型社会的要求,也符合现代农业发展的最新规律与方向,符合温州农业发展现状与资源禀赋特点。通过发展生态循环农业,帮助推进我市生态文明建设,加快发展生态循环农业,以期促进农业转型升级。

温州正在全力推进大都市区建设,促进城乡统筹发展。以构建低碳型温州大都市经济圈、提升城镇核心竞争力为目标,统筹城乡协调发展,全力推进"三生融合·幸福温州"建设。温州的大都市建设和投资环境改善也就给温州发展低碳经济和生态循环农业带来了很好的机遇。

# 1 生态循环农业的理论研究综述

## 1.1 循环农业模式体系研究

我国学者对循环农业模式进行的探讨性研究认为,循环农业模式体系由农业产业链的组织方式、农业产业化经营技术范式、农业产业链的网络形式3部分构成。其中,农业产业链的组织方式,即农户与企业、市场之间建立的农工商一体化组织形式以及经济实体之间共赢的利益分配机制;农业产业化经营技术范式,即包括清洁生产技术在内的一系列先进的生产技术体系以及多样化的农业生态工程设计样式;农业产业链的网络形式,即农业各产业之间以物质为纽带所形成的共生耦合相互作用关系以及各产业主体在不同区域的空间布局。

根据我国生态农业发展的现实问题,学术界主张对生态农业模式进行完善与提升,在生态环境保护的前提下组织生产,在发挥资源优势的基础上突出特色,在废弃物综合利用的过程中寻求突破,在农业产业化运行中提升规模。大力推广农业清洁生产技术,综合开发利用农业废弃物资源,提高农业生产要素利用率,挖掘农副产品增值潜力,实现由生态农业向循环农业的转变,构建新型循环农业模式。

胡文海(2002)分析皖南山区存在的主要生态经济问题,提出了以生态保护治理为基础适合皖南山区的5种农业循环经济模式:生态农业发展模式、旅农工贸联动发展模式、生态恢复与重建模式、山区综合开发模式和庭院生态经济模式。崔和瑞(2004)从循环经济理论出发,探讨了区域农业可持续发展2种模式,即以生态农业建设为基础、开发无公害农产品与绿色食品为目的的渐进式循环经济发展模式以及以有机农业建设为基础、开发有机食品为目的的跨越式循环经济发展模式。刘学敏(2006)认为现阶段应以农业产业内部循环为基础,发展立体农业、生态农业、有机农业,开发绿色、有机、无公害农产品;以绿色生态农业带动新型生态工业、搭建环保型第三产业的循环经济模式。蒋志毅、陆海等(2007)以贵阳实施"多位一体"农村生态能源建设项目为依托,总结出一套以沼气为纽带,以"畜、草、果(药)、沼、水、路"多项目组合为建设核心,以生物能循环利用和家庭微循环为代表的多位一体农村循环经济模式。

上海郊区第一生态村,有上海郊区第一个无废物清洁生产生态循环农业系统,有上海郊区第一个湿地公园,有上海郊区第一个民俗文化村,有上海郊区第一个农家乐休闲旅游观光景区。这里也是中国沿海地区发展生态循环农业的一个范例——上海崇明前卫模式诞生地。经过10多年坚持不懈的努力,前卫村已经建成了比较完整的生态循环农业、生态休闲旅游农业、生态环境科普教育系统工程。在前卫村日臻完善的生态循环农业大系统中,目前有以下12个功能各异、相互联动的园区。

北京房山区石楼镇夏村循环农业发展示范点建设,以农业环境保护为核心,按照循环农业"减量化、再利用、资源化"的目标,采取源头预防、过程控制、终端治理相结合的技术手段,以耕地质量污染预警监控、生产实用技术应用和农田废弃物集中堆沤处理、大中型沼气站、有机肥加工厂基础设施建设为主要措施,构建以村为单位的资源循环利用体系,实现资源利用高效化、生产过程规范化、产地环境清洁化、产品质量优质化,有效改善区域农业生态环境,提升农产品质量水平,促进农业可持续发展。

## 1.2　国外循环农业研究与发展状况研究与发展

20世纪70年代后,由于现代农业面临巨大挑战,使得许多国家开始摒弃传统的农业发展道路,一些学者开始探求各种"替代农业"。生态农业属于1970年以来国际上开展的有别于常规农业的替代农业的一种形式。1981年英国农学家M. Kiley-Worthington等著《生态农业及其技术》(1981)一书是经典的生态农业专著,书中定义生态农业为"生态上能自我维持,低投入且经济上有生命力,在环境、伦理和审美方面可接受的小型农业"。自生态农业提出特别是在菲律宾的马雅农场获得成功以来,受到世界各国的重视。30多年来,在理论研究和生产实践上都做了大量工作,共同认为,在生产粮食和农畜产品以满足人类日益增长的需求的同时,要保护农业生态环境,永续利用农业资源,使农业能够持续地维持人类不断增长的生活需要和物质文明。

生态农业作为一种新的独立的农业生产形式,是人类日益增长的物质需求和社会生产力发展而造成的诸如环境污染、能源短缺以及人们对农业发展高投入、高污染等经验教训反思的结果。所以,在农业发展方面,尽管国外学者的研究中很少出现循环农业一词,但其倡导的生态农业(持续农业)含有循环经济理念。

## 1.3　部分国家和地区发展循环农业的实践

大多发达国家发展循环农业都非常注重保护农业生态环境和实现农业资源高效利用,他们大多凭借先进的科技手段和工业提供的装备,如节水灌溉(喷、滴灌等)设备,精量播种机械和施药机械,提高肥料利用率的技术与装备,低污染、高效低毒农药施药技术与装备,秸秆综合利用装备,有机肥、缓施肥等施肥机械等来保持农业的良性发展。

美国在 20 世纪 50 年代就开始普遍推广农业节水灌溉,目前整个灌溉面积已有一半采用喷灌和滴灌,另一半多数也采用了激光平地后的沟灌、涌流灌、畦灌等节水措施。在没有灌溉措施的农场,也普遍采用土地平整、轮作制、免耕法等节水措施。喷灌、滴灌往往与农作物施肥使用农药相结合。

德国是世界上发展循环经济较早且水平较高的国家。德国杜绝在农业生产中使用化学合成的除草剂,而采用机械除草方法;严禁使用易溶的化学肥料,而采用有机肥或长效肥;利用腐殖质保持土壤肥力;采用轮作或间作等方式种植;不使用化学合成植物生长调节剂;严格控制牧场载畜量;动物饲料采用天然饲料;不使用抗生素,不使用转基因技术。

日本循环农家肥中心利用现代技术把家畜粪便、稻壳和发酵菌类混合在一起,配上除臭装置,用农家肥代替化肥,不但有利于环保,而且生产出许多绿色食品。

台湾称循环农业为永续农业。1991 年台湾农政当局公布的"农业综合调整方案"中明确提出要"确保农业资源永续利用,调和农业与环境之关系"。其基本定义应为:是一种用科学的方法来帮助农民,将选择优良品种、土肥措施、排灌方式、病虫草害综合防治、栽培技术、轮作制度等技术合理配置,以降低生产与经营成本,增加农业产出,提高农民收入,以及永续利用资源和保护生态环境的农业一维护农业生态环境"。

总之,发达国家及中国台湾注重农业节能环保,将工业技术和在工业发展中取得的成果广泛应用于农业,较早实现了农业现代化,并在长期实践中形成了科技含量高、经济效益好、资源消耗低、环境污染小的农业可持续发展模式,即循环农业发展模式。

## 2 温州市生态循环农业的实践

### 2.1 温州生态循环农业的发展背景与概况

"十一五"期间,在市委、市政府的正确领导下,全市上下坚持以科学发展观为指导,解放思想,开拓创新,砥砺奋进,有效克服金融危机和自然灾害的严重负面影响,农业和农村经济发展取得了较好成绩,主要目标任务基本得以实现。2006—2010 年,全市农林牧渔总产值从 108.43 亿元,增加到 154.12 亿元,年均增长7.26%;农村居民人均纯收入从 6845 元增加到 11416 元,年均增长 10.8%。

"十一五"期间,农业生产基本保持稳定,农业结构调整不断深化,粮食生产功能区和现代农业园区(以下简称"两区")开始启动建设,高效生态农业加快发展,初步形成粮食、蔬菜、水产等十大主导产业发展格局。2006—2010 年,粮食产量由85.82 万吨增加到 87.56 万吨;水产品产量为 58.70 万吨,略有减少;猪牛羊肉产量由 8.78 万吨增加到 10.3 万吨。农业基础设施建设得到加强,完成标准农田建设 132 万亩。规划落实粮食生产功能区 1000 多个,2010 年建成粮食生产功能区面积 10.2 万亩。515 防洪保安、标准渔港、海涂围垦、千库保安、清水河道、气象预警监测等工程建设步伐加快。特色强县强镇战略深入实施,到 2010 年,全市成功创建国家级特色县 3 个、特色乡镇 20 个,建立各类优质特色农产品基地 120 万亩。农业产业化经营水平不断提高,创建市级以上农业龙头企业 179 家,农民专业合作社累计达 4079 家。创建市级以上名牌农产品 94 个,另有 48 个农产品获得绿色食品认证,28 个农产品获得有机农产品认证。农家乐等休闲旅游业发展迅速,到 2010 年全市农家乐特色村点达 279 个,年接待游客数 1144 万人,直接营业收入达 5.8 亿元;建成森林公园 26 个,年接待游客数 557.6 万人,森林旅游收入 12.57 亿元。农业走出去战略深入实施,在外建成粮食基地 60 万亩。建立首批名特优农产品营销网络经营店境外 3 家、境内 30 家。成功举办第三、四届温州特色农产品博览会,一、二、三、四届中国温州森林旅游节。

"十二五"时期我市农业既面临良好的发展机遇,挑战也前所未有。温州是一个农业资源严重约束型的城市。农业生态资源相对紧张。温州人均耕地只有 0.3 亩,人均水资源占有量为 1490 立方米,农业发展的空间十分有限。据卫星遥感技术对水土流失状况调查,全市水土流失面积达 3474.9 平方公里,占总面积的 28.4%;全市水体污染较为普遍,部分水网已不存在符合Ⅲ类水的达标河段;农村生产和生活所造成的面源污染依然比较严重。农业面源污染恶化了农业生产和农民生活环境。工业化、城市化又使郊区环境遭到了不同程度的破坏。温州农业主导产业规模不大,参与国内外竞争能力弱;农业市场主体弱小,产业化经营水平低;缺乏区域分工与协作机制,产业结构雷同,"样样有一点,样样一点点";农产品品牌建设相对滞后,缺乏整合优势;农业基础设施薄弱,抗御自然灾害能力差,台风对全市农业造成巨大影响。我市正处于工业化、城镇化快速发展时期,城乡一体化的加快推进,城乡要素的自由流动,使得未来我市对农产品需求将呈刚性增长。随着人民生活水平的日益提高,对农产品的品种、质量和数量要求将大大提高,推动高附加值农产品的需求增长。因此,温州要保持农业的可持续发展,保持城市农副产品的有效供给和生态平衡,必须走资源节约型和循环型的发展道路。

温州生态循环农业的发展概况:

**(1)"十一五"期间循环型农业建设重大项目已基本完成。** 组织实施绿色有机农产品基地、生态农业示范园区、楠溪江高效生态农业示范区、节水型农业示范基地、温州市农业高新技术示范区、洞头县人工渔礁、天然工程大米及综合利用项目、文成县生态种养示范园等项目。

**(2)生态循环农业示范创建活动成效明显。** 瑞安市已列入第一批省级生态循环农业示范县创建名单,文成县黄坦、瑞安市马屿、泰顺县万排、乐清市清江已列入第一批省级生态循环农业示范区创建名单。浙江顶农有机肥制造有限公司、浙江康顺畜牧有限公司、平阳县绿洲生态生物工程有限公司、瑞安市鑫农畜禽专业合作社、乐清市四都乡樟岙生态畜牧小区为省级生态循环农业创建示范企业。目前,瑞安、乐清市人民政府已经出台了加快发展生态循环农业的实施意见。

(3)**测土配方施肥普及行动开展顺利。**一是抓好标准农田地力提升工作。根据省农业厅要求,对 2011 年新建的 4 万亩标准农田质量提升工作任务进行分解,将工作任务落实至龙湾、瑞安、苍南,结合政府考核相关要求和标准农田质量提升相关措施,针对项目选点、资金落实、技术措施、组织建设方面提出要求,为各项目县理清了工作思路。二是加强土壤地力监测。根据市主要耕地和作物分布状况,结合测土配方施肥、标准农田地力提升工作,在龙湾、乐清、苍南、永嘉等 5 个县(市、区)的典型土壤区域组织建设了 12 个土壤地力监测点,掌握耕地质量的变化情况,为指导农民科学施肥提供可靠的依据。三是全面推广测土配方施肥。据统计,2011 年以来我市共推广测土配方施肥 161.69 万亩(水稻 53.2 万亩,茶叶 31.39 万亩,蔬菜 28.27 万亩,其他作物 49.04 万亩),覆盖 3866 个村,涉及农户 35.2 万户,发放施肥建议卡 22.2 万份。加大配方肥的推广工作力度,全市确定作物施肥配方 38 个,共推广各种配方肥 1.98 万吨,应用面积 42.51 万亩,总减不合理施肥量 0.33 万吨,增产节支 9899.6 万元。结合粮食高产创建示范区和粮食生产功能区建设,推进实施测土配方施肥技术。加强示范区建设,建立测土配方施肥示范区 98 个,中心面积 9 万亩。示范区做到有责任指导专家、有示范对比田、有醒目标示牌。

(4)**病虫害综合防治技术得到推广。**2011 年省农业厅下达我市实施病虫害综合防治工程和农药减量控害工程分别为 100 万亩和 75 万亩,已实施面积为 110.3 万亩和 76.89 万亩,超额完成了任务。其中农药减量控害增效工程被列为温州市农业局"十大项目"之一"清洁能源进万家工程"的重要组成部分。2011 年来建设了县级以上综合防治、农药减量增效控害工程示范方共计 28 个,面积 5.01 万亩,既有力地保障了农业生产安全、农产品质量安全和农业生态安全,同时还辐射周边农户,起到了很好的示范带头作用。

(5)**环保节约型畜禽养殖得以推行。**规模化畜禽养殖场排泄物治理从 2005 年在我市开展以来,全市累计投入经费 1.2 亿元,对 872 家规模养殖场进行治理。该项目实施后,全市共治理存栏猪、牛分别为 250492 头、2743 头;建设沼气处理池(厌氧池)70487 立方米,沉淀池、氧化塘等 315 亩,新(改)建雨污分离设施(包括搞槽的沟渠)158937 米,配套农田果园茶园等 43777 亩。完成温瑞塘河流域和珊溪库区畜禽养殖禁、限养区范围的划定,建立长效机制,巩固整治效果。

(6)**可再生能源得到发展。**2011 年来,完成村(居)生活污水净化沼气池工程 39 个,沼气式生态公厕 35 座,总计建设池容 10370 立方米,年处理生活污水量达 125.9 万吨;在建规模化畜禽养殖场大中型沼气综合利用工程 17 处,建设池溶 4135 立方米,年处理养殖污水 10.08 万吨,年产沼气 28.45 万立方米,沼气用户达

291 户;推广太阳能热水器 2.87 万平方米,太阳能路灯 311 盏,受益农户 9808 户。根据我市的实际,制定了清洁能源进万家工程实施方案,确定了工作月历表。

**(7)生态农业园区建设有序推进。**一是建立温州市粮食生产功能区和现代农业园区建设领导小组,由市长任组长。领导小组下设办公室,抽调市级农办、水利等有关部门 18 人为办公室成员,加强了现代农业园区建设的组织领导;二是 2011 年 3 月 15 日召开了全市农业"两区"(粮食生产功能区和现代农业园区)建设暨春耕生产工作现场会,市长赵一德出席并作重要讲话,各县(市、区)政府主要领导和分管领导参加,推动了全市农业"两区"建设;三是将现代农业园区作为全市农业十大项目建设主要内容,制定了现代农业园区建设实施方案和月历表,建立有效的项目推进工作机制;四是市委、市政府出台了《关于加快推进粮食生产功能区和现代农业园区建设的实施意见》(温委发〔2011〕48 号);五是根据温委发〔2011〕48 号文件精神,制定了《关于开展温州市休闲观光农业示范园区评定工作的通知》;六是组织各县(市、区)园区建设业务骨干参加全省现代农业园区管理人员培训,完成上报现代农业综合区规划年度实施计划方案,并将实施计划方案细化为具体建设内容;七是制定市级特色农业精品园申报办法和农业"两区"建设进展情况月报制度;八是开展粮食生产功能区和现代农业园区建设检查指导工作,促进各地"两区"建设工作。

**(8)农业标准化推广得到强化。**围绕农业"两区"建设中主导产业和特色农产品,加大了农业标准规范和模式图的制定修订,已培育建设市级农业标准化推广示范项目 14 个,争取到省级农业标准化推广示范项目 7 个。按照"产地安全化、生产程式化、产品标识化"要求,积极做好"三品一标"建设工作,召开了全市"三品一标"工作会议,举办了无公害内检员培训班,开展无公害农产品、绿色食品认证、续展及复查换证。今年以来,已新增无公害农产品认证 43 个,绿色食品认证 7 个。

### 2.2 温州市生态循环农业发展情况调查

调查问卷涉及瑞安、永嘉、文成等个县市区的 11 个村,农户 47 户。

**(1)被调查地的基本情况**

A1. 被调查村 51.2% 开通农民信箱,48.8% 未开通农民信箱。

A2. 被调查村 47.7% 地处城镇郊区;所在地理环境 50% 属平原,50% 属山区。

A3. 被调查村生产的主要农(副)产品为:水稻。主要农业用地按由多至少的顺序排列为:水田 26.6%;旱地 23%;林地 22.3%;果园 21.6%;水域 3.6%;其他 2.9%。

**(2)被调查农户的基本情况**

B1. 被调查农户户主的平均年龄:49.4 岁;性别:男 93.2%,女 6.8%。

B2. 被调查农户户主平均读过 6.3 年书(幼儿教育不计),86.5% 有外出打工或经商经历;82.5% 参加过涉农技术培训;20% 觉得培训效果很好;50% 觉得培训效果较好;30% 觉得培训效果一般。

B3. 被调查农户户主觉得自己的身体健康状况：35%很健康；51%健康；14%一般。2005年全家医疗支出平均2386元。

B4. 被调查农户的家庭人口数平均4人。其中，劳动力人口2人；纯农业劳动力1.2人，半农业劳动力2.1人，非农业劳动力1.9人；在校（大/中/小学幼儿园）学生1.2人。

B5. 2011年被调查农户全家总收入平均为37078元，其中农业收入13971元；全家拥有固定电话、手机4只、电脑1台；家庭的收入主要来源于：24%种植业；2.6%林业；28.9%养殖业；10.5%以农（种植业、林、牧、渔）为主兼业；21.1%非农为主兼业；13.2%非农就业。

B6. 被调查农户家耕地的总面积：7.4亩，主要种植的品种为：水稻、蘑菇、番薯、油菜。

**(3)高效生态农业发展情况**

C1. 被调查农户生产（或销售）农产品时，是否考虑农产品的质量与安全问题：26%十分关注；59%比较关注；12.8%一般；2.2%不关注。

C2. 被调查农户购买农副产品（或食品）时，是否考虑产品的质量与安全问题：33%十分关注；56.7%比较关注；6.7%一般；3.6%不关注。

C3. 71%被调查农户听说过"生态循环农业"，29%未听说过"生态循环农业"。如果听说过，其信息来源主要是电视、农技推广服务部门、报纸、亲朋好友。

C4. 91%被调查农户知道当地已经有农业合作经济组织（合作社或专业协会等），48%农户已经参加了某个合作社（或专业协会等）。

参加的合作社主要提供的服务有：32.6%生产技术辅导、21.7%产品销售、15.2%资金支持、13%优质种苗、10.9%政策宣传。

未参加合作社的农户，近期有40%准备参加某个合作社。

没有（或不准备）参加合作社的原因是：37%浪费时间，还要缴费；22.2%不了解；14.8%只是个形式，基本利益没有保障；14.8%组织内产品价格相对较低；7%不存在；3.7%自己的规模太小，对方不感兴趣。

C5. 86%被调查农户知道当地已经有农业龙头企业（或订单农业），14%农户不知道当地是否已经有农业龙头企业（或订单农业）。21%农户已经参加了某个龙头企业。

如果是，调查农户参加的龙头企业主要提供哪些服务：22.2%产品销售、22%政策宣传、18.5%生产技术辅导、18.5%资金支持。

如果否，近期62.5%调查农户准备参加某个龙头企业。没有（或不准备）参加龙头企业（或订单农业）的原因是：64.7%不了解；11.8%手续太复杂；产品收购价格相对较低；5.9%只是个形式，基本利益没有保障；17.6%自己的规模太小，对方不感兴趣。

C6. 77.3%被调查农户了解当地举办过有关高效生态农业的宣传或技术培训

活动。

　　如果是(举办过),2006 年元旦以来,当地大约举办过 3 次,被调查农户参加过 2 次;被调查农户知道(或参加)的宣传或技术培训,是由:61.8%政府科技推广部门;14.7%合作社;5.9%龙头企业;2.9%村委会;11.8%生产资料供应商;2.9%绿色环保志愿者或非政府组织。

　　被调查农户觉得宣传或培训效果:26.9%很好;38.5%较好;30.8%一般;3.8%未参与或不清楚。

　　→如果否(没有举办过),66.7%被调查农户希望参加相关宣传或技术培训。

　　C7. 79.4%被调查农户已经选择(或准备选择)高效生态农业发展模式。

　　如果填否(拒绝生态循环农业),被调查农户的理由是:5.6%不太了解;没有技术;27.8%资金不足;经济效益并不高;5.6%投入比较大;5.6%投入回收期比较长;22.2%政府扶持不到位;11.1%规模太小。

　　如果填是(选择生态循环农业),请被调查农户接着回答以下问题:

　　C7.1 被调查农户选择的生态循环农业的发展模式是(可多选):1.7%以沼气为纽带,种养结合(如:猪—沼—果/作物);4.3%生态养殖;6.4%花卉苗木生态农业;2.1%竹产业开发;8.5%食用菌生物链循环模式;7%设施生态农业模式;29.8%无公害或绿色食品和有机食品开发;12.8%生态旅游农业。

　　C7.2 被调查农户家选择以上高效发展模式的理由是:10.8%收入较高;12.2%有技术优势;8.1%可以节约成本;29.7%政府推广、扶持;4.1%龙头企业带动;9.5%合作社带动;5.4%周围有很多人采用;9.5%生态环境效益好;9.5%资源比较丰富。

　　C7.3 除自然灾害外,选择以上发展模式后,被调查农户最担心的是:15.3%成本太高;11.9%没有技术;15.3%产品(或服务)没有市场;10.2%收入不高;20.3%投入回收期比较长;8.5%政府扶持政策改变;10.2%劳动力不足;8.5%规模太小。

　　C7.4 被调查农户是否觉得通过发展生态循环农业能使自己赢得他人的尊敬:9.1%完全同意;57.6%同意;33.3%基本同意。

　　C7.5 被调查农户今后的打算是:46.7%继续干,扩大现有规模;46.6%继续干,维持现有规模;6.7%还没有想好;

　　C8. 与传统农业生产方式相比,92%被调查农户觉得采用生态循环农业发展模式能够获得更大的经济收益。92%被调查农户觉得更有利于生态环境的改善。

　　C9. 66.7%被调查农户从金融部门贷过款。其中 3.3%被调查农户觉得贷款很容易;16.7%被调查农户觉得贷款容易;43.3%被调查农户觉得贷款有点难;33.3%被调查农户觉得贷款比较难;3.3%被调查农户觉得贷款很难。

　　C10. 71.4%被调查农户觉得贷款认为当前需要加强农业保险工作。25%被调查农户觉得贷款参加过政策性农业保险。

　　C11. 被调查农户觉得贷款觉得政府在发展高效生态农业中的作用主要是(多

选):8.2%宣传发动;20.9%政策引导;13.6%技术服务;22.7%资金扶持;8.2%质量检测与产品认证;7.3%制订发展规划;7.3%规范市场(优质优价);8.2%价格保护;3.6%信息收集与发布。

C12. 对下列涉农服务部门提供的服务,被调查农户觉得贷款的满意度。

(单位%)

| | 不存在 | 很不满意 | 不满意 | 较满意 | 满意 | 很满意 | 未参与 |
|---|---|---|---|---|---|---|---|
| ①合作社(或专业协会) | 2.17 | 0 | 0 | 43.48 | 13.04 | 23.91 | 17.4 |
| ②村集体经济组织(或村委会) | 0 | 0 | 17.4 | 21.74 | 21.74 | 28.26 | 10.9 |
| ③政府科技推广部门 | 0 | 0 | 2.13 | 63.83 | 25.53 | 8.511 | 0 |
| ④供销社 | 0 | 4.65 | 16.3 | 69.77 | 6.977 | 0 | 2.33 |
| ⑤信用社 | 0 | 0 | 0 | 76.74 | 23.26 | 0 | 0 |
| ⑥龙头企业 | 2.22 | 0 | 4.44 | 66.67 | 22.22 | 4.444 | 0 |

C13. 被调查农户觉得贷款听说过或看见过以下类别"安全食品"吗?
1)无公害农产品:①2.3%未曾听说;②88.4%听说过;③9.3%见过;
2)绿色食品:①2.3%未曾听说;②90.1%听说过;③6.8%见过;
3)有机食品:①2.4%未曾听说;②95.2%听说过;③2.4%见过。

C14. 对以下相关理论或具体实践措施,被调查农户觉得贷款听说过吗?
1)(农业)循环经济:①95.5%听说过;②4.5%未曾听说
2)(农业)清洁生产:①83.3%听说过;②16.7%未曾听说
3)测土配方施肥:①92.9%听说过;②7.1%未曾听说
4)化肥、农药双控增效:①95.2%听说过;②4.8%未曾听说
5)生态省(县、市)建设:①88.1%听说过;②11.9%未曾听说
6)资源节约型、环境友好型社会:①75%听说过;②25%未曾听说

通过调查,我们认为,温州市发展生态循环农业存在的主要问题:

**(1)政策出台滞后。**

目前,我市仅乐清、瑞安两个县(市)已经专门出台加快发展生态循环农业的实施意见,列入省级生态循环农业示范区实施的县(市、区)农业局成立了示范区创建工作领导小组。生态循环农业建设工作总体上进展不平衡,个别县(市、区)"叫得响,动作慢",工作推进不力。由于政策出台滞后,导致部门之间协调不畅,影响生态循环农业建设工作开展。如瑞安市规模畜禽养殖场排泄物资源化利用设施建设项目就是因建设用地尚未解决而搁置,农业和国土部门多次协调仍无进展。

**(2)资金投入不足。**

生态循环农业是现代农业发展的大趋势,是农业可持续发展的必然要求。已

出台"生态循环农业的实施意见"的政策含金量不高,配套资金还没有落到实处。"巧妇难为无米之炊",资金投入不足将大大影响生态循环农业建设进程。如泰顺县畜禽养殖场排泄物资源化利用设施建设项目因建设配套资金未落实而进程受阻。

**(3)技术支撑较难。**

生态循环农业建设涉及面广,而且比较复杂,内容相当丰富,循环模式繁多,要全面掌握各项技术比较困难,在项目实施过程中一些共性的技术问题需要指导解决。目前,大多数乡镇基层农业公共服务人员大都不具备这方面的能力,人才匮乏是阻碍生态循环农业进一步发展的瓶颈。是多学科综合工程,关系到能源、环保、农学、畜牧兽医、水产养殖、土壤化学、植物营养、建筑工程等。

**(4)法律法规缺乏、宣传不够、群众意识不强。**

## 2.3 温州市生态循环农业实例

### 2.3.1 第一批省级生态循环农业示范县——瑞安市的创建经验

2010年来,瑞安市根据《浙江省人民政府办公厅关于印发浙江省发展生态循环农业行动方案的通知》(浙政办发〔2010〕161号)精神,遵循"减量化、清洁化、资源化"发展理念,以生态循环模式推广为抓手,采取政策引导、资源整合、项目支撑等措施,不断推进了生态循环农业示范县建设。

**(1)加强领导,明确任务。**

生态循环农业示范县创建是一项系统工程,为切实加强领导,市政府成立了瑞安市生态循环农业发展工作领导小组,由分管副市长为组长,相关部门负责人任成员;农业局成立了生态循环农业示范县创建实施小组,由局长任组长,局科教科、畜牧局、农业站、植保站、检测中心、产业科、农机总站等相关科室负责人为成员,实施小组下设办公室在局科教科,负责统筹规划协调,编制实施生态循环农业建设规划,整合资源及争取项目支持等工作,相关成员单位负责生态循环农业项目的指导、实施工作。此外,市政府还出台了《关于印发瑞安市加快发展生态循环农业实施方案的通知》,明确了发展生态循环农业的指导思想、总体思路、发展目标、工作重点,保障措施。

**(2)制定政策,落实责任。**

为鼓励发展生态循环农业,市政府将农村生态环境建设、农村能源生态发展、产业发展、设施农业、畜牧场整治、农业综合开发、农业科技等项目资金进行有效整合,并将出台生态循环农业专项资金奖励补助办法,将每笔资金、每项任务落实到具体科室,按照"老的老办法,新的新办法"原则,重点对生态循环农业畜牧场排泄物整治、循环模式推广、资源再利用等重点环节进行重点支持。一是规模养殖场开展排泄物整治补助。鼓励规模畜牧场建设干粪堆放场,最高不超过15万元补助;年出售有机肥半成品1000吨以上畜牧场,每吨补贴200元;购置沼液、干粪运输工具给予补助50%,用吸污车抽送沼液异地利用的,给予40元/车的运费补助。二是鼓励发展农牧结合型循环农业模式,经验收合格的,最高不超过10万元补助;对规模基地建造沼液池10立方米以上,补助其造价80%;田间沼液利用喷滴灌设施优先列入节水灌溉项目;对年累计施用商品有机肥20吨以上的用户,按300元/吨的标准给予补助,每个用户最高补助20万元;累计施用半成品有机肥20吨以上的用户,按150元/吨的标准给予补助,每个用户最高补助10万元。三是对利用畜牧场排泄物生产加工有机肥的企业及畜禽粪便收集处理中心,按投资额的25%给予一次性补助,最高不超过50万元。根据生产并销售的数量按30元/吨标准给予奖励,对年生产商品有机肥5000吨以上的生产企业,给予10万元的奖励。

**(3)突出重点,有序推进。**

①完善设施建设。2011年以来,瑞安市积极推进农业基础设施建设,为发展生态循环农业打下坚实基础。一是以"两区"建设为载体。2011年瑞安市共投入2400万元,完成18个粮食功能区,2个现代园区建设,使得两区内水、电、路、沟、渠等农田基础设施得到大幅度改善,据统计,2011年共建造田间道路26公里,极大方便了液肥、有机肥等农资运送。二是以畜牧场排泄物整治为载体。结合省"811"工程和沼气工程,截至目前,全市共治理规模养殖场224家,总投资8000万元,建设化粪池1.2万立方米,集粪间1.6万平方米,雨污分离沟75.9千米,并配套相应贮液池、氧化塘、农田、果园。三是以农业设施建设为载体。2011年,全市大棚设施面积已达2.3万亩,年产值2.1亿元,特别是钢管大棚近年成倍增长,4年来新增7100亩,亩平均产值达1.5万元,同时钢管大棚里广泛应用喷灌滴灌、肥水同灌等节水、节肥、节工、节本技术,努力减少农业资源消耗和物质投入,促进农业资源的再利用。

②建立服务平台。一是成立有机液肥运送服务站。瑞安市农林局专门成立了有机液肥运送服务站,负责贮液池的建造和日常管理,同时协调相关职能科室,农业站负责基地贮液池的布局、设点,沼液监测、配方施肥;畜牧局负责协调与各牧场联系。二是建设贮液池。按照科学、合理、经济、高效的原则布局配置田间贮液池,目前已建成贮液池69个,容积达1796立方米。从2012年3月份开始,不间断将畜牧场排泄物(尿液)运送至贮液池作为农作物肥料,得到了循环利用,同时为使沼液使用更加方便,推进了贮液池水泵、管道等配套设施建设。三是购置配送车辆。按照现有贮液池数量、运输线路、基地面积来确定所需购置车辆的数量,已购置沼液吸污车4台,日运力达到150吨。

③挖掘循环模式。瑞安市按照循环化、立体化、无害化要求,大力推广农牧结合、种养结合等新型生产模式和技术,实施清洁化生产,重点推广以下三种模式。一是推广"畜禽—沼(肥)—作物"。以就地消纳畜禽场排泄物为目的农牧结合模式。瑞安市积极鼓励畜牧场周边土地发展林果业,用于消纳畜牧排泄物和沼液,不仅改善了养殖场周边的生态环境,还就地为林果种植、牧草提供了大量优质生物有机肥。如飞云海滨奶牛场承包周边100亩土地种植黑麦草,桑农少林畜牧有限公

司承包周边 70 亩土地发展林木苗基地,鑫农畜禽专业合作社通过专用管道将沼液直接输送到金潮港观光农场瓯柑园,切实达到"省节成本,增加效益"功效。二是推广"作物—秸秆—畜禽"模式。以利用农作物秸秆为目的农牧结合模式。瑞安市积极引导农户利用稻秆、玉米秆、烂菜叶等作为畜禽饲料,一方面解决了秸秆焚烧对环境的污染问题,另一方面推进了畜禽生态养殖并降低生产成本,一举多得。如瑞安市飞云乳品厂把握马屿、陶山等镇发展水果玉米种植的有利时机,充分利用玉米秸秆作为当地农作物副产品且取材容易、运输成本低的特点,实施青贮玉米秸秆饲喂奶牛技术,取得显著成效。据测算,用玉米青贮料饲喂奶牛,每头奶牛一年可增产鲜奶 500 千克以上,而且还可节省 1/5 的精饲料。同时增加了玉米种植户收入,每亩每季收获水果玉米秸秆 2.5 吨左右,亩增收益 350 元,按目前马屿镇种植水果玉米 2000 亩计算,年两季可收获玉米秸秆 1 万吨,用于青贮喂奶牛,可以为农民种植水果玉米增加收益 140 万元,经济社会效益十分显著。三是推广农田立体种养循环模式。近年来,瑞安市大力推广农作物间套作种植、林(园)地家禽放养、稻鸭共育技术等立体种养型循环模式,对温光水气等自然资源实行合理利用,开发生物防治,减少农药、化肥的施用量,保护了生态环境,保证了农产品质量安全。如瑞安市试点推广的稻鸭共育技术具有易懂易操作、省工省药省肥省饲料、增产增收、保护环境等多重功效和特点,通过家鸭野养方式、鸭吃虫吃草、鸭粪还田、减少鸭饲料投放等措施,可节约劳力、节约化肥农药、节省饲料成本亩均 50 元,亩增产稻谷 50 公斤,亩增养鸭纯收入 100 元以上,亩均节本增效 200 元以上,充分发挥"1+1>2"的生产效应。

④推进废物利用。一是推进沼气工程建设。通过沼气池厌氧发酵,既产生沼气作为清洁的生活用能,又可产安全高效的有机肥,截至目前,全市已建沼气工程1843 处,据保守计算,正常发酵可年产沼气 15.6 万立方米,相当于标准煤 2.9 万吨。二是推进有机肥加工厂建设。为了治理养殖排泄污染,高楼镇平阳坑办事处在 2003 年就以极优惠的条件引进了前山有机肥加工厂,当年就收集周边乡镇猪粪4500 吨,实践证明,这种方法是解决畜禽排泄物循环利用最佳方法。三是推进废弃农膜和农药包装物回收。瑞安市每年产生废弃农膜将近 500 吨,废弃农膜收购点遍布各个田头,废弃农膜收购价 2.5 元/公斤,瑞安市废弃农膜回收利用率能达97％以上。2011 年开始,瑞安市在马屿镇梅屿办事处实施农药废弃包装回收试点工作,在农资店设立回收点,在销售农药时加贴标记,以便回收时确认,并且按照大瓶 0.5 元、小瓶 0.2 元(以 300mL)为界限,包装袋 50 克及以上 0.2 元,50 克以下0.1 元的标准回收农药包装物,建立详细的销售、回收台账。瑞安市农林局对委托回收单位按季进行结算,并付给一定的手续费和保管费。

2.3.2　温州金土地农业开发有限公司灵昆鸡种鸡繁育场建设及灵昆鸡生态养殖污染治理

畜禽养殖粪污的处理首先应考虑种养结合,尽量做到污染物资源化,实现综合利用。综合利用模式强调的是种养结合,适合于一些周边有适当的农田、鱼塘、果园等的畜禽养殖场,它是以生态农业的观点统一筹划系统安排,使周边的农田、草地、鱼塘、果园将厌氧消化处理后的废水完全消纳。畜禽粪便废水在经厌氧消化处理和进一步固液分离后,沼渣用来生产有机肥料,沼液则排灌到农田、鱼塘或水生植物塘,使粪便得到能源、肥料多层次的资源化利用,最终达到粪污的"零排放"。这种模式遵循了生态农业原则,具有良好的经济效益和环境效益。本项目新建的鸡场周围有大量的农田,计划用来种草养鸡,因此,本项目采用综合利用模式。

### 2.3.3 瑞安市鹏亨畜牧有限公司养猪场排泄物处理

该场考虑到实际采用达标排放这种形式。畜禽粪便废水经厌氧消化和固液分离后,沼渣用来生产有机肥料,沼液则排灌到农田、鱼塘或水生植物塘,使粪便得到能源、肥料多层次的资源化利用,另外,采用生物膜过滤法对水进行处理,生物膜是指用天然材料(如卵石)、合成材料(如纤维)为载体,在其表面形成一种特殊的生物膜,生物膜表面积大,可为微生物提供较大的附着表面,有利于加强对污染物的降解作用。其反应过程是:①基质向生物膜表面扩散,②在生物膜内部扩散,③微生物分泌的酵素与催化剂发生化学反应,④代谢生成物排出生物膜。

生物膜法主要工艺方法有生物廊道、生物滤池、生物接触氧化池等。生物膜法具有较高的处理效率,对于受有机物及氨氮轻度污染水体有明显的效果。它的有机负荷较高,接触停留时间短,减少占地面积,节省投资。此外,运行管理时没有污泥膨胀和污泥回流问题,且耐冲击负荷。日本、韩国等都有对江河大水体修复、畜牧生产的工程实例。

生物膜水解酸化—生物膜接触氧化工艺在稳定性、抗冲击性、生物菌种耐温性等方面均能满足实际需要,并且处理装置易维护,技术可靠。同时采用石英砂过滤是利用滤料的截留、滤除作用,去除大粒径的杂质颗粒、浓度胶体和悬浮物是一种常见方式,具有低成本、操作维护及管理方便等特点。其过滤精度在 $0.005\sim0.01\mu m$ 之间,可有效去除胶体微粒及高分子有机物;常温操作、耐酸碱、氧化。

本项目新建的猪场周围没有大量的农田可供利用,结合实际情况,我们采用"厌氧—生物膜过滤—好氧—石英砂过滤"处理模式。本处理系统由预处理、厌氧处理、好氧处理、生物膜过滤、后处理、石英砂过滤、污泥处理及沼气净化、贮存与利用等部分组成。此模式主要优点有占地少、适应性广、几乎不受地理位置限制。技术路线见下图。

```
粪便污水 → 格栅沉砂池 → 集污池 → 固液分离机 →（粪渣）出售或生产有机肥

生物膜过滤 ← 二级厌氧发酵 ← 一级厌氧发酵 ← 酸化调节池

回水池        （沼气）脱硫器 → 储气柜 →（沼气）生活用气猪场小猪保温发电

好氧处理

后处理 → 石英砂过滤 → 达标排放
```

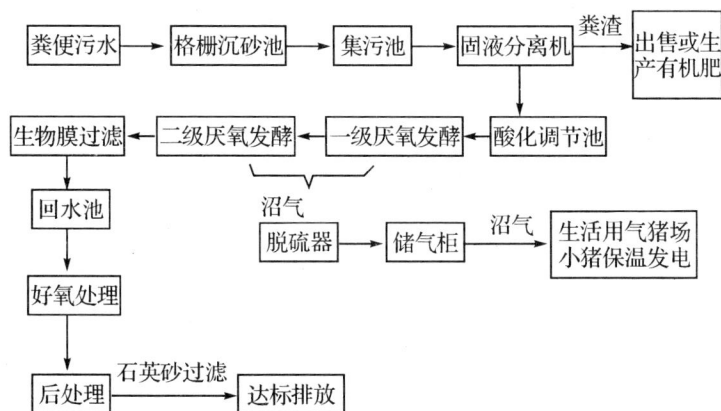

猪场粪污处理技术方案示意图

# 3 发展思路和目标

## 3.1 发展思路

以科学发展观为指导,围绕建设生态文明和促进农业增效、农民增收的目标,着眼于转变农业发展方式、提高农业综合生产能力,以现代农业园区、粮食生产功能区为主平台,以资源利用集约化、生产过程清洁化、废弃物利用资源化为主线,运用循环经济理论和生态工程学方法,大力推广应用种养结合等新型种养模式以及健康养殖、标准化生产等先进适用技术,大力发展高效的生态循环农业,促进农业现代化建设。

## 3.2 基本原则

——坚持生产发展、生态保护原则。正确处理农业发展与资源开发、生态保护的关系,注重在保护中开发、在开发中保护。

——坚持因地制宜、分类发展原则。根据当地资源条件、产业布局、生产方式等实际,选择不同的技术路线、发展模式。

——坚持点面结合、统筹推进原则。立足区域统筹,科学布局农业种养业以及加工业,通过试验示范和推广,把生态循环的理念和要求落到农产品生产、加工、营销等各个环节,整体推进生态循环农业发展。

——坚持政府引导、社会参与原则。强化规划引领、政策激励和公共服务,尊重农民主体地位,充分调动农民群众的积极性,形成政府引导、农民主体和社会参与的生态循环农业发展机制。

## 3.3 主要目标

力争到 2015 年,全市生态循环农业技术和模式广泛应用,农业标准化生产技术普及率达 80% 以上;测土配方施肥、病虫害统防统治覆盖率分别达 80%、40% 以上,高效、低毒、低残留农药使用面达80%以上,化学农药使用量减少10%,氮肥使用量减少8%,化肥利用率提高5%;农作物秸秆、规模畜禽养殖场畜禽排泄物、农村清洁能源利用率分别达85%、97%和70%以上,农业生态环境、农产品品质进一步优化,农业的经济、社会和生态效益协调发展。大力发展农村沼气工程、生物质气化工程、太阳能应用工程等,力争到2015年,全市1/2以上县(市、区)创建了国家绿色能源示范县。现代农业综合区土地流转率达到40%(山区20%)以上。主导产业示范区要突出"低碳"的带动力和先进性,扩大示范辐射效应。休闲观光农业园区要体现生产功能、生态功能和文化功能,建设一批生态休闲农业景观,策划系列休闲观光和游乐活动。园区内土地无障碍因子、生态环境无污染,农田有效灌溉率、旱涝保收率分别达到100%,主要生产环节基本实现机械化、自动化,畜禽养殖设施化率85%以上。园区内要充分利用光、热、水、土资源优化种植布局,改革种植模式,打破粮、经二元结构,扩大复种,提高土地产出率。

# 4 主要任务

## 4.1 优化农业产业结构和区域布局

按照结构优化、布局合理、产业融合、功能多元的要求,深化农业结构战略性调整,合理布局再生能源、畜禽粪便收集处理中心和有机肥加工、废弃物回收企业,加快建立资源节约和环境友好的生态循环农业产业体系。认真落实畜禽禁养区、限养区政策,积极发展农牧结合生态畜牧业,推动畜牧业从面上分散养殖向点上规模养殖转变。大力发展生物质产业,优化食用菌产业结构,加快发展草腐类食用菌,促进农作物秸秆综合利用。加快发展农产品精深加工业,着力改变农产品加工"低、散、小"的格局,引导企业通过抱团合作、资产重组、技术改造等形式提升加工规模和档次,提高农产品原料利用率和科技含量。

加快农业产业结构调整的力度,促进农业向无害化方向发展。循环农业建设重要目标之一是农业生产过程对生态环境和人体健康的无害化,循环农业采用环境友好型技术,按照无害化要求组织生产,引导农业产业结构向无害化方向调整。

积极培育无公害农产品。实施化肥的减量与精量使用,推广高效低毒、低残留农药,减少化肥用量,提高化肥利用率。用生物农药替代化学农药,以高效无害化配方饲料降低"畜产公害",以可降解农用薄膜替代不可降解的塑料薄膜。提高农用地膜回收率,推行秸秆还田。到2012年,合理施用农药的农田比例达到95%,推广降解型农地膜面积100万亩,秸秆综合利用达到95%。

——发展生态农业模式:积极推广节地、节水、节种、节肥、节药等技术,发展设施农业,建立品种优质化、生产集约化、产品安全化、管理科学化的新型生态农业模式,培育水产品、水果、蔬菜、畜产品、茶叶、马蹄笋、花卉苗木、食用菌等8大绿色无公害农产品。

——建设生态农业示范园区:根据各地农业发展的区域条件和生态资源优势,优化沿海平原、山区丘陵、海洋岛屿的农业生产布局,围绕8大优势农产品,建设一批市场相对稳定、规模较大的特色优势马蹄笋、毛竹笋、柿子、板栗、花卉苗木、水产品等无公害、绿色、有机农产品生态种养基地,重点在瓯海、瑞安、永嘉、文成、泰顺等地建成一批绿色农产品加工园区,着力提高生态农业的竞争力和经济效益。

——发挥林业循环经济:林业是生态建设的基础,是循环经济的最基本一环,要大力发展林业生态经济。一是生态公益林建设。到2015年,建成飞云江、鳌江、楠溪江、大荆溪、清江等主要水源涵养区的水源涵养林和水土保持林295万亩,在全市现有70多座大中小型水库围500米范围或第一山脊范围内建成水源涵养林、水土保持林等工作区防护林45万亩,建成重点生态公益林400万亩,实施碳汇造林项目15万亩,森林抚育经营碳汇项目20万亩。二是特色林业基地建设。建设森林食品生产基地、木竹制品加工基地、花卉苗木基地、森林生态休闲旅游基地、用材林生产基地等,到2015年面积达到100万亩。

按照发展循环经济的总体要求,结合各地农业发展的自然资源、区位条件和比较优势,优化沿海平原、山区丘陵、海洋岛屿农业区域布局。

——沿海平原城郊农业区:主要包括全市水网和平原地区。大力发展花卉、苗木、园艺、粮、畜、蔬菜等经济作物相结合的生态农业,积极发展农产品加工、流通业,有序发展观光休闲农业。

——山区丘陵立体农业区:包括西部山区丘陵地带。依托丰富的山水资源和良好的生态环境,重点发展以名茶、名果、笋竹、药材、高山蔬菜等立体种植为主的生态农业,积极调整畜禽养殖产业布局,合理划定禁养区,建设畜牧科技园。

——海洋岛屿海水渔业区:包括东部沿海和岛屿地区。在近海近岸地区,重点发展围塘养殖、滩涂养殖、深水网箱养殖等海水养殖业,建设一批海水生态养殖基地;在海洋、岛屿地区,减轻捕捞强度,适度发展近海捕捞业。

## 4.2 开展生态循环农业示范工程

根据《浙江省农业废弃物处理与利用促进办法》、《浙江省发展生态循环农业行动方案》和省农业厅、省发改委、省财政厅、省环保厅《关于开展生态循环农业示范创建活动的通知》精神,全面推进粮食生产功能区、现代农业园区建设,创新农作制度,推广应用种养结合、高效生态循环和农业废弃物及"三沼"综合利用等技术模式,以点带面,加快推进生态循环农业示范县、示范区和示范项目建设,全面推动生态循环农业发展和农业发展方式转变。

建设生态农业示范区。以永嘉县沿江省级现代农业综合区等13个省级现代农业综合示范园区为基点,以点带面,推进粮食生产功能区建设和现代农业园区建设"13253"工程。在乐清西部、瓯海潘桥、瑞安马屿、平阳万全、平阳麻步、苍南南部沿海等平原地区主要布局蔬菜花卉基地、粮食生产基地;在文成中西部、泰顺中南部、瑞安西北部、瓯海西部、永嘉西部、苍南南部及沿海城郊的山区、半山区主要布局畜禽养殖与经济林果生产,在沿海平原地区滩涂和浅海、岛屿周边以及陆域水网地区水产养殖。

### 4.3 大力发展生态高效的精品农业

顺应市场竞争加剧和消费升级的要求,加快推动农业发展方式从注重数量面积扩张向品质效益提升转变。深入实施种子种苗工程,扩大优质良种和精准技术应用。积极推行农业标准化生产,努力扩大标准化技术覆盖率,建立健全农产品产地准出、质量认证、优质优价机制,加快普及无公害农产品,大力发展绿色食品和有机食品,提高农产品附加值。

### 4.4 加强农业资源保护和集约节约利用

依法严格保护耕地特别是基本农田、标准农田,加强耕地地力培肥,提高耕地质量和产出水平。加强农业种质资源和生物多样性保护,严密防控农业生物灾害,有效保障农业生态安全。积极推行农业集约化经营,提高资源利用率和土地产出率。大力推广节地、节水、节肥、节药、节能、节工等节约型农业技术,加快发展设施农业,努力提高化肥农药的利用率,不断减少化学投入品使用。

### 4.5 积极推行农业清洁化生产

全面评估农业生产过程和投入品对环境的影响,加快形成集产地环境、生产过程、产品质量、加工包装、废物利用、经营服务于一体的技术规范,加强土壤环境源头管理和生产流程改造,科学合理使用农业投入品,实现由末端治理向生产全过程防治转变。大力推广应用测土配方施肥技术,鼓励施用有机肥,努力减少化肥使用量。大力推广应用高效、低毒、低残留农药,加快推进农作物病虫害统防统治方法和物理和生物等绿色防治技术,努力减少化学农药使用。严格饲料、兽药生产、经营监管,加大环保饲料推广应用力度,积极推行畜禽清洁化健康养殖。

### 4.6 发展畜禽副产品、水产加工副产品循环经济安全产业

加快推进畜禽副产品、水产加工副产品的综合安全利用,建立畜禽副产品原料、质量安全控制体系,完善畜禽副产品加工产品的产品标准、质量安全检测技术,加强其原料采集、运输、保藏、生产加工、成品流通等每一个环节的卫生安全质量监控;应用新技术、新方法生产高品质、高附加值的产品,防止疫病传播,减少环境污染。重点在鹿城、瓯海、苍南等畜禽屠宰集中区推进动物血液、骨头、脏器、皮毛等进行规模化深加工综合利用,利用畜禽副产品加工高新技术,提高产品质量和经济效益,减少生产损耗,有效遏制畜禽加工的环境污染现象。在瑞安东山埠、乐清蒲岐、苍南肥艚四大水产加工园区和全市各大渔港,加快推进鱼头、鱼皮、鱼骨、鱼鳞、鱼鳍、鱼鳔和内脏和低值水产品等水产加工副产品的综合利用,利用其提取鱼油、胶原蛋白、鱼蛋白酶解液等高附加值产品,或加鱼骨粉产品及饲料,提高渔业的综合经济效益,减少加工污染。

## 4.7　积极推进农业废弃物资源化利用

充分挖掘农业废弃物和副产品的利用价值,积极推进畜禽排泄物从污染治理向资源利用转变,鼓励农作物秸秆采取还田增肥、气化固化、基质栽培、原辅材料等途径,促进农作物秸秆向生物质肥料、饲料、燃料等综合利用转变。鼓励和支持利用农产品加工下脚料开发生物蛋白、生物饲料和生物原料,减少加工流通环节的消耗浪费和废物排放。推进农村生活污水沼气净化处理,健全沼气服务体系,扩大沼气、太阳能等再生清洁能源应用。加快建立农业投入品包装物、农膜等集中回收处理系统,促进再生利用,防止破坏农业生态环境。

在粮食生产相对集中的瑞安、泰顺、苍南、乐清、永嘉等地的粮食生产功能区,秸秆量大且集中,实施农作物秸秆综合利用工程。推广秸秆覆盖还田、秸秆腐熟还田、墒沟埋草耕作培肥;鼓励发展秸秆饲料,推广秸秆直接粉碎饲喂技术、青储饲料机械化技术、秸秆微生物发酵技术、秸秆氨化技术,以满足奶牛、肉牛、羊养殖等饲料需求;发展秸秆生物气化(沼气)、固化成型燃料等生物质能;鼓励发展以秸秆为主要原料的编织工艺、秸秆制碳、秸秆制酒精、秸秆有机肥加工、秸秆皮壳制取淀粉、秸秆发电等工业化利用途径;积极规划发展以秸秆为主要原料的板材、造纸产业。高速公路沿线、机场周边、铁路沿线等重点区域基本实现秸秆禁烧。积极推进全市林业废弃物及加工废弃物制碳、固体成型燃料等资源化利用工程。

## 4.8　构筑生态循环农业主导模式

循环农业既涉及种植业和养殖业,还涉及农产品加工业等多个领域。循环农业的重点应是加快农业生产经营及废弃物利用的专业化和规模化,促进企业间循环和区域间循环。根据我市的实际情况,"猪—沼—作物"模式为我市生态循环主导模式。除此之外,还有海水养殖循环模式、城市型生态农业链网模式、竹产业循环模式和"气—器—池"模式等,各地要因地制宜,科学选用,不搞一刀切。

### 4.8.1　"猪—沼—作物"模式

与发展高效生态农业相结合,通过开发以沼气为纽带的能源生态农业模式,把种植和养殖业有机结合起来,加快"猪—沼—作物"模式、沼液浸种等技术的推广应用,拓展"三沼"综合利用领域。通过"猪—沼—作物"模式的推广,带动种植、养殖业的发展。通过对沼液、沼液的检测和综合利用对比试验,沼肥的使用改善土壤理化性质,有利于土壤微生物活动和土壤团粒结构的形成,增加土壤中的空隙度,协调土壤中水、肥、气、热条件,改良土壤,使养分易被植物吸收而增产,有效改善作物的抗病虫害能力,使农业走上高效生态的发展轨道,促进农业增效和农民增收。

要跳出为沼气而建沼气池的单纯观念,要从建设社会主义新农村、发展生态农业、保护生态环境、节约自然资源、发展循环经济、创建节约型社会的高度来提高认识,调整发展思路,将推广沼气与养殖、种植相结合,打造"养殖—沼气—种植"的模式,以"猪(禽、牛)—沼—果(鱼、菜)"来优化农业产业结构,促进经济增长方式的转变,达到"三沼(气、渣、液)"综合利用,增加农民收入的目标。

### 4.8.2 水产养殖循环模式

以水产养殖业为核心,结合畜牧业、种植业大力发展水产品加工业,形成涵盖冷冻保鲜、海洋生物等多层次水产加工体系,同时带动海洋生物、海洋药物、海洋保健品等新兴海洋产业的发展。

### 4.8.3 城市型生态农业链网模式

在城郊科学布局,合理发展种植业、养殖业、林果业、渔业、农副产品加工业和休闲旅游业,满足城市生活需求;充分利用城市中水和生活垃圾,在城市和农村间构建物质循环利用、能量和水资源梯级利用的网络,构筑起以城市为核心的城郊型生态农业发展模式。

### 4.8.4 竹产业循环模式

林业处于生态经济前列,既是生态经济的基础,也是循环经济的最基本一环。在林业中数竹循环最为典型。

温州竹林资源非常丰富,全市面积达 65 万亩,总立竹量 1.01 亿株。其中泰顺、永嘉、平阳资源最多,应大力发展竹循环产业。

——竹的内部循环。"毛竹一身都是宝"。近年来,随着竹林经营管理和加工技术的突飞猛进,竹林经济显示出强大的发展后劲和市场前景。毛竹的天然内循环功能造就其无可比拟的生态性,对毛竹的利用,已远远超越了过去简单、粗放型的利用模式,形成了一条自然循环的竹产业链:从竹鞭、冬笋、春笋、竹秆、竹梢、竹叶等加工、提炼、转化,实现了全竹的永续利用。竹制品已经走出简、粗、陋、重的状况,开始向精致、耐用、美观的方向发展。从竹子的根雕工艺,到日用摆饰,到竹地板的研发生产,竹产业日渐外延。在运用工业理念经营林业,走可持续发展的推动下,运用高新技术,进行深层开发、研究林产品加工取得进展,相继开发出竹纤维纺织用品、竹植物纤维素、竹抗氧剂、毛竹旋切刀具、数控竹笋剥壳机等产品。竹子加工已形成竹凉席、竹窗帘、竹胶板、竹地板、竹工艺品、竹文体用品、竹生物制品等七大系列近千个品种,产品销往日、韩、美、欧洲各国及港台地区。

——竹的外部循环。与树木相比,竹具备很强的再生能力,具有很强的间隙性,生长能力极强,生长周期短,一般四五年即可成材,与树木中周期较短的杨树(杨树一般 8 年为一个周期)相比,也要快很多,显出循环性强、周期短的特性。只要不是毁灭性的砍伐,竹子天然的再生功能使之迅速恢复正常生态状况。竹子的外部循环功能,使之成为当今发展循环经济最佳的承担者。能够帮助修复由于过度放牧和落后的农业耕作技术而遭受破坏的自然生态。它发达的根系可以很好地保持土壤水分,是防止土壤沙化和洪水的理想植物。和其他树种不同,间伐部分竹,自然生态基本保持不受影响。同时,竹子不仅能吸收导致温室效应威胁生物种的二氧化碳,而且更重要的是,它比其他植物能多释放 35% 的氧气。每年每公顷竹林可以吸收 12 吨的二氧化碳,对于稳定地球上的大气成分起到了重要的作用。

#### 4.8.5 "气—器—池"模式

与发展循环经济相结合,加快沼气、太阳能等可再生能源开发,促进资源循环利用。按照发展循环经济的理念,积极推广沼气、太阳能等可再生能源,为农民提供无污染、安全、优质的清洁能源,增加农村能源的有效供给,不仅缓解常规能源短缺,提高清洁能源利用率,而且有利于保护山林植被和生态环境,提高农民生活质量。这种模式的要点在于推广沼气或天然气、太阳能热水器和生活污水处理池所构成的循环。

## 5 保障措施

### 5.1 强化舆论引导

从转变思想观念入手,多渠道、多形式宣传生态循环农业的发展理念,普及生态循环农业知识,加强教育和培训,提高生态循环农业示范创建的水平和能力。组织开展生态循环农业创建模式大赛,总结宣传生态循环农业成功模式和典型经验,扩大示范创建的带动效应,形成全社会共同参与生态循环农业发展的良好氛围。通过加强发展生态循环农业的战略意义和现实作用的宣传,引导基层和农民群众树立新的资源观、发展观和生态价值观,提高建设生态循环农业自觉性,营造政府积极倡导、农民自觉参与、社会普遍关注的良好氛围。把发展生态循环农业作为科普教育的重要内容,积极倡导绿色消费和健康文明的生产生活方式,使生态循环农业的理念真正深入人心,为生态循环农业发展提供外部动力。

### 5.2 强化科技推广

生态循环农业涉及种植业、养殖业、农业工程等诸多领域,目前我市生态循环农业建设起步不久,各地也摸索出一些切实可行的生态循环农业模式。为了更好地推进该项工作,建议市局对各级示范县、示范区所在县(市、区)农业部门职能处室工作人员及生态循环农业示范项目负责人加强培训,予以指导。坚持示范创建,典型引导,以点带面推动生态循环农业健康发展。

### 5.3 强化统筹规划

坚持立足当前、着眼长远,把发展生态循环农业纳入各地发展战略,作为建设高效生态农业的重要途径。编制实施生态循环农业建设专项规划,明确总体要求、目标定位、主要任务和保障措施,突出重点地区、重点产业、重点技术,精心设计实施载体、工作抓手和切入点,增强发展生态循环农业的计划性、系统性和可操作性,切实发挥规划的引领作用。

### 5.4 强化政策激励

研究出台《温州市人民政府关于加快发展生态循环农业的实施意见》,明确工作目标、总体要求、工作重点和保障措施,把生态循环农业建设作为今后政府支农投入的重点领域,加大政策资金投入和项目建设扶持,统筹推进生态循环农业示范项目建设。出台商品有机肥生产和使用、病虫害物理和生物防治、使用可降解农膜的补贴政策,对生产绿色农业生产资料、发展农产品精深加工业、农业废弃物收集处理、生物能源开发、农村沼气管理维护等企业和组织,给予融资便利、贷款贴息和税收减免。建立生态循环农业统筹资金。发挥政策和财政资金的导向作用,调动农业生产经营主体和社会力量的积极性,形成以政府投入为导向、农民主体投入为主导、社会力量投入为补充的多元化投入机制。

## 5.5　强化法制建设

积极推进农产品质量安全、农业生态环境保护、农业废弃物资源化利用等地方立法,加快建立农业环境标志、农产品基地和质量标志制度。探索实行耕地质量、农业生态环境动态评价制度,健全用地与养地相结合的利益约束机制,严格保护各类农业资源。加强农业投入品管理,严禁违规销售使用高毒残留农药,加强生产环境、农产品质量检测,及时把握动态,为有效采取措施提供科学依据。

## 5.6　强化组织领导

进一步提高发展生态循环农业的认识,全面理解发展生态循环农业的内涵和实质,明确分管领导和职能科室,调整充实人员,制定实施计划,加大培训力度,提高服务能力,全面提升我市生态循环农业的整体水平。把发展生态循环农业作为推进农业转型升级的重要举措,列入推进生态市建设和城乡统筹建设的考核内容,加强督查。各级农业部门要积极争取党政领导重视,主动加强与发改、环保等部门协作,精心组织生态循环农业建设,推动各项工作有序开展。建议研究制订市级生态循环农业建设指标,并个生态市建设考核任务,引起政府重视;每季度填报市级项目建设进展情况;不定期实地抽查建设情况和资金落实情况。统筹农业系统内部资源和力量,健全发展生态循环农业考核机制,形成上下联动、整体推进的工作格局,为生态循环农业加快发展提供组织保障。

附件：

# 温州市生态循环农业发展情况调查问卷

（调查时间：_____年_____月_____日,调查人：_____）

您好！

大力发展生态循环农业,是浙江省委、省政府做出的战略选择。深入开展相关理论与实践调查研究,有助于政府制定相关政策法规与实践指导。本问卷采取不记名的形式,我们将严格按照《统计法》为您的回答保密,请您不必有任何顾虑;我们诚恳地希望得到您的支持与合作,请根据您的实际情况填答问卷。占用了您的宝贵时间,向您表示衷心的感谢！

**一、查地的基本情况**

A1. 查村的名称:温州市(地区)_____县(市)_____乡_____(镇)村,是否开通农民信箱:①是_____,②否_____(请打√,下同)。

A2. 被调查村①是_____,②否_____地处城镇郊区;所在地理环境属:_____

①平原;②山区;③丘陵;④沿海;⑤岛屿;⑥其他

A3. 您村生产的主要农(副)产品为:_____、_____、_____、_____,主要农业用地按由多至少的顺序排列为:

①水田;②旱地;③果园;④林地;⑤水域;⑥其他

(请补充,下同)。

**二、调查农户的基本情况**

B1. 您(指户主)的年龄:_____岁;性别(男_____,女_____);姓氏:_____;

B2. 您(户主)读过_____年书(幼儿教育不计),①是_____②否_____有外出打工或经商经历;①是_____②否_____参加过涉农技术培训,如果是,您觉得培训效果:_____

①很好;②较好;③一般;④较差;⑤很差。

B3. 您(户主)觉得自己的身体健康状况:_____,2005年您全家医疗支出:_____元。

①很健康;②健康;③一般;④较差;⑤很差。

B4. 您的家庭人口数:_____人。其中,劳动力人口数_____人(16~60

岁,包括未达到劳动年龄或超过 60 岁实际参加劳动的人数,但不包括在校学生);纯农业劳动力 _____ 人,半农业劳动力 _____ 人,非农业劳动力 _____ 人;在校(大/中/小学幼儿园)学生:_____ 人。

B5. 2011 年您全家总收入为 _____ 元,其中农业收入 _____ 元;全家拥有固定电话 _____ 门、手机 _____ 只、电脑 _____ 台;您家的收入主要来源于(请选择):_____,您(户主)主要从事的职业是(请选择)_____

①种植业;②林业;③养殖业;④以农(种植业、林、牧、渔)为主兼业;⑤非农为主兼业;⑥非农就业,如:_____。

B6. 您家耕地的总面积:_____ 亩,主要种植的品种与面积:_____、_____、_____、_____,养殖的品种与数量/面积:_____、_____、_____。

### 三、高效生态农业发展情况

C1. 您生产(或销售)农产品时,是否考虑农产品的质量与安全问题:_____
①十分关注;②比较关注;③一般;④不关注;⑤极不关注。

C2. 您购买农副产品(或食品)时,是否考虑产品的质量与安全问题:_____
①十分关注;②比较关注;③一般;④不关注;⑤极不关注。

C3. 您①是 _____,②否 _____(请打"√")听说过"生态循环农业"吗?如果听说过,请问您的信息来源主要是(可多选):

①电视;②报纸;③收音机;④亲朋好友;⑤农技推广服务部门;⑥村委会;⑦科技期刊;⑧科研部门;⑨高等院校;⑩合作社;⑪龙头企业;⑫农产品展销会;⑬生产资料供应商;⑭网络(网吧);⑮其他:_____。

C4. 据您所知,当地①是 _____,②否 _____ 已经有农业合作经济组织(合作社或专业协会等),您①是 _____,②否 _____ 已经参加了某个合作社(或专业协会等)?

→如果是,您参加的合作社主要提供哪些服务(可多选):

①资金支持;②生产技术辅导;③产品销售;④质量检验;⑤优质种苗;⑥统一购买合格生产资料;⑦政策宣传;⑧没有提供服务;⑨其他 _____

→如果否,您近期①是 _____,②否 _____ 准备参加某个合作社?

您没有(或不准备)参加合作社的原因是(可多选):

①不存在;②不了解;③只是个形式,基本利益没有保障;④组织内产品价格相对较低;⑤浪费时间,还要缴费;⑥自己的规模太小,对方不感兴趣;⑦其他,如:_____

C5. 据您所知,当地①是 _____,②否 _____ 已经有农业龙头企业(或订单农业),您①是 _____,②否 _____ 已经参加了某个龙头企业?

→如果是,您参加的龙头企业主要提供哪些服务(可多选):_____

①没有提供服务;②生产技术辅导;③产品销售;④质量检验;⑤优质种苗;

⑥统一购买合格生产资料;⑦资金支持;⑧政策宣传;⑨其他_____

→如果否,您近期①是_____,②否_____准备参加某个龙头企业?您没有(或不准备)参加龙头企业(或订单农业)的原因是(可多选)

①不存在;②不了解;③手续太复杂;④产品收购价格相对较低;⑤只是个形式,基本利益没有保障;⑥自己的规模太小,对方不感兴趣;⑦其他:_____

C6. 据您了解,当地①是_____,②否_____举办过有关高效生态农业的宣传或技术培训活动?

→如果是(举办过),2006年元旦以来,当地大约举办过_____次,您参加过_____次;您知道(或参加)的宣传或技术培训,是由_____举办的(可多选);

①政府科技推广部门;②合作社;③龙头企业;④村委会;⑤生产资料供应商;⑥绿色环保志愿者或非政府组织;⑦其他:_____

您觉得宣传或培训效果:_____

①很好;②较好;③一般;④较差;⑤很差;⑥未参与或不清楚。

→如果否(没有举办过),您①是_____,②否_____希望参加相关宣传或技术培训?

C7. 您①是_____、②否_____已经选择(或准备选择)高效生态农业发展模式?

→如果否(拒绝生态循环农业),您的理由是(可多选):_____

①不太了解;②没有技术;③资金不足;④经济效益并不高;⑤投入比较大;⑥投入回收期比较长;⑦政府扶持不到位;⑧规模太小;⑨其他:_____。

→如果是(选择生态循环农业),请您接着回答以下问题

C7.1 您选择的生态循环农业的发展模式是(可多选):_____

①以沼气为纽带,种养结合(如:猪—沼—果/作物);②稻—鸭共育模式;③生态养殖;④花卉苗木生态农业;⑤竹产业开发;⑥食用菌生物链循环模式;⑦设施生态农业模式;⑧无公害或绿色食品和有机食品开发;⑨生态旅游农业;⑩能源农业与生物质能开发;⑪其他:_____。

C7.2 您家选择以上高效发展模式的理由是(可多选):_____

①收入较高;②有技术优势;③可以节约成本;④政府推广、扶持;⑤龙头企业带动;⑥合作社带动;⑦周围有很多人采用;⑧生态环境效益好;⑨资源比较丰富;⑩多年相关生产实践;⑪其他:_____。

C7.3 除自然灾害外,选择以上发展模式后,您最担心的是(可多选):

①成本太高;②没有技术;③产品(或服务)没有市场;④收入不高;⑤投入回收期比较长;⑥政府扶持政策改变;⑦劳动力不足;⑧规模太小;⑨其他:_____。

C7.4 您是否觉得通过发展生态循环农业能使自己赢得他人的尊敬:

①完全同意;②同意;③基本同意;④不太同意;⑤完全不同意

C7.5 您今后的打算是:_____

①继续干，扩大现有规模；②继续干，维持现有规模；③继续干，但缩小现有规模；④还没有想好；⑤不干了，准备

C8. 与传统农业生产方式相比，您①是_____，②否_____觉得采用生态循环农业发展模式能够获得更大的经济收益？①是_____，②否_____更有利于生态环境的改善？

C9. 您①是_____，②否_____从金融部门贷过款？您觉得您获得贷款容易吗？_____

①很容易；②容易；③有点难；④比较难；⑤很难

C10. 您认为当前①是_____，②否_____需要加强农业保险工作？您①是_____，②否 参加过政策性农业保险？如果是，您_____年参加保险的品种（产品）是_____，保险费为_____，保额为4。

C11. 您觉得政府在发展高效生态农业中的作用主要是（多选）：_____

①宣传发动；②政策引导；③技术服务；④资金扶持；⑤质量检测与产品认证；⑥制订发展规划；⑦规范市场（优质优价）；⑧价格保护；⑨信息收集与发布；⑩其他：_____（请补充）

C12. 对下列涉农服务部门为您家提供的服务，您的满意度如何？

（数字1~5表示您对以下部门所提供服务的满意度，由很不满意至很满意逐步提高；请在数字1、2、3、4、5中选择一项打"√"；0表示该组织不存在，6表示您未参与或未接触。）

| | 不存在 | 很不满意 | 不满意 | 较满意 | 满意 | 很满意 | 未参与 |
|---|---|---|---|---|---|---|---|
| ①合作社（或专业协会） | 0 | 1 | 2 | 3 | 4 | 5 | 6 |
| ②村集体经济组织（或村委会） | 0 | 1 | 2 | 3 | 4 | 5 | 6 |
| ③政府科技推广部门 | 0 | 1 | 2 | 3 | 4 | 5 | 6 |
| ④供销社 | 0 | 1 | 2 | 3 | 4 | 5 | 6 |
| ⑤信用社 | 0 | 1 | 2 | 3 | 4 | 5 | 6 |
| ⑥龙头企业 | 0 | 1 | 2 | 3 | 4 | 5 | 6 |

C13. 您听说过或看见过以下类别"安全食品"吗？（请打"√"）

（1）无公害农产品：①未曾听说_____；②听说过_____；③见过_____；

（2）绿色食品：①未曾听说_____；②听说过_____；③见过_____；

（3）有机食品：①未曾听说_____；②听说过_____；③见过_____。

C14. 对以下相关理论或具体实践措施，您听说过吗？（请打"√"）

（1）（农业）循环经济：①听说过_____；②未曾听说

(2)(农业)清洁生产:①听说过_____;②未曾听说

(3)测土配方施肥:①听说过_____;②未曾听说

(4)化肥、农药双控增效:①听说过_____;②未曾听说

(5)生态省(县、市)建设:①听说过_____;②未曾听说

(6)资源节约型、环境友好型社会:①听说过_____;②未曾听说_____

C15. 您家何时(_____年)开始采用生态循环农业发展模式?采用该发展模式后,土地的经营状况发生了怎样的变化?(如果拒绝生态循环农业,请按下表填写近两年您家的土地经营状况)

(单位:公顷)

| 具体年份 | 耕地面积 | | | | 林地面积 | | | | 果园面积 | | | | 水域面积 | | | |
|---|---|---|---|---|---|---|---|---|---|---|---|---|---|---|---|---|
| | 合计 | 原承包 | 转租人 | 转租出 | 合计 | 原承包 | 转租人 | 转租出 | 合计 | 原承包 | 转租人 | 转租出 | 合计 | 原承包 | 转租人 | 转租出 |
| 之前年 | | | | | | | | | | | | | | | | |
| 之前年 | | | | | | | | | | | | | | | | |

注:①具体年份请注明(下同);②原承包面积是指您家从集体承包的相应地类的土地面积。

C16. 采用该发展模式后,您全家的基本生产及投入情况发生了怎样的变化?(如果拒绝生态循环农业,请按下表填写近两年您家基本生产及投入情况)

(单位:公顷、只、元)

| 具体年份 | 种植(或养殖)品种名及数量 | 投入的主要生产要素及其数量 | | | | | | 其他 |
|---|---|---|---|---|---|---|---|---|
| | | 种子 | 种苗 | 肥料 | 农药 | 雇佣机械 | 劳动力 | 饲料 |
| 之前年 | | | | | | | | |
| 之前年 | | | | | | | | |

注:①种植的作物品种名,主要是指:水稻(早、中、晚稻)、玉米、甘薯、花生、油菜以及瓜果、茄子等不同种类蔬菜,其计量单位(面积)以公顷计;②养殖的品种,主要是指:生猪、鸡、鸭、鱼等,其计量单位以头(只、公顷)计;③投入的生产要素,主要是指种子、肥料、农药、饲料等生产资料,按市场购买价计;④雇佣机械(指农机使用等)及劳动力,统一按每天花销5元计;⑤如果可能,肥料、农药请尽量详细记载(肥料可简单分为化肥和有机肥,农药可简单分为普通农药和生物农药;化肥又分氮肥、磷肥和钾肥等)。

# 七、《农村土地承包经营纠纷调解仲裁法》实施后的温州市农村土地承包纠纷仲裁工作浅析①

温州科技职业学院　叶洁汝

**摘　要**　温州市作为农村土地承包仲裁试点单位,一直走在全国前列。《农村土地承包经营纠纷调解仲裁法》颁布实施后,温州市农村土地承包纠纷仲裁工作通过一系列措施取得了明显成效。本文从温州市规范农村土地承包纠纷仲裁的主要措施入手,分析实践工作仍然存在的缺乏完善的人才培养制度、缺乏完善的司法接轨制度、缺乏完善的公开监督机制等等问题,从而提出相应的改进建议。

**关键词**　土地承包纠纷;仲裁;措施;问题;建议

温州市被确定为农业部和省农业厅的农村土地承包仲裁试点单位以来,此项工作一直走在全国前列,并得到农业部、省农业厅的充分肯定。尤其在《农村土地承包经营纠纷调解仲裁法》颁布实施后,温州市各级各部门迅速行动、依法履职、狠抓落实,农村土地承包经营纠纷调解仲裁活动逐步进入规范化建设轨道。

实践工作表明,仲裁是解决农村土地承包纠纷的有效途径。虽然《农村土地承包经营纠纷调解仲裁法》的颁布实施为及时解决农村土地承包纠纷起到了积极作用,但是农村土地承包仲裁工作仍然存在着一些薄弱环节。因此,总结近年来农村土地承包经营纠纷仲裁实践工作,研究新形势下农村土地承包纠纷仲裁机制,对进一步做好当前农村土地承包纠纷仲裁工作,切实维护农民合法权益,具有十分重要的意义。

## 1　温州市规范农村土地承包纠纷仲裁的主要措施

### 1.1　开展仲裁法律宣传

《农村土地承包经营纠纷调解仲裁法》颁布实施以来,温州市各级政府和有关部门高度重视法律的学习宣传。温州各地也积极结合当地实际,集中开展法律学习宣传活动,市本级把法律的学习宣传贯穿到"科技下乡"活动中,乐清市、瑞安市、文成县、永嘉县等还专门确定了集中学习宣传月。各地充分利用电视、广播、报纸、

---

① 浙江现代农业中小企业研究基地课题(编号:zny2011006),课题组成员高光照、吕卫、张丹、林晓飞。

网络等媒体,采用发放资料、印制标语、宣讲解读等群众喜闻乐见、生动活泼、通俗易懂的方式宣传法律,同时积极组织农业系统广大干部,特别是从事农村土地承包管理和仲裁工作的干部认真学习,领会法律基本精神,掌握法律条文规定,不断提高依法行政的能力和水平,为依法开展农村土地承包经营纠纷调解仲裁活动营造了良好的社会氛围。

## 1.2 推进仲裁机构换届

《农村土地承包经营纠纷调解仲裁法》颁布实施后,温州市各地仲裁机构根据法律规定,在原试点的基础上进行新一届仲裁委换届工作。市仲裁委按照《农村土地承包经营纠纷调解仲裁法》的要求,在市人民政府指导下设立,由市政府及市、区有关部门代表、有关人民团体代表、农村集体经济组织代表、农民代表和法律、经济等相关专业人员兼任组成,人数为 19 人,其中农民代表和法律、经济等相关专业人员超过组成人员的 1/2。仲裁委员会设主任一人、副主任二人,依法由仲裁委全体组成人员选举产生,任命秘书长一人,副秘书长两人。

## 1.3 提升仲裁队伍素质

按照《农村土地承包经营纠纷调解仲裁法》规定,温州市仲裁委在留用有多年试点经验的优秀仲裁员基础上,根据工作需要,积极调整、选用了各有关部门推荐的仲裁员人选,尤其是加强了林业方面的仲裁力量,并请市司法局推荐和把关,增加了一批律师兼职仲裁员,调整充实了仲裁员队伍。为全面提高仲裁员队伍素质,温州市仲裁委采取了一系列措施。一是制定了仲裁员培训上岗制度,对全市(各地仲裁委)300 多名仲裁员进行任前培训,经市农业局考试考核合格后,由各仲裁委自行聘任;二是组织仲裁案件示范庭,交流办案经验。2010 年 5 月,在乐清市举行了全市土地仲裁办案交流会议,对平时工作中遇到的疑难、典型案件组织示范庭,进行现场观摩学习后开展研讨,促进相互学习、交流办案经验,示范效果明显;三是开展案件评查工作,以评促长、以评促建。由市农业局仲裁办牵头,各县(市、区)仲裁机构开展定期案件评查工作,成立案件评查小组,采取"交差互评"、"集体商评"等方式,促进各县(市、区)仲裁机构的自身建设和办案质量的提高。

## 1.4 落实仲裁编制经费

截至 2010 年年底,全市已成立了 9 家仲裁委,土地承包仲裁受理管辖覆盖面达 100%,市本级、鹿城、瓯海、瑞安、乐清、苍南、文成、泰顺等 8 家单位经编委正式批准成立了农村土地承包仲裁办公室,其中 5 家仲裁机构争取到人员编制。目前,温州市大部分县(市、区)按照法律规定,将农村土地承包经营纠纷仲裁工作经费纳入了本级财政预算,保障了法律的宣传贯彻和调解仲裁工作的顺利开展。

## 1.5 强化仲裁设施保障

温州市各地非常重视此项工作。为更好地处理农村土地承包纠纷案件,保证案件处理及时,温州市各级政府加大财政投入力度,切实抓好仲裁基础设施建设工作。市农业局要求各仲裁机构要具备与开展工作相适应的办公场所,配有仲裁工作交通通讯、摄像录音、计算机、打印机等办公设备。

### 1.6 强化司法衔接工作

近年来,温州市出现部分仲裁裁决难以执行,裁决后进入诉讼程序存在不受理等一系列问题,市农业局组织多场协调会,做了大量的与法院的立案庭、民庭、执行庭的沟通工作。目前,市人大已经召开仲裁工作座谈会,仲裁与司法的衔接已经形成了沟通平台;同时,市农业局加强与市中院、各基层法院的联系与沟通,解决了办理仲裁案件中裁前财产保全的难题。

## 2 温州市农村土地承包纠纷仲裁存在的主要问题

不难看出,《农村土地承包经营纠纷调解仲裁法》颁布实施以来,温州市农村土地承包纠纷仲裁工作通过一系列措施取得了明显成效。但是,在实践中,该项工作难免仍然存在一些问题:

### 2.1 缺乏完善的人才培养制度

目前,尽管为全面提高仲裁员队伍素质,市仲裁委采取了一系列措施。但是由于专职的少兼职的多,导致人员来源不同,有的从事法律工作,对法律比较熟悉;有的从事民事案件法庭审理工作,对案件的审理过程熟悉;有的从事农经管理工作,对党的农村政策和土地承包政策比较熟悉,三者各有优势和欠缺。总体来看,目前全市能真正独立承担农村土地承包经营纠纷案件仲裁审理工作的人员还为数不多。

### 2.2 缺乏完善的司法接轨制度

《农村土地承包经营纠纷调解仲裁法》规定,当事人对农村土地承包仲裁机构的仲裁裁决不服的,可以在收到裁决书之日起30日内向人民法院起诉,逾期不起诉的,裁决书即发生法律效力,但对于法院受理后是审理仲裁裁决还是对案件重新进行审理没有做出规定。同时规定,除了财产保全及证据保全由法院负责外,对于仲裁裁决(包括先予执行的裁决)法院必须依法执行,法院无审查的权利。可见,我国土地承包纠纷仲裁与诉讼的关系是"一裁两审"制,仲裁和诉讼是两个完全独立的程序。近年来,针对农村土地承包纠纷中出现的部分仲裁裁决难以执行,裁决后进入诉讼程序存在不受理等现象,尽管温州市已经就仲裁与诉讼的衔接构建了沟通平台,但是实践中仍仅限于解决办理仲裁案件中裁前财产保全的问题。

### 2.3 缺乏完善的公开监督机制

缺乏社会各界对仲裁员的公开监督制度,纠纷发生的情况、负责查处的单位和部门、处理的法律政策依据、处理的过程和程序、处理的结果等未能及时适当公开,不但不利于营造土地承包纠纷妥善解决的社会氛围,还容易导致社会群众的误解。

尤其涉及重大的农村土地承包经营纠纷时,更容易引发一些不良后果。

## 3 温州市农村土地承包纠纷仲裁的改进建议

### 3.1 完善人才培养制度

除了日常的业务培训和案件评查等方式,还可以利用职称制度促进人员素质的提高。可以参照法官和检察官等级制度规定,仲裁员实行等级制,分为助理仲裁员、中级仲裁员和高级仲裁员。仲裁员的等级确定,以仲裁员德才表现、业务水平、仲裁工作的实绩和工作年限为依据,结合采用考试的方式来确定。

### 3.2 完善司法接轨制度

正确处理仲裁与诉讼的关系,解决仲裁与诉讼的衔接问题是关乎土地仲裁能否达到其立法目的的重大问题,必须给予充分的重视。针对个别案件的先予执行、诉前证据、裁决结果的强制执行等司法强制措施方面,市农业局应进一步与法院建立工作衔接对接机制,建立健全土地仲裁与法院的良性互动长效机制。直接处理农村土地承包经营纠纷的基层法院与仲裁机构要注重沟通协作,对重大突发事件联合办案,对重点纠纷进行综合治理,确保纠纷得到妥善解决。

### 3.3 完善公开监督机制

各级人大代表、政协委员、新闻媒体等要加强对各地执行农村土地承包管理法律政策、依法开展工作、及时公正处理土地承包纠纷的工作实施督查,发挥社会各界的监督作用。纠纷发生的情况、负责查处的单位和部门、处理的法律政策依据、处理的过程和程序、处理的结果等要公开透明,通过内部简报、专题会议、调解仲裁文书等形式在相当的范围内公开发布或通报,接受社会的监督。要营造有利于土地承包纠纷妥善解决的社会氛围,大众媒体要正确引导,发挥社会舆论的正确导向作用,有关方面要增加人员经费的投入,保障纠纷处理的人力物力需要。面对重大的农村土地承包经营纠纷,相关部门要通力合作,建立正常的沟通协调机制,齐抓共管共治,充分发挥各自的工作优势,提高化解矛盾纠纷的效率和效力。

## 参考文献

[1]王雪峰,杨红超,张运华等.农村土地承包经营权流转存在的问题及对策[J].河南农业,2010(20).

[2]李亚军,曾曼.农村土地承包经营纠纷仲裁制度设计[J].合作经济与科技,2010(6).

[3]张美春,吴海山.农村土地承包经营纠纷仲裁规范化探索[J].江苏农村经济,2010(5).

[4]徐刚.土地仲裁的杭州试验——浙江桐庐、富阳土地承包经营纠纷调解仲裁试点纪实[J].农村经营管理,2010(1).

[5]蒋岚,于晓阳,张丽等.西南地区土地承包经营行为的博弈思考——以西双版纳州为

例[J].当代经济,2010(21).

[6]马继德,周碧野.农村土地承包纠纷仲裁的"东陵样本"[J].新农业,2010(6).

[7]丁剑,牛洪侠.永城市农村土地承包经营纠纷调解仲裁的成效与思考[J].河南农业,2010(19).

[8]刘金平.探索农村土地承包纠纷解决途径[J].河南农业,2010(15).

[9]农村土地承包仲裁委员会示范章程[J].农村经营管理,2010(1).

# 八、农民专业合作社联合社发展对策研究
## ——以温州市为例[①]

温州科技职业学院　高光照、王晓凌、潘伟琪

**摘　要**　本文以温州市农民专业合作社联合社为研究对象,分析了合作社发展的现状,研究结果说明组成联合社是合作社发展到一定程度后的必然选择,现有合作社的发展已经具备了成立联合社的基础条件,结合温州市已设立联合社的成功经验,为联合社的建立提出明确法律地位、促进有效联合、引导自愿联合、理顺管理机制等方面的对策和建议。

**关键词**　农民专业合作社;联合社;法律定位;营运模式

我国农业生产的主体是农户,农户以家庭联产承包经营责任制为基础开展独立经营,提高了生产积极性,但是也导致单个农户生产经营规模过小,难以应对市场变化、改进生产技术、实现产业化和规模效益。发展农业合作社是既能够保持农户独立经营与合法权益,又能够解决农户因经营规模过小而产生各种问题的有效途径,目前,合作社已经在我国农业生产中发挥了重要作用,但是大部分合作社规模小、竞争能力有限[1](赵佳等,2013),将合作社联合起来组成联合社可以扩大经营规模和范围、增强抗风险能力,是充分发挥合作社功能的有效途径。

虽然《中华人民共和国农民专业合作社法》中并未对联合社做出明确规定,但温州等地区已经开展了设立联合社的实践。联合社是合作社发展的必然选择[2](龙春洁,2012),其主体是农民专业合作社,成立的前提是农民自愿[3](杨春悦,2012),目前,农民专业合作社联合社的独立主体资格在全国范围内尚未被完全承认[4](方云中,2011),应承认其独立的法人资格[5][6](林滢,2010;储成兵,2011),实施规范化管理,推动联合社良好运作。

## 1　发展农民专业合作社联合社的必要性

### 1.1　深入贯彻中央文件精神,推动新型农业经营主体成立

2013年中央一号文件中明确指出要大力发展农民专业合作社,要求"引导农

---

[①] 项目来源:浙江现代农业中小企业研究基地研究课题《温州山区农业合作社发展途径研究》(项目编号 zny2012002)阶段性研究成果。

民合作社以产品和产业为纽带开展合作与联合,积极探索合作社联社(本文中称联合社)登记管理办法"。这意味着联合社的重要作用已经受到重视,从国家层面可能通过立法确立联合社的法律地位,联合社作为一种新的农业经营主体形式即将依法成立,应尽快开展联合社的实践探索和理论研究。

### 1.2 合作社规模化发展的需要

截止 2012 年 11 月温州市已有各类合作社 7274 个,起到了"兴产业,活经济,富百姓"的重要作用,但是合作社普遍规模较小,全市合作社平均社员 19.7 人,部分区县低于 10 人;全市合作社平均投资额 102.8 万元,绝大部分投资额低于 100 万元;全市合作社社员平均投资 5.2 万元,受规模所限部分合作社对社员增收的促进作用不明显,通过组成联合社实现规模效益,才能更好地带动农业生产发展,同时增强对农户入社的吸引力。

**表 1　温州市各区县合作社成员数和出资额**

| 温州市各区县 | 农民专业合作社(个) | 社员数(名) | 平均社员数(名) | 合作社投资总额(万元) | 合作社平均投资额(万元) | 社员平均投资额(万元) |
|---|---|---|---|---|---|---|
| 鹿城区 | 89 | 1335 | 15 | 6400 | 71.9 | 4.8 |
| 龙湾区 | 131 | 855 | 6.5 | 17286 | 131.9 | 20.2 |
| 瓯海区 | 169 | 3400 | 20.1 | 11830 | 70 | 3.5 |
| 乐清市 | 670 | 20120 | 30 | 98221 | 146.6 | 4.9 |
| 瑞安市 | 989 | 12781 | 12.9 | 57524 | 58.2 | 4.5 |
| 永嘉县 | 747 | 20486 | 27.4 | 118319 | 158.4 | 5.8 |
| 洞头县 | 76 | 1153 | 15.2 | 2588 | 34.1 | 2.2 |
| 文成县 | 385 | 5945 | 15.4 | 39705 | 103.1 | 6.8 |
| 平阳县 | 821 | 4862 | 5.9 | 99297 | 120.9 | 20.4 |
| 泰顺县 | 1029 | 8805 | 8.6 | 88204 | 85.7 | 10 |
| 苍南县 | 2168 | 63696 | 29.4 | 208368 | 96.1 | 3.3 |
| 合　计 | 7274 | 143438 | 19.7 | 747742.6 | 102.8 | 5.2 |

(表 1 数据来源于温州市农村工作办公室,统计数据截止 2012 年 11 月 30 日)

### 1.3 提高合作社管理规范化水平的需要

农民专业合作社牵头人的能力直接影响合作社经营管理水平,温州市已经在工商部门登记的合作社中农民(包括村党支部书记、村民委员会主任、其他村组干部)牵头的占 93.65%;企业、基层农技服务组织、供销社、村经济合作社、大学创业生等主体牵头的占 6.35%。温州市农民的技术水平和经营管理能力普遍有限,虽然合作社的牵头人中不乏有技术、懂经营的人才,但是从 2011 年全市合作社社员人均增收仅 1472 元来看,合作社的经营管理水平还有待提高,发展联合社可以整合各合作社的经营管理人才,或聘请专业管理、技术人才负责经营,提升管理者素质和经营管理水平。

### 1.4 增强合作社经营能力和带动能力的需要

同类合作社之间、合作社与相关市场主体之间进行多领域、多方式的联合成立联合社,可以增强经营实力和带动能力,实现管理规范化、生产标准化、经营品牌化、社员技能化、产品安全化,进一步规范合作社内部各项制度,建立和完善利益分配机制,切实保障农民专业合作社成员的财产权、经营权、分配权等合法权益。

## 2 发展农民专业合作社联合社的有利条件

### 2.1 各级政府主管部门明确的政策支持

中央和地方政府部门的政策支持是发展农民专业合作联社的前提和基础。2013 年中央一号文件明确指出要"探索合作社联社登记管理办法",是指导发展合作社联社的明确信号。2008 年温州市委 1 号文件指出:深入推进农村新型合作体系建设,深入贯彻落实《农民专业合作社法》,加快推进农民专业合作组织规范化建设,支持和引导专业合作社的联合,组建农民专业合作社联合社。政策的支持明确了联合社的重要作用和发展方向,将推动联合社在三农发展中发挥更大作用。

### 2.2 在现有合作社基础上发展联合社,已有比较好的基础条件

近年来,温州市合作社发展迅速,截止 2012 年 11 月共有社员 14.3 万,带动农户 62.8 万,连接基地面积 184.1 万亩,自注册商标 696 枚,通过农产品质量安全认证 407 个。已成立的合作社大多与当地的主导产业相结合,以产业链为基础成立联合社可以扩大相关合作社的规模,增强市场竞争实力和抵御风险能力,实现合作社功能的跨越式发展。

### 2.3 已成立联合社的成功经营起到了良好的示范作用

温州范围内已成立的各种形式的联合社取得了良好经营效益和示范作用,如:泰顺县司前供销社联合区域内合作社,组建泰顺县司前经济区域专业合作社联合社;2006 年,苍南县各有关家禽专业合作社、养殖公司、养殖大户 40 余人,联合温州初旭食品有限公司、灵溪供销社实施再合作,创办苍南县联合家禽产销合作社。

### 2.4 成立联合社有利于合作社的高效管理

一方面,成立联合社使各个合作社的管理资源有效整合,由各合作社的优秀管理和技术人才负责联合社的运营,可以提高联合社的管理水平,增加联合社的经济效益。另一方面,通过合作社之间的联合可以减少政府部门直接管理合作社的数量,政策集中扶持实力较强的联合社,使双方更容易对接,为联合社提供针对性服务。

## 3 发展农民专业合作联社的对策建议

### 3.1 依据联合社成立的目的,明确联合社的法律地位

2007年7月1日起施行的《中华人民共和国农民专业合作社法》中,并未就农民专业合作社联合社做出规定,这意味着在法律范围内联合社的合法主体地位并未在法律层面获得承认。结合相关理论和国内一些地区成立联合社的实践,对联合社的法律定位有以下三种形式:一是将联合社作为农业协会。优点是不突破当前的法律规范,可以合法成立,但是农业协会不具备自主经营资格,与合作社"互助性经济组织、从事生产经营活动"的法律规范相抵触,无法发挥联合社真正的作用。二是将联合社作为企业。优点是具备经营主体资格,但是依据《公司法》或《合伙企业法》的规定管理联合社,将其作为营利组织,与合作社"入社自愿,退社自由"、"合作互助"的设立宗旨相违背,在管理中也与《合作社法》的规定不同。三是将联合社作为合作社。这种做法看似最符合现有法律规范,但是合作社的组成成员主要是农户,而联合社的组成成员主要是合作社,导致联合社的管理机构、议事规则、经营运作等方面与合作社的明显差异。笔者认为联合社应作为合作社的高级形式,即认定为一种新型的农业经济组织,才可能实现成立联合社的根本目的,真正理顺内部机制、发挥互助作用,但是需要比较长的立法周期,其管理制度和营运模式也需依据法律定位而确立。从实现合作社成立目的和长远发展的角度出发,政府部门尽快修改《合作社法》,赋予联合社合法地位,才能真正发挥联合社的作用,实现合作社之间、农户之间合作互助的目标。

### 3.2 根据产业发展的需要,促进合作社的有效联合

合作社及其他市场主体之间根据产业发展需要紧密联合,通过组建联合社提升合作社规模化经营水平,提高经营效益,让合作社成员获得更多的实惠。联合社的组成主要基于地域和产业关系,比较高效的联合模式有以下几种:

按地域范围分类:一是自愿参与的小区域内联合。如2004年,由温州乐清市大荆供销社在自办的5家专业合作社的基础上,联合农民自发创办的6家专业合作社成立了乐清市大荆农村合作经济联合社,扩大了区域内农业合作的沟通。二是政府主导的县域内外联合。温州市以及所辖的乐清、瑞安、苍南、永嘉、平阳、文成、泰顺等7个县(市)均建立了市、县级农民专业合作社联合会,有效增强了合作组织与政府间的对话能力,合作社的产业化功能得到加强,农业社会化服务能力不断强化。

按联合主体分类:一是相同类型合作社组成联合社。同类型合作社生产经营的内容比较接近,通过联合可以实现土地、劳动力、资本、技术、管理等要素的集聚,实现规模效益,便于统一开展技术培训,实施标准化生产,提高产品质量,形成品牌优势。二是不同类型合作社组成联合社。涉及不同产业类型的合作社之间联合,

可以加强相互之间的业务关系,形成稳定的产业联盟。如温州市泰顺县司前镇供销社发起组建泰顺县司前经济区域专业合作社联合社,成为从事蔬菜、笋竹、茶叶、苗木等区域特色农产品生产、收购、加工、贮存、销售为一体的农民合作经济组织。三是不同经营主体间的联合。合作社、农业协会、企业、种养殖大户等经营主体之间开展联合,拓展联合社的功能。如苍南县联合家禽产销合作社,建立"加工公司+联合社+专业合作社+基地+农户"的运作模式,利用现有资产和农信担保两大优势,供销社注入 100 万元参与投资经营,合作社纯利润的 20％ 作为使用资金的回报条件,解决了资金缺乏问题。

### 3.3　顺应合作社规模化发展的客观规律,引导其自愿组成联合社

合作社将分散的农户联合起来,通过规模效益为社员提供各种服务,增强了参与市场竞争的能力、降低了交易成本,但是在市场竞争中同其他经营主体特别是大型龙头企业相比,合作社的规模仍然较小,合作社之间的再联合是发展的必然趋势,[7] 只有通过联合才能进一步增强实力,在竞争中获得与大型企业对等的地位。世界其他地区合作社发展进程也证实了合作社联合的规律性,比如"台湾区农业合作社联合社"自 1962 年成立至今已有 500 多个社员社场,社场员人数 30 多万,生产水果、蔬菜、稻米、水产、畜产等,联合社统一进行集货、分级、包装、运输,产品销往各地的消费批发市场。我国《合作社法》中明确了合作社是"自愿联合、民主管理的互助性经济组织",所以政府部门应该按照自愿的原则引导合作社组成联合社,并吸引其他社会组织加入,壮大联合社力量,扩大联合社服务范围。在条件具备的情况下,可以借鉴德国合作社或日本农协的管理模式,建立从中央到地方的组织体系,大部分的农户和合作社都成为其成员,通过合作社组织指导覆盖全国大部分土地面积的农业生产,甚至参与国家农业政策的制定,成为政府和农业生产者之间的桥梁。

### 3.4　按照联合社经营管理需求,理顺内部管理机制

如果将联合社定位为通过合作社再联合而形成的高级合作社,可以参照合作社相关法律规定制定管理办法。联合社法律定位应与合作社相同,即自愿联合、民主管理的互助性经济组织,组成成员主要是合作社,其权力机构成员大会由各合作社理事长组成,成员大会、理事会、监事会的职权和议事规则可参照合作社的法律规定执行。由于联合社涉及的生产经营范围广泛,可聘请专业人才参与管理,实现所有权与经营权的分离,形成高效的组织管理结构。联合社表决机制应坚持一社一票制和附加表决权相结合,一社一票是合作社互助性经济组织的体现,但是依据公平效率原则要适度考虑各合作社对联合社贡献大小和实力差距,体现在表决机制中就应给予股金较多、与联合社交易量大的合作社附加表决权,可以突破《合作社法》中"附加表决权不得超过本社成员基本表决权总票数的百分之二十"的限制,联合社中提供资金、技术、营销服务的合作社或规模较大的合作社可以获得多票表

决权。

## 参考文献

[1]赵佳,姜长云.农民专业合作社的经营方式转变与组织制度创新:皖省例证[J].改革,2013(1):82—92.

[2]龙春洁.资源共享优势互补联合发展壮大合作力量——云南省建水县红源农民专业合作社联合社发展浅析[J].中国合作经济,2012(9):42—44.

[3]杨春悦.各地农民专业合作社联合社法规规定综述[J].中国农民合作社,2012(12):15.

[4]方云中,王祥.创新农民专业合作社联合社登记制度[J].中国工商管理研究,2011(2):68—70.

[5]林滢,任大鹏.农民专业合作社联合社法律制度探析[J].农村经营管理,2010(5):16—17.

[6]储成兵.农民专业合作社联合社的法律属性[J].合作经济与科技,2011(22):124—125.

[7]苑鹏.农民专业合作社联合社发展的探析[J].中国农村经济,2008(8):44—51.

# 九、温州市农业走出去发展的战略对策①

温州科技职业学院　　高光照　　潘凤钗　　黄武刚　　沈　悦

**摘　要**　本文在分析温州农业走出去取得的成效、存在的不利因素基础上,提出以发展温州农业生产为根本目标,以积极利用"两个市场、两种资源"为途径的战略构想,并为实现温州农业走出去的战略目标提供了对策建议。

**关键词**　温州;农业走出去;战略;政策扶持

## 1　实现温州农业走出去发展的必要性

社会主义新农村建设的核心是发展农业生产,促进农业现代化的发展。党的十七届三中全会《中共中央关于推进农村改革发展若干重大问题决定》中明确指出:必须巩固和加强农业基础地位,解放和发展农村社会生产力,增强改革措施的协调性,充分发挥市场在资源配置中的基础性作用。在国家政策的指导下,根据温州农业生产的自然资源和生产技术特点,采取农业走出去策略是保障农业发展的有效途径,对缓解农业资源稀缺,利用国内、国外两个市场资源保障农业可持续发展有重要意义,是温州农业市场化、规模化、商品化的必然选择。

温州市人均占有耕地面积仅 0.31 亩,农业发展中土地资源的制约越来越明显,农业发展受到无法避免的限制。温州市农产品需求多数依赖其他地区调入,如全市粮食需求缺口每年 25 亿斤左右,生猪需求缺口每年 70 万头左右,蔬菜、水果等其他农业品也大量从其他省市调入。温州农业生产的自然资源限制和市场需求,使温州市农业走出去成为发展温州农业生产、确保农产品供应的有效途径,温州市农业走出去是推动农业经济发展和新农村建设的增长点,已经成为温州农业的重要组成部分。

## 2　温州农业走出去发展的现状与问题

回顾温州农业走出去发展大体经历了三个阶段。第一阶段以从事农产品流通为主(1998 年以前),零散农民和农业企业在产地采购适销对路的农产品投入温州

---

① 项目来源:浙江省教育厅科研项目《温州农业"走出去"发展实证研究》(项目编号 Y201016473)阶段性研究成果。

市场销售,丰富和保障了温州市农产品的需求;第二阶段以利用国内其他地区丰富的农业资源发展农业生产为主(1998—2005 年),在全国各地通过与当地政府或农业经营主体签订合作协议或订单合同,建立共同开发农业生产的合作关系,投资规模较小,产品多数以初级农产品的形式销售;第三阶段以国内外投资开发精深加工农产品为主(2005 年至今),温州农业企业、农户结伙抱团不仅在国内大规模地投资农业生产,而且开始在国外农业资源丰富的国家开发农业资源,开设农产品加工企业,进行长期投资开发。如今,温州市农业从自发性走出去开始,经过多年跨区域向国内其他地区和国外发展已经达到一定规模。

温州农业走出去发展涉及水产养殖、蔬菜、粮食、水果等多种产业,分布在全国20 多个省,近年来还发展到印尼、刚果(布)、巴西等国家,超亿元的投资也不断出现。尽管温州农业走出去发展已经取得明显成效,但是在以下几个方面仍然存在一些问题及不利因素:

一是温州农业走出去缺乏相应的支撑体系。政府各相关部门的扶持政策不完善,使走出去的农民和农企无法享受到温州本地各种惠农政策。温州市农业主管部门尚未设立指导和服务在外投资企业和农户的管理机构,对本市农业走出去的情况没有全面系统地登记,更无专职人员进行指导,企业和农户的科技和经营信息匮乏。

二是温州农业走出去抗风险能力有待加强。农业生产本来就存在周期长、风险高、利润不稳定的特点,经营者走出去发展面临的自然风险和市场风险更大,风险主要来自不熟悉当地的自然环境、无法准确把握市场信息、技术和产品不成熟、融资渠道不畅等。

三是缺乏高素质的复合型人才。在国内外发展农业生产需要既懂生产技术又懂经营管理的高素质人才,但是由于年轻一代普遍不愿接触农业生产,温州农民普遍年龄大学历低,50 周岁以上超过 50%,小学文化以下占 88%,缺乏具备生产经营能力,了解国内外农业政策、生产现状、贸易体系的专业人才,使温州市农业走出去的发展受到较大影响。

四是投资环境不稳定对农业走出去的影响显著。国内各地政府均为农业生产提供优惠政策和配套服务,但在国外发展的农业经营者受投资环境影响较大,有些发达国家采用市场保护政策限制外国企业进入,还有一些国家虽然自然资源丰富,但政局不稳,投资风险很大,温州华盛水产加工厂曾派人考察南非、赞比亚的渔业生产情况,但是考虑到投资环境不稳定而最终放弃。

## 3　温州农业走出去的战略对策

温州农业走出去发展的基本战略构想:以发展温州农业生产为根本目标,充分发挥比较优势,积极利用"两个市场、两种资源",在国内、国际建立农产品生产和加工基地,并逐步形成能够为农业走出去提供有效保障的政策扶持体系、科研支撑体系、人才培养体系、服务体系,保障温州市农产品的供应稳定,增加农民收入和企业利润,促进温州农业生产进一步的发展。

## 3.1　培养农业走出去的战略意识

温州市依山傍海、农产品品种多样,但是"七山二水一分田"的地形使耕地资源稀缺,随着经济发展人地矛盾越来越明显,农业用地在城市发展和其他行业用地的挤压下持续减少。温州的"三农"发展必须走出去开拓更为广阔的空间,摒弃狭隘的地域观念,充分利用国际国内的农业资源和市场,在其他地区发展温州的农业生产,开辟农民和农业企业发展的新途径。实施农业走出去战略符合温州农业的客观条件,也是发挥农业比较优势的必然选择,温州市政府农业主管部门应从战略高度强调农业走出去的重要性,加强宣传和引导,培养农业经营者走出去发展的意识。

## 3.2　建立管理机构加强领导

建议由温州市农业局牵头组建专门负责管理农业走出去经营的办公室,统一领导、集中协调农业走出去工作,强化和完善农业走出去的扶持政策。资金缺乏、规模小、竞争力低是我国农业"走出去"企业面临的最普遍问题。[1]通过农业走出去办公室争取、完善各项扶持政策,在融资渠道、税收扶持、科技支撑、农业保险、人才引进等方面为走出去的企业和农户做好指导服务工作。通过政府扶农政策、金融机构等渠道为农业走出去提供充足的资金支持,特别是2011年以来温州民营企业资金普遍紧张,需要政府部门给予农业走出去更大的支持。政府部门可以设立专项资金扶持温州农业走出去,对走出去的农业经营者在考察洽谈、设立企业、人才培训、科技服务等方面给予支持,另外,还可以对在走出去的农户和企业给予在本市从事农业生产同等的奖励或补贴。

## 3.3　完善农业走出去的服务体系

可以通过遍布全国和世界各地的温州商会为农业走出去提供投资服务,宣传走出去的农业经营者,协调与当地行业管理部门的关系,协助解决实际困难。通过温州市驻外办事处、各行业协会、我国驻外国的使领馆为农业走出去提供所在地区的农业自然资源信息、招商引资信息、产品市场信息等,对已经走出去的企业做好咨询服务工作,加强企业间的交流和沟通,建立完善的信息服务机制。通过浙江省和温州市的各农业科研机构和大专院校为农业走出去提供技术服务,支持走出去的农业生产采用先进技术,对农产品进行深加工,提高农产品附加值,通过农业科技服务提高农业走出去科技含量和经营水平。

## 3.4　加快农业走出去技术管理人才的培养

农业走出去经营需要经营者有较高的技术水平和管理能力,必须有大量专业人才。主管部门应对现有的走出去人才进行定期的学习培训,介绍相关政策、农业科技、管理经验,提高走出去技术、管理人才能力。为农业走出去企业招聘人才提供便利条件,在人才引进政策、落户问题、安排子女入学等方面提供一定的优惠条件。国际化的经营管理人员是企业走向国际的必然条件之一,应特别注意选拔和培养适应在国外工作的国际化经营管理人才,要求其不仅懂技术、会经营,还要会外语、了解当地政策。加大人才培养力度,造就外向型人才队伍,是目前我国农业"走出去"需要好好准备的部分,建议政府关注跨国经营管理人才队伍的培养服务。[2]

### 3.5 温州农业走出去应将重点转移到海外投资

随着国家和各地方政府近年来对农业生产的重视程度不断加强,农民对农业生产积极性的提高,在国内其他地区发展温州农业将越来越困难。根据温州市统计局2010年统计数据显示,温州市城镇居民人均可支配收入达到31201元。根据邓宁的对外投资周期理论,人均GNP处于2000~4750美元之间的国家,对外直接投资迅速增长,这一阶段国际直接投资的流入量和流出量都达到较大的规模。因此就所处投资周期而言,我国农业企业已经具备了"走出去"的基本条件。[3]通过国外温商和华侨的人脉资源和对所在国的了解,引导国内资金投入到与我国农业优势互补的一些国家,如东南亚国家、巴西、俄罗斯、澳大利亚等。在发展过程中应充分发挥温州在海外华人华侨的作用,为企业和农户提供生产经营方面的帮助,降低经营风险。

## 参考文献

[1]翟雪玲,韩一军.我国农业"走出去"的障碍及未来发展思路[J].国际贸易,2006(9):13-16.

[2]陈颖,陈辉.农业"走出去"是一个大战略[J].农业经济问题,2007(4):19-22.

[3]薛焱霆.关于我国农业走出去的思考[D].中华人民共和国商务部国际贸易经济合作研究院硕士学位论文,2009:6.

# 十、现代农业的乐清探索①

温州科技职业学院　周胜芳

　　乐清地处浙江东南沿海、瓯江北岸，是民营经济温州模式的发源地，素有江南"鱼米之乡"的美称，地貌结构为"七山二水一分田"，在温州版图上只占10％，却创造了温州21％的工业产值，全市现有30多万人奔赴全国各地经商、办企业、建市场，成功构建了覆盖全国的市场信息网和乐清产品营销网络，拥有生产资料和消费品贸易专业市场80多个，累计获取"中国电器之都"、"中国电子元器件生产基地"等18张国字号金名片，在全国综合经济实力县级市排名18位，最具竞争力百强县（市）排名第22位。

　　乐清海域面积只占浙江省的0.1％，却成为国内最大的泥蚶苗种中心和商品蚶基地；这里不产鲨鱼，却有着占国内鲨鱼总加工量的90％以上的鲨鱼加工基地。在城市与农村、工业与农业的相互促进中，勤劳、勇敢的乐清人结合本土实际，用工业化思维谋划农业发展，优化农业产业布局，培育农业规模经营主体，创新土地流转机制，统筹本地和域外两种农业资源，完善基层农业公共服务体系，用市场引导农业，用创新引领农业，用科技武装农业，探索了一条具有乐清特色的"高效生态、特色精品"现代农业发展新路子，使乐清农业能在工业的万丈光芒笼罩下依然散发出夺目光彩。2012年全市全年农林牧渔业总产值29.74亿元，占温州总产值的16％，农民人均纯收入达到17454元。解剖乐清农业，总结实践经验，将给各地发展现代农业提供诸多启发、借鉴和思考。

## 1　突出比较优势　打造高效生态、特色精品农业

　　论发展条件，乐清人均耕地不足三分，且自然灾害频发，农业产值比重不到3％，但乐清市委、市政府依然高度重视农业基础地位，充分利用工业化、城镇化为农业发展提供的动力和机会，抓住标准化、科技化带来的发展潜力，在坚持粮食安全生产的前提下，发挥农业的可持续比较优势，发展畜牧、水产养殖、蔬菜、中药材、茶叶、水果、花卉苗木、竹笋等九大主导产业，同时开发休闲观光农业、森林旅游等农业多功能价值。紧紧围绕农业优势和特色布局产业发展带，基本形成了以机械化、规模化为特征的南部沿海和中部平原粮蔬产业带，以生态型为特征的西北部丘

　　① 项目来源：乐清市委农办委托的横向课题项目，课题组成员：周胜芳、叶伟琼、蔡永固、陈国胜、严瑾、林玲玲、项大力。

陵特色生态农业产业带,以集约型、高效益为特征的东部沿海水产养殖与加工产业带等三大特色产业带。2006年农业部授予乐清市"全国粮食生产先进市",成为全国规模最大的滩涂贝类苗种繁育基地,蛏、蚶苗产量居全国第一,拥有"中国泥蚶之乡"、"中国牡蛎之乡"、"中国鲨鱼加工基地"、"中国苗木花卉之乡"和"中国铁皮石斛之乡"五张国字招牌。现代特色农业效益显现,如清江蔬菜主导产业示范区北塘水果专业合作社草莓基地,亩均利润1万~2万元;全市拥有年生产能力500万株以上铁皮石斛组培室8个,其中7个生产能力在1000万株以上。

## 2 培育规模经营主体 提高农业产业化水平

乐清是沿海经济发达地区,工业化、城镇化程度较高,由此也带来新的矛盾:随着农业劳动力的大量转移,农业一度陷入"3860"的窘境。乐清及时察觉这一问题的严重性,决心扭转千家万户分散经营的不利局面,加大对农业主体的培育力度。通过实施"百龙工程",重点扶持一批带动农户能力强和市场竞争力强的农业龙头企业。乐清现拥有国家级龙头企业1家,省级龙头企业2家,温州市本级龙头企业15家,本市龙头企业84家,其中产值超亿元的企业2家。要解决农业生产组织化问题,仅有龙头企业显然力不从心,必须通过合作社的力量,将更大范围的农民组织在一起。通过支持农村各类专业大户、农技推广人员、基层供销社、村级组织牵头创建专业合作社,实施合作社培育和提升工程,推动了农业专业合作社的发展。同时,乐清还大力发展专业协会、中介服务组织等农业社会化服务组织,凭借政府向社会购买服务的方式,扶持专业大户和家庭农场等规模经营主体的成长,通过多层次农业作业社会化服务,多元化的经营主体,有效地推进了农业规模经营。乐清现有专业合作社、专业协会及各类中介服务组织约897家,带动社员8.32万,联结基地13.6万亩。通过推行"龙头企业+专业合作社+农户(基地)+X"的生产经营模式,农业产业化水平不断得到提高。

近几年来,受到金融危机和劳动力成本上升的影响,制造业效益明显下降,而农业经济的效益在提高,同时政府对工商资本投入农业的扶持力度不断加大,吸引许多工商资本大举进入农业的生产与销售。以低压电器起家的正泰集团,成立了泰谷农业科技公司,生产茶籽油及其他茶籽的深加工产品,在现代农业领域的投资已达10多亿元。在外经商多年的返乡人士潘阿明建立康顺畜牧,通过生态畜牧基地和名特优水果基地实现了种养结合的生态循环农业模式,目前该公司成为乐清养猪行业最大的龙头企业,年出栏生猪14000头。周建兵曾经在贵州做生意,2008年他与朋友成立了乐清高塘大鲵驯养繁殖有限公司。目前,该公司采用"公司+基地+农户"模式带动农户一起养殖,由公司提供幼苗、技术和基地,农户进行散养,公司再负责收购。已带动农户30户进行大鲵养殖。工商资本的进驻不仅为乐清现代农业发展注入了资金,也将先进的管理经验、超前的市场意识带进了农业领域。

## 3　创新体制机制　释放农业发展活力

创新农业体制机制,优化农业资源配置方式,提高农业综合生产能力,是发展现代农业的需要。乐清坚持贯彻"多予、少取、放活"的"三农"工作方针,在诸多方面创新体制机制,增强了农业发展活力。

首先是加大农业扶持力度,使农业经营主体得到更多实惠,自我发展能力不断增强。乐清市财政每年安排不少于1亿元农业产业扶持资金,新年伊始在媒体公布农业扶持政策。2013年农业扶持政策覆盖"两区"建设、农业主导产业、农业组织化与产业化经营、农业机械化、林业、畜牧业、海洋与渔业、水利工程、农业综合开发、农业项目招商引资、农村劳动力素质培训等17项内容。其中规定:每年安排不少于1000万元扶持铁皮石斛产业发展,对新增种植面积连片5亩以上的每亩补助0.8万元,50亩以上的每亩补助1万元,并已着手建设集科研开发、检验检测、展示展销为一体的铁皮石斛产业园和申请铁皮石斛国家地理标志;畜牧专业合作社自行建立冷链设施设备的,按核定设施设备投入的30%给予补助等。同时,2013年4月乐清市出台又第一个相关农业的招商引资政策,规定每年安排500万农业招商引资项目补助专项资金。

其次是健全土地流转机制。乐清大力推广承包地定量不定位管理,鼓励农民通过转包、出租、互换、转让、股份合作等多种形式进行流转土地,支持村、组集中连片流转,并鼓励农户以土地承包经营权作价出资的形式组建农民专业合作社或向合作社增资,变土地资源为土地资本。截至2013年5月份,乐清土地承包经营权流转率达到61.6%。乐清清江北塘全村90%土地流转给一家专业合作社,并从邻村流入600多亩耕地,实行规模化种植草莓,不但解决了土地季节性抛荒现象,还为当地60周岁以上的农民解决了养老金问题,创造了土地流转的"北塘模式"。

第三是改革和完善农村投融资体制。通过发放政府贴息贷款,推进农村资金互助会试点工作,落实农户股份经济合作社股权、农村土地(林地)承包经营权、林权、农畜产品等质(抵)押贷款的有关规定等措施,将金融支农作为农业现代化建设的重要保障。

同时乐清还扎实推进农业标准化工作,开展无公害农产品、绿色食品和有机食品的认证,借此加强农产品质量的安全性。通过在更大范围开通农产品运输"绿色通道",开展政策性农业保险,减轻了农产品流通成本和农业风险。乐清在体制机制上的不断创新,提高了农业综合生产能力、抗风险能力和持续发展能力,时乐清农业的现代化之路走得更稳。

## 4　内建两区外拓发展　重组农业生产要素

乐清在工业化、城镇化高歌猛进的态势下,力促农业现代化同步发展。2010

年,浙江出台《关于加强粮食生产功能区建设与保护工作的意见》和《关于开展现代农业园区建设工作的建议》,希望通过两区建设这个平台,引入工业的理念,采用工业园区建设的模式,通过政府提供政策和服务,对农业生产要素进行整合。乐清市委市政府敏锐地感觉到这个"两区"建设的平台既能保证粮食生产能力,又能破解农业发展困境,促进农民增收,所以早早地就开始规划两区建设,并加大政策扶持力度。

乐清市紧紧抓住农业两区建设的关键环节,把发展生态循环农业、新品种、新技术、新设施推广和农产品质量安全、品牌建设及农业信息化应用和公共服务体系建设作为扶持的重点领域,把农业龙头企业、专业合作组织、种养大户及家庭农场业主作为重点扶持对象。加大财政资金投入,现代农业园区内基础设施建设按核定总投资额的80%补助,其他建设项目按农业相关政策优先安排。同时创新投入机制,通过财政性投入资金的"四两拨千斤"作用,撬动、吸引工商资本大量投入。目前,乐清两区建设累计投入资金3.8亿元。2012年,现代农业园区共引进工商企业40家,投资中药材、水果、花卉苗木等各类产业,投资额达1.3亿元。

市场经济不可能"画地为牢",现代农业发展到一定程度后,生产要素的外溢"势在必行"。乐清市人多地少,农业资源稀缺。乐清市委市政府深入实施"域外农业"发展战略,采取域内不足域外补的方法,鼓励欠发达地区农户以投资、合作和订单等形式大力发展"走出去"农业,逐步形成了"域外农业"规模效应。目前从事域外农业经营人员达到了1万多人,成立了20多个规模较大的专业合作社,足迹遍布全国除西藏、港、澳、台等地外的所有省、市、自治区,经营面积约30万亩,产品涉及瓜果蔬菜、花卉苗木、畜禽养殖、药材种植、橡胶种植等领域,2012年域外农业总产值达30亿元,相当于再造了一个新的乐清农业。如今"域外农业"已不仅限于国内发展,更走出国门,在缅甸种植中药材,面积已达3.5万亩。

为解决走出去之农户却面临着"乐清本地政策享受不到、当地政策补助不到之尴尬",2013年3月乐清市政府启动域外农业示范区、观察点创建活动,对入选的域外农业示范区、观察点的给予奖励和补助,以及建立"域外农业"风险基金。这些推动域外农业产业发展的探索性政策让多年从事域外农业发展的农民欢欣鼓舞。

正是由于发挥了政府的主导作用和市场的基础作用,通过"两区建设"和"域外农业"的发展,对农业生产要素进行整合,使乐清农业逐步走上规模化、商品化的现代农业发展之路。

## 5 科技创新公共服务 增强农业支撑能力

科技创新是现代农业发展的根本出路。乐清市近几年深入实施了"农业丰收计划"、"沃土工程"、"测土配方施肥行动"等项目,重点推广良种良机、增产增效、安全生态、减量控害、种养结合等十大实用技术。目前,乐清水稻病虫统防统治实施面积达12万亩,粮食良种播种面积26.5万亩,良种覆盖率达98.6%,秸秆还田利用率达100%。2012年连作双季晚稻产量达到833公斤,居全省最高。

基层农业公共服务体系各级政府为农民提供农业服务的桥梁和纽带,是农业社会化服务体系的重要组成部分。乐清构建了乡镇农业技术推广、动植物疫病防控、农产品质量监管"三位一体"的基层公共服务体系,实现政府主导力、科技支撑力、农民主体力、社会参与力"四力合一"。目前已建立了市级农技推广中心和种植业、畜牧兽医、渔业、林业、农业机械等五个分中心。乐清在基层农技推广体系改革和机制创新取得新突破,充分发挥了首席农技推广专家、农技指导员、乡镇责任农技员的作用,开展科技"三下乡"、农技人员"三联"、"农技110"、"五送"等活动,营造了浓厚的科技下乡氛围。例如,虹达水果种植专业合作社常年聘任省市有关专家为技术顾问,来基地授课与实地指导,并组织社员、大户到各个杨梅产区培训和参观学习。通过应用新产品和新技术,该合作社的杨梅平均亩产达600公斤以上,优质果率达70%。在农业基层公共服务体系的带动下,我市农业机械化水平不断提高。截止2013年4月,乐清市农机购置补贴已使用中央资金52.94万元,全市土地机耕率和机收率达95%以上,机插面积达到10万亩,进一步降低了农业的生产成本。农业公共服务体系建设,为我市现代农业发展提供有力的技术支撑、质量监管和安全保障。

## 6 结语

从乐清的经验看,当地现代农业的基本特点是:土地利用高效,生态环境良好,农业建设园区化,生产要素制约小,产业特色明显,生产经营初具规模,技术支撑有力,体制机制灵活有效,基层公共服务体系完善,农产品高产、优质、高附加值,具有市场竞争力。乐清现代农业的发展为促进当地经济发展、农民增收做出了巨大贡献,也为其他地区因地制宜地发展现代农业提供了经验借鉴、增强了信心。

# 十一、温州市农业电子商务发展现状与对策建议①

温州科技职业学院　夏守慧

**摘　要**　农业电子商务的发展将更好地为农业增产、农村发展和农民增收服务,本文通过对温州市农业企业的电子商务实施情况、应用层面、交易金额、岗位人才和存在困难等方面进行问卷调查和统计分析,并提出温州市农业企业做好农业电子商务发展的对策建议,要提高对电子商务的认识、延伸政府组织功能、推动农业中介组织的发展、培养农业电子商务的复合型人才,在人才培养过程中可统一建立农产品电子商务服务中心和加大继续教育力度。

**关键词**　农业;电子商务;发展现状;对策建议;温州

互联网的发展,极大地加强了信息的共享程度,且随着我国网民的不断增多、电子商务的兴起,很多传统企业改变了生产与销售模式。目前工业类企业对电子商务的应用已颇为成熟,农业企业的发展却相对落后一些。发展农业电子商务,建设现代化农业市场服务体系,是应对市场竞争,实现农业经济快速发展的重要手段[1]。对传统商业领域,温州企业有着敏锐的嗅觉,但在互联网经济方面却发展的有些缓慢。

## 1　温州发展农业电子商务的必要性

### 1.1　占领网络市场,加快品牌化建设

根据中国互联网络信息中心(CNNIC)发布的《第 29 次中国互联网络发展状况统计报告》显示,截至 2011 年 12 月底,中国网民规模达到 5.13 亿,其中农村网民规模为 1.36 亿,占整体网民的 26.5%[2]。在规模如此之大的网络市场中,若能占有一席之地,则可迅速打响企业知名度,加快农产品品牌的建设。例如,在淘宝网聚划算等频道做一期团购活动,可以很好地把产品推销至全国各地,让更多的人认识该品牌、该企业。

### 1.2　拓宽销售渠道,加速农产品销售

艾瑞网统计数据显示,2010 年电子商务交易规模达 4.8 万亿元,预计 2011 年

①　发表于《上海农业学报》2012 年第 4 期,作者简介:夏守慧(1983—),男,温州科技职业学院讲师,硕士,主要研究方向:电子商务,农业经济,E-mail:shouhuixia@163.com。

我国电子商务市场整体规模将达到 7.0 万亿元,预计 2014 年将达到 20.6 万亿元[3]。如图 1 所示:

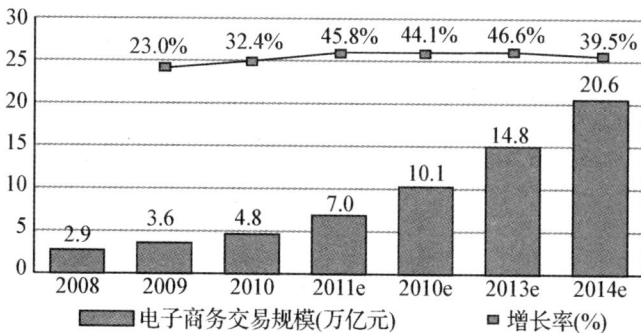

图 1　2008—2014 年中国电子商务市场交易额

资料来源:2010—2011 年中国电子商务行业发展报告。Source:Research report of Chinese e-commerce industry from 2010 to 2011

　　农产品的营销体系中若加入电子商务的工具,企业或农户将可以把产品销售到全国甚至全世界各地,拓宽销售渠道,加快农产品的销售,如:在 2011 年 8 月份的淘宝网阳澄湖大闸蟹团购中,短短半小时就有 4000 人组团购买,最终因客户过多而采取限量销售的办法。

### 1.3　减少流通环节,降低交易成本

　　传统的农产品交易存在很多的中间商周转环节,增加交易成本,最终到消费者手中的价格自然较高。将电子商务引入到农产品销售后,农户或农业企业可将产品放置到电子商务交易平台,直接销售给消费者,实现产品的直销;即"直接经济"或"零距离经济",降低了交易成本,可以实现农户或农业企业与消费者的双赢。

### 1.4　加快农业企业改革与发展

　　农业电子商务的发展对农户或农业企业在产前、产中和产后都会产生相对应的影响,通过对网络市场农户或农业企业可以收集大量市场信息,供需双方及时沟通信息,对生产类型、生产规模、销售渠道等进行指导,以更好的降低因产量和价格的波动带来的风险;甚至供需双方签订合作协议,订单式生产,加快农业企业的产业化发展。

## 2　温州农业电子商务发展现状分析

　　为了更好得知温州农业电子商务发展的现状,笔者对温州市农业企业进行了一次关于"电子商务在温州市农业企业中应用现状"的问卷调查,共向 158 个农业企业发放问卷,收回有效问卷 148 份。问卷内容主要涉及被调查企业电子商务实施现状、电子商务的主要应用形式、电子商务交易额、急切需要的岗位人才、实施电子商务存在的困难等方面,以期通过本次调查取得一手资料,了解温州农业电子商

务的发展现状。

## 2.1 实施情况

本次调查的主要对象是农业类企业,具体情况如表1所示。根据调查结果显示,温州市农业企业对电子商务有了一定的认识,超过90%的企业希望能利用电子商务开展业务,有超过60%的农业企业开展实际行动(见表2)。另外,从对企业面谈访问的反映情况看,绝大多数企业认同电子商务将会是今后营销的渠道。

**表 1 调查对象基本情况**

| 调查内容 | 选项 | 样本数 | 占被调查企业总数百分比 |
|---|---|---|---|
| 企业人数 | 1~10 人 | 21 | 14.19% |
| | 11~30 人 | 40 | 27.03% |
| | 31~100 人 | 39 | 26.35% |
| | 100 人以上 | 48 | 32.43% |
| 企业 2010 年年销售总额 | 1~100 万元 | 4 | 2.71% |
| | 100~300 万元 | 32 | 21.62% |
| | 300~1000 万元 | 36 | 24.32% |
| | 1000 万元以上 | 76 | 51.35% |

**表 2 电子商务实施情况**

| 调查内容 | 选项 | 样本数 | 占被调查企业总数百分比 |
|---|---|---|---|
| 电子商务实施情况 | 已采用电子商务 | 49 | 33.11% |
| | 正在建设电子商务渠道 | 40 | 27.03% |
| | 有意向,但尚未采用电子商务 | 47 | 31.75% |
| | 不准备实施电子商务 | 12 | 8.11% |

## 2.2 应用层面

从表3可以看出,目前农业企业利用互联网主要用于企业宣传占39.19%,而用于产品销售和信息资料查询的分别占29.05%和27.03%,说明当前温州市农业企业的电子商务化程度不高,处于初级阶段应用阶段的企业较多。笔者也针对温州市农业局公布的市"百龙工程"农业龙头企业进行网站建设调查,发现100家龙头企业仅有35家建设有自身的网站(见表4),大部分企业处于借助其他网站或者尚未建设网站的阶段。

表 3    互联网主要应用层面

| 调查内容 | 选项 | 样本数 | 占被调查企业总数百分比 |
|---|---|---|---|
| 互联网主要应用层面 | 信息资料查询 | 40 | 27.03％ |
| | 产品的销售 | 43 | 29.05％ |
| | 单位形象品牌宣传 | 58 | 39.19％ |
| | 其他 | 7 | 4.73％ |

表 4    企业网站建设调查

| 调查内容 | 选项 | 样本数 | 占被调查企业网站总数百分比 |
|---|---|---|---|
| 企业网站建设 | 有独立网站 | 35 | 35.00％ |
| | 无独立网站 | 65 | 65.00％ |

## 2.3    交易金额

在已实施电子商务的 49 家企业中,农业龙头企业成交额较高,很多可以达到 300 万元以上,但年成交额在 50 万元以下的企业也相当多(见表 5),说明农业企业的电子商务发展的不尽相同,部分企业可能仍然未能很好地发挥电子商务的实质作用。

表 5    2010 年电子商务交易额

| 调查内容 | 项 | 样本数 | 占被调查企业总数百分比 |
|---|---|---|---|
| 2010 年电子商务交易额 | 300 万元以上 | 54 | 36.49％ |
| | 50 万～300 万元 | 32 | 21.62％ |
| | 1 万～50 万元 | 39 | 26.35％ |
| | 无成交额 | 23 | 15.54％ |

## 2.4    岗位人才

农业电子商务的发展离不开人才的使用,在企业用人方面,急切需要的是网络营销和网站策划与编辑人才,分别占 37.16％和 21.62％(见表 6),这也说明温州市农业企业急切想做好网站的建设,并最终目的是为了拓宽销售渠道,更好地达到营销的目的。但也随着电子商务的发展,近些年企业对网站美工的人员需求也在不断上升,很多企业向高校指定要求有较好地图片美化处理技术的学生。

表6　急需的电子商务岗位人才

| 调查内容 | 选项 | 样本数 | 占被调查企业总数百分比 |
|---|---|---|---|
| 急需的电子商务岗位人才 | 网络营销 | 55 | 37.16% |
| | 网站策划、编辑 | 32 | 21.62% |
| | 网站设计、开发 | 19 | 12.84% |
| | 网站美工人员 | 6 | 4.06% |
| | 网站运营 | 14 | 9.46% |
| | 其他 | 22 | 14.86% |

## 2.5　存在困难

新工具的引入会给企业新的挑战和困难,根据调查显示为农业企业找合适的电子商务人才有一定的困难,这和高校这些年对农业人才培养的缺失会有一定的关联性,其他如物流配送体系、对电子商务的认识和资金安全性等方面对企业也有较大的阻碍(见表7)。

表7　实施电子商务存在主要困难

| 调查内容 | 选项 | 样本数 | 占被调查企业总数百分比 |
|---|---|---|---|
| 实施电子商务存在主要困难 | 找不到合适的电子商务人才 | 56 | 37.84% |
| | 配套物流体系跟不上 | 23 | 15.54% |
| | 对电子商务了解不够 | 20 | 13.52% |
| | 担心资金的安全性 | 18 | 12.16% |
| | 担心对方不够诚信 | 13 | 8.78% |
| | 电子商务成本太高 | 6 | 4.05% |
| | 不需要实施电子商务 | 12 | 8.11% |

# 3　温州农业电子商务发展的对策建议

## 3.1　提高对电子商务的认识

政府部门要加强宣传教育,改变农产品经营者的传统营销观念,让其了解并逐步接受农产品的电子商务的新观点。通过宣传与教育网络营销的知识,使农产品经营者了解当前网络信息经济发展的现状,认识电子商务网络营销与传统营销方式相比的优势;克服农民的小农意识的狭隘性、保守性、封闭性,增强大市场的观念;掌握在网络信息经济时代下的市场经济运行法则;激发农民掌握信息时代下的网络技术、通信技术和商务技术等相关的基本知识。由于多数农民缺乏学习运用科技知识的自觉性和主动性,更没有科技投入的动力,只有通过宣传教育、政策导向和典型示范,增强农民利用网络营销这种新技术来促进农产品销售的观念和意识,达到科技致富的目的。

## 3.2 延伸政府组织功能

政府相关农业组织应积极为农户和农业企业做好产前的引导、产中的指导和产后的销售工作。在政府相关农业组织中(比如农村专业合作社、农技站等)设立电子商务工作部门或电子商务专员,为农户解决技术上的困难,为农户提供市场动态信息,为农户做好产前的引导;在农作物的生产过程中,政府相关农业组织积极组织专家指导农户与农业企业进行技术生产,防治病虫害,积极抵御各种自然灾害,努力提高产量,降低各种风险因素;在农作物成熟后,积极为农户发布农产品信息,处理交易订单,利用电子商务寻找各种销路。

## 3.3 推动农业中介组织的发展

农业中介组织的发展能更好的完善农产品营销体系,如何促进农业中介组织的发展是一个迫在眉睫的工作。政府可以为农产品的营销施行地税或免税政策以更好地鼓励和推动中介组织的发展。另外部分中介组织在对农产品进行营销的同时可以开展工业产品的营销,比如在"万村放心店"开展电子商务,利用电子商务来为广大农户买卖生活用品等,以提升中介组织自身的利益空间,待发展到一定规模后,可专心经营农产品。

## 3.4 培养农业电子商务的复合型人才

(1)优化资源,统一建立农产品电子商务服务中心

从当前的情况来看,在广大乡镇和农村中,农产品电子商务从业人员极其缺乏,在这种情况下,应当优化资源,可以统筹安排,统一建立农产品电子商务服务中心,为某一个区域的农产品电子商务的发展而服务,统一负责该区域的电子商务网站建设、管理和维护,并负责农产品市场供需信息的收集与发布,做好网络销售等工作,切实的解决人才短缺的问题,更好的发展农产品电子商务。

浙江省农民信箱就是一个很好的网络推销和采购的工具,采用实名制注册,农民只要注册农民信箱就可在平台上发布农产品买卖信息,系统就能使产销用户直接对接,并能利用多种方法找到配对[4]。农民信箱采用各级管理的策略,分省级、市级、县级和各单位,有专人负责,更加方便了农户的操作,扩大农产品的销路。

(2)开展继续教育,培养农产品电子商务人才

随着电子商务的发展,越来越多的人享受到电子商务的好处,但也有很多人还不尚与使用或不会使用电子商务的工具,因此开展农业电子商务相关的继续教育显得尤其的必要。

第一,加大政府的教育投资力度,有针对性地开展各种培训,有条件的还可以开设一些培训学校或培训班。

第二,扩大培训范围,兼顾产前、产中和产后三个环节,既要对农户的生产技术和生产能力进行培训,也要对农产品的营销技术、电子商务技术进行传授,全面提高农户和农业企业人员的文化素质和技术能力,为农产品电子商务的发展打下坚实的基础。

第三,联合高校,针对性开展继续教育。高校师资雄厚,教师的知识水平也贴近时代的前沿,因此可以借用高校师资为继续教育培训服务,例如温州科技职业学院目前就有开展瓯海青年创业学院的网络创业教育,温州市退伍军人网商培训等项目。

## 4 结语

在互联网与电子商务高速发展时代,将农业与电子商务结合面临着机遇和挑战。只有紧跟时代步伐,不断创新,融入新的营销体系,才能更好上解决农业增产、农村发展和农民增收的问题。电子商务是一个现代化的营销手段,为广大农户和农业企业带来实质性的效益。

## 参考文献

[1]刘宇鹏,魏天波.河北省农业电子商务发展途径与对策研究[J].安徽农业科学,2008,36(27):12040-12041.

[2]CNNIC 中国互联网信息中心.第 29 次中国互联网络发展状况统计报告[EB/OL].[2012-1-16].http://www.cnnic.net/dtygg/dtgg/201201/t20120116_23667.html.

[3]艾瑞网.2010-2011 年中国电子商务行业发展报告[EB/OL].[2011-11-18].http://report.iresearch.cn/1629.html.

[4]张瑛,邵利琴.农业电子商务障碍因子分析与发展模式探讨[J].农业网络信息,2011(6):105-107.

# 十二、温州农业中小企业发展现状与对策研究①

温州科技职业学院　陈国胜　曹露露　张建辉

## 引　言

目前,我国农业正处在由传统农业向现代农业转变的新时期,农业和农村经济发展方式的转变是中国新农村建设中的长期任务。温州市政府已把发展农业中小企业,推动农业企业发展作为惠农强农、建设社会主义新农村、加快统筹城乡发展的重要抓手来抓。

农业企业已经成为转移农村剩余劳动力,增加农民收入,保证农村社会稳定,推进小城镇建设的重要渠道,已成为推动温州市农业由传统农业向现代农业转型的主力军,是推进现代农业实现规模化发展的重要载体,所以开展农业中小企业的发展对策研究意义重大。

客观上讲,改革开放以来,特别是近几年来温州市农业中小企业发展较快,也出现了一些对农业农村经济发展起带动作用的龙头型农业企业。但总体上来讲,农业中小企业还存在明显的弱点和缺陷,主要表现在:一是单体规模总体偏小,二是产品档次总体偏低,三是产业链条总体不长,四是企业遭遇融资困境。当前,温州市的农业企业面临着原材料上涨带来的成本压力、国际贸易绿色壁垒、气候变化、企业盈利骤降、产品质量急待提升、人力资源管理需要优化等急需解决的问题,但这一切是对每一个农业中小企业的严峻挑战,同时也是企业蜕变的机会。因此,研究温州农业中小企业的发展现状和对策是很有必要的。

## 1　国内外研究现状述评

### 1.1　相关定义

在美国,H. G. 哈尔克劳(1987)指出美国的农业是包括生产和销售食物、纤维的资源组织的一种行业。其农业由一套极其复杂的结构组成,其中包括农场、农业供应公司、农产品销售公司、公共农业服务机构等。潘伟光(2004)认为美国的农业

---

① 项目来源:温州市 2010 年第四期科技计划项目(项目编号:R20100112),课题组成员:陈国胜、曹露露、陈方丽、李炎炎、张建辉、周胜芳、曾玮、金胜华、王金旺、卢盛若。

企业包括两部分:一是农场,二是农业综合经营体,它包括为农场主在农业生产和农场生活方面的用途而组织的生产并提供服务和供应品的厂商和经济企业,还包括购买、加工和通过批发、零售来分配产品的厂商和行业。美国把农业企业称为"agribusiness",也就是围绕农业经营,与农业相关的经营活动企业。

在我国,何绍康、梁义(1994)把农业企业定义为"在一定的地点,集合劳动、土地、设备、资金等生产要素,从事有关农业生产经营或提供劳动服务,实行独立经营、独立核算、自负盈亏的经济组织"。范围相对明确,但过于狭义,不能概括现实中不断涌现的农业综合性企业。《中国农业百科全书》(1996)指出"农业企业是以经营农业为主或为农业生产服务实行独立核算的生产经营单位"。比较明显地体现出了"为农业生产服务"的理念。相对来说,姜克芬、郑风田(1998)认为:"农业企业是指从事农业商品性生产经营或服务,实行自主经营、独立核算、自负盈亏、具有法人资格的经济组织。"更为广泛,它除了包括农业生产经营性企业外,还涵盖为农业生产服务的企业。蔡根女(2003)所认为的现代农业企业的范围更大,包括与农业产前、产后、产中有关的所有企业,也可以称为涉农企业或农业关联企业。凡是直接或间接为农业生产服务的企业,都可被认为是农业企业。但是未见有文献指出区分大型农业企业和中小型农业企业的标准。国家也没有出台针对农业中小企业的细分标准。

总之,有对农业企业的定义,却缺乏对农业中小企业的权威定义。

## 1.2 相关问题研究

从目前的文献来看,认为影响农业企业发展的主要问题有:(1)规模偏小,区域发展不平衡(王蒲华,2009)。(2)融资难,后劲不足。从农业龙头企业本身来看,一是融资存在着规模小,可供抵押物少的缺陷。二是经营管理落后,大多数企业也未建立起现代企业管理制度,银行贷前调查难。三是面临自然、疫情等多重不可抗力风险(翁祖军、吕永华,2008)。有学者从产业分析的角度也提到了这点:农业是一个天生弱质的产业。其弱质主要表现在对自然环境的高度依赖性和农产品普遍的低值性,这些特点直接导致金融机构和企业对农业的投资动力的普遍不足(熊志东、王晶,2006)。(3)农业品牌化水平低,仍处在起步阶段。温州农业品牌建设和品牌经济发展水平虽然已经有了长足的发展,但从总体来看,仍处在起步阶段,是低层次、低水平的,还存在不少问题(方丽槐、杨少卫,2008)。(4)利益链节机制不完善,带动能力偏弱。龙头企业与农户之间的利益联结不够紧密,双方互信基础脆弱,大部分农业龙头企业与农民多以"口头约定"或"君子协议"来代替合同。(王蒲华,2009)。企业则由于没有与农户建立稳定的关系,收购的农产品数量和质量都难以保证,从而影响企业的规模生产(赵建成,2009)。

总之,目前有农业企业存在问题的研究,但深入程度不够。

## 1.3 相关对策研究

从目前的文献来看,提出农业中小企业的发展对策主要有:(1)广开渠道,大力发展加工龙头企业。胡红贵(2010)提出用工业理念来指导农业生产,使农业在企业化运作中实现优化,逐步完成以原材料产品结构为主导向以加工产品为主导的过渡,实现标准化生产、全程化监控。另外,赵建成(2010)认为可以在现有的基础上,选择市场前景广阔,产业关联度高,市场竞争力强的农产品加工企业,大中小并举,改扩建结合,多渠道、多途径加快农业龙头企业建设。(2)提高龙头企业融资能力。从农业龙头企业层面来看,一是要建立现代企业制度,引进先进的企业管理模式,逐步形成运作高效、管理规范的企业经营管理体系,提高企业生产经营能力;二是要通过联合、兼并、重组、上市等途径,稳步扩大规模,增强自身实力;三是加强行业自律,充分发挥行业协会在市场研究方面的信息资源优势,根据国内外市场需求,科学地组织生产、经营活动,稳步拓展国内、国际市场(翁益军、吕永华,2008)。只有这样,企业信用得到提高,融资才能得以顺利进行。(3)提升标准化水平,加大扶持力度推进品牌建设。王蒲华(2009)认为开展品牌建设首先要提升标准化水平,鼓励和引导省级重点龙头企业按照国际标准和国内先进标准组织生产,开展全程质量控制。方丽槐、杨少卫(2008)认为要大力推行产地标识管理、产品条形码制度和质量可追溯制度,做到质量有标准、过程有规范、销售有标志、市场有监测、安全有追溯。(4)规范引导,完善利益链节机制。"风险共担、利益共享"是农业产业化经营的根本要求,要不断完善农业龙头企业与农户的产销衔接和利益连接机制(赵建成,2009)。

目前,我国农业中小企业的发展尚处于起步阶段。借鉴国外农业企业发展的研究成果较多,结合本土研究较少。目前已有的文献研究主要集中在现代企业的发展思路、发展对策等理论探索阶段,对中小企业转型升级的研究不多,对农业中小企业的发展对策研究更是寥寥无几。现存的少量文献也仅是宽泛的理论探讨研究,缺乏案例研究和量化的数据支持,对企业的直接指导意义较小。我们以"农业中小企业"作为关键词,分别从中国知网全文数据库(1997—2010)跨库检索,从万方、维普科技期刊全文数据库中检索,只检索到1篇文章(《良好农业规范在农业中小企业的实践与推广》,发表于《农业考古》2009/3)。综观学者已有的研究成果,我们发现对农业中小企业发展对策的研究的确较少。

总之,目前有农业中小企业的对策研究,但紧密结合地方实际情况进行针对性研究相对较少。

## 2 农业中小企业转型升级能力综合评价指标体系研究

实践证明,农业中小企业对国民经济发展的贡献日益显著,同时面对发展中的诸多问题,转型升级已成为其获得进一步发展的重要途径。因此,如何衡量并提高自身的转型升级能力便成为备受关注的热点。许多农业企业还在因为缺乏对转型的认识而普遍感到无法把握变革的方向。因此,迫切需要从农业企业自身的特点出发,针对农业企业转型升级评价的特殊性,科学选取评价指标,最终建立一套科学有效的农业企业转型升级评价指标体系。通过对农业中小企业转型升级能力评价指标体系的研究,为农业中小企业及时发现自身能力的不足并有针对性地加以改善提供科学的依据和帮助。

### 2.1 构建农业中小企业转型升级能力综合评价指标体系的原则

农业中小企业要建立一套全面、有效的指标体系,对其转型升级能力进行评价,应该注意以下几条原则。

(1)科学性原则

指标体系的构建,必须要经过科学的分析。首先,指标体系的内容要科学,要能够代表评价农业中小企业可持续发展能力的主要要素,要符合实际。其次,指标的数据要具有科学性,要有可靠的来源。只有科学的指标体系才能对农业中小企业转型升级能力有一个正确的评价。

(2)可操作性原则

在选取指标体系的时候,应该考虑指标体系的可操作性。只有容易取值的指标才适合组成指标体系。因此,在建立指标体系的时候,一定要考虑到所选取的指标是否具有实践的价值,尽量不要选取过于模棱两可的指标。

(3)系统性原则

农业中小企业的转型升级能力评价指标体系涉及社会、经济、环境、资源等许多方面,这些方面都是相关联的。因此,要求构建的指标体系必须要具有系统性。在构建指标体系的过程中,需要系统论的指导,将指标体系逐一分层,最终使整个指标体系构成一个完整、优化的系统,从而更好地对农业中小企业转型升级能力进行评价。

(4)创新性原则

该指标体系不是对农业中小企业综合状况的简单评价,而是对其转型升级程度的综合评价,要研究制定与转型升级相适应的具有创新性的指标体系,特别是在营销、研发等方面的指标。

(5)协调性原则

协调性原则要求指标体系应从反映转型升级的各系统的协调关系出发来考虑制定,各系统的指标要通过协调程度来进行联系与沟通。建立的指标体系不能有互斥的指标存在,要求各项指标互相协调。

(6)广泛性原则

该体系的设置不是只针对个别的农业企业来评价,而是具有广泛性、通用性,适合对各类农业企业进行评价。尽管可能不同的农业企业在适用该指标体系时会有所不同,但只要更改其中部分的指标即可,整个指标体系的结构框架及评价方法都仍可以使用。只有具有广泛性的指标体系,才能得到更多的应用。

(7)动态性与稳定性相结合原则

通常说来,农业中小企业转型升级能力评价指标体系在指标的内涵、指标的数量、体系的构成等方面应保持相对稳定。但由于经济环境和分析目的的不断变化，要用动态的眼光看待农业中小企业的转型升级能力指标体系。农业中小企业发展处于不同阶段，其评价标准也会随之有所变化，所以，对农业中小企业自身而言，也要根据实际发展情况及时改变指标体系的构建模式。

(8)关键性原则

在建立指标体系过程中，所选择的指标不可能面面俱到。如果指标体系过大、层次过多、指标过细，将使分析评价的注意力不能体现整体；而指标体系过小、指标过粗又不能反映农业中小企业的实际水平。所以指标体系的建立要力争简繁适中，突出关键指标。合理、正确地选择有代表性、可比性的关键指标是构建简明、高效、系统的指标体系的关键。

## 2.2 农业中小企业转型升级能力评价指标体系的设计

### 2.2.1 农业中小企业转型升级能力评价指标体系的设计思路

根据评价指标体系的设计原则以及对影响农业中小企业转型升级能力的因素分析，农业中小企业转型升级能力评价指标体系的设计必须科学合理，其基本步骤如下：

根据对农业中小企业转型升级能力产生影响的内外部因素，以及对浙江省有代表性的69家农业中小企业所作的问卷调查及实地调研，可以总结出农业中小企业可持续发展能力的基本要素，这些基本要素可以概括为以下四个方面：环境、技术研发、营销/服务、抗风险能力，这四个基本要素构成了农业中小企业转型升级综合评价系统。

然后，对上述四个基本要素进行细化，分析并总结出其评价指标，即构成指标体系的关键指标。环境要素的评价指标包括：政府政策的扶持力度、融资机制健全程度、通货膨胀率、从事农产品的流通和经营环境、行业市场竞争态势；营销/服务的关键评价指标包括：品牌建设费用占总开支比率、员工中营销人员比例、电子商务开发使用成本占总开支比率；抗风险能力的关键评价指标包括：收购农产品的合格率、产品的市场占有率、企业产品的平均利润率、企业自身偿债水平；技术研发的评价指标包括：研发总经费增长率、研发总经费占产品销售额比率、员工中技术开发人员比率、人均研发费用。

### 2.2.2 构建农业中小企业转型升级能力评价指标体系的框架

农业中小企业转型升级能力评价指标体系的构建是正确评价农业中小企业转型升级发展的必然要求。要从转型升级方面正确评价中小企业的成长绩效，就必须建立一套准确、完善的评价指标体系。指标体系是评价的基础，是定量研究的出发点。只要建立能真正反映农业中小企业转型升级能力的全面、完善的指标体系，才能对其发展程度进行测度，才能为企业发展战略的制定和实施提供理论依据。

构建农业中小企业转型升级指标体系框架，是对农业中小企业转型升级能力进行评价的极其重要的一步。根据我们的调研和分析，以转型升级能力为核心的农业中小企业评价指标体系的主要框架如表 2 - 1 所示：

**表 2 - 1 农业中小企业转型升级能力评价指标体系**

| 目标 | 一级指标 | 二级指标 |
|---|---|---|
| 农业中小企业转型升级能力 | A₁ 环境要素 | B₁ 政府政策的扶持力度 |
| | | B₂ 融资机制健全程度 |
| | | B₃ 通货膨胀率 |
| | | B₄ 从事农产品的流通和经营环境 |
| | | B₅ 行业市场竞争态势 |
| | A₂ 企业营销/服务要素 | B₆ 品牌建设费用占总开支比率 |
| | | B₇ 员工中营销人员比例 |
| | | B₈ 电子商务开发使用成本占总开支比率 |
| | A₃ 企业抗风险能力要素 | B₉ 收购农产品的合格率 |
| | | B₁₀ 产品的市场占有率 |
| | | B₁₁ 企业产品的平均利润率 |
| | | B₁₂ 企业自身偿债水平 |
| | A₄ 技术研发要素 | B₁₃ 研发总经费增长率 |
| | | B₁₄ 研发总经费占产品销售额比率 |
| | | B₁₅ 员工中技术开发人员比率 |
| | | B₁₆ 人均研发费用 |

**2.2.3 确定农业中小企业转型升级能力指标体系权重**

考虑指标体系中，包含一些非量化指标，在确定各指标权重的时候，大致方法可分为两类：一是主观赋权法，如层次分析法、德尔菲法等；另一类是客观赋权法，即根据各样本指标间的相关关系或各项指标的变异程度来确定权重，如主成分分析法、因子分析法。由于无法获得较多的训练样本，因此不能采用客观赋权法。本研究采用层次分析法（AHP）来确定指标体系各层指标的权重。AHP 的基本原理是将复杂问题中的各种因素，通过划分为若干相互联系的有序层次结构，使其条理化，然后依据一定的判断准则，在比原来简单的多层次上进行分析决策。

构造判断矩阵时，每一个具有向下隶属关系的元素（被称作准则）作为判断矩阵的第一个元素（位于左上角），隶属于它的各个元素一次排列在其后的第一行和第一列。填写的尺度采用 1～9，针对其中两个元素两两比较哪个重要，重要多少进行赋值。根据以上方法，得到 A₁、A₂、A₃、A₄ 成对比较矩阵如下：

$$A = \begin{Bmatrix} 1 & \dfrac{1}{3} & \dfrac{1}{5} & \dfrac{1}{9} \\ 3 & 1 & \dfrac{1}{3} & \dfrac{1}{4} \\ 5 & 3 & 1 & \dfrac{1}{2} \\ 9 & 4 & 2 & 1 \end{Bmatrix}$$

判断矩阵 A 最大特征值 4.081 对应的特征向量为 (0.133, 0.247, 0.907, 0.314)，对该向量做归一化处理后得到 $A_1$、$A_2$、$A_3$、$A_4$ 对总目标的贡献度为 (0.0831, 0.1543, 0.5665, 0.1961)。依以上的方法得到农业中小企业转型升级能力指标体系各项指标的权重，如表 2 - 2 所示。

**表 2 - 2　农业中小企业转型升级能力评价指标体系权重**

| 目标 | 一级指标权重 | 二级指标权重 |
|------|------------|------------|
| 农业中小企业转型升级能力 | $A_1$ 环境要素　0.0831 | $B_1$ 政府政策的扶持力度　0.0892 |
| | | $B_2$ 融资机制健全程度　0.0915 |
| | | $B_3$ 通货膨胀率　0.0702 |
| | | $B_4$ 从事农产品的流通和经营环境　0.2537 |
| | | $B_5$ 行业市场竞争态势　0.4954 |
| | $A_2$ 企业营销/服务要素　0.1543 | $B_6$ 品牌建设费用占总开支比率　0.2970 |
| | | $B_7$ 员工中营销人员比例　0.1632 |
| | | $B_8$ 电子商务开发使用成本占总开支比率　0.5398 |
| | $A_3$ 企业抗风险能力要素　0.5665 | $B_9$ 收购农产品的合格率　0.2073 |
| | | $B_{10}$ 产品的市场占有率　0.0796 |
| | | $B_{11}$ 企业产品的平均利润率　0.4861 |
| | | $B_{12}$ 企业自身偿债水平　0.2270 |
| | $A_4$ 技术研发要素　0.1961 | $B_{13}$ 研发总经费增长率　0.2957 |
| | | $B_{14}$ 研发总经费占产品销售额比率　0.1982 |
| | | $B_{15}$ 员工中技术开发人员比率　0.3268 |
| | | $B_{16}$ 人均研发费用　0.1793 |

### 2.3 农业中小企业转型升级能力综合评价模型应用

#### 2.3.1 农业中小企业转型升级能力综合评价步骤

（1）综合评价指数集合构建

农业中小企业转型升级能力综合评价指数表示为（ATUI）一般将评价指标分成 5 个区间，如表 2-3 所示：

**表 2-3 评价指数对应评价类说明**

| 农业中小企业转型升级能力综合评价指数 | 评价类 |
| --- | --- |
| 90≤ATUI≤100 | 很强 |
| 70≤ATUI≤90 | 较强 |
| 55≤ATUI≤70 | 一般 |
| 35≤ATUI≤55 | 较差 |
| 0≤ATUI≤35 | 很差 |

取各区间的组中值参与计算，得到评价集 $V$，如下：

$$V=(V_1,V_2,V_3,V_4,V_5)=(95,80,62.5,45,17.5)$$

（2）评价模型与方法

本文基于属性数学理论建立农业中小企业转型升级能力综合评价模型，判断各指标属于哪一个评价类，并确定其隶属度，具体评价方法为：

①定性指标隶属度的确定。定性指标通过专家打分法确定隶属度的，具体的做法是让参与评估的每位专家按评语集 $V$ 给各评估指标划分等级，之后统计各指标区间的频数，则由频数除以总打分次数，得到各个等级的隶属度。

②定量指标隶属度的确定。定量指标转化为模糊数确定隶属度需要建立相应的隶属函数，这里采用简单实用的线性行数，对任一个定量影响因素 $U_{ij}$，首先给出此因素对应于评语集 $V=|v_1,v_2,v_3,v_4,v_5|$ 五个语言的界限值，见表 2-4。

**表 2-4 评语界限值**

| 评语 | $v_1$ | $v_2$ | $v_3$ | $v_4$ | $v_5$ |
| --- | --- | --- | --- | --- | --- |
| 界限值 | $\geq v_1$ | $v_2\sim v_2$ | $v_3\sim v_2$ | $v_4\sim v_3$ | $\leq v_4$ |

则任一因素 $U_{ij}$ 的隶属度计算公式为：[2]

对于最高等级

$$\mu v_1(U_{ij})=\begin{cases}1, & U_{ij}\geq v_1\\ \dfrac{U_{ij}-v_2}{v_-v_2}, & v_2<U_{ij}\leq v_1\\ 0, & U_{ij}\leq v_2\end{cases}$$

对于中间等级，$j=2,3,4$

$$\mu(U_{ij}) = \begin{cases} 0, & U_{ij} \leqslant v_{j+1} \\ \dfrac{U_{ij} - v_{j+1}}{v_j - v_{j+1}}, & v_{j+1} < U_{ij} < v_j \\ 1, & U_{ij} = v_j \\ \dfrac{v_{j-1} - U_{ij}}{v_{j-1} - v_j}, & v_j < U_{ij} < v_{j-1} \\ 0, & U_{ij} \geqslant v_{j-1} \end{cases}$$

对于最低等级

$$\mu(U_{ij}) = \begin{cases} 1, & U_{ij} \leqslant v_5 \\ \dfrac{v_4 - U_{ij}}{v_4 - v_5}, & v_5 < U_{ij} \leqslant v_4 \\ 0, & U_{ij} \geqslant v_4 \end{cases}$$

（3）进行各级评算

农业中小企业转型升级能力综合评价结构由如下步骤得到：

①计算第 i 个评价要素的综合评价值 $ATUI_{Ai}$

$ATUI_{Ai} = W_i \cdot U_i \cdot V^T$，$W$ 为由层次分析法得到的指标权重，$U$ 为对评价要素的各指标的评价矩阵，$V$ 为评价集向量。

②计算农业中小企业转型升级能力综合指数 $ATUI$

$$ATUI = \sum_{i=1}^{4} ATUI_{Ai} \cdot W_{Ai}$$

### 2.3.2 案例分析

本研究以永嘉县原野园林工程有限公司为例进行分析。该公司成立于 1996 年，注册资金 1000 万元，是一家集市政园林工程施工及养护、农林科技研发、绿化设计、林业调查规划设计、苗木生产及销售为一体的科技型综合园林企业。具有城市园林绿化二级、市政总承包三级、林业调查规划设计丙级、绿化造林设计丙级、绿化造林施工丙级资质。公司现有苗圃 150 多亩、南方红豆杉基地 200 多亩，下设农业智能化快繁中心、引种驯化中心及高新珍稀花卉展示中心等。由 50 多名专业人员（包括高级工程师 4 名、中级职称人员 19 名）组成的农业科研团队，与浙江林业大学建立了长期的科研合作关系，致力于楠溪江珍稀濒危树种的保护性开发研究、名贵中药材研究推广、植物的快速繁育和水生诱变技术研究、科普知识的传播普及等工作。公司主要荣誉有浙江省农业科技企业、浙江原野园林植物科技研发中心、浙江省林业科技示范户、浙江省工商企业信用 A 级"守合同重信用"单位、温州市"百龙工程"农业龙头企业等。

根据上部分的评价模型，对定量指标的隶属度进行确定。首先由业内专家建立农业中小企业转型升级能力评价指标体系评价标准，见表 2-5。再由评价模型中确定的定量指标隶属度计算函数，确定各指标的评价区间隶属度，见表 2-6。对于定性指标，通过专家打分法确定隶属度，具体的做法是让参与评估的每位专家按评语集 V 给各评估指标划分等级,之后统计各指标区间的频数,则由频数除以总打分次数,得到各个等级的隶属度,见表 2-7。

**表 2-5  农业中小企业转型升级能力评价指标体系评价标准**

| 评价指标 | 指标权重 | 评价类 | | | | |
| --- | --- | --- | --- | --- | --- | --- |
| | | 很强 | 较强 | 一般 | 较差 | 很差 |
| B₃ 通货膨胀率 | 0.0702 | <1.5 | 1.5~3.0 | 3.0~4.5 | 4.5~5.5 | >5.5 |
| B₆ 品牌建设费用占总开支比率 | 0.2970 | >10% | 6%~10% | 3%~6% | 1%~3% | <1% |
| B₇ 员工中营销人员比例 | 0.1632 | >50% | 35%~50% | 25%~35% | 10%~25% | <10% |
| B₈ 电子商务开发使用成本占总开支比率 | 0.5398 | >10% | 6%~10% | 3%~6% | 1%~3% | <1% |
| B₁₀ 产品的市场占有率 | 0.0796 | >20% | 10%~20% | 5%~10% | 1%~5% | <1% |
| B₁₁ 企业产品的平均利润率 | 0.4861 | >20% | 10%~20% | 5%~10% | 3%~5% | <3% |
| B₁₃ 研发总经费增长率 | 0.2957 | >50% | 30%~50% | 15%~30% | 5%~15% | <5% |
| B₁₄ 研发总经费占产品销售额比率 | 0.1982 | >10% | 6%~10% | 3%~6% | 1%~3% | <1% |
| B₁₅ 员工中技术开发人员比率 | 0.3268 | >50% | 35%~50% | 25%~35% | 10%~25% | <10% |
| B₁₆ 人均研发费用 | 0.1793 | >10 | 6.0~10 | 3.0~6.0 | 1.0~3.0 | <1.0 |

**表 2-6  定量指标的评价结果**

| 评价指标 | 指标权重 | 评价类 | | | | |
| --- | --- | --- | --- | --- | --- | --- |
| | | 很强 | 较强 | 一般 | 较差 | 很差 |
| B₃ 通货膨胀率 | 0.0702 | 0 | 0 | 0.5 | 0.5 | 0 |
| B₆ 品牌建设费用占总开支比率 | 0.2970 | 0 | 0 | 1 | 0 | 0 |
| B₇ 员工中营销人员比例 | 0.1632 | 0 | 0 | 0 | 0.5 | 0.5 |
| B₈ 电子商务开发使用成本占总开支比率 | 0.5398 | 0 | 0 | 0.5 | 0.5 | 0 |
| B₁₀ 产品的市场占有率 | 0.0796 | 0 | 0 | 1 | 0 | 0 |
| B₁₁ 企业产品的平均利润率 | 0.4861 | 0.5 | 0.5 | 0 | 0 | 0 |
| B₁₃ 研发总经费增长率 | 0.2957 | 0 | 0 | 0.5 | 0.5 | 0 |
| B₁₄ 研发总经费占产品销售额比率 | 0.1982 | 0 | 0.067 | 0.933 | 0 | 0 |
| B₁₅ 员工中技术开发人员比率 | 0.3268 | 0 | 0 | 0.667 | 0.333 | 0 |
| B₁₆ 人均研发费用 | 0.1793 | 0 | 0 | 0.3 | 0.7 | 0 |

表 2 - 7  定性指标的评价结果

| 评价指标 | 指标权重 | 评价类 | | | | |
|---|---|---|---|---|---|---|
| | | 很强 | 较强 | 一般 | 较差 | 很差 |
| B₁ 政府政策的扶持力度 | 0.0892 | 0.1 | 0.6 | 0.3 | 0 | 0 |
| B₂ 融资机制健全程度 | 0.0915 | 0 | 0.1 | 0.7 | 0.2 | 0 |
| B₄ 从事农产品的流通和经营环境 | 0.2537 | 0 | 0 | 0.4 | 0.4 | 0.2 |
| B₅ 行业市场竞争态势 | 0.4954 | 0.1 | 0.4 | 0.5 | 0 | 0 |
| B₉ 收购农产品的合格率 | 0.2073 | 0.1 | 0.7 | 0.2 | 0 | 0 |
| B₁₂ 企业自身偿债水平 | 0.2270 | 0.6 | 0.4 | 0 | 0 | 0 |

计算第 $i$ 个评价要素的综合评价值 $ATUI_{Ai}$

$ATUI_{Ai} = (0.0892, 0.0915, 0.0702, 0.2537, 0.4954)$

$$\begin{Bmatrix} 0.1 & 0.6 & 0.3 & 0 & 0 \\ 0 & 0.1 & 0.7 & 0.2 & 0 \\ 0 & 0 & 0.5 & 0.5 & 0 \\ 0 & 0 & 0.4 & 0.4 & 0.2 \\ 0.1 & 0.4 & 0.5 & 0 & 0 \end{Bmatrix} (95, 80, 62.5, 45, 17.5)^T = 63.971$$

同理得到 $ATUI_{A_2} = 52.677, ATUI_{A_3} = 83.881, ATUI_{A4} = 56.044$

计算农业中小企业转型升级能力综合指数 $ATUI$

$$ATUI = \sum_{i=1}^{4} ATUI_{A_i} \cdot W_{A_i} = 71.95$$

该企业的 $ATUI$(农业中小企业转型升级能力综合指数)达到了 71.95 分,对应于评语集,可以看出其转型升级能力较强。但其在产业链延伸两头企业营销/服务能力和技术研发能力两方面相对不足。

## 3  温州市农业中小企业现状调查

### 3.1  调查方法

#### 3.1.1  研究内容与样本选择

本研究旨在通过问卷抽查的形式,综合评测温州地区农业中小企业发展现状及遇到的障碍。本次调查是对分布在温州整个地区,包括温州市区、瑞安、乐清、平阳、苍南、永嘉、文成、泰顺等地的 80 多家农业中小企业进行问卷调查与访谈。

#### 3.1.2  数据收集

通过现场问卷的形式共回收问卷 81 份,回收率 100%。其中有效问卷为 71

份,问卷有效率 87.65%,问卷由企业家本人或企业中高层经理填写。其中,有 1 个样本由于填卷人没有提供企业名称信息。由于同样原因,企业年销售额及企业员工人数未提供的有 1 份样本。样本信息的缺失,导致被测企业基本状况分析未能展开,是本研究较为遗憾的一个地方。因此,本研究实测温州地区的农业中小企业数 69 家。

### 3.1.3 问卷设计说明

参照前人的研究成果以及通过与温州农业中小企业经营者的访谈,经过多次反复修改,确定正式的问卷。问卷设计主要包括五个方面,一是企业背景情况调查,二是企业开展的营销/服务状况调查,三是农业中小企业抗风险能力的调查,四是企业的内外部发展制约因素调查,五是企业的技术研发能力调查。问卷结构见表 3-1。

**表 3-1　温州农业中心企业经营访谈问题表**

| | |
|---|---|
| 1.企业背景情况调查 | 企业名称;所在地;T1;T2;T3;T4;T5 |
| 2.企业开展的营销/服务状况调查 | T6;T7;T8;T9;T10;T11;T12;T24;T25;T26; |
| 3.农业中小企业抗风险能力的调查 | T13;T14;T15;T16;T21;T22;T23 |
| 4.企业的内外部发展制约因素调查 | T17;T19;T20 |
| 5.企业的技术研发能力调查 | T27,T28(开放式) |

(1)企业背景情况调查

企业背景情况调查问卷由企业名称、企业所在地、企业的经营领域、企业的年销售额、企业的员工人数及企业是否经历过产业的转型升级等几个方面组成。

(2)企业开展的营销/服务状况调查

企业开展的营销/服务状况调查问卷由如下几部分构成,注册商标、证明商标对自己企业来说是否有必要、贵公司经营的产品是否已注册商标、企业是否在做与品牌相关的事宜、在品牌建设中哪些是必须要做的(多选题)、企业是否有设置自营销售点、企业产品的直接销售对象主要是哪些、企业是否有接触使用过如"浙江农业信息网"之类的专业农业网站、企业是否已在实施电子商务、企业在引入电子商务来帮助企业进行管理与销售方面是如何考虑的等几个方面组成。

(3)农业中小企业抗风险能力调查

农业中小企业抗风险能力的调查问卷由如下几部分组成。企业是否与农户进行直接合作、企业与农户最主要的利益联结方式是什么、企业通过何种方式与农户进行利益分配、在与农户的合作中存在的最大问题是什么、企业在发展过程中是否出现融资上的困难、企业在融资时最主要选择的是哪种途径、企业在融资时主要的阻碍表现在哪些方面等几个问卷项目组成。

(4)企业的内外部发展制约因素调查

企业的内外部发展制约因素调查问卷由如下几部分组成。企业发展遇到的最大的外部障碍是什么、企业发展遇到的最大的内部障碍是什么等几个问卷项目组成。

(5)企业的技术研发能力调查

企业的技术研发能力调查问卷部分涉及两个部分,一是企业研发机构状况(多选题);二是目前企业最需要解决的核心问题(开放式)。

## 3.2 温州市农业中小企业发展概况

### 3.2.1 发展速度加快、规模扩大、品牌增多

据全市不完全调查统计,至 2011 年 8 月份,占据农业中小企业主体的农业龙头企业的发展,从党的十一届三中全会前后的 100 来家猛增到现在的 1500 多家,增加了 15 倍。在上述 1500 多家中,具有一定规模、档次和水平的企业有 546 家,约占发展总数的 1/3 以上。其中,国家级农业龙头企业 4 家、省级"百龙工程"农业龙头企业 29 家、市级"百龙工程"农业龙头企业 201 家、集团型农业龙头企业 15 家、通过 ISO90001 国际质量体系认证的农业龙头企业 1 家。截止 2010 年,从 165 家市级"百龙工程"农业龙头企业的产值(含市场交易额)调查来看,上亿元或几十亿元以上的 25 家、5000 万元以上的 30 家、3000 万元以上的 35 家、1000 万~3000 万元的 53 家、1000 万元以下的 22 家。企业经济规模的不断扩大,离不开农业名特优新产品的发展。目前,全市现有农产品注册商标 4378 枚,创出中国名牌农产品 1 个、中国驰名商标(司法认定)3 枚、浙江省名牌产品 23 个、浙江省名牌农产品 9 个、浙江省著名商标 32 枚、温州名牌产品 39 个、温州知名商标 39 枚。瓯海、龙湾丁岙杨梅、瑞安东魁杨梅、苍南四季柚、永嘉早香柚分别获全省十大精品杨梅和十大名柑橘称号。2004 年、2006 年、2008 年三次成功举办了中国(温州)特色农业博览会,连续八届举办了温州早茶节,进一步打响了温州农业品牌,在国内外市场上享有很高的声誉,获得良好的社会效益和经济效益。

### 3.2.2 企业发展阶段性特色明显

在市场经济浪潮的冲击下,农业中小企业发展出现三个阶段性的变化:起步阶段(党的十一届三中全会—党的十四大以前),以种养大户、林牧渔果场、小型的大宗农产品企业为主要特色;盛发阶段(党的十四大以来—党的十五大即 90 年中后期),以企业组织公司化、资金投入多元化、生产经营一体化、产品销售市场化为主要特色;高起点阶段(党的十五大即 90 年代中后期—跨进 21 世纪初期),以实施农业"走出去"战略为主要特色。如美国康龙集团(中国有 5 家公司、美国有 7 家公司)就是属于这个类型。

### 3.2.3 企业磁吸效应强

2010 年,对 165 家市级"百龙工程"农业龙头企业进行调查,销售额达 219.168 亿元,创汇 20094.6 万美元,基地规模 138.3483 万亩,带动农户 490480 户。这批企业在农业农村经济中发挥了"示范、带头、发展"作用,是一支推动我市农业结构调整、提高农产品质量和效益、增加农民收入的生力军和领头雁。如创办于 1991 年的苍南县恒信席业有限公司,是一家农业出口创汇的席草专业加工企业,有 11

种席草产品系列销售日本等 13 个国家和地区;带动了周边桥墩等多个乡镇 71 个村成片种植席草,吸收农村富余劳力 1000 多人,约 3000 人参与了席草生产、加工、销售活动,草农年人均收入增加 2100 多元。2010 年该企业产值 2360 万元,上缴税收 56 万元、创汇 165 万美元、带动脱贫致富 3000 多户。

### 3.3 调查结果分析

#### 3.3.1 企业背景情况

本次调查主要以温州市范围内的农业中小企业为调查对象,共收回有效问卷 69 份。

被调查的 69 企业的背景基本情况见表 3-2。

表 3-2 施测企业基本情况统计

| 企业背景 | | 样本数 | 百分比(%) |
|---|---|---|---|
| 企业的性质 | 国有 | 1 | 1.45 |
| | 集体 | 5 | 7.25 |
| | 民营 | 41 | 59.42 |
| | 股份制 | 22 | 31.88 |
| 企业的经营领域 | 种植业 | 22 | 27 |
| | 林业 | 9 | 11 |
| | 畜牧业 | 13 | 16 |
| | 水产 | 10 | 12 |
| | 其他 | 27 | 34 |
| 企业年销售额 | 100 万元以下 | 2 | 3 |
| | 100 万~500 万元 | 17 | 25 |
| | 501 万~1000 万元 | 18 | 26 |
| | 1000 万~1 亿元 | 21 | 30 |
| | 1 亿元以上 | 11 | 16 |
| 企业的员工人数 | 100 人以下 | 36 | 52.17 |
| | 100~200 人 | 17 | 24.67 |
| | 200~500 人 | 12 | 17.39 |
| | 500~800 人 | 1 | 1.45 |
| | 800 人以上 | 3 | 4.35 |

从企业的性质看,此次调查的企业中,国有企业只占 1.45%,集体企业性质的占 7.25%,民营企业占主体地位,达到 59.42%,其次是股份制企业占比例

31.88%，这表明温州市现有中小型农业企业主要以民营股份制为主，这也与温州市民营企业较为发达有关。

从被调查企业的经营领域看，有 22 家企业经营种植业领域，13 家被调查企业有从事畜牧业领域，有从事林业和水产业的企业数量为 9 家和 10 家，有从事其他领域的企业有 27 家(主要是从事农产品加工、农产品服务行业)，其中有 7 家企业不止从事一个领域。由此可见，所涉及的农业领域涵盖很广，问卷基本覆盖了所有相关的农业产业。

鉴于保持问卷的可行性与真实性，问卷中涉及销售额问题选项为区间段，因此我们不能从中得出具体销售均值是多少，但是能从上图中大致看出，1000 万～100 亿元的企业最多，占总数的 30.9%，100 万元以下的企业最少，其余几类销售额情况的分布基本相同，可见，温州市农业中小企业的发展呈现阶梯发展态势，创建、发展、成熟等时期的企业数分布均匀，收益较好。

从上表中可见，在年销售额 1 亿元以下企业的员工人数呈现左偏趋势，即 100 人以下在各阶层销售额企业中的比重最大，可见对于这些企业来说，已基本实现了对员工人数的最优化把握，运行效率较高。而对 1 亿元以上的企业来说，有 5 个企业属于 800 人以上的较大规模型企业，相比年销售额而言，在员工人数的控制上还有一定提高效率的空间。

从企业是否经历过产业的转移升级看，被调查的 69 家企业中，有 29 家企业已经经历过转型升级，其他的 40 家企业中，有 31 家企业未经历过转型升级，但已开始考虑转型升级的问题，有 9 家企业未经历过转型升级，且短期之内不考虑转型升级。

### 3.3.2 企业开展的营销/服务状况

市场营销作为企业的中心工作，必然会影响带动其他工作，营销思想作为企业核心思想，也必然对各方面工作起指导作用。在制定企业战略的时候，必须牢牢树立市场营销的中心地位，用市场营销这种核心的思维方式来思考战略问题。

**商标注册 ＊ 品牌建设（交叉列表）**

| | | 品牌建设 | | 合计 |
|---|---|---|---|---|
| | | 否 | 是 | |
| 商标注册 | 无 | 3 | 4 | 7 |
| | 有 | 5 | 57 | 62 |
| 合计 | | 8 | 61 | 69 |

从被调查企业的注册商标、证明商标对企业的必要性调查来看，被调查的 69 家农业中小企业都一致认为对企业来说注册商标或证明商标是很有必要的。有 62 家企业已注册了商标，占到总调查企业的 89.85%。有 61 家企业有开展品牌建设相关活动，占到总调查企业的 88.41%。这 61 家企业开展品牌建设活动中，有

53家企业选择树立企业形象在品牌营销中是必须要做的,有52家企业选择提升产品知名度,57家企业选择商标注册,50家企业认为品牌定位是在品牌建设中必须要做的,46家企业选择了广告宣传,40家企业选择了品牌文化内涵建设,只有25家企业认为公益价值建设是在品牌建设中必须要做的。

样本企业中进行商标注册的占大多数,为62/69＝89.86％;而在这些已经进行商标注册的企业中,已经着手开始进行品牌建设的为57家,比重较大,为57/62＝91.94％,可见,很多企业将商标的注册视为进行企业品牌建设的第一步,并且认为品牌建设对于一个企业的长远发展具有深远的影响。

**自营销售点数量**

从被调查企业参与销售的情况调查来看,有49家企业有设立自营销售点,占到调查企业总数的71％。这49家企业中,有4家企业设立1个自营销售点,17家企业设立2～5个自营销售点,13家企业设立5～10个自营销售点,4家企业设立10～15个自营销售点,11家企业设立的自营销售点的数量超过15个。进一步调查这些企业的销售对象,得到结果,有18家企业的直接销售对象中包括超市,26家企业的直接销售对象有区域代理商,35家企业的直接销售对象是专业市场经营户,32家企业的直接销售对象中包括其他零售商,11家企业的直接销售对象中有包括居民,还有16家被调查企业的包括了其他的直接销售对象。

### 3.3.3 农业中小企业抗风险能力

国内知名学者吴敬琏所认为的,升级就是提高毛利润,增加销售额;提升生命力,提高抗风险能力。这部分就所调查的69家企业,通过问卷分析其农产品源头控制及中小企业面临的最大问题(即融资问题)这两方面,调查农业中小企业的抗风险能力。被调查的69家企业中,有75％的企业有与农户进行直接合作,数量达到51家。这51家企业与农户最主要的利益联结方式,有近一半的企业选择的是订单关系这种初级的利益联结方式,有21％家的农业中小企业选择股份合作制的利益联结方式,选择规范合同制和合作制的企业分别有12％和14％,剩余3％的企业选择了其他的利益联结方式。这51家农业中小企业在与农户的合作中,有19家企业反映最大的问题是利益联结不够紧密,有15家企业就与农户的合作中,存在的最大问题选择了收购产品的质量不合标准,有12家选择了信息沟通不畅,有11家选择了互信基础薄弱,有9家选择了收购无保障,有6家选择了合作缺少正规合同。

农业合作存在的最大问题

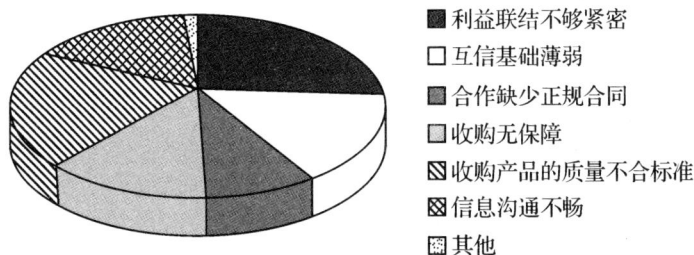

- 利益联结不够紧密
- 互信基础薄弱
- 合作缺少正规合同
- 收购无保障
- 收购产品的质量不合标准
- 信息沟通不畅
- 其他

从被调查的 69 家企业的融资情况来看,被调查的企业中有 70% 的企业在发展过程中出现过融资上的困难,数量达到 48 家,30% 的企业没有出现融资上的困难。这 48 家农业中小企业在出现融资上的困难时,50% 的企业融资渠道选择商业银行借贷,即一般情况下,工行农行仍然是农业中小企业的主要来源之一。然而,虽然大多数被调查企业仍然将工行农行作为贷款的选择之一,但是被调查的民营企业对从工行农行进行贷款的前景仍然不太乐观,有 43% 的企业反映商业银行贷款卡得太紧,有近 9% 的企业反映在融资的时候,银行严格要求的抵押贷款成为其贷款中的阻碍因素,小企业很难获得授信和贷款。剩余 50% 的农业中小企业在选择融资渠道的时候,有 27% 选择了农村小额贷款,农村信用社是最容易获得贷款的机构,由于信贷员扎根于民间,对贷款者比较了解,贷款相对来说比较容易。有 14% 的企业选择了民间借贷作为融资渠道,有 7% 选择了农业保险。强化对农业中小企业产业结构升级的融资支持优化农村金融环境、完善金融支持农村中小企业产业升级的机制,是促进农业中小企业发展及其产业结构升级的重要出路。为此,当前应当重点关注以下方面:一是加快建立面向农业中小企业的信用担保制度,借此帮助农村中小企业实现信用增级,缓解其因担保抵押品不足所导致的融资难题。二是按照功能导向、优化监管和进一步放宽市场准入相结合的思路,深化农村金融改革。三是应用财政补贴、以奖代补或税费减免等手段,引导和激发农村金融机构加快产品创新。四是谨慎积极地拓展农业中小企业利用地方性资本市场的途径。

农业中小企业融资途径调查

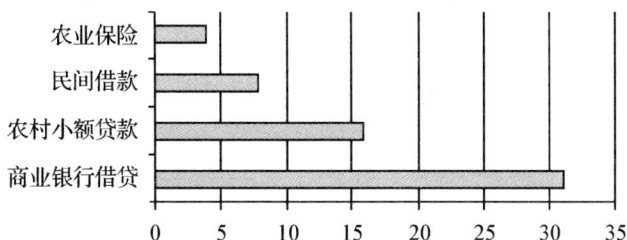

### 3.3.4　农业中小企业的内外部发展制约因素

我国农业中小企业迫切需要加快产业结构优化升级,相应的政策也需要转型。在升级和转型过程中,存在着产业结构层次低、第三产业总量不足、自主创新能力弱和"小而全"以及"小而散"的问题。为此,需要加大对农业中小企业服务体系的支持力度、创造企业良好的发展环境以及强化融资支持来加快农业中小企业产业结构的优化升级和转型。2009年以来,政府为扶持中小企业的发展,出台了一系列的政策。本问卷就被调查的69家农业中小企业,调查政府出台的各系列中小企业扶持政策对企业的帮助。有近50%的企业认为政府出台的中小企业扶持政策对其帮助较大,有近10%的企业选择了帮助很大,近20%的企业认为帮助一般,只有3家企业选择了帮助不较大,1家企业选择了帮助不大。

从企业发展遇到的最大的外部障碍调查来看,有42%的企业选择了原材料价格上涨,认为原材料价格上涨是其碰到的最大外部障碍。23家企业认为其发展中遇到的最大障碍是资金问题,10家企业选择了农产品流通和经营环境不宽松,选择政府扶持不够、税费过高和汇率变动作为发展中遇到的最大外部障碍的企业数量都是7家,只有3家农业中小企业选择农户合同违约为其发展遇到的最大外部障碍。具体见下图。

**农业中小企业发展中遇到的最大外部障碍因素调查**

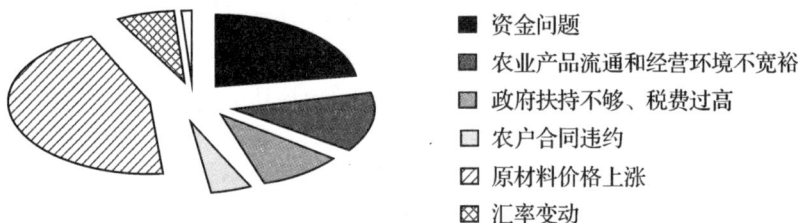

- ■ 资金问题
- ■ 农业产品流通和经营环境不宽裕
- ■ 政府扶持不够、税费过高
- □ 农户合同违约
- ▨ 原材料价格上涨
- ⊠ 汇率变动

从企业发展遇到的最大的内部障碍调查来看,被调查的69家农业中小企业均有选择缺乏人才这一选项,即缺乏人才是各个农业中小企业在发展过程中遇到的主要内部障碍之一。有16%和14%的被调查企业认为在企业的发展过程中缺乏技术和粗加工、产业链短是企业遇到的主要内部障碍之一。有8.7%的企业选择了缺乏有优势的产品或项目。

**农业中小企业发展中遇到的内部障碍因素调查**

- ■ 缺乏人才
- ■ 缺乏技术
- □ 缺乏有优势的产品或项目
- □ 粗加工、产品链短

### 3.3.5 农业中小企业的技术研发能力

技术创新和中小企业之间有着相互促进、相互影响的关系。首先。中小企业是技术创新的主体。在我国创新体系中,制度创新的主体是政府,知识创新的主体是高校和科研院,服务创新的主体是社会中介组织,而中小企业则肩负着技术创新的重大使命。其次,技术创新也促进着中小企业发展,技术创新是中小企业发展的推进剂。中小企业把技术创新作为突破,利用技术上或者产品和服务上的领先打开市场空间。农业中小企业,特别是中小型农业科技企业,应当肩负起在农业领域的技术创新的重任,不但要以技术创新为社会创造价值,同时也通过技术创新促进自身的成长,实现自身的市场价值。

近年来,我国农业中小企业产业结构优化升级虽然取得了积极进展,但是就总体而言,仍然存在着产业(产品)结构比较单一、产品档次低、质量差等严重问题。目前,我国农业中小企业产业(产品)结构层次低、产业升级滞后的问题突出表现在三个方面:一是产业技术层次低,技术、工艺和设备落后;二是初加工、粗加工产品多,精深加工、附加值高的产品少,产业链条短、资源综合利用不足,多数产品处于产业链条的低端;三是名、优、特、新产品少,产品雷同现象严重。

我国农业中小企业的自主创新能力较差,即使是在少数发达地区情况也是如此。如在我国农业中小企业较为发达的浙江省,省级区域创新服务中心仅 38 个,近 60% 的产业集群没有区域创新服务中心,大多数产业集群属于以低成本竞争为主、走产业低端发展路线的低成本型产业集群。自主创新能力不强、研发费用偏低成为影响农村中小企业可持续发展的突出问题。

从被调查的 69 家农业中小企业的研发机构状况来看,有 60.5% 企业的研发机构与科研单位、院校有固定联系,有 26% 企业的研发机构由其单独设立,近 10% 的被调查企业没有设立研发机构,4.6% 企业的研发机构由其他机构兼顾。

## 4 温州市农业中小企业面临的问题

### 4.1 自然灾害对企业利润影响较大

纵观过去几年,极端天气频繁发生,全球气候变化的影响日益显现。气候变化促使加大农业投入已成为长期命题。气温上升、积雪面积减少、海平面升高是气候变化三个最为突出的表现。2010 年上半年,西南干旱、北方低温,继华北干旱后,长江中下游居然发生了严重干旱,6 月初,"旱涝急转",极端天气的剧烈变化程度过去罕见,给相关农业企业的效益带来了严重影响。一些饲料企业,因下游水产养殖业遭旱灾、水灾影响,饲料销售不畅,主营利润同比均出现下降。台风是我市最主要的农业气象灾害。据 1955 年以来的气象资料记载,境内遭受较严重影响的台风有 132 次,平均每年发生 2.5 次,其中造成重大损失的有 61 次,平均每年1.15 次。

## 4.2 农产品价格波动剧烈

2011 年,世界粮食再次出现紧张迹象,表现为,"产量下降,库存减少,消费增加",形势不容乐观。相对于 2008/2009 年度,目前我国粮油价格处在高位,国内通胀水平较高,政府稳定市场的意图强烈。受国内生产成本提高和国际市场因素影响,国内粮油价格保持稳步走高将是必然趋势。1998 年以来玉米和小麦价格走势见图 4-1(单位:元/吨)。

——— 平均价:2等白小麦(普通)    ------ 平均价:2等玉米

图 4-1  近年来玉米和小麦价格走势

在农业产业链上,上游的粮食种植业、种业,下游的养殖业受益,农产品加工业都会受到利润挤压。2010 年上半年猪肉(鸡肉)价格持续下跌,生猪养殖、屠宰类公司面临困境。许多难以企业业绩大幅下滑。苹果汁价格虽有所回升,但仍处低位。糖价在冲高后盘整回落,南宁糖业业绩明显波动。到 2011 年 6 月,猪肉均价创历史新高,每公斤近 30 元,堪比牛肉,下半年价格又下滑。

## 4.3 成本压力较大

近年来,受石油、煤炭等资源类产品价格上涨的影响,化肥、农药等农资价格总体呈上涨态势。据调查,以种植小麦为例,每亩化肥投入 220 元左右,农机收种投入 100 元左右,农药投入 60 元左右,灌溉投入 60 元左右,种子投入 10 元左右;合计每亩投入生产资料 450 元左右;按小麦亩产 400 公斤和目前粮价计算,农资成本抵消了毛收入的 50% 左右。相对于化肥价格的上涨,现在粮食涨价幅度并不大。近 10 年来,化肥价格已经翻倍,但农产品总体价格涨幅只有 70% 左右。近年来农业成本增长情况见图 4-2(单位:元)。

由于农民种植收益比较低和城镇化进程的加快,大量青壮年劳动力流入城镇就业,近年来,农民进城务工收入大幅提高,拉动农业上市公司用工成本迅速上升。目前农村"用工荒"现象在农业领域开始出现,如温州采茶工短缺,人工成本迅速上升亦对茶价、糖价产生较大影响。

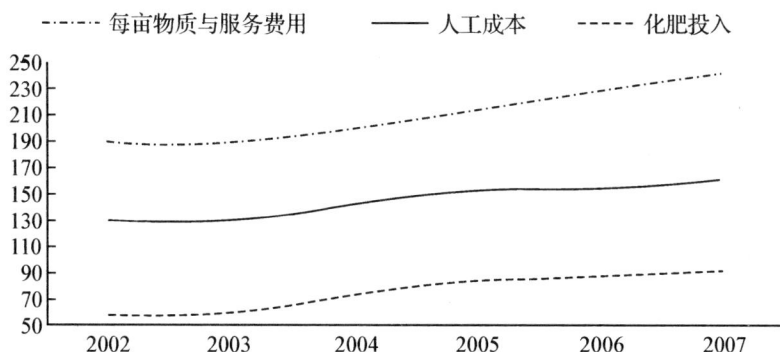

图 4-2　近年来农业成本增长情况

## 4.4　现代农业企业发展要素投入不足

现代农业企业发展遇到的主要要素瓶颈有人才、土地、资金等要素。

农业生产者整体素质不高。农业劳动者大多年龄大文化低。去年末全市共有农业从业人员 41.10 万人,农业劳动力年龄 50 岁以上超过一半,小学文化以下占 88.0％。

土地承包经营权流转滞后于农业产业化发展需要,有地没人种和想种没有地的矛盾比较突出。解决农产品加工、流通、仓储的建设用地力度小。观光农业、休闲渔业、森林旅游的接待设施建设用地受农保地限制而难以解决。畜牧养殖场用地受限养区和农保地双重限制,几乎无法找到。

农业科研、推广资金投入不足,有钱养兵、无钱打仗,制约了农业科技成果转化。

大批企业可能存在资金链断裂的风险构成了眼下"温州危机"的核心,而在表层融资难、融资成本高企之下,造成温州中小企业陷入困局的更重要原因则是企业的抗危机能力有限,以及帮助企业转型升级、提高竞争力的宏观政策配套不足。农业中小企业更加脆弱。农业发展的基地建设、物质装备、产业化经营缺乏大量的资金投入。

## 4.5　营销理念欠先进

我市农业产业化整体实力不够强,产业链偏短;农产品加工流通滞后,主要以鲜销与初、粗加工为主;中药材、蔬菜、蘑菇等农产品仍以个体商贩上门收购为主,与国内外大市场衔接不紧;专业合作社利益分配机制还不完善,服务的功能有待加强;农产品品牌意识有待于加强,注册商标的覆盖面不广。

休闲农业发展迅速,但服务内容有待拓展。观光农业、休闲渔业、森林旅游发展较快,各种形式的"农家乐"、"渔家乐"、森林旅游已经成为发挥农业多功能性,促进农村一、二、三产业协同发展,加快农村劳动力转移就业的有效途径。但休闲农业服务内容还比较单一,主要是以观赏和餐饮为主,基础设施建设滞后,服务水平较低。

另外,我市还没有真正推行食用农产品市场准入制度,目前主要农产品批发市场、农贸市场蔬菜农药残留检测的水平还较低,对基地农产品准出的"倒逼"机制尚未形成。同时,我市又是农产品主销区,大量的粮食、猪肉、蔬菜禽蛋等农产品依靠外调,来源渠道复杂,农产品安全监管难度大。

## 5 温州市农业中小企业发展对策

农业企业转型升级的关键是"三化",即组织化、科技化、品牌化。农业中小企业转型升级就必须要从产品质量、服务入手,提高产出效率;在战略、产品、营销和管理上突破原有的模式,以实现创新。

### 5.1 延伸产业链,提高产品的附加值

完善利益链节机制,大力发展加工龙头企业。企业抗风险能力要素中,企业产品的平均利润率占主要权重。要提高企业利润,一要不断完善农业龙头企业与农户的产销衔接和利益连接机制,二要大力发展加工龙头企业,提高农产品附加值。

大力发展优势主导产业和新兴特色产业,培育发展产业集群,形成一村一品特色优势,形成壮大县域经济和增加农民收入的支柱产业。要在公司和农户之间建立起规范、合理、有效的合同管理关系,提高公司和农户之间的合同履约率。努力探索资产联结、产权介入的运行机制,实现真正意义上的企业化管理。要切实保护好农民的利益,龙头企业要真正与农户结成利益共享、风险共担的产业联结共同体。农民专业合作经济组织更应发挥农民的主体作用。

农业产业化经营,必须用工业理念来指导农业生产,面向市场,以质取胜、多元化发展;从长远角度看,简单的"生产+流通"的形式增值潜力有限,加工业发展了,才能最大限度地拓宽农产品的市场需求,实现多次转化增值。要把农产品深精加工作为增加农产品附加值的主要手段,加快农产品加工园区建设,加快培育形成一批有实力、带动力强农产品加工企业。

围绕拳头产品和优势特色产业,大力发展农民专业合作经济组织和龙头企业,进一步提高农业组织化程度,有效延伸农业产业链条,有效应对千变万化的市场竞争。农产品市场体系建设是拉长农业产业链条的关键,要加强农产品市场体系建设,拓宽农产品销售渠道。要加强农产品质量安全检测体系建设,通过实施品牌战略和标准化农业战略,着力提高农产品的质量安全水平,大力发展无公害、绿色、有机农产品,有效提高附加值。

### 5.2 推进品牌建设,实行差异化营销策略

提升标准化水平,加大扶持力度推进品牌建设。在企业营销/服务要素中,电子商务开发使用成本和品牌建设费用占总开支比率占主要权重。

要把农产品电子商务纳入到"菜篮子工程"建设内容,将电子商务这一现代化

的商务手段嫁接到传统的农业行业,以此来促进提高农业企业的自主创新能力,促进传统农业产业结构的转型升级,促进都市型现代农业产业体系建设。市民买菜可以无需到菜场、超市,网上订购,省时又放心。

世界上先进的农业企业都把生产基地作为"第一车间"来建设。要大力推行产地标识管理、产品条形码制度和质量可追溯制度,做到质量有标准、过程有规范、销售有标志、市场有监测、安全有追溯。依靠农民专业合作社的"统一供种、统一技术、统一标准、统一品牌、统一包装、统一销售"的经营管理模式,推进农业品牌战略,加大对农产品品牌培育奖励力度。发展循环经济,引导农业龙头企业等农业产业化主体,努力实现低消耗、低排放、高效率,促进再生资源的循环利用和非再生资源的节约利用。要积极发展无公害和绿色农产品,实现"从田头到餐桌"的全程监控,大力提高农产品质量安全水平。

很多农业龙头企业从事食品加工业,往往原料成本低、销售成本高。目前,企业共同面临的课题是,在原料成本不断提高的过程中,努力改变传统的营销模式,把流通的利润让给原料生产领域,让基地农户逐步分享到改革发展的成果。随着生活水平的提高,人们对农产品有着更多、更高、更深、更个性化的需求。因此农业企业必须根据自己的产品特点,对应消费者的独特需求,选择合适的渠道,大力发展连锁经营,满足消费者更加细分的要求,才能获得更高的收益。

解决农业中小企业面临的困境要注重提高农民收益、建立农村特色、调整农业结构,使生产者赚钱有尊严,使消费者在吃喝玩乐中享受健康与快乐,双方各得其所。创意农业蕴含巨大发展潜力。创意农业要"三卖",即卖生态、卖生活、卖生产,将农业资源进行全方位的开发,将农家的田间地头变成游客游览、休假和购物的旅游目的地。通过服务,农产品的价值才能进一步得到提升,获得高端消费者的认同。

## 5.3 规避原材料上涨风险

### 5.3.1 协议定价

对于采购量较大且购销关系较稳定的企业,可与供货商签订长期定价协议,以低于市场涨幅的价格来购进原材料,使购销双方共担成本,在一定程度上规避原材料上涨的风险。

### 5.3.2 联合采购

有相同原材料需求的企业,可以联合起来共同进行采购,降低采购的成本。这在一些区域产业集中的省区,已经有不少企业通过协会和政府组织在进行着,尤其是那些生产规模较大的农业出口企业,通过采购联盟,在价格上仍可获得1%～3%的优惠,对降低成本的贡献也是非常大的。

### 5.3.3 积极储备

多家受访企业都表示,原材料上涨大势不会改变,企业会利用大量资金在合适价格点位,对于一些有实力的企业,可以向上游端进行渗透,通过收购上游端企业的股权来共享成本上涨,从而对冲抵成本上涨的压力。

### 5.4　农业中小企业人才培育

重视人力资源开发与管理。技术研发要素中,员工中技术开发人才和经营管理人才比率占主要权重。要完善制订支持农业产业化的人才政策,吸引鼓励有才能、有志向的能人、专家到农业产业化的战场上建功立业。加强农村实用技术的培训和实用人才的培育。资金、物资的扶持是必要的,但人才的培育和扶持更具有决定意义。

#### 5.4.1　加强人才培育

首先要充分发挥农业高等院校培养人才的主力军作用,适当扩大农口专业招生数量,提高培养人才的质和量,有计划地选聘大中专毕业生充实到农业科技第一线,以扩大农业科技人才队伍。同时,要制订农业科技人才继续教育的规划,进一步完善职业教育、成人教育和普通教育相结合的人才教育培训体系,坚持"学用一致、按需施教"的原则,对在职的农业技术人员按专业、学历层次和年龄段分期分批地进行培训,要有计划地选送重点农业科技人才到高等院校深造,如培养在职研究生等,以增加高层次人才的数量。其次,发展远程教育,使科技人员随时随地都可以进行培训学习,使教育体系社会化、终身化、网络化、开放化、自主化。最后,鼓励青年农业科技人员在锻炼中成才,对中青年技术骨干,在课题、进修、培训等方面给予扶持,使他们尽快成熟起来,发挥骨干带头作用。

#### 5.4.2　调整农业人才结构

在稳固传统农业基础地位的同时,加强农产品深加工、市场营销、农业科技信息管理等新兴专业的人才培训,使农业人才不但能熟悉自身专业知识,而且还能够很好地掌握和运用新兴农业知识和植物新品种保护、农业相关法律法规等方面的内容,培养"一专多能"的复合型人才,逐步改善农业人才队伍的专业结构、年龄结构、知识结构。进一步促进农业人才资源配置同农业产业结构和地区经济格局的变化相适应。

#### 5.4.3　增加农业人才队伍建设投入

首先,要坚持以政府连续投入科研经费为主导。农业研究和技术推广属于公益性事业,各级政府要予以高度重视,逐年增加对农业科技人才队伍的投入。其次,健全待遇保障机制。人才环境是人才赖以生存和发展的必备条件,改善农业中小企业人才的生活待遇,保障他们的工资,解决他们的后顾之忧,让他们专心投入到事业中去。针对农业行业的特殊性,给予农业中小企业人才一定的政策倾斜,建立高科技人才引进专项资金,增强农业行业的吸引力、凝聚力。

### 5.5　加大财政金融支持力度

2011年温州民间借贷风波将会倒逼金融改革和创新。

要关注政策导向,提高农业中小企业融资能力。在环境要素中,融资机制健全程度所占权重最大。

要着力改善金融生态环境,增强金融市场对龙头企业融资的外在动力。要建立现代企业制度,引进先进的企业管理模式,努力提高农业企业的整体素质和经营管理水平,逐步形成运作高效、管理规范的企业经营管理体系。要深化农村土地制度改革,积极探索建立土地使用权流转机制,推进土地经营权的依法、自愿、有偿的流转。各地各部门要用足、用好国家、省、市已出台的有关农业产业化的政策。要用优惠的政策导向,引导更多的工商资本进入农业产业化经营领域。要解决好农业龙头企业的贷款难问题,就需要推广和完善农业中小企业融资担保体系,积极探索建立政策性、合作性农业保险,提高龙头企业融资的抗风险能力。

### 5.5.1　加大信贷支持力度

金融部门要适当集中信贷资金,通过创新担保方式、健全授信制度等措施,重点支持一批市场前景好、发展潜力大、带动能力强的农业中小企业。对符合条件的企业,金融部门信贷投向要在有效防范风险的前提下有所倾斜,在发行债券、境内外上市、并购重组、股权融资以及季节性收购资金等方面给予优先安排,鼓励农产品加工企业建立信贷联保中介机构,设立担保基金。应促进风险投资公司加入企业的资产重组,积极利用证券市场扶持中小企业的发展。

### 5.5.2　加大财政扶持力度

市财政应继续更多地安排扶持农业产业化专项资金,用于经批准的省农业龙头企业贷款贴息。各县财政也要相应安排一定的农业产业化专项资金,扶持农业产业化的发展。对到贫困村兴办生产基地、实施订单农业等利益联结紧密方式带动贫困户 200 户以上的农业中小企业,可以企业名义直接申请政府财政项目资金补助,有关政府主管部门应予以积极支持。要降低农业龙头企业申请财政贴息贷款的门槛,对其申请标准不应只是局限在农业中小企业自身的经营情况,更应考虑其发展前景以及对相关产业特别是带动农户增收的潜力等因素。

### 5.5.3　加大化解各种农业风险的力度

建议借鉴国外经验,把农险业务从商业保险中分离出来,建立政府主导的政策性农业保险公司,通过建立农业保险再保险机制、设立农业保险巨灾风险保障基金和发行农业保险巨灾风险债券等途径,不断建立健全相关风险防范和分散机制。

### 5.5.4　创建"桥隧模式"

该模式由浙江中新力合担保有限公司率先发起,在担保公司、银行和中小企业三方关系中导入第四方,包括风险投资或行业上下游企业。第四方事前以某种方式承诺。当企业发生财务危机而无法按时偿付银行贷款时,只要满足一定的条件,由第四方来购买企业股权,为企业注入现金流,偿付银行贷款,保持企业的持续经营,从而规避了破产清算,最大可能地保留了企业的潜在价值。通过引入第四方,"桥隧模式"大大降低了担保公司所承担的风险,颠覆了传统担保模式。整个过程中,企业只要支付正常的担保费用,并释放少部分期权,便能获得银行的低成本融资。目前,通过"桥隧模式"做成的案例已经达到 20 来单。行业主要集中在广告、科技、收藏品等行业,担保贷款总额接近 5000 万元。其对象基本是成长型的小企业圈。对于农业企业来说,可以借鉴这些行业的成功经验,引入"桥隧模式",为农业中小企业解决贷款担保问题。

### 5.5.5 引导工商资本进入农业领域

解决农业中小企业问题的关键在于"农业龙头企业","农业龙头企业"的发展壮大必然要按照工业理念来运作。工商企业进入农业领域可以把资金、工业管理理念与经验、技术与人才等引入农业,有利于农业产业化和现代化。移植工业社会化大生产方式组织农业生产,首先要把作为农产品原料生产基地的田间作为"第一车间",把加工作为"第二车间",然后再进入市场流通,每个环节都按企业化运行。

从煤矿和楼市退回温州的资金有很大一部分流向了三农产业。由于国家对农业的政策扶持和农产品价格的持续走高,很多温州老板看到了农业的发展潜力,开始养猪养羊,投资于生态农业、观光农业和农产品深加工行业。如温州民营企业家刘丐算在温州投资建设市中心大型商业项目欧洲城,在江西省乐平市修建市政大桥,在北京、杭州等大城市拥有多处写字楼项目……但谁曾料想,这样一位企业家,如今牵挂最多的却是永嘉山间一家正在建设中的绿色豆芽厂。他说,希望从这里起步,为解决家乡百姓民生问题尽一分力。又如近年来,"正泰"开发茶叶籽油和种有机蔬菜、"森马"种瓯柑、"人民"植树、"环宇"加工玉米、"立天"种棉花,等等,这些工业产值均在几亿甚至是几百亿元的工业界大腕携巨资进农门,耕耘在阡陌农田间,农活干得有声有色。

**附:温州工业企业涉农典型名单**

1.正泰集团(浙江泰谷农业科技有限公司):2011 年 3 月成立,8 月份第一批高品质"国粹"茶叶籽油系列产品问世;10 月底在丽水遂昌签约 1.5 亿元项目建绿茶油的油料基地,第一期 100 亩;在浙江安吉九亩村建立第一个生态农业基地,这是一个以有机粮田、有机蔬菜、有机养殖为特色的高档综合高科技农业体验观光园区。

2.立天集团(新疆大草原棉业公司):2011 年开种棉花,棉花基地位于新疆阿克苏温宿县,共计 3 万亩种植面积。

3.环宇集团(格林粮食开发有限公司):2004 年,在黑龙江省明水县开始玉米淀粉加工,现已发展到玉米油、纤维饲料、蛋白粉等产品。

4.人民电器集团:2011 年,在乐清牛鼻洞的 2000 多亩荒山上,首期投入 2000 万元,从南方和加拿大引种曼地亚红豆杉共 200 万株。

5.森马集团(浙江森马生态农业发展有限公司):2007 年,在瓯海区泽雅镇龙头村建 200 多亩瓯柑种植基地,已开发了瓯柑蜜茶。

### 5.6 加大科技创新力度

要把现代农业科技创新和推广建设作为农业转型升级的根本动力,鼓励工商资本和社会力量参与科研组织建设,成为农业科技创新的主体。深化产学研合作,鼓励支持建立农业科技企业、科技示范基地、农业科技企业研发中心和农业主导产业科研平台。既要做大做强传统产业和主导产品,又要不断开发新产品,开拓新市场;既要依托资源优势,大力发展劳动密集型产业,又要采用先进技术装备,发展农产品精深加工。可以集中技术人才、资金等各种要素,建成一批高标准的农业科技园区,带动基地建设及整体水平提高。

这就需要政府支持农业中小企业大力引进、培养各类人才,注重新型农民的培育,加大研发投入,注重科研成果转化。

5.6.1 进一步增强农业中小企业的创新意识,提高农业中小企业的科技创新水平

科技创新是农业中小企业发展的内在动力,观念创新是农业科技创新的前提。当前,我国农业正处在由传统农业向现代化可持续发展农业的转型时期,迫切需要农业中小企业进一步提高科技创新在农业发展中作用的认识,树立农业技术创新观念。加大科技投入,引导推动企业成为科技创新主体,坚持基础创新、集成创新和引进消化吸收再创新相结合,通过"产学研"结合着力推进引进消化吸收再创新,应用高新技术和先进适用技术改造传统优势农业,形成一批具有自主知识产权的知名品牌和核心竞争力的优势产业或企业,以自主创新提升主导产业水平和市场竞争力,构筑具有地方特色的农业科技创新体系。

5.6.2 加大人才激励措施,加强科技创新人才队伍建设

农业中小企业的科技创新依托于人才的培养和激励机制,因此必须培养和留住高素质人才,特别是懂科技、会管理、善经营的复合型人才,培养创新人才,主要是要建立和完善有利于创新型人才脱颖而出的机制。

第一,各级政府部门和农业中小企业在建立科技人才的激励机制方面要敢于突破各种限制,对于在科技创新、科技成果转化的方面贡献突出,为企业创造较大经济效益的优秀人才,企业和各级政府部门要给予重奖,通过激励机制,激发科技人员的创新热情,引导科技人员开发有市场竞争力的产品。第二,要大力加强农业科技创新人才队伍建设,加强农业科研人才的培养与引进,着力培养一批农业科技型企业管理骨干以及高素质的农村基层科技干部。第三,优化整合资源,健全完善高层次科技创新人才服务体系。具体包括高层次科技创新人才继续教育培训体系和科学技术推广体系两个方面。要通过整合现有的教育培训资源,创新人才培养的方法和手段,探索新型高层次科技创新人才继续教育培训、知识更新培训的运行管理模式。制定优惠政策,吸引鼓励高层次科技创新人才深入企业、农村一线,开展形式多样调研,为高层次科技创新人才的成长发展提供科技支撑和智力支持。

5.6.3 发挥地方科研院所和农业类高等学校的科研优势,建立产业联盟,实现产学研一体化

企业生产的社会化合作程度日益提高是世界经济发展的趋势,企业与企业的关系,不仅仅是竞争,更重要的是合作。联合国工业发展组织编写的《发展中国家技术引进指南》中提出"技术引进必须遵循的一个基本原则就是:引进技术必须在

尽可能短的时间内有效地吸收,并使之适应本地条件,消化吸收创新应该是技术引进工作全过程的重点环节。缺乏消化吸收扩散和创新的技术引进,就表现为技术社会化和产业化的极不充分。这样的技术引进成效低,扩散效应差,也不能提高本地区的整体技术水平"。

研究所和高校拥有较为先进的研究设备,有较强的科研优势;同时科研院所和高校的科研成果需要通过企业平台转化为现实的生产力。一方面要大力鼓励农业中小企业投资科研院所和高校的产学研合作研究项目,进行合作研发;另一方面要推动高校、科研机构的技术向农业中小企业转移,鼓励科研院所从事研究开发的人才走进企业、深入市场,为农业中小企业科技创新提供人才、信息和技术上的支持。

### 5.6.4　健全政府引导和推动机制,改善农业中小企业科技创新的政策环境

政府作为创新活动的重要参与者,其最大的职能在于提供制度保障,营造创新环境。政府要通过宏观政策引导和推动企业创新,制定相关的法律法规和政策,为农业中小企业提供科技创新的公平环境,保护新技术、新专利的合法性以及农业中小企业的合法利益;通过税收优惠政策激励农业中小企业加大科技创新投入的力度,促进企业科技创新的发展。同时要加强科技中介咨询服务机构及科技信息平台的建设,完善技术创新服务体系,加大科技信息发布力度、拓宽科技信息发布渠道,改善工作条件和服务手段,加强对咨询服务人才的培养,提高中介咨询服务的质量和信息平台的完善程度。

### 5.6.5　创造农产品电子商务发展环境

在农业中小企业发展过程中,需要大量知识丰富、技术精湛,会管理的人才作为支撑。农业企业要转型升级,必须走内涵发展道路。由于企业研发所需的投入很大,因此政府应对科研人才的培养和引进、农产品的加工研发加大扶持力度。近年来,农产品流通不畅已成为阻碍农业和农村经济健康发展的重要因素,而电子商务以低成本、高效率、无地域界限、易形成规模效应等优势,为解决我国农产品流通领域的矛盾带来了契机。因此要吸收发达国家的技术经验,加快农业信息化的进程,积极制定促进农产品电子商务发展的优惠政策,加快研发,加大电子支付和农产品标准化的建设力度,创造良好的电子商务发展环境。

## 5.7　实施综合配套改革,创新土地政策

土地问题也是当前制约农业中小企业发展的重要问题之一。要在确保农民土地承包权、流转决定权和流转收益权的前提下,健全农村土地承包经营权的用益物权制度,创新农用地流转方式,提倡流转收益多样化。要规范农村集体建设用地的使用权交易行为,加强集体建设用地管理,促进集体建设用地优化配置和节约集约利用。可探索以村为单位,建立土地合作社,可依托中心镇跨村组建土地合作总社,引导整村、整组农用地流转,解决农业中小企业的用地问题。建议实施分类供地的政策:农产品生产和初加工龙头企业用地可视为农业用地。其中,种养型企业生产用地,采取集体土地承包经营权有序流转、集体土地租赁、入股、联营等方式予

以解决;农产品初加工企业用地和观光农业、种养型企业相应设施用地,经农业主管部门审批后报土地管理部门备案予以解决;农产品深加工和渔产品加工及销售企业用地,可采取挂牌出让或国有土地租赁方式予以解决。

## 参考文献

[1]蔡根女.农业企业经营管理学[M].北京:高等教育出版社,2009.

[2]卢勇.新型农业企业成功之道[M].北京:金盾出版社,2009.

[3](美)H. G.哈尔克劳.美国农业经济学[M].北京:农业出版社,1987.

[4]何绍康、梁义.农业企业经营管理学[M].北京:农业出版社,1994.

[5]中国农业百科全书编辑部.中国农业百科全书[M].北京:农业出版社,1996.

[6]姜克芬,郑风田.中国农业企业经营管理学教程[M].北京:中国人民大学出版社,1998.

[7]李达球.论农业企业化[M].北京:经济日报出版社,2003.

[8]谭静.农业产业化新论[M].成都:四川科学技术出版社,2006.

[9]王蒲华.福建农业龙头企业发展的制约因素分析[J].台湾农业探索,2009(4).

[10]阙晓东.浅析中小企业融资难问题[J].商场现代化,2010(4).

[11]翁益军,吕永华.银行规限制成当前贷款难主因——农业龙头企业融资需求问卷调查分析[J].浙江金融,2008(2).

[12]赵建成.农业龙头企业问题与对策[J].合作经济与科技,2009(19).

[13]熊志东,王晶.我国农业融资瓶颈问题探析[J].湖北农村金融问题研究,2006(8).

[14]方丽槐,杨少卫.浙江农业品牌建设亟需"推手"[J].浙江经济,2008(14).

[15]胡红贵.农业产业化龙头企业问题探析——以湖北省大冶市陈贵镇和灵乡镇为例[J].全国商情(理论研究),2010(2).

[16]胡勇,李成,龚传胜.推进安徽中小型农业企业加速发展的思考[J].乡镇经济,2002(8).

[17]李金华,黄萌,安静.打造农业龙头企业的几点思考[J].山东农业科学,2009(8).

[18]麻福水,刘冰.农业龙头企业发展的提升策略[J].山东纺织经济,2009(6).

[19]刘宇,黄洁,马赛平.浅析湖南省农业龙头企业的核心竞争力[J].现代农业科学,2009(2).

[20]王娟.扬州市农业龙头企业的 SWOT 分析[J].农村经济与科技,2009(10).

[21]侯竹君,兰庆高,卢秋林,李宝存.进入资本市场后的农业龙头企业"背农问题"的研究[J].浙江金融,2008(3).

[22]福麻水,刘冰.农业龙头企业发展的提升策略[J].山东纺织经济,2009(6).

[23]赵建成.农业龙头企业问题与对策[J].合作经济与科技,2009(10).

[24]王蒲华.农业龙头企业应对挑战与政策选择[J].中国农村小康科技,2009(9).

[25]李大胜,李胜文.农业龙头企业核心竞争力评价——基于广东农业龙头企业的实证分析[J].华东农业大学学报,2009(2).

# 十三、农业中小企业转型升级案例研究
## ——以浙江一鸣食品公司为例①

温州科技职业学院　周胜芳

**摘要**　本文梳理了已有文献对国内外农业中小企业存在的问题和对策的研究,采用案例研究法深入剖析了浙江一鸣食品有限公司转型升级过程在成功经验,并分析了一鸣公司转型升级对农业中小企业的启示。

**关键词**　农业中小企业;转型升级;案例;一鸣食品

目前,我国农业正处在由传统农业向现代农业转变的新时期,农业和农村经济发展方式的转变是中国新农村建设中的长期任务。农业企业已成为推动浙江省农业由传统农业向现代农业转型的主力军,是推进现代农业实现规模化发展的重要载体,所以开展农业中小企业的发展研究意义重大。

客观上讲,改革开放以来,特别是近几年浙江省农业中小企业发展较快,也出现了一些对农业农村经济发展起带动作用的龙头型农业企业。但总体上来讲,农业中小企业还存在明显的弱点和缺陷。因此,研究浙江农业中小企业如何在十二五时期突破自身劣势,实现转型升级变得很有必要。

浙江一鸣食品股份有限公司是一家从事乳制品、烘焙食品生产加工、销售于一体的省级骨干农业龙头企业,旗下拥有已拥有 450 多家真鲜连锁奶吧,分布在温州及南京及浙江省其他地区,拥有一家专业从事城市终端物流的一鸣物流有限公司,一家泰顺县一鸣生态农业有限公司,一个平阳一鸣工业园、一个"土里土气"中国优质农产品特卖平台。从一个默默无闻的乳制品生产企业发展到成为一个家喻户晓的创牌先锋企业,一鸣公司实现了转型升级。本课题通过深入企业实地调查,探讨一鸣公司实现转型升级的成功经验,这将对浙江地区其他农业中小企业的转型升级提供很好地经验借鉴,起到示范带动作用,将有助于实现整个农业中小企业的转型升级。

## 1　国内外研究综述

国内外学者探讨了对农业中小企业存在的问题和对策。

---

①　项目来源:2011 年浙江现代农业中小企业研究基地第二批项目(编号:zny2011008),课题组成员:周胜芳、陈方丽、董晓东、王金旺。

## 1.1 农业中小企业存在的问题

已有文献有农业企业存在问题的研究,但深入程度不够。从目前的文献来看,认为影响农业企业发展的主要问题有:①规模偏小,区域发展不平衡(王蒲华,2009)。②融资难,后劲不足。从农业龙头企业本身来看,一是融资存在着规模小,可供抵押物少。二是经营管理落后,大多数企业未建立起现代企业管理制度,银行贷前调查难。三是面临自然、疫情等多重不可抗力风险(翁益军、吕永华,2008)。有学者从产业分析的角度提出:农业是一个天生弱质的产业。其弱质主要表现在对自然环境的高度依赖性和农产品普遍的低值性,这些特点直接导致金融机构和企业对农业的投资动力的普遍不足(熊志东、王晶,2006)。③农业品牌化水平低,仍处在起步阶段。浙江农业品牌建设和品牌经济发展水平虽然走在全国前列,但从总体来看,仍处在起步阶段,是低层次、低水平的,还存在不少问题(方丽槐、杨少卫,2008)。④利益链节机制不完善,带动能力偏弱。龙头企业与农户之间的利益联结不够紧密,双方互信基础脆弱,大部分农业龙头企业与农民多以"口头约定"或"君子协议"来代替合同(王蒲华,2009)。企业则由于没有与农户建立稳定的关系,收购的农产品数量和质量都难以保证,从而影响企业的规模生产(赵建成,2009)。

## 1.2 农业中小企业的对策研究

从目前的文献来看,提出农业企业的发展对策主要有:(1)广开渠道,大力发展加工龙头企业。胡红贵(2010)提出用工业理念来指导农业生产,引起农业在企业化运作中实现优化,逐步完成以原材料产品结构为主导向以加工产品为主导的过渡,实现标准化生产,全程化监控。另外,赵建成(2010)认为可以在现有的基础上,选择市场前景广阔,产业关联度高,市场竞争力强的农产品加工企业,大中小并举,改扩建结合,多渠道、多途径加快农业龙头企业建设。(2)提高龙头企业融资能力(翁益军、吕永华,2008)。(3)提升标准化水平,加大扶持力度推进品牌建设(王蒲华,2009;方丽槐、杨少卫,2008)。(4)规范引导,完善利益链节机制。"风险共担、利益共享"是农业产业化经营的根本要求,要不断完善农业龙头企业与农户的产销衔接和利益连接机制(赵建成,2009)。

## 1.3 农业中小企业的对策研究

综观已有文献研究,我们可以发现,借鉴国外农业企业发展的研究成果较多,结合本土研究较少。目前已有的文献研究主要集中在现代企业的发展思路、发展对策等理论探索阶段,对中小企业转型升级的研究不多。现存的少量文献也仅是宽泛的理论探讨研究,缺乏案例研究和量化的数据支持,对企业的直接指导意义较小。所以,本课题以浙江一鸣食品公司为例,探讨农业中小企业的转型升级实例,具有较高的研究价值。

## 2 研究方法

本课题采用案例研究的方法,以浙江一鸣食品有限公司为对象,利用调研资料追踪了一鸣公司从 1982 年所创办的瓯海明春养殖业联合体发展到现在成为农业龙头企业的转型升级过程,剖析了企业转型升级的成功经验,从而为其他农业中小企业转型升级提供借鉴。

## 3 温州一鸣公司转型升级成功经验

从鸡业发展到奶业,从 1982 年的瓯海明春养殖业联合体,发展到现在集奶牛养殖、乳制品、烘焙食品生产、销售于一体的食品企业,温州一鸣食品有限公司实现了转型升级。概况来说,农业中小企业一鸣公司的转型升级的成功经验,主要表现在以下几个方面:

### 3.1 企业家个人素质高

在一鸣公司的转型升级过程中,企业家个人良好素质起着至关重要的作用。一鸣公司创始人朱明春,是一位著名的农民企业家,人民日报称他为"全国养鸡大王",1989 年被评为全国劳模。朱明春具有良好的智力素质,高尚的个人品质,健康的心理素质。

在智力素质上,朱明春能对本行业产品、技术等方面的发展趋势具有很好的把握能力,对本企业发展战略也很明确,具有良好的创新精神。在刚开始养鸡时,他独创了浅笼高密度饲养技术,提高了养殖成效。在他承包创办了由温州市科委投资的良种实验场四年之后,市场供过于求,专业户养鸡陷入了卖难。朱明春毅然牵头联合 86 户养鸡专业户,创办当时全国最大的民办食品公司,在市区菜市场和多个宾馆饭店设立了销售窗口,成为市场肉鸡稳定的"调节库"。接着,他联合了 57 户专业户投资扩大了种鸡场,修建了肉鸡加工场,使种、养、加、销配套[①]。1995 年,朱明春应政府要求,开始涉足当时已经日薄西山的乳制品行业。虽然有决心,但牛奶还是卖不动,让他承担了几近破产的风险。在经过对市场的调研后,朱明春推出为市区学生提供鲜奶的"学童奶"系列,将他曾经经营过的鸡蛋、牛奶结合起来,推出"蛋奶计划"。并率全国之先,于 2002 年 5 月开出了第一家"一鸣真鲜奶吧",销售"牛奶+鸡蛋+面包"的早餐,掀起了一场"早餐革命"。朱明春依靠自己的智慧,终于一鸣食品成为温州首屈一指的奶业公司。

在个人品质上,朱明春拥有诚信务实的良好品质。创业几十年来他一般都回家吃饭应酬不多,不会用不当手段去取悦领导,而是靠踏踏实实的工作争取支持。正是这种老实本分使他度过了一个又一个难关。当年因相互担保拖欠银行贷款,

---

① 陆剑于.春去春回三十载——朱明春和他的"一鸣"公司[N].2008-12-14

法院完全可以查封拍卖他的公司房产,他对法院说,让我慢慢还吧。法院最后还是相信了他①。

在心理素质方面,朱明春拥有百折不挠的不服输精神。从1992年开始到2001年间,投身奶业使朱明春进入了人生最为艰难困苦的时期。整整6年时间,牛奶卖不动,他倒掉了近500万公斤牛奶,价值近千万元,这费用全部由他自己埋单,没转嫁给农民。他说,"我总是希望为农民做着我该做的事,但市场就是这么残酷,不能怨天,更不能尤人,活下去,就得找到新的活路。"他确信自己能在跌倒的地方重新站起来。正是他这股不服输的劲头,加上奶农和公司职工的理解和支持,让他想到了新的对策,渡过了难关。同时,他还有着强烈的忧患意识。他认为,现在国家政策的大气候很好,公司的发展趋势也很好,但看似风平浪静,也得有随时应对突发事件的思想准备。

朱明春作为企业家的另一个明智之举,就是培养儿子接班。他让长子朱立科高考上线后填报浙农大,并在"一鸣"起步之际,将打造"一鸣"品牌的重任落到这个受过正规高等教育的朱氏第二代身上。朱立科不负厚望,以年轻人的优势在打造"一鸣"品牌方面颇有建树,成为瓯海区企业界新秀。朱明春次子在上海外国语学院毕业后到南京大学读研究生,2005年毕业后在南京开了个"一鸣"奶吧,并立志要将父兄创建的奶吧连锁品牌推向全国。

### 3.2 坚持走农业产业化经营之路

一鸣公司采取"公司+农户+市场"的生产组织形式,坚持以保护价收购,扩大牛奶和鲜鸡蛋的收购量和收购面,与"一鸣"挂钩的农户逐年增加。2005年,朱明春在平阳县投入资金8000万元,建成集生产、生活、学习娱乐于一体的现代化工业园,日处理鲜奶200吨;在泰顺开办了自己的奶牛养殖场,并推行"奶牛寄养"的方式,确保企业的用奶安全。稳定可靠的奶源基地是企业不断发展的基础,2009年公司重点建立核心牧场40多个,通过对牧场整改制度化建设和激励体制的不断完善,不仅促进了奶源质量的提高,而且大大提高了奶农发展生产的积极性,进一步增加了奶农的生产收入。2008年,"三聚氰胺"事件波及整个行业,但朱明春和他的"一鸣"却在这次风浪中傲立潮头,企业虽然在短期内有所影响,但在总体上并未受到冲击。这依托于"一鸣"靠长期以来和奶农建立的合作关系,企业靠信誉经营,获得了奶农的支持,确保奶源的稳定,避免了可能的风险。2010年,一鸣收购的鲜奶占本土牛奶总量超70%,年收购鲜鸡蛋占本土鸡蛋的80%,年发放牧草收购款200万元,直接带动6000户农民发展致富,很好地发挥农业龙头企业的带动作用[3]②。

---

① 沈绍真.朱明春:养鸡大王新传[J].温州都市报,2006-02-15.
② 佚名.做创牌先锋 促企业发展——浙江一鸣食品股份有限公司[EB/OL].温州新农村网.

### 3.3　依托科技创新，不断在产品和经营领域推陈出新

一鸣公司高度重视科技创新，不断加大对研发的投入，公司目前拥有两项国家发明专利、三项有效外观设计专利，建成市企业技术中心、省级农业科技研发中心和乳制品行业质量检测公共服务平台。

在产品上不断推陈出新。自1995年公司成立以来，公司投入大量资金用于新产品的开发，开发成功的一鸣鲜蛋奶已成为公司的主要产品。1999年，公司针对温州百姓儿童过周岁生日分红蛋习俗这一特定市场开发一鸣利市红蛋，该产品减少了老百姓自制红蛋的麻烦，一上市就受到了广大消费者的青睐，引发一场分红蛋的革命。2002年，公司在原来拥有甜牛奶、蛋奶、水果纤维奶等系列产品的基础上，又开发研制了一鸣真鲜牛奶，从生产到销售，总共不超过10小时，保持了牛奶的纯正原味。目前，一鸣公司产品包括纯奶、蛋奶、枣奶、特色谷物奶、唤醒酸奶系列、热奶系列、成长伙伴系列、利市红蛋、学童奶系列等奶制品，同时也包括烘焙产品、蛋糕产品、中点产品和月饼。

同时不断拓宽经营领域。2002年5月，全国首家一鸣"真鲜奶吧"落户温州市区。现在，一鸣"真鲜奶吧"采取连锁店模式，已经在温州各县市区均有分布，并进驻南京、台州、金华、丽水、福建、宁波等地。公司在原有家奶部的基础上组建了从事城市终端物流的温州一鸣物流有限公司，在泰顺建成现代化的牧场泰顺县一鸣生态农业有限公司；同时在平阳投资建设现代化的生产基地一鸣工业园，2010年又创建以优质农产品网购为主的土里土气科技有限公司，这一切为一鸣公司将来的进一步发展壮大奠定了基础。

### 3.4　不断强化质量管理

一鸣公司目前已经导入ISO9000质量管理体系、QS体系、HACCP食品安全管理体系和ISO14000环境管理体系，已经建立比国家标准和行业标准还要严格的企业标准化质量管理体系。同时强化员工质量意识，让员工建立"质量是生产出来的"、"质量就是生命"意识，并全面推广实施内部市场链"下道工序是上道工序的客户"的服务理念，通过严格控制整个生产链以确保食品的安全、新鲜与健康。强化产品检测项目，由原来的16项增加到现在的56项检测内容，并与市质量技术监督局保持技术链接，定期将产品送检，积极建设科学、规范的食品质量安全防范体系。

### 3.5　全心全意为客户服务

一鸣公司通过加强内部管理和服务网络建设，致力于为客户提供优质服务。公司客户价值观为：阳光、专业、承诺、全程服务。为了不耽误客户时间，一鸣真鲜奶吧在送外卖上制定了一个硬指标：不管遇到什么情况，必须在15分钟内把食品送到客户手中。

打造服务品牌，主要目的是通过服务能力建设，对内提升向心力和凝聚力，对外展示亲和力和吸引力，努力把公司建设成"企业之家"。一鸣人始终认定人是树

立优质服务品牌的第一要素。一鸣公司建立内部竞争上岗机制和外部社会招聘机制。在一鸣上班的工作人员必须填写日志、分享、每周销售分析、下周工作计划、工作总结等文化考核内容,不适应本职工作的人员就会被淘汰出局。

### 3.6 注重商标管理,提升品牌形象

一鸣公司特别注重商标的管理、注册、维权等工作。1995 年,公司正式使用注册商标:"一鸣",接着又连续注册了系列保护性商标,现公司共有注册商标 66 枚,新注册申请商标 55 枚,其中省著名商标一枚,市知名商标三枚。2001 年成立品牌管理委员会,由总经理朱立科担任委员会主任,下设商标管理办公室全面负责商标的管理工作。公司有关的业务部门在日常市场营销、技术研发过程中非常注重商标品牌与产品的前期结合、过程跟踪和后期评估,至始至终重视提高商标品牌的知名度和美誉度。为了更好地解决商标品牌建设过程中出现的问题,公司还通过"88358358"服务热线,定期向特定群体征求对一鸣商标形象的意见和建议。公司还通过电视、电台、报纸、网络等综合媒体硬性宣传品牌,积极参加官方和民间组织的关于健康知识普及活动,不断扩大商标的宣传,扩大了品牌的影响力。一鸣公司于 2010 年 9 月获得温州市消费者信得过单位称号,同年还被温州市评为涉农企业(组织)商标创牌先锋。

### 3.7 加强人才队伍建设,实现人企共赢企业文化

一鸣公司全面推进员工队伍建设与企业文化建设。一鸣公司认为人才是由技能、态度、环境等诸多因素组成,而且会随着社会环境、企业发展而变化,因此公司在人才的选拔、培养过程中,不采用"伯乐相马",而采用"赛马中相马"的 PK 方式,让员工公平在同一起跑线上赛跑,随能胜出就培养谁,就用谁。在员工培训方面,2010 年成立了一鸣知实讲武堂,设立 10 人的专项培训队伍,并开设了以实战为操作模式的四个层次培训:一鸣新兵连——打造员工的职业心态;一鸣士兵突击队——打造专业基层管理人才;一鸣黄埔军校——培养中层职业素质和管理技能;一鸣国防大学——打造高效领导者。在生产体系建立了技工、技师、研发师、首席技术员四个层次的技术晋升体系;在销售体系建立了营销员、助理营销师、中级营销师、高级营销师四个层次的营销人员选拔、晋升机制。在员工福利方面,符合一定要求的员工可享受带薪休假、节假日补助、佳节感恩礼品、安居乐业基金、爱心互助基金、未来之星成长基金、社会保险和年终奖等。

公司努力创建"家文化"的学习型组织,并已通过政策来规范推动,按期召开周之旅、分享会,开展人人读书活动;每年举办多项丰富、精彩的文娱活动;每月为员工举办生日 PATTY,组织员工外出旅游,让员工感受"家"的温暖。

## 4 结语与启示

基于对浙江一鸣食品有限公司转型升级经验的全面分析,我们可以发现农业

农业是个弱势行业,它不仅存在普遍的市场竞争风险,而且还要面对行业的特殊问题,农业投入产出周期长,在很大程度上还是要靠天吃饭,不像工业那样可以加班突击,所以农业中小企业转型升级所面临的困难较多。农业中小企业要想实现转型升级,必须在具有良好个人素质的企业家的带领下,依托科技不断创新产品和发展领域,在企业外部需要真诚为客户服务并与农户建立良好的合作关系,在企业内部需加强员工凝聚力、提高员工素质水平,同时不断强化企业产品质量和品牌形象。

浙江一鸣食品有限公司发展对农业中小企业转型升级的启示主要包括以下几个方面:

### 4.1 企业家具有良好的个人素质

在中小农业企业转型升级过程中,企业家的个人素质将起着非常重要的作用。企业家应能很好地把握本行业产品、技术等方面的发展趋势,不断引导企业在产品和技术上不断创新以应对市场需求的变化。同时具备诚信、务实、正直、可靠的个人品质,能得到农户、银行、政府等重要公共关系主体的信任并建立良好的关系。企业家还必须具备迎接农业自然风险、市场风险以及突发事件的良好的心理素质,能承受企业处于困难时期所带来的巨大压力。

### 4.2 与农户建立完善的利益链机制

农业中小企业要发展壮大必须依托广大农户,实现农业产业化经营。在这过程中,必须与农户建立完善的利益链机制,建立良好的合作关系,才能保证产品生产源头的安全与稳定,实现规模生产,也才能使企业面临困难时获得农户的支持。

### 4.3 利用科技不断创新

农业中小企业必须像工业企业一样,不断加强内部科技实力,利用科技创新,在产品上不断推陈出新以更好地满足客户需要,应对激烈的市场竞争。同时,也需要不断拓宽企业经营领域,提高企业盈利水平。

### 4.4 推进品牌化建设

只有不断推进品牌化建设,才能提高农业中小企业的良好形象,站稳市场脚跟。企业在经营过程中,要重视商标的注册、管理和维权,并加强企业宣传。

### 4.5 加强人才队伍建设

农业中小企业转型升级离不开企业全体职工的努力。应加强内部人才队伍建设,建立恰当的人才选拔机制和激励机制,并通过培训提高员工素质水平,通过创造"家"的企业文化提高员工凝聚力和向心力,同时还需要不断强化员工质量管理意识和为客户提供优质服务的意识。

## 参考文献

[1]陆剑于.春去春回三十载——朱明春和他的"一鸣"公司[N].2008-12-14.

［2］沈绍真.朱明春：养鸡大王新传［N］.温州都市报,2006-02-15.

［3］佚名.做创牌先锋促企业发展——浙江一鸣食品股份有限公司［EB/OL］.温州新农村网,2011-7-6.

［4］葛立群.关于沈阳市建立农民增收长效机制的调研报告［J］.农业经济,2006(1)

［5］许亚东.农民增收的困难与对策［J］.农村经济,2001(10)

# 十四、种子企业分销渠道优化与创新
## ——基于温州市场种子企业的调查①

温州科技职业学院　杨再春　林瑜彬　许美良

**摘要**　十余年来,随着种子市场由品种竞争转向渠道竞争,种子企业传统分销渠道问题日渐突出,影响了渠道效益。基于对温州市场部分种子企业分销渠道的调查,分析了种子企业分销渠道的现状及问题,提出了优化措施,构建了6种创新模式。

**关键词**　种子企业;分销渠道;问题;优化措施;创新模式

十余年来,随着中国加入 WTO 和《中华人民共和国种子法》的贯彻实施,种子市场已由品种竞争转向渠道竞争。"得渠道者,得天下",因此,种子企业有必要对如何优化和创新种子分销渠道进行深入探究。

## 1　种子企业分销渠道现状

### 1.1　种子企业分销渠道基本模式

经过对温州市场部分种子企业分销状况的调查,基本归纳出种子企业在温州市场上的 4 种类型和 7 条分销渠道模式,如图 1-1 所示。

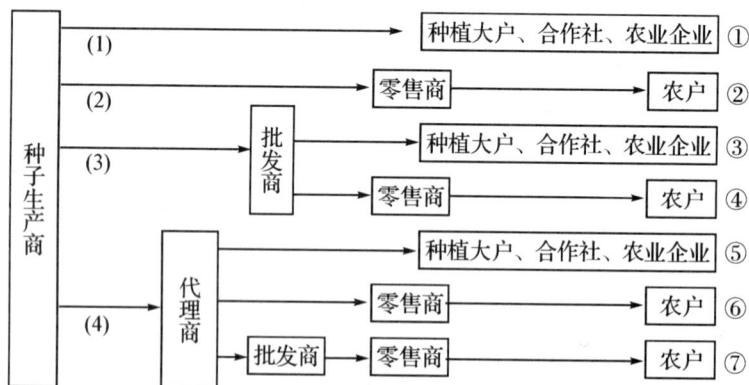

图 1-1　种子企业分销渠道模式[1]

图 1-1 中(1)、(2)、(3)、(4)分别表示种子分销渠道的 4 种类型:

---

①　项目来源:2011 年温州市科技计划项目(项目编号 R20110018),课题组成员:杨再春、林瑜彬、许美良、金进海、吴建克、邵力超、王金旺。

(1)直销型:种子生产商→种子用户。直销型是指种子生产商设立分公司或办事处,派自己的推销人员直接把种子销售给种植大户、种植型合作社和种植型农业企业,为他们提供直接的服务,对种子的分销进行全程控制。

(2)直营型:种子生产商→零售商。直营型是指种子生产商为更好的控制渠道,直接派自己的推销人员说服零售商购买其种子。

(3)批发型:种子生产商→批发商。批发型是指种子生产商直接把种子以批发价销售给批发商,再由种子批发商把种子卖给种植大户、种植型合作社和种植型农业企业或零售商。

(4)代理型:种子生产商→代理商。代理型是种子代理商和种子生产商签订代理协议,代理协议规定代理商不能随意调整价格,不能经营与种子生产商有冲突的产品。一旦代理商违约,取消代理商的种子代理权或没收押金。

图 1-1 中①、②、③、④、⑤、⑥、⑦分别表示种子分销渠道的 7 种基本模式。

### 1.2　种子企业分销渠道现状调查及分析

2012 年 7-8 月"温州市种子企业分销渠道研究"课题组,以随机问卷的形式在温州市场上对 2011 年部分种子生产商每种渠道模式销售额进行调查。调查中共发放问卷 10 份,收回问卷 9 份,收回率和有效率均达 90%,如表 1-1 所示。

表 1-1　种子企业分销渠道模式调查汇总表　　　单位:万元

| 销售额\渠道\模式企业名称 | ① | ② | ③ | ④ | ⑤ | ⑥ | ⑦ | 整合渠道 | 销售总额 |
|---|---|---|---|---|---|---|---|---|---|
| 温州神鹿种业有限公司 | 45 | 95 | 51 | 262 | 53 | 100 | 472 | 42 | 1120 |
| 温州康篮农业科技有限公司 | 20 | 170 | 22 | 25 | | 140 | 103 | 35 | 515 |
| 温州吴桥种业有限公司 | 21 | 42 | 28 | 70 | 49 | 175 | 315 | | 700 |
| 浙江勿忘农业有限公司 | 250 | 80 | 170 | 180 | 90 | 320 | 550 | 160 | 1800 |
| 浙江农科种业有限公司 | 22 | 23 | 45 | 67 | 22 | 135 | 112 | 24 | 450 |
| 温州神良种业有限公司 | 88 | 132 | | 253 | | 264 | 253 | 110 | 1100 |
| 温州龙牌蔬菜种业有限公司 | 45 | 81 | 45 | 180 | | 360 | 117 | 72 | 900 |
| 浙江庆一种苗有限公司 | 100 | 80 | | 205 | | 216 | 151 | 88 | 840 |
| 浙江科苑种业有限公司 | | 18 | 35 | 62 | | 10 | | | 125 |
| 各渠道销售额合计 | 591 | 721 | 396 | 1304 | 214 | 1720 | 2073 | 531 | 7550 |
| 各渠道所占比重% | 7.8 | 9.54 | 5.24 | 17.27 | 2.83 | 22.83 | 27.46 | 7.03 | 100 |

注:(1)表中的①、②、③、④、⑤、⑥、⑦与图 1-1 中含义相同,分别表示种子企业分销渠道 7 模式。

(2)每种渠道模式销售额是 2011 年各种子生产商在温州市场上的销售额。

(3)每种渠道模式所占比重=各渠道销售额合计/销售总额。

表1-1可知,从渠道类型来看直销型,直营型、批发型、代理型和整合型渠道分别占渠道7.8%(①)、9.45%(②)、22.51%(③、④之和)、53.12%(⑤、⑥、⑦之和)和7.03%,由此,不难看出目前温州种子市场分销渠道以代理商销售种子为主,以经销商为辅,以直销和整合创新渠道为补充;从具体渠道模式来看种子企业分销渠道67.56%(④、⑥、⑦之和)是长渠道,由此可见,温州种子市场分销渠道目前以长渠道占绝对统治地位,特别是种子生产商→代理商→零售商→农户和种子生产商→代理商→批发商→零售商→农户两种模式占渠道比重50.29%(⑥、⑦之和),说明这两种渠道模式在种子渠道中扮演着主导角色;短渠道比重较低,只占有25.41%(①、②、③、⑤之和),远不能满足种子用户的需求,短渠道比重较低的问题越来越受到种子生产商的关注;整合渠道占7.03%,尽管比重较低,但与前几年相比,有了很大的提高,而且备受种子企业的关注,发展势头不错。

# 2 种子分销渠道的优化

## 2.1 种子企业分销渠道存在问题分析

"温州种子分销渠道"课题组通过问卷调查、专家座谈、个别访谈、资料分析等形式对温州种子市场分销渠道存在问题进行调查,笔者经过归纳、整理得出以下汇总表,如表2-1所示。

表2-1 种子分销渠道存在问题汇总表

| 存在问题<br>企业名称 | 渠道理念落后 | 渠道沟通不畅 | 成本过高 | 产销脱节 | 渠道冲突严重 | 结构不合理 | 渠道整体素质不高 | 效率低下 | 模式单一 | 服务功能不强 |
|---|---|---|---|---|---|---|---|---|---|---|
| 温州神鹿种业有限公司 | √ | √ | √ | | √ | | | | √ | |
| 温州康篮农业科技有限公司 | √ | | | | √ | | √ | | √ | √ |
| 温州吴桥种业有限公司 | √ | | | √ | | √ | √ | | √ | |
| 浙江勿忘农种业有限公司 | √ | √ | | | | √ | √ | | | √ |
| 浙江农科种业有限公司 | √ | | | | √ | | √ | √ | | |
| 温州神良种业有限公司 | | | √ | √ | √ | | √ | | | √ |
| 温州龙牌蔬菜种业有限公司 | √ | | | | √ | | | | | |
| 浙江庆一种苗有限公司 | | √ | √ | √ | | | | √ | | |
| 浙江科苑种业有限公司 | √ | | | | | | | | √ | |
| 所占企业的比重(∑/9)% | 77.8 | 55.5 | 44.4 | 33.3 | 66.7 | 33.3 | 77.8 | 22.2 | 33.3 | 55.6 |

注:(1)被调查的企业在10个选项中选取5个最突出的选项。

(2)被调查的企业都是种子生产商。

(3)所占企业的比重项=∑/9获得,只是为了说明问题,仅供参考。

从表2-1的数据分析,我们不难得出目前我国种子企业分销渠道存在以下7个方面突出问题:

### 2.1.1　渠道理念落后

从表2-1可以看出,渠道理念落后占所选企业的77.8%。种子生产商大多采用传统渠道模式,渠道老化不畅,多数经销商只是为销售种子而销售种子,渠道创新思想、渠道服务意识、渠道整体观念和渠道多赢理念薄弱。

### 2.1.2　渠道成员关系松散

表1-1显示,传统种子分销渠道的比例达到了92.97%(①、②、③、④、⑤、⑥、⑦之和)。传统种子分销渠道是种子生产商、代理商、批发商、零售商、用户等相互独立的经济实体组成的。每个成员的目标、政策、计划、行动完全独立。整个渠道缺乏统一的目标,决策权分散在每一个成员或每一级渠道上,成员之间关心的是自己拥有的种子能否快速进入下一个分销环节。种子渠道成员之间除了交易关系外,不存在其他联系和约束,难以形成紧密的、长期的、稳定的渠道成员关系。

### 2.1.3　渠道管理者整体素质不高

从表2-1不难看出,渠道管理者整体素质不高的占77.8%。由于我国种子企业渠道管理者主要是由外行业转行人员、改行的农技人员、农业系统的职工亲属等组成,普遍缺乏市场调查与预测、市场开发、促销、企业管理和分销渠道等知识和技能。

### 2.1.4　渠道信息沟通不畅

由于目前在温州市场种子企业大多使用的仍然是"多层次"、"顺向"的金字塔式分销渠道,渠道环节多,市场信息不能迅速、准确的得到传播和反馈,致使种子生产企业无法及时调整品种结构、良繁面积和服务,不仅错失商机,而且还会造成人员和时间上的资源浪费。通过表2-1可知,渠道沟通不畅达到55.5%。

### 2.1.5　渠道服务功能缺乏

从表2-1可见,被调查的种子企业认为服务功能不强的占55.6%,由此看来,目前大多数温州种子经销商"只管卖种,不重服务",忽视种子用户对种子栽培技术、管理技术以及对种子销售网点、营业时间、服务态度等方面的迫切需要,降低了用户对种子企业的忠诚度,阻碍了种子企业迅速地开拓和占领市场。

### 2.1.6　过分依赖中间商

表1-1显示,经过直营型、批发型、代理型等环节分销的种子比重高达85.17%(②、③、④、⑤、⑥、⑦之和),种子生产商过分依赖中间商由此可见一斑。种子企业渠道人员过多地与批发商和代理商联系,不深入终端市场,不对种子市场进行调查和分析,更不理会种子用户的需求。当种子市场宏观和微观环境发生变化时,以中间商为中心的市场运作方式的弊端表现越来越突出。

### 2.1.7　渠道冲突严重

从表2-1可以看出,渠道冲突比重达到了66.7%。种子企业为了在短时间内提高市场占有率,经常采取过度让利手段以刺激中间商。而中间商一味追求自身利润,却很少考虑种子分销渠道的整体利益和长远利益。由于种子生产商和中间商追求的目标不同,带来诸多如低价倾销、跨区窜货、经销商之间相互杀价、渠道成员信用恶化等渠道冲突问题。

## 2.2 种子企业分销渠道的优化

### 2.2.1 渠道理念要现代化

按照供应链管理思想:"让自己活,也让别人活。"因此,种子企业和中间商要树立合作共赢渠道理念,共同设计切实可行的分销渠道,提高整体渠道的市场竞争能力[2]。在渠道管理过程中实现种子生产商与中间商风险共担,利益共享的一体化经营。可以说树立现代化渠道理念,建立合作共赢的分销渠道模式是提高渠道效率,解决渠道冲突的最佳选择和途径。

### 2.2.2 渠道结构要扁平化

从表1-1可见,温州目前种子企业分销渠道中短渠道只占有25.41%(①、②、③、⑤之和),长渠道占有绝对统治地位,长渠道层次多,通路长,存在诸多无法克服的弊端。笔者认为种子分销渠道结构改变必须扁平化。所谓"扁"是指种子的分销长度越来越短,种子的分销层级越来越少;所谓"平"是指种子的零售商数量越来越多,种子的终端销售网点越来越密[3]。实践证明,分销层级越来越少可以减少中间环节,节约流通费用,促进信息的双向沟通,增加企业对渠道的控制力;终端网点的增多方便用户的购买,提高了种子销售量。

### 2.2.3 渠道成员关系要战略化

表1-1可见,传统种子分销渠道达到了92.97%(①、②、③、④、⑤、⑥、⑦之和),这种交易型的种子分销渠道成员都是一个独立的经营实体,他们往往为了自己的利益而与其他成员进行短期合作。通过渠道成员关系的优化整合,将渠道成员的关系由传统的交易型变成战略伙伴型,形成一种战略联盟,真正实现种子渠道成员的优势互补,价值共享,既实现企业品牌价值提升,又实现渠道价值的提升[4]。为此,种子生产企业必须从长远、全局出发制定企业的战略性渠道建设规划,实现种子生产企业对渠道成员的有效控制,减少渠道冲突,最终实现多赢。

### 2.2.4 渠道重心要终端化

表1-1显示,经过批发商和代理商环节分销的种子比例达75.63%(③、④、⑤、⑥、⑦之和),可见当前绝大多数种子企业以代理商和批发商为重心。但种子市场逐渐供大于求时,过多关注渠道的顶端建设的弊端越来越突出。种子企业要想提高市场占有率,培养用户的忠诚度,必须以终端市场建设为重心,加强对零售商的建设和管理,促进渠道重心下沉。种子企业"决胜在终端"已成为不争的事实。如,合肥丰乐种业公司有70.3%的业务做到乡镇村终端市场。

### 2.2.5 渠道服务要一体化

农民常说:"三分种,七分管。"未来种子的销售应该是以技术服务为主,种子销售为辅,只有提供良好的一体化的技术服务才能促进种子销售。为此,渠道服务一体化应具体做到:首先要提供各种各样信息服务。如天气预报、市场行情、竞争品牌动态、种业发展趋势、用户需求变化等。其次要提供农业技术、市场营销、企业管理等服务。种子企业通过对经销商和用户进行专业的农业技术培训、咨询和指导;通过对种子中间商进行高层的市场营销、企业管理的集中培训,提高中间商的管理、促销、渠道开发和自我提升能力;通过向经销商输出管理、输出人才,帮助经销商发展生意、拓展业务、管理市场。最后要提供仓储配送和融资服务。为用户提供更便捷的送货服务和多样的融资服务。

### 2.2.6 渠道构建顺序要逆向化

在传统的种子分销渠道构建中,种子生产商一般以顺向选择各级中间商,造成种子企业不能真正了解用户需求,对渠道终端失去控制的弊端。所谓"渠道构建逆向化"就是种子生产商先从最终用户和终端零售商开始构建种子分销渠道,即根据种子用户的需求选择零售终端,充分考虑零售商的特性、利益和关系,进一步向上选择批发商或代理商。渠道构建顺序逆向化充分体现了以"种子用户满意为中心"的渠道管理思想,目前已成为新企业、新品种进入市场的重要营销手段。

## 3 种子分销渠道模式创新

表1-1显示,目前温州市场种子整合创新渠道只占渠道比重的7.03%。随着种子市场由品种竞争转向渠道竞争,种子分销渠道的创新越来越为企业所重视。笔者根据市场调查、专家座谈和种子企业创新的实践,总结和构建以下6种类子分销渠道创新模式。

### 3.1 公司式渠道模式

经过十多年的市场激烈竞争,目前我国涌现出很多实力强、规模大、品牌知名度高的种子企业,这些企业可以作为渠道领袖,负责构建公司式渠道。具体内容:渠道领袖通过投资入股的方式拥有中间商的部分或大部分股权,直接或间接地支配中间商的经营活动。渠道成员接受渠道领袖的理念,服从渠道领袖的管理,协助渠道领袖做好种子促销、物流、技术服务等工作。如,温州康篮农业科技有限公司(以下简称康篮公司)以实物和现金对台州桔多农业科技有限公司(以下简称桔多公司)进行49%的注资,并承诺给予桔多公司信用、技术等支持;而桔多公司自愿接受康篮公司的经营理念和管理模式,依托桔多公司原有的分销网络、销售队伍和服务体系全力以赴销售康篮公司的种子。这种模式具有以下优点:第一,康篮公司参股桔多公司,可以风险共担,利益共享,协调行动。第二,康篮公司虽实力强,但无力短期内开拓台州市场,而桔多公司虽有网络,但苦于没有良种、技术及资金,两家公司取长补短,使种子产品、技术、资本、市场等相关要素的有机组合,实现了优势互补,资源共享。该模式的实施,使康篮公司在台州市场种子销售额以每年

30%递增,不但扩大了市场,也取得了明显的社会和经济效益。

### 3.2 司站社一体化渠道模式

随着乡镇农技站的改革,农技站原有的服务功能已名存实亡,而农户,特别是农民专业合作社对良种与良法配套的农技知识的渴望越来越迫切。面对这种现实,笔者认为有一定规模的种子企业借助市场机制,自愿联合,取长补短,通过合作、合伙等多种形式,构建司站社一体化渠道,即种子生产企业把各县植保站和农民专业合作社组织起来,形成种子公司向农民专业合作社供良种,植保站向农民专业合作社施良法,农民专业合作社接受种子公司的良种和植保站的良法,种子公司向植保站提供培训费、资料费、会务费等。如温州康篮公司组织各县区植保站(瓯海、龙湾、瑞安、乐清)和5家农民专业合作社(瑞安市展鹏农业综合开发专业合作社、温州富地农产品种植专业合作社、瑞安梅屿蔬菜专业合作社、龙湾亿能蔬菜专业合作社、瑞安荆谷白银豆专业合作社)正在探索司站社一体化渠道模式,如图3-1所示。该公司的老总刘化宙先生认为在当前乡镇农技站人走网破的情况下,此模式不失为一种很好的可行办法,它提高了农技技术服务到位率(受益面积达50万亩),扩大了种子占有率,培养了种子用户的忠诚度。

图3-1 司站社一体化渠道模式

### 3.3 供服销一条龙渠道模式

当前种菜赔、卖粮难,农产品农药残留高的现象时有发生。为了消除农民和居民担忧,种子公司可以尝试与种植大户、超市和农产品配送中心签订合同,种子公司向种植大户供应种子、化肥、农药等生产资料和一系列产前、产中、产后等技术服务,超市按规定不低于保底价收购。如温州康篮公司在沪香685、番茄两个品种销售上就采用了供服销一条龙渠道模式,如图3-2所示。合同规定种植大户保证购买康篮公司经营的种子等生产资料,按康篮公司确定的农产品生产标准、数量要求和品种规定组织生产,并自愿接受康篮公司的监督;康篮公司向种植大户免费提供沪香685、番茄的栽培、病虫草防治、配方施肥等技术,温州市超市和农产品配送中心根据市场行情不低于合同规定的保底价收购。供服销一条龙渠道模式的实施调动了种植大户的积极性,扩大了康篮公司种子的销售,解决了种植大户和居民的后顾之忧,产生了巨大的社会和经济效益。

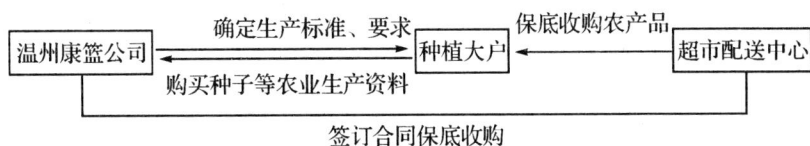

图 3-2 康篮公司供服销一条龙渠道模式

## 3.4 "种子+农技"连锁渠道模式

信誉好、资金雄厚、规模大的种子企业(种子生产商或当地知名的中间商),可组织种子零售商和农技相关部门(农类院校、农科所和植保站),以协议的形式,按照统一品牌、统一广告、统一价格、统一配送和统一服务的原则建立"种子+农技"连锁渠道模式。协议规定:种子企业通过一定的补贴(资料费、培训费、交通费、误餐费等)聘请农技相关部门人员向该市场种植大户、农业合作社和农业企业提供栽培、作物病虫害测报和防治、管理、加工等农业生产相关的服务。作为条件,种子零售商必须从种子渠道首脑处购买种子。该模式的特点是:种子连锁店成员三权独立(所有权、经营权和财务核算权),连锁店成员在保持自身独立的前提下,通过平等协商,统一进货,分散销售,互通信息,服务为先。

## 3.5 种植大户协会模式

随着种植大户数量越来越多、规模越来越大,种子龙头企业应该争取当地农业相关部门的扶持,组织该地区的种植大户(包括种植型农业合作社和种植型农业企业),成立种植大户协会。协会会长由种子龙头企业负责人担任,副会长和秘书长由种植大户通过选举产生。种子龙头企业向协会会员提供种子、协会经费、融资和咨询、培训、指导、示范等服务;协会成员必须向种子龙头企业购买种子,并积极配合种子龙头企业新品种的示范和推广。

## 3.6 电子商务渠道模式

电子商务渠道是指种子企业和用户借助电子网络平台,分别发布种子供求信息,种子企业接受种子用户网上订单后,直接将种子通过邮寄或送货上门的方式送达种子用户。该模式加速了种子和资金周转,缩短了种子供需之间的距离,节约了种子供需双方的成本,提高了经济效益。随着计算机和互联网在农村的普及和提高,种子电子商务渠道模式将成为一种发展趋势。如,温州吴桥种业有限公司近几年来以淘种网作为平台,大力开展种子电子商务业务,交易量越来越多,影响也越来越大。吴桥种业公司电子商务交易程序见图 3-3。

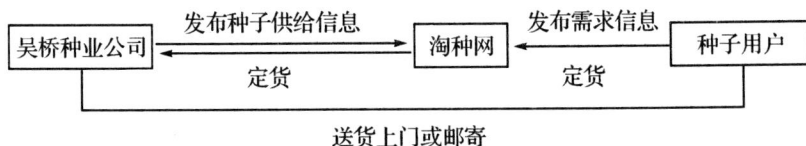

图 3-3 吴桥种业公司电子商务渠道模式

## 参考文献

[1]杨再春.种子企业分销渠道冲突探析[J].安徽农业科学,2007,35(3):899－901.

[2]杨春富.分销渠道管理[M].南京:东南大学出版社,2008:184.

[3]闫书鹏.蔬菜种子企业的渠道策略选择[J].中国蔬菜,2008(8):65－66.

[4]俞敏辉.蔬菜种子营销渠道及模式选择[J].种子世界,2006(8):25－26.

# 十五、温州市国有农场的出路研究①

温州科技职业学院　蔡婧

　　**摘　要**　随着社会主义市场经济体制的建立和完善,国有企业深化改革进入了一个新阶段国有农场是农村经济的重要组成部分,温州的国有农场在生产发展中取得了一些值得社会充分肯定的成就,但由于国有农场自身的一些特殊性,面临的问题比较复杂,深化改革的任务相当艰巨,需要进行认真的思考与探索。

　　**关键词**　温州国有农场;出路;对策

## 1　温州国有农场存在的问题

### 1.1　扶持政策不到位

　　自 2000 年以来,国家、省、市实施的扶贫攻坚、退耕还林、农网改造、农村人畜饮水工程、乡村道路建设、特产税减免、危房改造、良种补贴、抗旱救灾、低保医保等一系列重农、扶农政策措施,切实减轻了农民的负担,使广大农民受益匪浅。而国有农场身为企业、身处与周边农村相同的地理位置,本应该享受与农村一样的优惠政策。但在扶持政策落实的过程中,市、乡两级政府都将其列入扶持范围,未得到惠农政策"半点甘露",呈现出"农场不如农村、农工不如农民"奇怪现象,在一定程度上影响了农场的积极性。

### 1.2　经济发展缓慢

　　国有农场是计划经济的产物,由于改革滞后,加之地理位置偏僻,现有的农场管理体制极为不顺,农场干部、职工的积极性、创造性难以充分调动起来,农场对上难以负责,对下难以管理,工作难于开展,导致农场发展停滞不前,甚至倒退,国有经济正逐步萎缩,非公有经济又很难发展起来。

### 1.3　企业包袱沉重

　　在适应市场经济制度的过程中,农场还背负着计划经济时期形成的沉重的历史包袱(如建场初期的债务、),农场还承担着"小社会"的管理职能,农场辖区内大量的社会性事务及基础设施建设没有纳入属地统一管理和发展规划,如计划生育、综合治理、义务教育、通场公路等公益职能,项目多,费用大均由农场自己承担,致

---

　　① 项目来源:浙江现代农业中小企业研究基地 2011 年度课题(项目编号:zny2011005),课题成员:蔡婧、范广坤、沈悦、钟小娜、周胜芳。

使目前的农场身为企业,名不符实。

与此同时,随着城镇化建设的蓬勃发展,农场土地不断被开发、征用,越来越多的被征地人员,因失去职业,而没有稳定的经济收入,生活被迫陷入困境,其长远生计问题更加没有保障。

## 2 温州国有农场的内在特性

国有农场经济是整个农村经济的有机组成部分。综合研究国有农场管理工作应该把农场放到整个农村经济的全局来考虑。现阶段国有农场具有企业性、社会性、弱质性、区域性等内在特性。并且随着经济与社会的持续发展,越来越显得突出。

企业性是指国有农场是集土地、劳动力、资本、技术于一体,并在追求利润动机和承担风险条件下,为社会提供产品和服务的经营实体。实行独立核算、自负盈亏,并拥有经营自主权。社会性是指国有农场不同于一般围墙企业,既是一个经济组织,又是一个社会群体。国有农场是在特定的历史时期、特殊的环境条件下,历经半个多世纪开发建设起来的,已逐步形成具备一定社会管理职能的服务系统。目前社企不分一时难以改变,农场企业会承受部分社会负担。弱质性是国有农场由来的基本特征,长期以来国有农场不仅开荒与生产,还要建设家园,而且从事的农业生产又大都以大宗农产品的种养殖及农产品初加工等传统农业为主,科技含量与资本含量普遍不高,规模经营优势不明显,很难摆脱弱质性的行业特点。区域性是指国有农场所辖一定地域范围,包括非农用地、基本农田、桑茶果园、山林、鱼塘、山塘水库等,性质虽为国家所有、但为国有农场占有和使用,这就决定国有农场需扮演农场社区必要设施建设和农场道路、农田水利等基础设施建设的角色。抓好现阶段国有农场管理工作,正确把握上述"四性",可以从以下方面找准工作着力点。

## 3 加强国有农场土地的管理

土地是国有农场经济发展最基本的生产资料,也是国有资产的重要组成部分。温州土地资源稀缺,农场土地蕴藏着巨大的预期经济价值。依法保护农场合法权益,重要的就是要保护农场土地合法权益。当前要把落实国有农场土地登记发证制度放到突出位置。土地确权登记是保护土地权利人对于土地的合法权益,是一项重要法律制度,是土地权利发生、变更和消灭的法律要件。国有农场只有依法登记,土地的占有和使用权才会受到法律的保护,才不会得到任何单位和个人的侵犯。要认真贯彻落实《国务院办公厅转发国土资源部、农业部关于依法保护国有农场土地合法权益意见的通知》(国办发〔2001〕8 号)精神,准确把握农场土地确权登记的相关政策,有序推进国有农场土地登记造册,核发国有土地使用权证,确认使用权。同时在新一轮土地规划制订当中,要加强对国有农场土地的规划管理,严格规范征用国有农场土地审批程序,切实保护好国有农场基本农田,统筹安排国有农场土地开发利用等。

## 4 开展现代农业示范农场(基地)的建设

把国有农场建设成为现代农业示范点是新时期赋予国有农场的历史任务。这方面国有农场有着明显的资源优势、规模优势、科技优势和区位优势。全市农场现有3个省级现代农业示范园区,3个省精品农业示范基地,8个省无公害农产品基地,若干只产品通过无公害、绿色食品、有机食品认证。开展现代农业示范农场(基地)的建设,通过以农业科技进步和农业经营机制创新为动力,加强农场基础设施建设,改善农场生态环境,加快实施农产品品牌战略,提升农业产业化经营水平,从而提高农场农业综合生产力和市场竞争力。建设现代农业示范场要根据我省优势农产品区域布局、突出科学性、高效性和示范性,力求做到可看、可学、有效益,建设包括都市农业、精准农业、设施农业、绿色生态、良种繁育、休闲观光等多种类型的现代农业示范(基地)场,充分发挥国有农场在发展农业产业化经营中的引领作用,在健全农产品质量安全体系中的引领作用,在实现农业现代化进程中的引领作用。

## 5 国有农场应大力发展专业合作社

农业专业合作社是在家庭承包经营基础上,同类农产品的生产经营者或者同类农业生产经营服务的提供者、利用者,自愿联合、民主管理的互助性经济组织。发展农业专业合作社符合现代农业的发展规律,能够有效解决国有农场农业发展中遇到的实际问题,是国有农场继实行家庭农场之后,经营体制的又一次革命。

### 5.1 发展农业专业合作社是驾驭客观规律的科学选择

过去,变农场统营为家庭农场经营十分必要,现在,将家庭农场通过农业专业合作社组织起来,同样是现代农业发展的必然。

第一,发展农业专业合作社是经济发展规律的要求。生产力决定生产关系。过去农业生产力水平低,个体劳动对生产结果起重要作用,所以,改农场统营为分散的家庭承包十分有效。而今农业生产力水平提高,大机械作业,个体作用相对减弱,通过农业专业合作社组织起来,更有利于生产力的发展。随着国有农场农业现代化的推进,将家庭农场以新机制组织起来的要求会越来越迫切。

第二,发展农业专业合作社是市场需求规律的要求。市场供求格局决定生产经营方式。过去农产品市场为供方市场,因此,家庭农场分散生产的弊端不明显。而今农产品市场已转为需方市场,随着市场对农产品的优质化、标准化、均质化、规模化要求的显著提高,家庭农场分散生产已经难以和市场有效对接,通过农业专业合作社组织起来是明智的选择。

第三,发展农业专业合作社是社会发展规律的要求。世界已经进入团队时代。当今单打独斗已经很难参与激烈的市场竞争,更难以在激烈的市场竞争中获胜。集团垄断、连锁经营、区域合作、产业化组织等团队模式已经成为市场竞争的主流模式。因此,通过农业专业合作社组织起来,无疑是家庭农场适应社会发展趋势的必然选择。

### 5.2 发展农业专业合作社是解决当前各种矛盾的现实抉择

一是可以化解职工增加收入难的问题。分散生产难免导致生产经营成本相对增加、市场竞争话语权相对削弱。成立农业合作社,形成相对大的生产经营规模和组织体系,就会提高市场竞争能力和谈判地位,从而增强吸引客户能力,提高产品销售价格,降低生产资料价格,进而实现垦区职工群众的增收。

二是可以改变农场凝聚力低的问题。分散生产难免产生分散权益、分散心里,在一家一户的生产经营形式下,大农场的号召力、控制力逐渐减弱。成立农业合作社,合作生产,组织化程度提高,有利于国有农场管理措施的执行、发展战略的落实、经营效益的增加,从而提高农场的凝聚力。

三是可以解决加快农业现代化问题。分散生产难免生产者水平有高有低、难免分散经济实力。成立农业合作社,既有利于改进生产、推广先进技术,又有利于集中财力,更新大型机械、投资农田基本建设、组织规模化产业化生产,从而加快垦区农业现代化的步伐。

四是可以破解农产品竞争力低的问题。分散生产难免良莠不齐。成立农业合作社,统一组织生产,有利于统一生产标准、产品标准,提高农业标准化水平,有利于建立农产品质量追踪系统,从而提高垦区农产品的竞争力。

### 5.3 发展农业专业合作社是符合国有农场实际的明智抉择

相对于农民,国有农场的职工对专业合作社的组织方式更易于接受,国有农场具有发展农业专业合作社的基础。

第一,国有农场的组织管理体系、农业的生产方式,使职工群众比农民有更强烈的组织愿望、组织观念、组织依赖,发展农业专业合作社有企业文化基础。国有农场生产规模大、生产力水平高,比农村有更优越的资源条件、经济条件、人才条件,发展农业专业合作社有雄厚物质基础。

第二,国有农场发展现代农业,推进农业标准化、信息化、优质化、产业化、现代化,迫切需要将家庭农场以新机制组织起来,发展农业专业合作社有现实需要。

第三,农业专业合作社的法定组织规则,有利于为国有农场更多的职工群众接受。例如:专业合作社既按股分红,又按社员与专业合作社的交易量分利,满足了部分职工群众想发财、想享受合作社的好处,又不敢担风险的心里;专业合作社入社后提前申请,下一年即可以退社,消除了部分职工群众投入后老本全亏的担心。

第四,农业专业合作社比其他组织方式更有优越性。与协会相比,农业专业合作社的组织者利益更大、更明朗,有利于调动组织者的积极性。与公司相比,专业合作社可以享受国家产业倾斜、财政扶持、金融支持、税收优惠等四种政策扶持,效益会更好。

## 6 维护国有农场及职工的合法权益

国有农场既不同于农村也不同于城镇,农场职工及其家属既有别于农民,也又有别于城镇居民。有的在农场改制中虽然职工身份置换了,但是他们大多数还远离城镇、住在农场,仍然是一个弱势群体。农场工作的目标就是要发展农场经济,促进农场职工增收,改善农场环境,提高农场职工生活质量。维护职工的合法权益主要体现在要完善国有农场土地承包经营制度,依法保障农场职工及家属工承包经营土地的权利;按照国家有关政策将农场职工纳入地方基本养老、医疗、失业、工伤和生育等社会保险体系和就业与再就业培训就业体系。

国有农场的社会性、弱质性、区域性决定了国有农场发展经济和改善农场社会环境更需得到各级政府的政策支持。在中央提出统筹城乡发展,促进城乡分割的二元结构向城乡互促共进的现代结构转变过程中,国有农场这个特殊群体也应享受各级政府的公共服务。温州应该争取在资源流通、公共道路、农田基础设施、山塘水库加固、农场环境整治、职工饮水、电网改造、社区文化、教育卫生等诸多方面,让国有农场更多享受一些政府公共财政的阳光。

## 参考文献

[1]窦玉敏.浅议国有农场在新农村建设中的示范带动作用[J].农场经济管理,2008(1).

[2]张黎明.关于国有农场产业结构调整的思考[J].安徽农业科学,2002(3).

[3]许迎春.关于国有农场建立现代企业制度的思考[J].开发研究,2000(5).

[4]尤飞.新时期地方国有农场的"三大缺陷"与改革对策[J].新疆农垦经济,2007(5).

# 美丽温州建设

## 十六、流域生态补偿对策研究
### ——以温州飞云江流域为例[①]

温州科技职业学院　李红

## 1　研究的背景和意义

流域生态补偿研究是生态学、环境经济学、环境管理学以及可持续发展领域的一个前沿和热点论题。大多集中于理论研究,对补偿的实践研究尚处于初级阶段,特别是定量的生态补偿标准研究屈指可数,一定程度上制约了生态补偿实践研究的发展。就某一流域而言,流域上中下游各区域任一区域主体保护或破坏水资源的行为都会对其他区域产生相应的正负外部性影响,因此,为激励环境保护行为减少环境破坏行为,保证各区域主体的公平性,有必要将生态补偿引入流域环境管理的实践中。然而目前流域生态补偿标准的确定存在难度,没有统一的可操作的量化模型。

### 1.1　研究背景

近年来,国家通过资金调配和节水补偿等方式给予上游地区资源、生态一定的补偿,但由于缺乏生态保护的相关经济政策,使得地区生态效益和经济效益在保护者与受益者、破坏者与受害者之间不公平分配,导致了受益者无偿占有生态效益,保护者得不到应有的经济激励,破坏者未能承担破坏生态的责任和成本,受害者得不到应有的经济赔偿。生态保护与经济利益关系的扭曲,不仅使中国的生态保护面临很大困难,而且也影响了地区之间以及利益相关者之间的和谐。长期以来,我

---

① 项目来源:浙江省社科联研究课题(课题编号:2012B033),课题组成员:李红、陈才明、陈晓飞、刘卓谓、叶醒芽、张呈念、李强、李新华。

国一直采用行政手段强令地方政府和居民进行水源保护,当生态保护与当地经济发展发生冲突时,高层政府往往偏向于前者,而基层政府以及地方居民则倾向于后者,形成水源地生态保护不同利益主体的错位。中华人民共和国水利部发布的《水利产业政策实施细则》指出:"建立保护水资源、恢复生态环境的经济补偿机制。"有鉴如此,理论界和政府在构建和谐社会这一主旨下,正在思考如何利用科学合理的政策手段使人们的生态保护行为得到经济补偿。

流域供水在中国具有公共品属性,没有明晰区域水权,属于国家所有并统一调配,政府既是政策制定者和监督者,又是具体业务的经营者,因而形成了典型的行政性垄断。由于决策主体单一,缺乏稳定、规范的建设资金渠道,没有形成多元化的市场化体制,严重地制约了水资源补偿制度的进步,使其滞后于城市和社会经济的发展,并使我国水源地保护处于这样一种尴尬境地:一方面,水源地保护外部效应显著,政府强力推导;另一方面,保护者必须牺牲个体和地方的利益,损失他们的发展权。作为整个社会系统中平等的个体而言,在为社会做出牺牲的同时,如果不能得到应有的补偿,作为一种社会行为,是不公平的,同时这种行为也是难以持久的。有鉴如此,理论界和政府在构建和谐社会这一主旨下,在市场经济的运行机制下,正在思考如何利用经济手段使人们的生态保护行为得到经济补偿。

温州市是一个资源小市、人口大市、经济强市,人均土地资源、人均水资源等资源拥有量均低于全国平均水平。而这些有限的自然资源又面临着过度开发、不合理利用等问题,加上工业污染、生活污染、农业面源污染等多方面因素,温州目前的流域生态环境现状不容乐观。流域生态保护面临诸多问题,而导致流域生态问题的根源在于没有明确的流域生态保护机制,对流域生态保护投入不足,上下游地区经济发展与流域生态环境保护的矛盾十分突出。以飞云江流域为例,飞云江是浙江省八大水系中水质最好的水系之一,流域上游为保护这条河流付出了巨大的努力,目前全县森林覆盖率达 70.6%,列为国家保护的珍稀动物 17 种。当地政府严把生态标准关,对生态环境有害的项目实行一票否决制,近三年来拒绝投资 500 万元以上的企业近百家,投资总额达 20 多亿元。长期以来,飞云江流域上游地区为了维护良好的生态系统,不断加大生态环境保护和建设投入,采取关停和否定污染项目限制当地污染企业发展的措施,使上游地区经济发展受到一定的影响,与下游地区的差距不断拉大。经济差异的日益拉大严重削弱了上游地区对生态保护和建设成本的承受能力,生态保护的实际投入与长期维持优良生态系统的投入需求之间也存在很大差距。因此,建立和完善流域生态补偿机制,实施下游受益区对流域上游地区的补偿机制,可以调整流域上下游的生态关系和利益关系,加快上游地区经济社会发展,并有效保护流域上游的生态环境,从而促进全流域的社会经济可持续发展。

## 1.2　研究意义

国际、国内普遍存在河流上游和下游、水资源保护区和受益区、区域经济发展和水资源环境保护等的不协调问题。因此,对温州流域生态补偿机制的完善与创

新研究,总结起来有以下几方面意义:

(1)不仅有利于解决流域生态利益的供求平衡,缓解流域生态服务的供需矛盾,解决流域生态建设和生态保护的资金短缺问题,也有利于解决上下游经济、社会发展不平衡的矛盾,从而实现未来流域的可持续发展,而且对于国内同类区域问题都具有理论借鉴价值和实践指导。

(2)本课题不是纯理论分析,而是结合实地调研从实践层面上采用成本效益分担法计算补偿标准,完善流域生态补偿标准的计算方法,从而有利于深化生态补偿的定量化研究,具有较深的学术价值。

(3)在成本效益理论分析的基础上,结合了温州飞云江流域统计数据资料进行实证分析,构建补偿标准模型并计算标准额度,使温州流域生态补偿机制更具有直观性、具体化,并为实现温州流域生态补偿提供了依据。对生态补偿模型的应用进行研究,为决策者进行流域补偿政策改革提供理论上的参考和建议,同时也对我国其他流域推行流域生态补偿机制提供了良好的参考价值,起到示范和借鉴作用。

## 2 研究方法

### 2.1 文献研究法

本文通过流域生态补偿相关文献的总结性回顾,结合运用环境价值论、公共产品理论、外部性理论等理论,为温州流域生态补偿机制的完善与创新研究奠定理论基础。

### 2.2 实地调研法

通过搜集大量实地素材,访谈飞云江流域基层工作人员,蹲点多处沿江企业,获取水源保护地生态补偿的基本情况和相关数据资料,进一步结合相关部门的统计数据,为分析温州飞云江流域可持续发展过程中生态补偿症结所在提供数据支持。在实地调研的过程中,注重实际调查和理论分析相结合,具体访谈和实地考察相结合,典型个案研究和一般化研究相结合。

### 2.3 统计分析法

基于相关部门的统计数据,运用图表等统计分析的方法对数据进行比较分析、差异分析及归纳分析,从而使表述内容更加直观、清晰。

### 2.4 模型构建法

通过构建适当的资源补偿模型,切实反映流域下游应对上游进行补偿的额度,促进水源保护地经济、社会、资源、环境的协调发展。

## 3 研究内容

### 3.1 本课题研究的基本思路

通过对温州流域生态的重大生态经济问题的分析,进一步对流域生态补偿机制做了深层次的理论研究,借鉴国外流域生态统一管理的成功经验的基础上,总结吸取国内流域生态补偿做法的经验与教训,结合流域生态资本、水资源价值的基础理论,通过对温州飞云江流域生态补偿现状及存在的问题进行调研分析,创新性地建立温州飞云江流域生态补偿机制的总体框架,构建流域生态补偿模型,并对温州飞云江流域生态补偿标准进行测算建立了实用的流域生态补偿经济模型,并在此基础上提出了合理的对策建议。

## 3.2 研究内容

本课题以温州飞云江流域为研究对象,主要研究内容包括:

(1)飞云江流域水源保护区重大生态经济问题的分析

通过对飞云江流域上下游水利经济差异、生态环境退化问题进行分析,揭示了飞云江流域水源保护区贫困性生态环境问题的根本原因。

(2)飞云江流域经济补偿的理论分析

对飞云江水源保护区为保证下游地区用水安全所做出的贡献和牺牲导致的各方面权益损失做了理论分析,作为下游用水区对飞云江水源保护区做出补偿的依据。

(3)飞云江流域生态补偿模型的建立及补偿标准的计算

根据水源保护区生态经济补偿的理论分析以及现有资料的掌握程度,确定模型的参数,建立流域生态补偿模型,利用成本效益分担方式,然后计算获得补偿标准量值。

(4)飞云江流域生态补偿对策研究

明确流域生态补偿的主客体及权责关系,建立流域间协调谈判机制;强化政府作用,运用多种市场化手段推进补偿;拓宽流域生态补偿资金来源,多渠道筹集补偿金;加强流域制度的规范和统一的流域管理机构的建立。

## 3.3 基本步骤

本课题采用实证研究法,按如下步骤开展调查研究:

(1)召开有关调研会,研讨飞云江流域生态补偿现状和存在的问题分析。

(2)考察飞云江上下游沿岸经济社会的发展状况。尤其是上游地区经济基础差、财政收入低、脱贫致富要求强烈,而水源保护区的建立,必将对两县经济的发展带来限制,两者的矛盾给水源保护工作带来困难。因此,本课题组将飞云江上游作为重点考察对象。

(3)课题组成员到飞云江沿岸实地考察,虚心听取农民声音,发现现行的生态补偿机制实施程度和补偿力度。

(4)查阅相关政策,咨询相关部门部门意见。

(5)课题组成员根据各自的分工写出子专题报告,最后由主持人写出总报告。

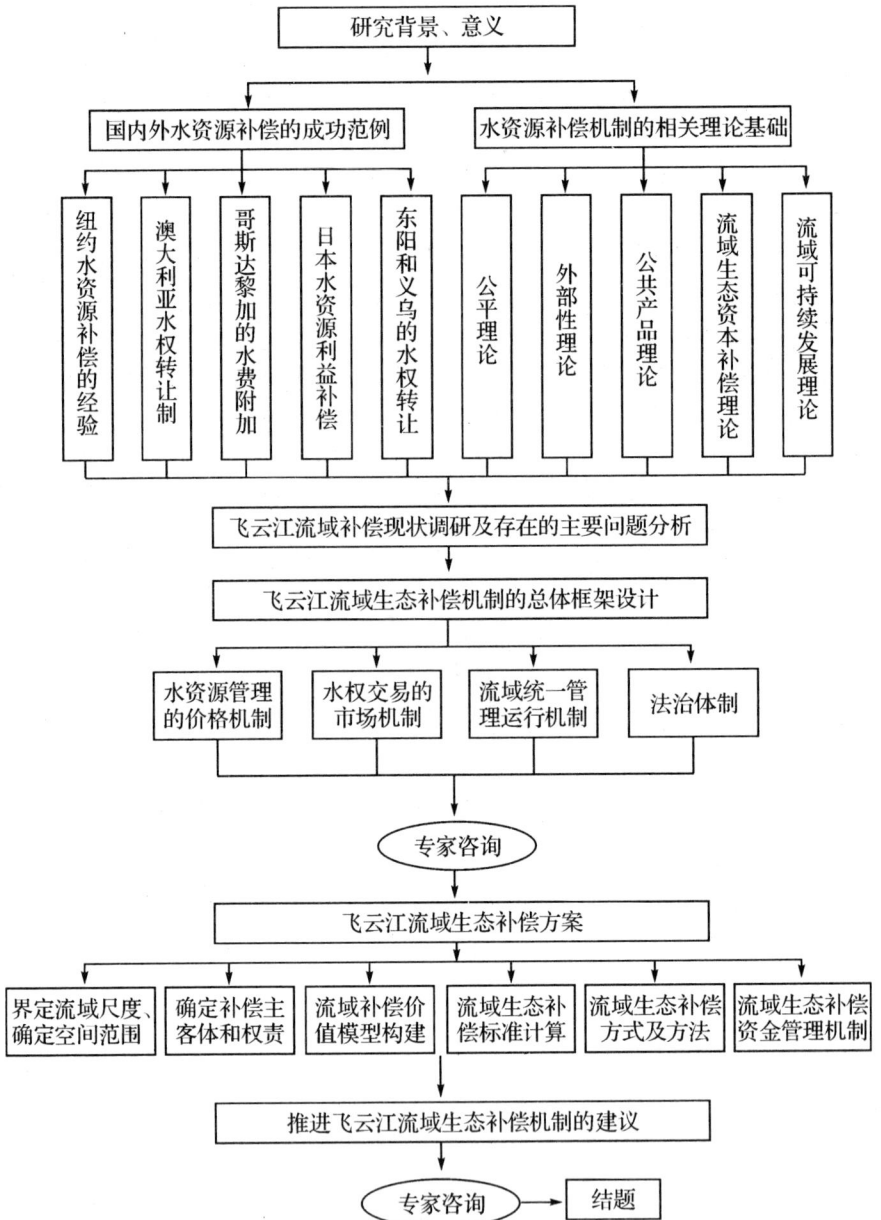

研究背景、意义

国内外水资源补偿的成功范例　　水资源补偿机制的相关理论基础

纽约水资源补偿的经验　澳大利亚水权转让制　哥斯达黎加的水费附加　日本水资源利益补偿　东阳和义乌的水权转让　公平理论　外部性理论　公共产品理论　流域生态资本补偿理论　流域可持续发展理论

飞云江流域补偿现状调研及存在的主要问题分析

飞云江流域生态补偿机制的总体框架设计

水资源管理的价格机制　水权交易的市场机制　流域统一管理运行机制　法治体制

专家咨询

飞云江流域生态补偿方案

界定流域尺度、确定空间范围　确定补偿主客体和权责　流域补偿价值模型构建　流域生态补偿标准计算　流域生态补偿方式及方法　流域生态补偿资金管理机制

推进飞云江流域生态补偿机制的建议

专家咨询　→　结题

图 1　技术路线

## 3.4　创新之处

一是研究视角的创新。目前我国流域生态补偿研究中,多数仅考虑污染所带来的生态补偿问题,而对生态环境现状好,经济相对落后的上游地区,其所带来的

正外部性在流域生态补偿研究中考虑较少。本文选取飞云江流域上游地区的文成、泰顺两县,深入探讨生态补偿标准的计算和推动产生正外部性流域生态补偿研究,弥补了这一研究领域的不足,视角新颖。

二是研究内容的创新。本课题创新性地建立温州飞云江流域生态补偿机制的总体框架和具体补偿操作思路。并对温州飞云江流域生态补偿标准进行测算,建立了实用的流域生态补偿经济模型,在解决区域性水资源分配和利益关系调节上做新的尝试,并在此基础上提出了合理的对策建议。

三是研究方法的创新。本课题研究计算流域生态补偿标准时采用模型构建理论推算和问卷调查相结合,确保补偿标准计算的准确性。本课题研究不是就理论研究理论,而是选取典型的飞云江流域为例,较为系统地构建流域生态补偿机制的框架,并提出了具体的可操作性强的政策建议。

## 4 温州流域生态补偿机制实施的必要性

目前温州流域生态环境状况不容乐观,且面临诸多问题,而导致流域生态问题的根源在于没有明确的流域生态保护机制,对流域生态保护投入不足,上下游地区经济发展与流域生态环境保护的矛盾十分突出。以飞云江流域为例,飞云江是浙江省八大水系中水质最好的水系之一,流域上游为保护这条河流付出了巨大的努力,目前全县森林覆盖率达70.6%,列为国家保护的珍稀动物17种。当地政府严把生态标准关,对生态环境有害的项目实行一票否决制,近三年来拒绝投资500万元以上的企业近百家,投资总额达20多亿元。长期以来,飞云江流域上游地区为了维护良好的生态系统,不断加大生态环境保护和建设投入,采取关停和否定污染项目限制当地污染企业发展的措施,使上游地区经济发展受到一定的影响,与下游地区的差距不断拉大。经济差异的日益拉大严重削弱了上游地区对生态保护和建设成本的承受能力,生态保护的实际投入与长期维持优良生态系统的投入需求之间也存在很大差距。

因此,建立和完善流域生态补偿机制,实施下游受益区对流域上游地区的补偿机制,可以调整流域上下游的生态关系和利益关系,加快上游地区经济社会发展,并有效保护流域上游的生态环境,从而促进全流域的社会经济可持续发展。

## 5 温州流域补偿范围的确定——以飞云江为例

### 5.1 生态补偿对象的确定

生态补偿对象的确定依据是以生态利益为中心,以公平为准绳。本文所指的生态补偿的目的是让保护者获得补偿,受益者提供补偿。

通过调研分析,本课题组确定飞云江流域生态环境的保护者主要有:林地居民、水源地保护区农民以及当地环境保护局、林业局、水利局、旅游局等相关政府部门和乡镇集体。受益者主要有：下游地区居民、下游地区环境保护局、林业局等相关政府和乡镇集体。

### 5.2 生态补偿空间范围的确定

通常，流域生态补偿空间范围的确定是根据流域上、下游的分界线进行划分。流域的上游地区因为森林保有率较高，输出优质水源，且为了保护流域水质做贡献而自身产业发展受限，被划为生态价值受偿区；下游地区因为享受到优质水资源，经济发展水平较高，被划为生态价值补偿区。

本研究所涉及的流域生态价值受偿区是指保护飞云江流域水质进行林业建设、污染防治、生态设施建设等付出努力的上游区域——文成县、泰顺县；而流域生态价值补偿区是可以享用优质的水质的下游地区——瑞安市。由于时间、精力、人力、物力、财力的限制，本文以泰顺、文成作为飞云江流域上游地区，重点调研了文成的泗溪、大峃镇、珊溪镇、峃口镇、百丈漈镇、黄坦镇，泰顺的洪口溪、莒江溪、罗阳镇、司前镇、竹里乡、百丈镇，瑞安的营前镇等地。

## 6 温州飞云江流域生态补偿现状调研

为了调研飞云江流域生态补偿现状，课题组组织 6 支富有调研经验的大学生小分队，在流域上游地区（文成县、泰顺县）共发放 220 份问卷，其中回收有效问卷211 份。问卷针对财政补贴制度是否起作用、补偿标准是否合理、其他建议意见等方面入手。调查结果显示，89%的公众认为政府的纵向财政支付补贴资金有利于缓解流域上游生态保护区的财政压力，正面促进当地政府和居民做好生态保护工作（图 2 所示）。

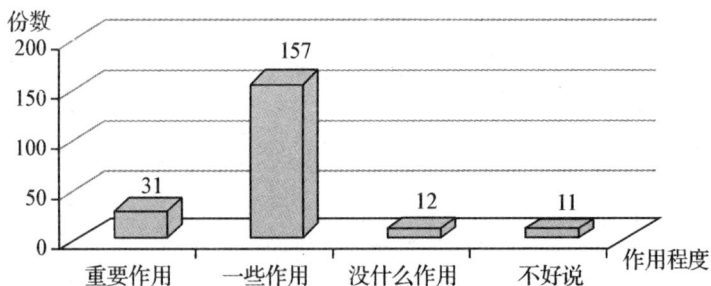

图 2 财政补贴制度对解决飞云江流域生态补偿问题所起作用

从农户调查中发现，87.3%人都认为公益生态合理的补偿额度应达到 20 元以上，现行的补偿标准太低（图 3 所示）。

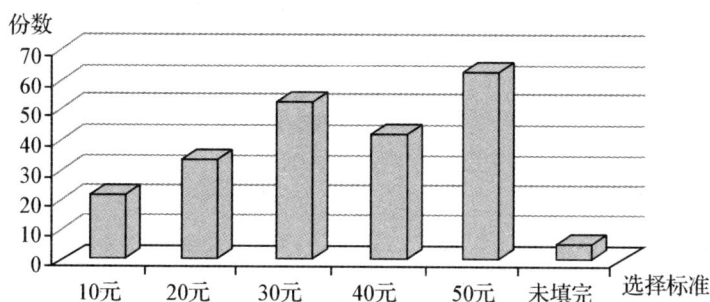

图3 农户问卷:农户认为的公益林生态补偿标准

通过调研我们发现飞云江流域生态补偿存在以下问题:

## 6.1 补偿力度不足

近年来,由于对生态建设特别是水源地保护工作的日益重视,省、市人民政府及相关部门相继出台《浙江省人民政府关于进一步完善生态补偿机制的若干意见》《温州市生态补偿专项资金使用管理暂行办法》等政策措施。生态补偿机制的初步建立,为文成珊溪水源地提供了一定的生态补偿资金,但上述文件对生态补偿的理解严重泛化,且补偿力度严重不足,具体详见表1。

表1 文成县生态补偿情况一览表

| 补偿类型 | 补偿类型子目 | 补偿主体 | 补偿现状 |
| --- | --- | --- | --- |
| 生态保护补偿 | 生态公益林补偿 | 中央省市三级 | 补偿力度不足 |
|  | 水源保护补偿 | 水资源受益地区的政府与居民 | 几乎空白 |
|  | 生态县创建补偿 | 省财政转移支付 | 基本落实 |
| 生态工程补偿 | 污水处理工程补偿 | 省财政补助市财政补助 | 补助力度不足,难以保障工程正常运行 |
|  | 垃圾收集与处理补偿 | 市财政补助 | 部分落实 |
|  | 环境监测工程补偿 | 省财政补助 | 基本落实 |
| 水利工程补偿 | 移民补偿 | 水利工程主体 | 有所补助,力度不足 |
|  | 库区与坝下居民补偿 | 水利工程主体 | 几乎没有 |
| 贫困地区补偿 | 政府公务人员补偿贫困线以下居民补偿 | 财政转移支付 | 因"两保两挂"因素,补助力度不足 |

## 6.2 补偿范围偏小

目前飞云江流域已实施的生态补偿主要是在生态公益林补偿、水土流失治理补偿、移民补偿等方面,但在调研中发现,文成县水资源保护补偿、库区与坝下居民补偿等几乎空白,一些能够提供良好生态服务的林区和自然保护区没有获得合理的补偿,补偿金也未能直接用于提高人们的生活或直接分配到个人手中。因此,应该扩大补偿范围,充分将其纳入到生态补偿的范围中。

### 6.3　补偿标准偏低

出于保护水库水质需要,飞云江流域珊溪库区山头经济林全部转化为生态公益林。截止到 2012 年末,文成县列入中央财政和省财政补偿的公益林面积为 38.5 万亩,其中国家级公益林面积 28.3 万亩,省级公益林面积 10.2 万亩。随着《浙江省森林生态效益补偿基金管理办法》、《关于拨付 2012 年森林生态效益补偿资金的通知》等政策出台,公益林补助标准从 2004 年的 8 元/亩提高到 2012 年的 19 元/亩,扣除管护支出 4 元/亩,真正补偿到大多数林农手中的由 4 元/亩上升到 15 元/亩,补助标准确实有所提高,但与经济林的收益相比,实在差距甚远。

由于生态公益林大多数是水土保持林或水源涵养林,树种必须以保水保土为目的,其经济收益几乎为零,林农仅靠每亩 15 元的生态公益林补偿金难以维持生活,而若将生态公益林改成经济林(杨梅林),据估计,其价值可达每亩 2000 元。因此,现行偏低的补偿标准,导致补偿对象对生态保护积极性不高,进而影响了上游地区生态保护的成效。

## 7　飞云江流域生态补偿机制的障碍分析

飞云江流域上游地区在保护水源地建设和生态环境建设方面投入了大量的成本并且牺牲了一定的经济发展机会,因此,下游受益地区应该给予上游地区一定的合理的生态补偿。但是由于生态补偿机制在实施过程中各区域间政府难以达成共识,课题组通过调研,分析补偿机制实施存在障碍的主要原因有以下几方面。

### 7.1　补偿主体确定难

现在大多数学者认为:流域生态补偿的受偿者应该是流域生态的保护者或流域服务的提供者以及流域生态破坏的受害者;流域生态补偿的补偿者应该是流域生态的破坏者以及流域生态服务的受益者。但是越要在流域范围内具体确定补偿的主体,难度就越大。此外,下游地区的居民在生态效益受益者的范围上存在争议,认为上游地区进行生态保护,其自身也是直接受益者,而且温州市财政自 2008 年制定出台了《温州市人民政府关于建设生态补偿机制的意见》、《温州市生态补偿专项资金使用管理暂行办法》等生态补偿相关文件起,每年给文成县下拨生态补偿专项资金不少于 3500 万元,从 2011 年开始下拨补偿专项金额提高到 5000 万元,这在某种程度上已经对上游地区实行了一些财政补贴。

### 7.2　补偿标准确定难

生态补偿额度的测算方法很多,但各有利弊。现阶段最大的障碍是难以评估生态服务价值。由于生态价值的测算指标体系和评估方法善未完善,无法准确计算流域生态服务价值,不能有效估算出流域生态变化对下游地区经济社会发展的影响状况。此外,流域资源的生态价值和经济价值也难以货币化,因此实际操作的难度很大。就目前的考虑,计算流域生态系统的价值时,一般会考虑上游地区的环境保护和建设成本、丧失经济发展的机会成本和下游地区直接收益和间接收益等方面,并对其进行量化。因此,在补偿标准上,评估体系过于单一,没能充分考虑流域库区周边农民、企业以及各级地方政府的意愿,也没有计算他们的成本和损失,致使补偿标准或偏离较大或难以确定且偏低。

### 7.3 补偿支付手段单一,资金不足

现行的飞云江流域生态补偿支付方式主要由政府主导的财政转移、扣缴财政税收等,缺少市场手段,尚未建立环境服务提供者和受益者之间的联系。这种模式的最大缺陷是生态补偿受制于行政区域的划分。一旦补偿发生在跨界流域且不是由上级政府对下级政府承担补偿责任时,生态补偿就很难实现。即使当流域补偿的主客体为同级政府,由于涉及本地区的经济发展和 GDP 增长速度等问题,补偿主体也不愿再提供资金支持来分担上游政府生态保护成本。因此,单靠政府"埋单"会引发更大的财政和管理困境。必须充分发挥市场化生态补偿模式的优势,构建多渠道投融资机制,有效地吸引私有资金参与其中,保证补偿金充分有效供给。

### 7.4 生态补偿专项立法缺失

流域生态补偿机制应该建立在法制化的基础上,虽然国家和地区层面都有立法,但都停留在理论层面,缺乏具体的完善的可操作的生态补偿专项法律,特别是没有对跨行政区域的生态补偿问题作出明确规定。2008 年修订的《水污染防治法》中明确规定,"国家通过财政转移支付等方式,建立健全对位于饮用水水源保护区区域和江河、湖泊、水库上游地区的水环境生态保护补偿机制",但并没有制定具体标准。《环境保护法》中提及关注防治污染,但是没有考虑给予环境保护和生态建设行为合理的补偿额度。此外,在流域管理上缺乏统一的跨区域的生态补偿协调机制,各区域政府往往无法达成一致的协议而导致生态补偿实践难以开展。

## 8 飞云江流域生态补偿标准研究

本文选取成本分析法进行测算。水资源生态补偿成本主要由保护区自身承担,而收益却由保护区和受益区共享。因此,本文比较研究保护区的成本投入和受益区的收益取得,对流域上下游的生态保护成本和受益进行分析测算,从而得出相对合理的飞云江流域生态补偿额度。

### 8.1 飞云江流域上游地区的生态建设成本分析

#### 8.1.1 上游地区为保护生态环境的直接投入

上游地区为保护生态环境,保护水质的直接投入,即直接成本是针对水源地生

态保护水质、保证水量和水质标准、增强涵养水源能力等直接投入的成本,包括涵养水源林业建设、水土流失治理、水利设施建设工程、环境污染综合防治等。

(1)涵养水源林业建设的投入

飞云江流域上游地区每年在林业建设投入巨大,使泰顺、文成的森林覆盖率达到70%以上,上游地区的林业建设包括植树造林建设、封山育林建设和新增育苗建设等,在水土保持和涵养水源等方面产生了良好的生态效益。

表2　2006—2012年林业建设面积(泰顺、文成)、投资额

| 年份 | 造林面积(公顷) | | 新封山育林面积(公顷) | | 新增育苗面积(公顷) | | 森林覆盖率(%) | | 林业建设投入(万元) | |
|---|---|---|---|---|---|---|---|---|---|---|
| | 泰顺 | 文成 | 泰顺 | 文成 | 泰顺 | 文成 | 泰顺 | 文成 | 泰顺 | 文成 |
| 2005 | 1044 | 820 | — | 820 | — | 6 | 75.60 | 70.2 | 1470 | 1523 |
| 2006 | 841 | 811 | — | 811 | 1.23 | 8 | — | 70.6 | 1478 | 1567 |
| 2007 | 449 | 756 | — | 756 | 0.70 | 9 | 75.58 | — | 1862 | 2627 |
| 2008 | 473 | 911 | 393 | 911 | 1.50 | 11 | — | — | 2243 | 2680 |
| 2009 | 972 | 1025 | 1600 | 1025 | 0.70 | 15 | 76.68 | — | 2857 | 3759 |
| 2010 | 723 | 632 | 800 | 632 | 2.73 | 8 | — | 70.43 | 3176 | — |
| 2011 | 1072 | 780 | 333 | 780 | 16.10 | 9 | 76.70 | 71.10 | 3548 | 7067 |
| 2012 | 1020 | 947 | 70 | 947 | 3.30 | 12 | — | — | 3367 | 7950 |

数据来源:泰顺县林业局、文成县林业局

(2)水土流失治理的投入

水源区飞云江流域水土流失面积620.99km²,占流域总面积的13.31%。从水土流失强度分析,属轻度流失(平均侵蚀模数为500～2500t/km²·年)面积369.42km²,占59.49%;中度流失(平均侵蚀模数为2500～5000t/km²·年)面积220.09km²,占35.44%;强度流失(平均侵蚀模数为5000～8000t/km²·年)面积53.2km²,占8.57%;极强度流失(平均侵蚀模数为8000～15000t/km²·年)面积28.44km²,占4.5%;剧烈流失(平均侵蚀模数为＞15000t/km²·年)面积1.14km²,占0.18%。从不同植被覆盖度影响水土流失情况看:植被覆盖程度高的水土流失轻,植被覆盖程度低的水土流失重。

表3　飞云江流域水土流失统计表

| 县市 | 水土流失面积:(km²) | | | | | 占土地总面积比例（%） |
|---|---|---|---|---|---|---|
| | 轻度 | 中度 | 强度 | 极强度 | 剧烈 | |
| 瑞安市 | 172.9 | 203.58 | 55.79 | 20.53 | 0.28 | 30.6 |
| 文成县 | 189.4 | 149.58 | 47.01 | 25.14 | 0.16 | 34.8 |
| 泰顺县 | 254.99 | 128.59 | 27.31 | 12.75 | 1.14 | 24.1 |
| 景宁县 | 13.67 | 8.87 | 2.03 | 0.72 | 0.6 | 11.1 |
| 合计 | 630.96 | 490.62 | 132.14 | 59.14 | 2.48 | 28.2 |

数据来源:《珊溪水源保护规划修编》

表4　2006－2012年水土流失面积和治理投入表

| 年份 | 水土流失面积:公顷 | | 水土流失面积治理费用:万元 | |
|---|---|---|---|---|
| | 泰顺 | 文成 | 泰顺 | 文成 |
| 2010 | 1710 | 2000 | 300 | 1609 |
| 2011 | 1703 | 1934 | 648 | 900 |
| 2012 | 1747 | 1852 | — | 495 |

数据来源:温州市水利局

（3）污染综合防治和环境基础设施建设的投入

表5　上游地区2007－2012年污染防治投入和环境基础设施建设投入

| 年份 | 污染防治投入（万元） | | 环境基础设施建设投资（万元） | |
|---|---|---|---|---|
| | 泰顺 | 文成 | 泰顺 | 文成 |
| 2005 | 185 | 851 | 1850 | 5749 |
| 2006 | 575 | — | 2000 | — |
| 2007 | 1946 | — | 3475 | — |
| 2008 | 2468 | — | 4229 | — |
| 2009 | 3304 | 1995 | 4210 | 8094 |
| 2010 | 3081 | 2084.41 | 6053 | 10870.50 |
| 2011 | 3134.5 | 1194.4 | 6000 | 18828 |

数据来源:温州市环保局

8.1.2　上游地区为保护生态环境产生的机会成本（间接成本）

飞云江流域上游地区作为温州的水源地,一直面临着从事环境保护和生态建设的重压,甚至牺牲了一定的经济发展机会,逐步成为"经济小县"和"生态大县",上游地区与下游地区的经济发展水平形成巨大的剪刀差,在一定程度上又制约了上游地区保护生态和保护水质的积极性。

由于直接计算上游地区因限制产业发展而遭受的经济损失量时获取相关资料的难度大,直接进行机会成本计算比较困难,因此采用间接方式进行计算。

### 8.2 飞云江流域下游地区的收益情况分析

本文选取下游地区的瑞安市作为研究对象。

#### 8.2.1 直接收益

由于飞云江流域上游地区为保护水质投入生态建设成本,下游地区的直接收益体现在可享受良好的水质。

(1)流域下游地区水质改善

2012 年,对照水功能区水质管理目标,飞云江流域水质达标率100%。其上游地区为下游地区以及支流提供充足的水量和优质的水源,保障了瑞安市居民的生活用水和企业的工业用水所需。

珊溪水库和赵山渡水库建成之后,新增和改善灌溉面积 100 万亩,使飞云江下游(瑞安市)沿岸农田和村庄的防洪标准提高到 20 年一遇,保护农田 18 万亩,保护人口 25 万人;并向温州市提供每年 13.4 亿立方米清洁水,供温瑞平原及飞云江以南沿海地区的平阳、龙港镇等地区,供水区内受益人口 280 万人,是温州人民的大水缸;同时为温州电网提供调峰电力 22 万 kW,使供水区河网水质由 V 类提高到 Ⅲ 类,环境效益明显。

(2)居民的直接体会

本课题组为了解流域周边居民对飞云江流域生态环境现状的满意程度,课题组负责人在学院挑选 60 名学生组成三组实践调查小分队,分别赴泰顺、文成、瑞安等三个县市进行问卷调查和访谈。

本次调查共发放问卷 572 份,回收问卷 558 份,问卷回收率为 97.55%,其中有效问卷 516 份,问卷有效率 92.47%。

问卷设置了以下问题:

您觉得飞云江流域整体生态环境满意吗?

A 很满意    B 较满意    C 一般    D 较不满意    E 很不满意

飞云江流域整个生态环境满意度调查

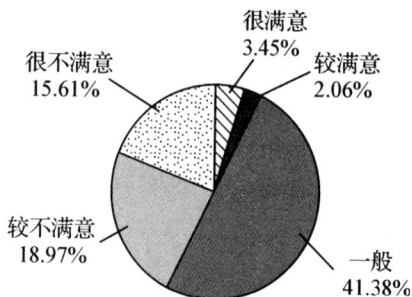

您觉得飞云江流域水质有何变化？

A 变好了　　　　　B 没什么变化　　　　　C 变差了　　　　　D 不好说

飞云江域水质变化调查

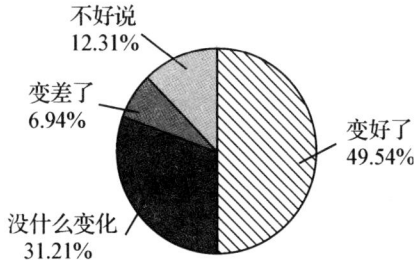

不好说
12.31%

变差了
6.94%

变好了
49.54%

没什么变化
31.21%

通过对问卷的分析，总体上流域周边居民对飞云江流域整体生态环境满意度一般，还有待进一步提高，但是就流域水质来说，认为"水质变好了"占总样本数的49.54%，"没什么变化"占总样本数的31.21%。因此，大部分流域居民都比较满意飞云江流域的水质现状。

### 8.2.2　间接收益

间接收益主要体现在流域良好的生态环境带来了旅游收入的增加。

以 2008 年为例，瑞安市全年旅游总收入 18.27 亿元，比上年增长 17.5%，其中国内旅游收入 17.44 亿元，增长 18.5%。入境旅游外汇收入 1181 万美元，增长13.9%。接待国内游客 270.90 万人次，增长 17.5%；接待入境旅游者 5.34 万人次，增长 9.6%。近年来，瑞安市旅游收入持续保持 20% 的增长速度，并提供了多个就业岗位。

## 9　温州飞云江流域生态补偿对策

### 9.1　建立流域间协调谈判机制，明确生态补偿的主客体

建立飞云江流域生态补偿机制的关键在于理顺各主客体的关系。结合飞云江流域的实际情况，其补偿主体为流域下游地区或下游周边地区，广义上，还包括受益群体如地方政府，这里指瑞安市和其政府。补偿客体为上游地区，其为保护生态环境丧失了一定的经济发展机遇，并为保护上游生态环境投入了大量的人力、物力、财力。这里指泰顺、文成县。

明确主客体的权责，即明确流域各利益相关者的权利和义务关系，不是简单的下游对上游进行补偿。倘若上游采取一定的措施治理污染或控制污染物排放，提供下游合格的甚至优于标准的水质，则下游应给予上游合理的经济补偿。反之，上游提供不合格的水质，那么下游不但不予补偿，且上游需承担相应的环境责任并进行赔偿。因此，在一定程度上生态补偿的主客体可以相互转换的，是权利和责任的统一体。

### 9.2 采用成本效益分担方式，促进补偿切实可行

合理计算流域生态补偿标准，是构建飞云江流域生态补偿机制的关键，本文主要通过理论推算，包括直接成本和间接机会成本的计算，获得补偿额度。

通过调研，上游地区为保护和建设流域生态环境而投入的成本可以分为两个部分：直接成本和因丧失经济发展的机会成本，具体情况见表6。

表6　上游地区 2006－2012 年的保护成本　　　　　　　　　　单位：万元

| 年份 | 林业建设投入 | | 水土流失治理投入 | | 污染防治投入 | | 环境基础设施建设投资 | | 机会成本 | |
| --- | --- | --- | --- | --- | --- | --- | --- | --- | --- | --- |
| | 泰顺 | 文成 | 泰顺 | 文成 | 泰顺 | 文成 | 泰顺 | 文成 | 泰顺 | 文成 |
| 2005 | 1470 | 1523 | — | | 185 | 851 | 1850 | 5749 | — | 26500 |
| 2006 | 1478 | 1567 | | | 575 | — | 2000 | | — | 44900 |
| 2007 | 1862 | 2627 | | | 1946 | | 3475 | | — | 31700 |
| 2008 | 2243 | 2680 | | | 2468 | — | 4229 | | — | — |
| 2009 | 2857 | 3759 | — | | 3304 | 1995 | 4210 | 8094 | — | — |
| 2010 | 3176 | — | 300 | 1609 | 3081 | 2084 | 6053 | 10871 | | |
| 2011 | 3548 | 7067 | 648 | 900 | 3135 | 1194 | 6000 | 18828 | | |
| 2012 | 3367 | 7950 | | 495 | | | | | | |
| 均值 | 2500 | 3881 | 474 | 1001 | 2099 | 1531 | 3974 | 10885 | — | 34367 |

数据来源：文成县、泰顺县林业局；温州市水利局；温州市、文成县、泰顺县环保局

把以上保护成本汇总，就可以计算出流域上游地区水生态保护成本，其补偿标准的模型为：

$$M = LC_1 + C_2 \qquad\qquad (公式1)$$

式中，$M$ 表示年补偿金额，$L$ 表示水资源分享系数，$C_1$ 表示直接成本（林业建设投入＋水土流失治理投入＋污染防治投入），$C_2$ 表示机会成本。在流域生态保护中，上游地区也受益，为使下游地区对上游地区的补偿更为合理公平，应扣除上游地区的受益部分。

若以人口所占比例为 $a$、GDP 所占比例为 $b$，计算权重，$L$ 可以用下式表示：

$L = a \times$（下游地区的人口/流域总人口）$+ b \times$（下游地区的年均 $GDP$/流域年均 $GDP$）

$\qquad\qquad\qquad\qquad\qquad\qquad\qquad\qquad\qquad\qquad$ （公式2）

表7　飞云江流域上下游地区人口及 GDP 对比表　单位:万人、亿元

| 年份 | 人口 | | | GDP | | |
|---|---|---|---|---|---|---|
| | 泰顺 | 文成 | 瑞安 | 泰顺 | 文成 | 瑞安 |
| 2006 | 35.00 | 36.67 | 114.61 | 22.22 | 23.43 | 276.36 |
| 2007 | 35.24 | 36.93 | 116.05 | 26.75 | 27.56 | 321.90 |
| 2008 | 35.49 | 37.20 | 117.52 | 31.31 | 32.11 | 361.93 |
| 2009 | 35.69 | 37.37 | 118.75 | 34.06 | 35.25 | 382.84 |
| 2010 | 36.33 | 37.68 | 119.05 | 39.77 | 40.52 | 457.22 |
| 2011 | 36.67 | 38.65 | 121.12 | 46.67 | 47.41 | 521.71 |
| 均值 | 35.74 | 37.42 | 117.85 | 33.46 | 34.38 | 386.99 |

数据来源:2007－2012 年温州统计年鉴

按照泰顺、文成人口占 25%、GDP 占 75% 的比重计算得出,水资源分享系数

$L=0.25\times(117.85/191.00)+0.75\times(386.99/454.84)=0.792$

因此,可以计算出飞云江流域生态补偿标准为 5.52 亿元/年。测算标准如下:

$M=0.792\times(2500+3881+474+1001+2099+1531+3974+10885)+34367$
$=55232.24$(万元/年)

### 9.3　强化政府作用,运用多种市场化手段推进补偿

目前,飞云江流域实施的流域生态补偿,无论是水库移民的补偿与扶持,还是生态公益林建设的补偿,都是以政府为主导,并主要依靠省政府财政转移支付,上下游之间的横向的转移支付和市场化手段远远不足。显然,面对飞云江流域生态补偿这一系统工程,这种单一的政府纵向转移支付体制是不足的。只有拓宽多种补偿方式,引入市场机制,让水资源生态服务受益方参与进来,才能逐步完善流域生态补偿机制。

因此,采用政府手段为主,市场化手段为辅混合生态补偿模式,能最大程度的发挥补偿资金的效益,使补偿效用最大化。

#### 9.3.1　优化政府主导模式

(1)财政纵向转移支付

采用上级政府的财政资金纵向转移支付方式来实现流域间的生态补偿,这种方式能在一定程度上缩小流域上下游的矛盾,使上游的保护活动得到一定的补偿收益。通过流域上游地区已实施的生态工程补偿、生态保护补偿、水利工程补偿等等在一定程度上补偿了当地对环保工作的投入,也保证了当地的生态保护工作的顺利开展。

(2)横向转移支付

下游地区因享受了上游良好的水资源,经济获得发展,也需要支付一定的价格。只有调整好上下游之间因环境保护责任的不平衡、付出和收获的不平衡,为上

游地区补偿一定的环境保护实际支付成本和发展机会损失成本,建立上下游区域横向转移支付,才能逐步缩小区域间经济发展差距加大的趋势。

### 9.3.2 培育流域生态补偿市场

目前国内流域生态补偿模式仍然以政府为主导,存在补偿模式单一、补偿金不够的巨大弊端,随着城市化进程的加快,市场化模式势必会在流域生态补偿中发挥越来越重要的作用。我们可以借鉴国内外流域生态补偿成功案例的经验,他们不仅依靠政府手段,更多的是依靠市场的作用,充分发挥市场这只无形的手的作用。因此,本课题也试着探索流域上下游政府或企业间市场化运作的流域生态补偿方式,培育流域生态补偿市场。

市场模式是生态补偿主客体间处在平等地位,就开发利用流域生态环境与补偿金额达成协议的交易模式。它比较适用于受益范围较小、产权较清晰、界定成本较低的情况,其主要表现形式为流域中下游地区对流域上游地区进行生态补偿,提供相关的资金和技术支持。因此,建立飞云江流域生态补偿机制需要逐步结合市场因素,避免生态服务产品的无偿使用,充分反映出生态资源资本化,并适时推进水权交易、排污权交易、信用额度交易的开展,促进上下游达成流域环境协议,实现保护环境和发展经济的双赢效果,大大提高流域上下游生态补偿的实施效率。

## 9.4 拓宽流域生态补偿资金来源,多渠道筹集补偿金

飞云江流域生态补偿资金主要来自于政府的纵向转移支付,补偿金额远远不能满足实际需求。根据《国务院关于落实科学发展观加强环境保护的决定》文件精神,要求"设立专项资金,加强与有关各方协调,多渠道筹集资金,建立促进跨行政区的流域水环境保护的专项资金,重点用于流域上游地区的环境污染治理与生态保护恢复补偿",构建飞云江流域生态补偿机制,应多渠道筹集资金,包括纵横向财政转移支付、水资源费、排污权转让费等。

(1)纵横向财政转移,合理分配责任

建议生态补偿量按市级政府:下游地区:上游地区=60:32:8的比例来分配。初期,应由市政府提供一定的资金作为飞云江流域生态补偿机制启动资金,用来弥补上游地区为飞云江流域的环境保护工作的直接投入,激励当地政府和居民积极进行生态保护和建设,促使流域生态补偿工作慢慢步入正轨;后期,为了保证飞云江流域生态补偿工作持续有效的开展,应由市政府、上游地区(文成县、泰顺县)、下游地区(瑞安市)按上述比例分别提供3.31亿元、1.77亿元、0.44亿元资金以弥补环境保护实际成本和机会成本损失。

(2)设立水资源使用费

飞云江流域上游地区为下游输送优良的水源,因此,可以建议在飞云江流域开展水权交易的试点,参照金华江流域的水权交易模式,飞云江下游地区的瑞安市可以向上游地区购买用水权,每年付给上游地区水资源使用费,并向上游支付一定的综合管理费。

（3）建立排污权转让费

飞云江上游地区为保护流域地区的生态环境采取了一系列有效防止生态环境遭到污染的有效措施,如限制或禁止污染企业进入上游地区、加大对水污染处理能力等,使其对水质的保护程度远远超出了政府的规定值,即上游地区并没有完全使用初始分配的入河排污权。上游地区可向飞云江流域管理机构提出出让排污权的申请,该主管机构进行严格的审核确认,下游地区则向管理机构提出购买排污权的申请,然后排污权的出让方和购买方在流域管理机构的指导下签订《飞云江流域污染物排放权交易合同》,上游地区收取一定的转让费用作为飞云江流域生态补偿资金。补偿标准由上下游政府按照防治流域生态环境的成本协商确定。

## 9.5 为流域生态补偿机制创造良好的制度环境

L. E. 戴维斯和 D. C. 诺斯认为,制度环境"是一系列用来建立生产、交换与分配基础的政治、社会和法律基础规则"。中国社会发展已经迈出一个较高层次的阶段,人们对生态环境质量的要求也越来越严格,宏观政策的支持是构建完善流域生态服务补偿机制的保障。因此,建立飞云江流域应该从以下三个方面进行制度建设:

（1）完善流域生态补偿的法律制度

随着我国市场经济的不断完善,利益调节必须有强有力的法律作为支撑。首先,应从国家层面上整合现有流域生态补偿的法律条文,再系统地指导生态补偿的立法工作。国家相关部门制定流域生态补偿实施办法或者指导意见,必须依法界定如下内容:一是界定流域有关补偿主客体,主要包括流域上下游政府、相关企业等;二是确定补偿资金来源及使用用途,这里可以分为成本性补偿(直接投入)和损失性(丧失发展经济的机会成本)补偿。其次,在国家统一出台有关流域生态补偿机制法律法规的基础上,探讨各地、各流域符合实际情况的生态补偿法律建设,制定有关各省开展流域生态补偿的具体实施办法,有效保证地方实施流域生态补偿工作。最后,通过理论研究和实践探索,应该适时完善各项具体的流域生态补偿法律体系。严格的法律支持是顺利实施流域生态补偿的重要前提与关键。

在飞云江流域生态补偿工作中,浙江省应制定省域内水资源保护暂行条例,并经两省人大批准后试行。条件成熟时,形成飞云江流域水资源保护条例,并建立流域水量水质监测和污染物排放监测的信息公开制度、生态补偿评估制度、生态补偿实施情况的审计制度等。因此,浙江省环境保护局与财政厅应考虑实施《飞云江流域生态补偿暂行办法》,在飞云江流域内全面实施环境生态补偿机制,主要思路:采用"达标奖励"和"超标罚款"相结合的"双向"补偿机制,补偿标准按照公式"直接投入＋机会成本"确定,财政部门会同环境保护行政主管部门进行补偿和奖励,补偿资金用于流域污染治理工作及奖励较好完成飞云江流域的生态保护责任目标的地区。

（2）规范流域生态补偿的管理制度

建立规范的、有效的流域管理制度,不仅是流域资源自然属性(流动性)的本质要求,而且是建立完善的流域生态补偿机制和实现整个流域上下游地区和谐发展的重要保障。生态补偿机制的建立涉及复杂的流域管理机构,上下游各行政区的水利、环保、林业和农业等部门都行使着相关的管理权限,为了克服这种低效率的管理模式,只有建立统一的流域管理机构才能有效地解决这些弊端。国外的很多国家都采用这种方式管理流域资源,获得了很好的实践效果,例如,现在被认为是世界上最有效管理流域的城市——巴黎,就是建立统一的管理机构。文成、泰顺、瑞安可以在市政府的指导下建立飞云江流域管理机构,在区域间的利益发生冲突后,在保障流域上下游地区经济利益和生态效益最大化的同时,实现推进整个流域地区的发展。

飞云江流域生态补偿机制涉及众多的利益相关者,需要综合协调各利益体的合作,并建立规范监督体制,监督飞云江流域管理机构执行各项生态补偿工作,这是保障生态补偿工作顺利启动并有序开展的重点。飞云江流域生态补偿监督制度主要是针对两个方面:其一,审查飞云江流域上游地区是否认真执行生态补偿工作、补偿资金是否发放到生态环境保护和建设者手中、补偿资金是否运用到生态建设和投资上等。对飞云江流域生态补偿资金发放情况的监督是整个生态补偿机制的重点。其二,检查流域补偿资金的使用效率,是否完成规定的生态保护和建设的目标,是否有效改善流域的生态环境。因此,飞云江流域管理机构必须严格执行生态补偿机制,该流域主管部门的上级部门也必须加强对其管理和监督。

(3)健全流域生态补偿的产权制度

为了解决社会成员对流域生态资源的认识不清问题,必须加大生态资源知识的宣传,强化流域居民的环境产权意识,树立全社会"生态有价、环境有价、资源有价"的观念,为顺利实施流域生态补偿机制奠定一定的产权基础。

随着我国社会主义市场经济的不断推进,明晰产权是构建流域生态补偿机制的关键,明确界定流域生态补偿的主客体,提供产权明确的流域生态服务和产品是基础,这样可以为政府部门确定流域生态补偿对象和制定补偿标准提供依据,也可以为生态服务供需双方创造一个公平的交易平台。对于水权,可以通过重新确定水权,使水的所有权与使用权分开,明确界定其使用权,允许水资源使用权交易,并受法律的保护,切实发挥市场机制在流域生态补偿中的作用。因此,从构建完善的流域生态补偿机制的层面来看,也需要加快推进我国水权制度改革进程。

# 十七、中国碳汇交易研究进展[①]

温州科技职业学院　陈方丽　张建辉　周胜芳　王金旺　王锦良

**摘　要**　碳汇交易市场在中国是一个新兴的研究领域。随着环境问题日益严峻和突出,这方面的研究文献也不断涌现。本文基于国内最近几年发表的有关碳汇和碳汇交易的文献,综述了中国碳汇发展的现状、中国碳汇交易市场的发展情况和发展中国碳汇交易市场的政策建议等,并给出了简要述评,为新时期进一步发展中国碳汇交易市场提供借鉴。

**关键词**　碳汇市场;碳汇交易;研究进展

## 1　引言

随着社会经济的发展,特别是工业化的发展,温室效应使全球气候变暖,对生态环境严重威胁,这是当前世界各国共同面临的危机和挑战,因此,气候变暖成为国际社会普遍关注的问题[1]。这种以变暖为主要特征的气候变化对全球的社会经济发展产生着深刻影响,不仅影响全球社会经济的可持续发展,而且直接影响到人类的生存,成为当前人类社会共同面临的危机和挑战。因此,如何减排 $CO_2$,降低温室效应,是摆在各国人民、政府面前的重大问题。

而要降低大气中温室气体的浓度主要有两条途径:一是减少"碳源",即在人类活动中减少以二氧化碳为主的六种温室气体的排放;二是增加"碳汇",即指吸收、固定二氧化碳的过程活动。如森林就是陆地生态系统中最大的碳库,在降低大气中的温室气体浓度方面具有不可取代的作用。而要直接降低碳排放主要依靠工业行业的碳排放量的减少,它要求工业行业要调整产业结构与能源经济模式,这在短期之内是难以实现的。而与之相比如发展林业碳汇等的成本则相对低得多,同时又体现着生态价值与经济利益的双重属性,因此发展林业碳汇对国家履行温室气体减排责任,发展低碳经济具有双重意义[2]。因此,国内外专家学者也纷纷对此问题进行了相关研究。

碳汇交易市场在当今的国际社会是个复杂的高端市场,20 年前诞生于欧洲和

————————
①　发表于《安徽农业科学》2013 年第 8 期,基金项目:2012 年温州市哲学社会科学规划项目(12wsk239);2011 年度温州市科技计划项目(R20110005);温州市 2011 年第二期科技计划项目(R20110019)。

北美,近五六年才出现于中国。这个市场的运作规则复杂,变化频率很快,且信息源头在欧美国家[3]。纵观国外的文献研究来看,可以将发展迄今的碳汇交易市场划分为 3 个阶段:即《联合国气候变化框架公约》签订前阶段、《京都议定书》前阶段和《京都议定书》后阶段[4]。由于国外的碳汇交易市场已经相应比较成熟,研究综述也已较多,在此不再赘述。

而国内对碳汇交易的研究是近几年才兴起的,而且大部分的研究集中在林业碳汇及其交易机制等方面的研究。这是因为研究表明,通过植树造林吸收、固定二氧化碳,其长期成本远远低于通过工业产业升级、利用工业污染治理减排的成本。这也是近年来森林、草地碳汇项目日益受到国际社会普遍重视的一个主要原因(赵宗福、苏海红等,2011)[5]。因此,国内专家学者也纷纷对此问题进行了相关的研究,提出了各自不同的看法和见解,现综述分析如下,以便为未来更好的发展中国的碳汇交易市场奠定扎实的理论基础。

## 2 中国碳汇发展现状研究

从 1990 年起,中国政府派出代表团参加了起草《联合国气候变化框架公约》的谈判,为达成《联合国气候变化框架公约》做出了自己的贡献。1998 年 5 月 29 日,中国政府签署了《京都议定书》;2002 年 8 月 30 日,中国核准了《京都议定书》。我国政府正式核准《京都议定书》,使得我国有资格在国内开展清洁发展机制下的造林再造林碳汇活动(曹开东,2008)[6]。

面对新机遇,中国已经积极展开了与林业碳汇项目相关的工作,及时启动广西、四川、云南和内蒙古等地的林业碳汇试点项目,为熟悉林业碳汇项目实施的有关规则和积累经验。2001 年中国科学院启动的知识创新工程重大项目"中国陆地和近海生态系统碳收支研究(CBTSEC)",为中国参与国际环境合作提供必要的知识、技术和数据贮备;2002 年国家 937 计划,"中国陆地生态系统碳循环及其驱动机制研究(CCDMCTE)"得到国家立项;2003 年,日本 GGI 公司到我国南方考察,签订了新造林 11 万 $hm^2$、低产林改造 15 万 $hm^2$ 的林业合作项目;2006 年 6 月,"中国广西珠江流域治理再造林"作为全世界唯一的一个清洁发展机制林业碳汇项目被批准(杨绍辉,2010)[7]。

自 2003 年年底,国家林业局针对气候谈判出现的新进展,成立了国家林业局碳汇管理办公室以来,国内推行碳汇项目试点和研究与日俱增(相震、吴向培,2009)[8]。2004 年,国家林业局碳汇管理办公室在广西壮族自治区、内蒙古自治区、云南、四川、山西、辽宁 6 省(自治区)启动了林业碳汇试点项目。其中,在广西壮族自治区和内蒙古自治区实施的项目是严格意义上的京都规则项目,是清洁发展机制林业碳汇项目。

2007 年 7 月,中国国家林业局联合中国石油天然气集团公司、中国绿化基金会、嘉汉林业(中国)投资有限公司、美国大自然保护协会和保护国际等单位和机构成立了中国绿色碳基金。该基金是中国绿化基金会的专项基金,属于全国性公募基金。该基金的建立,为企业、团体和个人志愿参加植树造林以及森林经营保护活动,从而增加碳汇搭建了一个平台。基金先期由中国石油天然气集团公司捐资 3 亿元人民币,用于开展旨在吸收固定大气中二氧化碳为目的的造林、森林管理以及能源林基地建设等活动。据估算,这些捐款用于造林,今后十年内将吸收固定二氧化碳 500 万~1000 万吨(曹开东,2008)[6]。

2010 年 7 月 19 日,国家发展与改革委员会下发了《关于开展低碳省区和低碳城市试点工作的通知》,包括西部的陕西、云南等 5 省、重庆、贵阳等 8 个市列入国家低碳试点范围。到目前为止,我国在提交 CDM 项目数量、预期的温室气体减排量以及已产生的碳信用数量等方面,所占的市场份额几乎是全球的一半,已成为最重要的 CDM 项目东道国。截止 2011 年 5 月,中国在联合国注册的清洁发展机制(CDM)数是排在第一位的,粗略测算,清洁发展机制(CDM)已为中国累计带来资金约 20 亿美元,通过项目的开发、建设和运行等,间接撬动的融资资金达数百亿美元。到 2012 年,我国将占联合国发放的全部碳排放交易的 41%,成为全球第一大供应国(孕丹才让、李忠民,2012)[9]。由此可见,碳汇交易市场将成为中国未来非常重要的交易市场。

## 3  中国碳汇交易发展研究

### 3.1  中国建立碳汇交易市场的必要性研究

正如芝加哥气候交易所创始人、首席执行官理查德·桑德尔说的,国际碳交易市场将最终成长为超过十万亿美元的超大型市场,有望超过石油市场,成为世界第一大市场(孕丹才让、李忠民,2012)[9]。如此大的市场潜力,充分显示了实行碳汇交易的必要性和重要性。而我国成为碳排放第一大国,低碳发展不仅成为转变发展方式的内在要求和突破口、应对国际遏制的转型措施,也是获得未来更多发展空间的战略举措。一方面,通过建立碳排放权交易这种低成本政策工具,有效解决环境改造所需大量投入资金的问题,用最低的成本实现环境管理目标;另一方面,通过碳交易这种特殊的排污权交易,既能引进资金和技术,又能促进低碳产业发展及相关技术的研发,在实现环境资源优化配置的同时,有效实现我国的碳减排承诺(赵宗福、苏海红等,2011)[5]。目前,中国已经成立了上海环境能源交易所、北京环境交易所和天津排放权交易所,但仅有少量的自愿性减排交易。同时,我国每年通过 CDM 的减排量非常巨大,但对于碳排放定价却没有影响力,完全接受国外买家的定价。因此,政府部门应加快建立全国统一的碳汇交易市场,与国际市场接轨,并最终确立中国在国际碳汇交易市场中的地位(殷维、谭志雄,2011)[10]。

### 3.2  中国碳汇交易市场发展研究

目前国内学者对碳汇交易市场的发展研究这部分内容研究稍多,主要是集中在交易市场机制、市场要素等方面的研究。邱威、姜志德(2008)[11]认为,从市场学的角度来看,市场的形成需要具备供应者、需求者和商品这3种基本要素,而通过恰当的政策设定是可以定义的。他们从供给者和供给量、需求者和需求量、交易对象、交易机制、交易成本和政府作用等方面对我国的林业碳汇交易市场进行了研究。黄健中(2011)[12]则对我国林业碳汇市场的关键要素进行了分析。他认为每个市场都具有不同的效率。市场效率的高低往往是市场供求、价格、竞争和风险等市场构成要素相互适应、相互制约、相互协调的结果。理论上,市场机制的基本要素包括供需机制、价格机制、竞争机制、风险保障机制等,但影响林业碳汇市场形成的关键要素,包括供需机制、价格机制和市场保障机制3个方面。李淑霞、周志国(2010)[13]则对林业碳汇市场的产权进行了经济学分析,并且构建了我国林业碳汇市场的运行机制,主要包括供求机制、价格机制、竞争机制和风险机制等,并且阐述了政府在林业碳汇市场运行中的重要作用。而徐珺(2010)[14]则从美国林业碳汇的交易机制和交易实践进行了研究,并总结了对我国发展林业碳汇的启示和借鉴。殷维、谭志雄(2011)[10]则对森林碳汇市场的交易模式进行了构建,包括对森林碳汇市场交易要素的设计(包括市场交易主体、交易产品和其他市场参与者)和森林碳汇市场运行模式的设计(包括森林碳汇市场供求模式、森林碳汇市场交易模式、森林碳汇市场融资模式、森林碳汇市场监管模式)。

曹国华、罗成(2010)[15]则在分析了重庆市域的碳汇碳源状况基础上提出了通过开展"碳票"交易实现重庆市域内"碳冲抵"的设想。张瑞、陈德敏等(2012)[16]则在分析国际国内碳交易市场的基础上,认为建立全国性碳交易市场,必须先建立区域性碳市场;借鉴重庆市"地票"模式的成功案例,创新性地提出了"碳票"为主的碳交易模式;通过碳汇、碳源评价,摸清市场基础,创新设计重庆碳交易机制和管理监督机制;在政策的规范指导下,推行区域碳票示范交易试点,逐步推向规范化的市场交易,并在更大区域范围内推广;最后基于市场设计,提出针对性的配套政策建议。

刘豪、高岚(2012)[17]则结合国内外森林碳汇市场发展现状,比较分析了森林碳汇市场供需关系、市场发育程度、认证标准建设和认证登记程度四个方面,得到以下几点启示:加快与国际交流,进入国际碳汇市场交易体系,增加碳市场话语权;扩大我国森林碳汇需求,培育符合中国国情的森林碳汇市场;规范森林碳汇市场供给,完成森林碳汇标准生产和认证一体化进程;建立交易平台,完善森林碳汇登记注册制度。从而实现我国森林碳汇市场有序、合理的发展。贾进、王爱民等(2012)[18]则在碳排放配额假设的前提下,将林业碳汇初级市场的交易要素和交易过程分别与一般碳排放市场进行比较,根据对比得出林业碳汇市场交易要素的特征,详细分析了初级市场交易过程的产权问题明显化、交易成本增大化、环境影响多样化等特点,并提出林业碳汇初级市场的建立和发展可能存在的问题和风险。同时,根据问题和风险存在的可能性,建议政府有关部门和企业在林业碳汇市场中应发挥相应的作用。李怒云、李金良等(2012)[19]则从森林的碳汇功能、应对气候变化及碳汇交易国际规则入手,介绍了国内外林业碳汇标准体系的现状与发展趋势;在总结中国林业碳汇标准体系研建及试点基础上,提出了构建我国林业碳汇国家标准体系的思路与建议。

还有少国内部分学者从法律角度对碳汇交易市场进行了研究。刘雪莲、刘晶(2011)[2]认为当前影响中国碳林碳汇发展的主要因素有国际法的国内适用问题,国内林权制度改革的冲突。中国森林碳汇法律制度完善的主要内容有行政许可及行政监督权力的立法完善,立法促进国内碳汇的发展与国际碳市场的衔接与交易流通。韩从容(2011)[20]认为基于森林碳汇贸易的公益性、公开性、风险性以及交易客体的"可转让性",必须通过完善标准合同、建立碳交易所、设立碳汇林保险以及建立合理的林权制度来保障森林碳汇贸易的有序进行。邹丽梅(2012)[21]从法学角度,论证了林业碳汇交易涉及民事、行政、刑事和经济法律关系,指出林业碳汇交易是一种民事法律合同,并提出相应的林业碳汇交易实施法律建议,以期规范相关林业碳汇交易行为。

### 3.3　中国发展碳汇交易政策建议研究

国内的专家学者也对如何实现中国的碳汇交易提出了一些政策建议。赵宗福、苏海红等(2011)[5]以发展青海碳汇交易为例,提出要积极构建碳汇区,明确碳汇交易的主体机构,加强碳汇交易框架及体系的研究,积极开展碳汇交易的探索试点,制定碳汇交易发展的配套政策,积极培育低碳产业发展,提倡低碳生活,营造低碳的社会氛围。殷维、谭志雄(2011)[10]则提出一要充分发挥政策"创造环境、制造市场"的作用,二要落实相关机构执行和全过程的监督管理,三要加快金融创新,有力支撑碳汇交易市场的发展,四要不断完善碳汇交易的内容和方式。张瑞、陈德敏等(2012)[16]则认为一要将碳排放纳入总量控制,实施碳排放许可制度,二要制定和完善碳交易平台制度,三要制定碳排放计量和认证审核政策,四要出台示范碳交易和自愿减排鼓励政策。王杏芝、高建中(2011)[22]则提出一要建立符合市场状况的碳汇交易体系,二要培育国内需求市场,三要积极发挥政府的监督和引导作用。方小林、高岚(2012)[23]则提出一要建立控制温室气体排放的强制性政策,二要建立统一的森林碳汇计量体系和标准,三要制定相应的法律条例,四要加强对森林碳汇理论的宣传和研究,五要降低交易成本。

### 3.4　碳汇志愿市场的发展现状研究

目前国内大部分学者都是从京都市场的角度去研究我国的碳汇交易市场,而只有少数学者对我国的碳汇志愿市场进行了研究。其中代表性人物是陈红枫和李芳(2010)[24]等人,他们对国际早期的碳汇志愿交易情况和《京都议定书》后的志愿碳汇交易情况进行了总结分析,并分析出了志愿碳汇市场的买家可以分为五类:企业、非营利组织、政府机构、国际会议及活动、个人。同时,他们结合云南省的实际情况,探讨了云南省绿色环境发展基金会的机构设计和资金渠道,并为志愿碳汇基金的建立提出了初步设想,包括基金会的机构设计、基金会的资金来源渠道、基金会的运行和基金交易项目管理等方面。

## 4 简要述评

经过 20 年的发展,林业碳汇交易从理论构想演变成实现减缓全球气候变化的市场工具,从最初的自发交易发展成更为复杂的市场机制,成为实现全球温室气体排放交易市场的重要组成部分。中国作为全球最大的温室气体排放国,承担的减排任务日益加重,发展碳汇交易市场已经迫在眉睫。但是,我们也不得不看到目前中国的林业碳汇市场依然是一个松散的、不完善的市场,它只是一个具有巨大潜力的市场雏形,还远未具有完备市场的各种功能,如价格信号和节约交易成本的功能等。目前国内的大部分研究还仅停留在基础的理论研究之上,具有可操作性的切实可行的实证研究少之又少。可见,将中国林业碳汇市场发展成为减轻全球气候变暖的一个有效便捷、功能完备的交易机制还有很长的路要走,还需要进一步深入开展有关诸如中国碳汇交易市场的影响因素、碳汇交易标准的制定和各类市场运行机制等方面的研究。

### 参考文献

[1]李友华.关于发展中国碳汇经济的几个问题[J].学术交流,2008(3):87—91.

[2]刘雪莲,刘晶.《京都议定书》的森林碳汇及其在中国实施的法律制度完善[J].新疆大学学报(哲学·人文社会科学版),2011,39(3):39—43.

[3]王天津.宁夏建设区域碳汇功能区研究[J].宁夏社会科学,2009(1):41—46.

[4]林德荣,李智勇,支玲.森林碳汇市场的演进及展望[J].世界林业研究,2005,18(1):1—5.

[5]赵宗福,苏海红,孙发平.关于青海碳汇及碳交易的研究报告[J].青海社会科学,2011(4):39—44.

[6]曹开东.中国林业碳汇市场融资机制的思考[J].中国商界,2008(2):153—154.

[7]杨绍辉.林业碳汇研究进展简述[J].现代经济信息,2010(3):206—207.

[8]相震,吴向培.森林碳汇减排项目现状及前景分析[J].环境污染与防治,2009,31(2):94—99.

[9]尕丹才让,李忠民.碳汇交易机制在西部生态补偿中的借鉴和启示[J].工业技术经济,2012(3):139—144.

[10]殷维,谭志雄.基于森林碳汇的中国碳交易市场模式构建研究[J].湖北社会科学,2011(4):96—99.

[11]邱威,姜志德.我国森林碳汇市场构建初探[J].世界林业研究,2008(6):54—57.

[12]黄建中.关于在湘江流域试点森林碳汇市场的构想[J].江苏农业科学,2011(1):

507－509.

[13]李淑霞,周志国.森林碳汇市场的运行机制研究[J].北京林业大学学报(社会科学版),2010,09(2):88－93.

[14]徐珺.美国森林碳汇交易机制、实践及启示[J].华北金融,2010(9):19－21.

[15]曹国华,罗成.重庆市域碳票交易实现路径研究[J].科技进步与对策,2010,27(22):34－37.

[16]张瑞,陈德敏,林勇.建立区域碳交易市场的路径与对策设计:基于重庆市碳票交易模式[J].中国科技论坛,2012(5):57－63.

[17]刘豪,高岚.国内外森林碳汇市场发展比较分析及启示[J].生态经济,2012(11):57－60.

[18]贾进,王爱民,戴芳.基于配额假设的林业碳汇初级市场交易特点分析[J].林业经济问题,2012,32(4):369－372.

[19]李怒云,李金良,袁金鸿等.加快林业碳汇标准化体系建设,促进中国林业碳管理[J].林业资源管理,2012(4):1－6.

[20]韩从容.论森林碳汇贸易的法律保障——从森林生态效益有效供给的角度[J].重庆大学学报(社会科学版),2012,40(17):9353－9355.

[21]邹丽梅.林业碳汇交易的法律规制[J].安徽农业科学,2011,17(6):102－106.

[22]王杏芝,高建中.从市场主体角度探析森林碳汇市场发展[J].林业调查规划,2011,36(1):117－119.

[23]方小林,高岚.中国森林碳汇市场的研究现状及进一步发展的建议[J].生态经济,2011(3):96－99.

[24]陈红枫,李芳.森林生态保护创新资金机制的思考——云南省自愿碳汇基金设计[J].生态经济,2007(10):18－22.

# 十八、推进美丽乡村建设，改善温州市 生态环境的对策研究

温州科技职业学院　周胜芳

**摘　要**　本文梳理了农村存在的主要生态环境问题及其成因，同时阐明了美丽乡村建设的内涵和温州美丽乡村建设的实施情况。并提出，推进温州美丽乡村建设，要从健全组织机构建设、做好建设规划、多渠道获取资金、加强农村实用人才队伍建设、构建人人参与浓厚氛围、持续促进农民创业增收和积极培育生态文化几个方面着手。

**关键词**　美丽乡村建设；生态环境；生态富民

农村生态环境建设是社会主义新农村建设的一个子系统，它以农村经济建设和公共事业建设为基础，它本身又是包含着诸如环境监管、污染治理、村庄美化、林业经济、旅游观光、生态效益等多方面因素在内的系统工程。在社会主义新农村的生态环境建设中如何既立足于生存环境的保护与建设，又要着眼于社会主义新农村的经济可持续发展，以上将是整个社会主义新农村的生态环境建设工程中需要不断思考和探索的命题。

改革开放以来，温州市经济社会迅速发展，城乡面貌发生巨大变化，人民生活水平显著提高，但也付出了较大的资源环境代价。农村经济的发展使农民生活水平得到普遍提高，广大农民不再把注意力放在穿衣吃饭，他们越来越注意对居住环境的改善。十二五期间，我市积极响应省委、省政府提出的"美丽乡村建设"5年计划，借此提升城乡人居环境，改善农村生态环境。

## 1　农村存在的主要生态环境问题

### 1.1　存在的主要生态环境问题

我市农村环境问题主要体现在生活污染源、农业面源污染和农村工业污染三个方面。

#### 1.1.1　生活污染源

农村地区生活污水、生活垃圾任意排放，且大部分污染物没有得到处理，严重污染了农村地区居住环境。生活污水中的污染物不仅直接影响人的生活质量和身体健康，也对河流生态与环境尤其是农村饮用水源地也构成了巨大威胁。由于排

水工程建设资金来源单一,缺乏排水设施建设资金,各区域大部分生活污水未经处理直接排入地表水体,造成部分河道富营养化,水体自净能力减弱,面临水质性缺水危机。农村生活垃圾中大部分塑料垃圾难降解,无害化处理量较低。大量生活垃圾的产生和积累,加剧农村生态环境的恶化。

### 1.1.2　农业面源污染

农业面源污染主要由农业种植污染和畜禽养殖污染两方面原因造成。由于温州部分地区农业生产模式较为传统,施肥、施药配套技术不完备,且农民缺乏科学施用化肥和农药的知识,导致农用化学品利用率低,大量进入环境,造成环境污染。2008 年泰顺县单位面积施用化肥用量折纯量 $285kg/hm^2$,明显高于全国耕地平均施用水平(折纯量 $270kg/hm^2$)。温州地区农膜施用量较大,部分未及时收集处理的农膜堆积于农田,对土壤结构造成破坏。随着温州地区畜禽养殖业的快速发展,畜禽粪便量增加。一些养殖场的粪便不经无害化处理,随处堆放或直接还田,冲刷禽舍的污水任意排放,不仅污染环境,而且还会危害人体健康。目前,文成县黄坦镇畜禽养殖规模变化较大,养殖场选址和布局不合理;废水处理工艺现多为单一的沼气净化处理工艺无法确保出水水质达到环保要求;粪便综合利用不规范,综合利用率有待提高。

### 1.1.3　村工业污染

农村工业污染主要有两部分组成,一是城市工业企业向农村的迁移,二是"土生土长"的农村工业。随着温州地区城镇化进程的加快,越来越多的工业集聚区在农村地区兴起,造成城镇工业废水、生活污水和垃圾向农村地区转移的趋势加剧,一些城郊地区已经成为城市生活垃圾及工业固废的堆放地。此外,乡镇工业企业布局分散、设备简陋、工艺落后,企业污染面广,污染治理技术落后,从而影响农村地区环境质量。例如,泰顺县污水产生量大的行业主要集中在造纸业和石材加工制造企业,2008 年污水产生总量为 42.02 万吨,占全县工业源污水产生总量的50.69%。

## 1.2　成因分析

### 1.2.1　村庄布局规划不够合理

县域城镇规划体系不够完善,村庄多、小、散现象比较严重,目前我市乡(镇)数和行政村数居全省首位,数量庞大,但规模偏小,其中 500 人以下行政村占总行政村数 40.5%,使人口分布较散,功能集聚不足,基础设施共享性不强。村庄分散规划投入大,资源利用难以集约节约,治乱治脏成本高,环境整治效率不高。

### 1.2.2　农村环境保护基础设施建设滞后

在城乡二元体制下,农村的环境保护设施和投入严重不足。当前国家的环保投入和政策制定都是以城市为重心的,大量资金和优惠政策被用在城市的环境保护上,而农村基础设施建设欠账较多,给排水、道路、生活污染治理设施等基础设施不齐全,导致农村的大部分生活废水未经处理直接排放,农业生产造成的面源污染等得不到有效控制。此外,村级组织对农民的号召力非常有限,村民参与建设的积极性未充分调动起来,投工投劳较少,很多地方出现农村公共环境无人管、管不了的现象。

### 1.2.3 农村环境保护监管体系薄弱

农村环保制度体系和能力建设薄弱,缺乏农业农村环境保护方面的专项法规和规章,监管体系不健全。一些地方存在"重使用、轻监督"、"重建设、轻管理"的状况,长效保洁机制建设滞后,导致边整边乱、前整后乱的现象时有发生,特别是城乡结合部的村庄尤为突出。农民的日常生产、生活行为缺乏必要的环境知识作指导。

### 1.2.4 农民环保意识不强

由于受传统观念影响、宣传教育不够,农民的环境意识和维权意识普遍不高,对环境污染和破坏的危害性认识不足,农业耕作及日常生活方式上存在着较大的污染隐患。此外,部分企业经营者尤其是散布在农村地区的低小散企业主缺乏环保社会责任意识和长远发展的战略眼光,公众缺乏绿色生活消费观,农村地区生态文化培育任重道远。

## 2 美丽乡村建设的内涵

浙江省委十二届七次全会提出,把建设美丽乡村作为改善城乡人居环境的两个战略重点之一,纳入生态文明建设的重要内容。浙江省从 2011 年开始实施"美丽乡村建设行动计划",到 2015 年建设成一批全国一流的美丽乡村。

按照省委提出的"四个美"的总体要求,美丽乡村建设要开展 4 个行动计划。"生态人居建设行动"按照"规划科学布局美"的要求,开展中心村培育建设、农村土地综合整治和农村危旧房改造等项目建设,构建舒适的农村生态人居体系。"生态环境提升行动"按照"村容整洁环境美"的要求,切实抓好改路、改水、改厕、垃圾处理、污水治理、村庄绿化等项目建设,构建优美的农村生态环境体系。"生态经济推进行动"按照"创业增收生活美"的要求,发展新型产业,转换农村经济发展方式,促进农民创业就业,构建高效的农村生态产业体系。"生态文化培育行动"按照"乡风文明素质美"的要求,把继承与弘扬、发掘与培育、保护与利用有机结合起来,加强生态文明知识的普及教育,增强村民的可持续发展观念,构建和谐的农村生态文化体系。

美丽乡村建设更加注重生态保护、人居环境、经济发展、农村文化以及精神文明建设,是"千村示范万村整治工程"的深化提升。建设美丽乡村是省委、省政府在经济社会转型升级的大背景下,认真总结安吉"美丽乡村"、江山"幸福乡村"、遂昌"清洁乡村"等实践基础上,为推进生态文明建设而采取的一项重要举措,也是今后一个阶段新农村建设的主抓手、主载体。

## 3 温州市美丽乡村建设实施情况

近年来，我市各县上下按照省委、省政府关于社会主义新农村建设、生态省建设和"811"环境污染整治行动，把农村环境保护摆到与工业污染防治、城市环境综合整治同等重要的位置，深入实施"千村示范、万村整治"和农村环境"五整治一提高"等工程，各项工程有序推进，工作机制初步形成，法规体系逐步完善，农村环境保护工作取得阶段性成效。深入实施"千村整治、百村示范"工程，完成行政村整治2673个，建成全面小康示范村和新社区216个，全市农村生活污水处理率达50.5%，生活垃圾集中收集率达到87.5%。近两年累计完成农村住房改造7.17万户、困难群众危旧房改造1.21万户。深入推进康庄工程，等级公路通村率达到79.2%。万里清水河道工程共完成1476.61公里清水河道建设。实施"绿满温州行动"，加快生态市建设，完善生态补偿机制，全市累计建成生态公益林250万亩，森林覆盖率达61%。加快农村饮用水工程建设，解决了150.9万农村人口饮水不安全问题。生态创建改变城乡面貌。截止2010年年底，全市累计建成国家级生态乡镇21个、省级生态乡镇143个，洞头县和泰顺县建成省级生态县。截至2009年年底，全市累计建成市级生态县镇165个、市级生态村661个，省级绿色学校86所，绿色社区60个，绿色企业19个，绿色饭店22家，绿色家庭151家，绿色医院6家。

虽然近几年我市在农村环境建设方面取得了显著成效，但仍然需要继续深入推进。据卫星遥感技术对水土流失状况调查，全市水土流失面积达3474.9平方公里，占总面积的28.4%；全市水体污染较为普遍，部分水网已不存在符合Ⅲ类水的达标河段；农村生产和生活所造成的面源污染依然比较严重。另外，生活垃圾无害化处理率、人均绿地、土地集约综合指数等指标仍然位于全省后列。生态环境是最大的公共品，是决定老百姓幸福感和满意度的重要因素。因此，我市必须依托农村生态环境建设，提升农民幸福指数，实现农村发展的转型升级。

温州市按照省委、省政府制定的美丽乡村建设5年行动计划的要求，以美丽乡村建设为目标，深化提升"千万工程"建设。在创建目标上，按照2015年，全省70%左右县(市、区)、60%以上的乡镇开展整乡整镇美丽乡村建设的要求，大力推进连片整治。在建设内容上，以"五大整治项目"为基础，大力推进连线成片整治，大力改善农村生态环境，加快推进各类公共配套设施建设，做好串点连线成片的文章，营造出各具特色的美丽乡村风景线。其中，"五大整治项目"包括村道硬化、垃圾收集处理、卫生改厕、生活污水处理、村庄绿化五个方面。在工作方法上，突出重点，与农房改造集聚建设和农家乐休闲旅游业提升工程相结合，与环保、水利、农村能源、绿化造林相结合，与培育特色文化村、文明村、生态村创建相结合。

2011年是我市"十二五"计划的开局之年，新一轮村庄整治建设的第4年，也是温州统筹城乡配套改革试点工作的起步之年。2013年美丽乡村建设的目标围绕"1650"城镇框架,启动 50 个中心村培育建设,完成待整治村和乡镇连片整治,以农房改造集聚建设为重点,推进美丽乡村建设。这将为我市美丽乡村建设的有序开展打下良好的基础。此外,我市从 2011 年开始到 2020 年,将投资 95 亿元资金用于改善温州农村环境,且《温州市农村环境保护规划》正式颁布实施,这个规划将作为全市今后一个时期农村环境保护工作的基本依据和指导。这 95 亿元资金主要用于:农村饮用水安全保护、村庄环境污染综合整治、农村地区工业及服务业污染控制、畜禽养殖和水产养殖污染防治、农业种植面源防治、农村土壤环境污染防治、农村生态保护与建设、农村能源生态建设、农村生态创建、村镇规划 10 大类 49 项重点工程。

美丽乡村建设的有效推进和农村环境保护规划的实施,将有效控制农村地区环境污染的趋势,基本解决农村"脏、乱、差"问题和突出的环境问题,不断完善农村环境保护基础设施,形成山清水秀、空气清新、整洁优美的农村环境。

## 4 推进温州市美丽乡村建设的对策与建议

2011 年一季度,我市以"千百工程"为依托的美丽乡村建设推进工作得到领导重视、行动迅速、保障有力、起步良好。但在实施过程中还存在一些问题和薄弱环节,如农村生活污水治理、长效保洁机制建设滞后;一些村庄基础差,资金缺口大;土地利用规划对接、土地整理项目安排与农房改造集聚建设等方面存在着进一步统一思想认识、强化组织领导和工作协同等问题等。

在借鉴安吉、遂昌等地的成功经验,我市在推进美丽乡村建设,改善农村生态环境过程中,着重应抓好以下几方面的工作。

### 4.1 健全组织机构建设

建设美丽乡村,既要建基础设施,又要发展产业经济,还要加强精神文明建设,是一项综合性的工作,必须有强有力的组织保障。副省长葛慧君在全省美丽乡村建设工作座谈会中指出,美丽乡村建设工作主体是县,要以县为单位进行通盘考虑、整体推进。县级党委、政府一把手要高度重视并亲自抓这项工作,加强组织领导,配强工作力量,统筹安排项目资金,加大推进力度。安吉政府的管理模式行之有效,可供我市借鉴。安吉县成立了全县建设"中国美丽乡村"工作领导小组,下设环境提升、产业提升、服务提升和素质提升四大工作组。每个工作组由一位县领导牵头协调,一个责任部门负责落实。各乡镇、村也建立了相应的领导班子和工作机构,由"一把手"负总责,分管领导具体抓。

### 4.2 做好建设规划

美丽乡村建设,规划先行,村庄规划是村庄发展各项事业的未来发展计划和行动指南。副省长葛慧君在全省美丽乡村建设工作座谈会上的讲话上指出,美丽乡村建设在规划上,要把握三个字,其中第一个字是"高",就是规划起点要高。美丽乡村不是"千村示范万村整治工程"的重复,也不是相关建设内容的简单拼凑,而是要按照"生活宜居、环境优美、设施配套、产业发展"的要求来编制,不要千篇一律,要充分体现美丽乡村的内涵。第二个字是"全",就是要全域规划。建设美丽乡村,不是搞一两个点看看,也不是零打碎敲,而是要努力在县域范围内整体推进,宜林则林、宜农则农、宜居则居、宜工则工,在具体操作上可以整体规划,分类分步推进。第三个字是"实",就是要注重规划的实用性。规划要充分征求群众意见,让农民群众来定,而不是开个专家评审会就完了。规划定了以后,要公示,让农民群众了解规划、支持规划,这样规划才能落地实施[1]。

安吉早在 2008 年,全县共投入规划资金 711 万元,分别对县、乡镇、村创建中国美丽乡村进行三级专项规划。在制订《安吉县建设"中国美丽乡村"行动纲要》、下发《关于 2008 年建设"中国美丽乡村"的实施意见》基础上,委托浙江大学编制完成了《安吉县"中国美丽乡村"建设总体规划》。安吉坚持不规划不设计、不设计不实施,一旦确定,必须严格执行,原则上不得随意改变。同时设立配套政策,建立美丽乡村创建内容及标准,制定考核指标与验收办法。采取"5+X"的办法清理整合建设项目,由县农办、发改委、财政局、规划与建设局和审计局等五部门牵头,会同项目实施主管部门,对支农项目申报、立项、实施、考核验收、资金拨付全面审核把关。

我市在推进美丽乡村建设中,首先要做好以县为单位的科学规划,并完成各镇、村级规划与县规划的衔接,做到不规划不实施,一旦确定必须严格执行。在设计县域和村规划过程中,必须充分征求群众的意见,让群众来定。美丽乡村建设转化为项目形式加以实施。要加强县农办、发改委、财政局、审计局以及规划和建设局的通力合作,在项目申报、立项、实施、考核验收、资金拨付等方面审核把关,保证项目顺利实施。

### 4.3 多渠道获取资金

美丽乡村建设的资金需求量较大,我市美丽乡村建设的资金主要来源于各级财政直接投入,目前也遇到资金瓶颈。目前,美丽乡村建设的资金主要来源于如下这些方面:一是靠县、乡镇和村的财政投入。二是通过探索创新投融资体制,用项目来搭建工商资本进入美丽乡村建设的桥梁。安吉高家堂把闲置的学校出租给了杭州的客商,作为企业会所,并把旧的村委大楼也租出去当会议接待中心,共筹集了 130 多万元的资金。三是探索多种方式的经营模式,壮大集体经济。例如,对于景区依托型乡村,可通过与物价部门的协调,在景区门票加"资源补偿费"项目;生态型乡村,可参照四川"五朵金花"模式,村里建立导服中心、购物中导服中心安排游览观光车和导游讲组织游客游览体验,吃农家菜、住农屋,进入购物中心购买农副土特产品及旅游商品。所得收益由村集体和旅行社分成。四是合作共建,形成浓厚氛围。安吉县对内发动到底,对外宣传到位,全县召开推进建设"中国美丽乡村"万人动员大会,15 个重点经济部门与乡镇、61 个机关部门与创建村开展结对创业活动,179家企业结对169个行政村,累计各项支援捐助3186万元。

在资金投入上,我市要以政府和集体投入为主导,同时要按照"谁投资、谁经营、谁受益"的原则,鼓励各类主体以多种形式投资参与农村生态环境建设、生态经济项目开发,支持民间资本参与农村安全饮水、污水治理、沼气净化等工程建设,积极探索农村经营性生态项目特许经营权、矿山使用权等进行抵押贷款等途径,引导金融资金参与美丽乡村建设。同时,通过树功德碑等各种形式,广泛动员和引导企业家、华侨、专家学者、文化艺人、爱心人士回报家乡,共同建设美丽乡村。美丽乡村建设最后的受益者是农民。要让农民参与公共投资决策,让他们真正了解美丽乡村投资的意图、规模、受益对象等,通过公开透明的投资决策机制可以让农民为部分农村小型公共工程分摊成本,减少政府财政压力。

### 4.4 加强农村实用人才队伍建设

目前,对于我市一些农村来说,开展美丽乡村建设,缺少必要的劳动力是个不容忽视的问题。长期以来,粮食价格过低,农业无利可图,导致农村大量青壮年劳动力涌入城市,形成了民工潮。这一方面增加了农民的货币收入,另一方面也不可避免地导致了农村的空心化,即留守农村的主要是妇女、儿童和老年人,也被称为"386199"部队。把建设美丽乡村建设的重大任务交给这支部队是勉为其难,也是难以成功的。美丽乡村建设的主体是农民,所以政府需要在土地、税收等方面提供政策支持来鼓励村民返乡创业。与美丽乡村建设相适应的是循环经济和高效生态农业,需要农户掌握科技知识。所以,要分析现有农技人员的知识薄弱环节,科学安排培训内容,每年定期邀请环保和林业等专家学者开展循环经济、节能降耗、污控治理、高效林业开发等系列培训;或以客座教授、技术顾问等形式聘请专家指导工作,在解决技术问题时传授科技知识。要采取奖励方式鼓励农技人员加强成人职业教育,提高个人整体素质水平。大力培植林业、农业与生态开发的农村科技示范户,定期举办实用技术培训班,开展农技人才科技结对活动,积极推广农村实用技术,五年培育多个县、乡镇级示范户,发挥示范带动作用,提高农民科技素质和生态意识。

加快柔性引进林业和生态环保等专家,确定一批工程项目、重点企业、乡镇和村建立一定数目得专家联系点。通过专家的指导服务,力争五年培育一批环境友好型企业、多个工业循环经济乡镇、工业经济强村和生态村。

加强与浙江大学、南京林业大学、浙江林业大学、中国环科院、温州市农业科学研究院等有关高校和科研院所的联系,签订人才培养合作协议,建立若干个培训基地,实行定点定向培养,每年分类组织一定数量技术人员或管理人员赴基地培训学习,提升专业技术和管理水平。在农村建立高校学生社会实践基地,落实实习优惠政策,吸引高校毕业生来我市农村挂职、实习和就业。

### 4.5 构建人人参与浓厚氛围

要发动全市上下共同参与到美丽乡村建设中去。美丽乡村建设的主体是县

（区）。县（区）委要全面描绘了"中国美丽乡村"建设的宏伟蓝图；县（区）人代会正式通过了关于建设"美丽乡村"的决议；召开全县（区）推进建设"美丽乡村"万人动员大会；开展"美丽家庭"创评活动；新闻媒体加大对先进典型、先进经验的宣传力度；要举办建设"美丽乡村"培训班，对各创建村的支部书记和各个乡镇的分管领导进行相关知识培训，力争做到美丽乡村建设人人知晓、个个精通、社会参与。充分发挥电视、广播、报刊、网络等主流媒体的作用，开展形式多样、生动活泼的宣传教育活动，总结宣传先进典型，形成全社会关心、支持和监督美丽乡村建设的良好氛围。

### 4.6　持续促进农民创业增收

美丽乡村建设的根本是农民的创业增收。推进美丽乡村建设，不仅要提高生态环境的承载力、改善农村人居环境，更要拓展农民创业就业空间、促进农民增收致富。在推进美丽乡村建设过程中，要着力构建高效的农村生态产业体系，努力把农村生态优势转化为经济优势，持续促进农民创业增收。

一是加快发展高效生态农业。要推行农业标准化生产、清洁生产和循环经济，大力发展特色农业、绿色食品和生态农业。加强耕地质量建设，合理、科学施用化肥、农药，引导增施有机肥，从源头控制化肥和农药的大量施用，提升土地肥力。推进清洁能源和可再生能源的开发利用，优化能源结构，提高能源使用效率。同时，深入实施兴林富民计划，结合村庄绿化发展庭院经济，加快发展森林旅游业。加快农村土地承包经营权的流转，促进农业生产规模化经营水平的提高，切实解决农村居民单家独户经营的低效率和高消耗状况，促进农业产业结构的优化调整和高效生态农业的发展。

二是加快发展生态工业。要努力提升农产品精、深加工水平，拉长产业链，打造一批知名品牌，提高农产品的附加值。要大力发展环境友好型家庭工业和来料加工，引导家庭工业和来料加工适度集聚发展。

三是加快发展农村现代服务业。要根据温州地区资源特色和优势，充分挖掘乡村生态和农耕文化的独特魅力，加快发展农家乐乡村旅游业，构建吃、住、玩、体验、购物一条龙的服务体系。要加快发展农村信息服务、养老服务、保健服务、商贸流通等服务业，为农民提供更多的创业就业平台和增收机会。

四是加快发展集体经济。要利用宅基地整理复垦政策拓展村级经济发展空间，大力发展物业经济、合作经济，搞活集体山林等资产的经营，不断增强村集体经济实力，为美丽乡村建设提供强大支撑。

### 4.7　积极培育生态文化

按照"乡风文明身心美"的要求，以提高农民群众生态文明素养、形成农村生态文明新风尚为目标，加强生态文明知识普及教育，积极引导村民追求科学、健康、文明、低碳的生产生活和行为方式，增强村民的可持续发展观念，构建和谐的农村生态文化体系。可由县级政府统一组织,乡镇政府密切配合,邀请专业人士或环保部门工作人员,用身边的事为素材,编印宣传材料,进村入户深入细致地宣传生活垃圾和农业垃圾对身体及农业生产的危害性,提高村民对垃圾危害性的认识,教育村民养成文明健康的生活习惯。

## 参考文献

[1]沙朝勇,邓德芳,常江.城乡一体化视野下徐州近郊型小城镇发展策略研究[J].小城镇建设,2009(5):3—28.

[2]潘冬子,张兵.整治农村环境打造美丽乡村[J].新农村建设,2010(6):61.

[3]张善柱.变农民工返乡潮为创业潮——金融危机背景下新农村建设的路径研究[J].中国劳动关系学院学报,2010(2):45—48.

# 十九、浅谈碳汇交易中的成本核算问题①

温州科技职业学院　林玲玲

**摘　要**　目前,绝大多数碳汇交易成本方面的文献都以经济学成本角度出发,对碳汇交易全过程所发生的成本费用分为不同部分,大多是从宏观层面统计核算角度进行研究,而从微观层面会计核算角度特别是有关确认、计量等深层次问题的研究就更少。其实对于碳汇的购买方和销售方来说,双方碳汇交易过程中考虑的因素不同,各自成本费用也不同,碳汇交易是发达国家出钱向发展中国家购买碳排放指标,通过市场机制实现发展中国家生态价值补偿,允许经营者可以通过森林的可认证减排量和木材收入两个方面获益。中国作为发展中国家,我国林业发展正面临着资金不足的问题,合作造林项目正好提供了该资金,项目完成后,森林具有直接固碳作用,成为碳汇的销售方,通过碳汇交易带来经济补偿,当森林固碳作用消失后,木材也可带来经济收入。林业生产成本的高低直接影响林业生产的经济效益和经营者参与碳汇交易的积极程度。

**关键词**　碳汇;形成过程;成本核算;成本降低途径

## 1　研究的现状与背景

世界银行报告预计,从 2008—2012 年,除澳大利亚和美国,平均每年全球减排需求大约为 600～1150 百万吨二氧化碳量。作为经济充满活力的发展中大国,中国被认为有很多有利条件来实施清洁发展机制项目,如国家风险低、技术能力强、比较容易获取项目投资等。根据联合国气候变化框架公约网站信息,我国清洁发展机制项目获得联合国核证减排量跃居世界第一位。这标志着我国在国际碳市场开始占据最大份额。随着我国经济发展继续保持较快增长和人民生活水平的提高,能源需求和二氧化碳排放量将不可避免的增长,作为温室气体排放大国的形象将更加突出,无疑我国所面临的温室气体减排压力也会更大。

受全球气候变暖的影响,碳汇的重要作用被《京都议定书》接受,为了给政策制定者提供森林碳汇对减缓温室效应的贡献及其减排成本,许多研究人员对碳汇的减排成本和碳汇的发展潜力等进行了分析,按照经济学的成本概念指的是机会成

---

①　项目来源:浙江现代农业中小企业研究基地(编号:zny2011007),课题组成员:钟小娜、陈方丽、范广坤。

本,必须考虑"生产过程中涉及的所有稀缺资源的价值"。因此,企业投入生产过程的自有资源的成本,即隐性成本也必须计算在内。由于碳汇项目是一个庞大的工程,它不仅包括项目的投资者、开发者、管理者、碳汇的生产者,还包括基线的确定者、碳汇的监测者、碳汇信用的发放者以及律师等等,因此碳汇的交易成本除了进行正常的林业投资外还包括很多额外的费用。为了对碳汇项目的交易成本进行分类,许多研究者已经提出了很多的分类方法。Stavins(1995)将碳汇交易成本分为搜寻和信息成本、讨价还价与决策成本、监测成本和执行成本。Dudek 和 Wiener (1996)对排放项目的交易成本进行更全面的划分把交易成本分为六类,即搜寻成本、谈判成本、批准成本、监测成本、执行成本和保险费等。Mullins 和 Baron(1997)把交易成本分为直接成本(例如,开始到完成一个项目所花费的金钱)和机会成本(例如,由于耽搁和管理所消耗的时间和资源)。Furubotn 和 Riehter 认为交易成本应分为固定成本和可变成本,而可变成本受交易的数量和交易量的大小所决定。Oscar J. Cacho(2005)等将交易成本分为搜寻成本、谈判成本、核实和认证成本、执行成本、监测成本、强制实施成本以及保险成本;Axel Michaelowa 等根据清洁发展机制项目实施程序将项目交易成本详细地划分为以下要素:搜寻成本、谈判成本、项目文件成本、批准成本、证实生效成本、注册成本、监测成本、核实成本、认证成本、强制实施成本、转让成本、登记成本和最小固定成本等(Michaelowa,2005)。我国学者林德荣在他的博士论文中把森林碳汇的交易成本分为信息与搜寻成本、谈判和签约成本、文件设计和审批成本、注册成本、监测成本、核查和认证成本以及可能出现的强制实施成本等。后来人们发现不同研究区域、不同假设、不同方法是造成碳汇成本计算结果千差万别的主要原因[1]。

通过碳汇交易,企业的减排虽然受所得到的碳信用量的一定约束,但又有购买、出售"排放许可"的弹性空间,较之之前以行政强制减排,此举赋予企业更多自主权,从而更有利于调动企业减排的积极性。企业可以根据自己的经营状况选择最有利于自身发展的减排策略。碳汇交易制度在其运转健康的状态下,能够促使企业改进技术,提高资源利用率或者改进排污的相关设施。这种健康的状态应该是指改进技术的成本要低于其购买相应碳信用的成本或者其通过改进技术以减少碳排放、出售多余的碳信用能使其获得更多收益。

但在会计学思维中,企业经营的目标是股东价值最大化。由此可见,会计核算的角度是所有者,故"会计师只关心显性的生产成本,通常即生产某种产品或提供某种服务发生的费用"。而对隐性生产成本,如与所有者投入资本、自创专利、自有固定资产(已计提完折旧并仍具有使用价值)等相关的机会成本,一般不予考虑。再从技术层面看,会计的一个重要假设是"货币计量",而这些隐性成本均不以货币形式表现为支出,所以反映不到会计账面上[2]。

## 2 碳汇的属性

造林在 UNFCCC《马拉喀什协定》有关附录中造林的定义为："通过人工植树、播种或人工促进天然下种方式,使至少在过去 50 年不曾有森林的土地转化为有林地的直接人为活动"。

再造林,UNFCCC 对造林的定义较为明确:"通过植树、播种或人工促进天然下种等方式,将过去曾经是森林但被转化为无林地的土地,转化为有林地的直接人为活动;对第一承诺期(2008—2012 年)。

森林的直接固碳是指森林在生长过程中吸收空气中的二氧化碳,通过光合作用将其固定在植物体各个部分,同时向空气中释放大量的氧气。森林的直接固碳包括树干、树枝、树叶、根部、枯落物、土壤等。地上部分固碳主要是树木在生长过程中形成的碳沉降。一般认为树木的碳沉降与树木的生长息息相关,当树木的生长最旺盛时,单位时间内树木的碳沉降最大;当森林达到成熟,立木蓄积量最大时,森林的碳沉降作用已经降到最低,而其碳贮量却达到最大。当森林进入过熟期,森林的碳沉降将变为零,而此时森林的碳汇作用在一段时间内保持最大,而随着时间的推移森林的状况恶化,森林的碳汇作用将会消失,森林的碳源功能将会表现出来(李顺龙,2005)。因此,在一个轮伐期内,合理的经营森林可以最大限度地增加森林的碳贮量。由此可见,碳汇也会像其他有形产品一样,经历一个生长、成熟、消失的生命周期。

通过造林、再造林活动固定一定量的 $CO_2$,通过碳汇交易能够带来一定经济效益的产品。

会计学的无形资产,是指企业拥有或者控制的没有实物形态的可辨认非货币性资产。同时满足以下条件才能予以确认:(1)与该无形资产有关的经济利益很可能流入企业;(2)该无形资产的成本能够可靠地计量,而且企业内部研究开发项目所发生的支出应区分研究阶段支出和开发阶段支出,研究阶段支出费用化,开发阶段支出资本化。

而碳汇林不仅给经营者带来碳汇收益,当森林的健康状况恶化,森林的碳汇作用将会消失,但会带来木材收入。

## 3 碳汇项目的实施周期

目前,我国实施的林业碳汇项目共有两类,一类是基于《京都议定书》条款下的清洁发展机制项目,属于京都规则的碳汇交易;另一类是国家林业局造林司(气候办)依托中国绿色碳汇基金会捐资实施的碳汇造林项目,属于自愿市场的碳汇交易。

清洁发展机制项目周期可以通过图来说明(FeliCia Moller—Pelzer,2004):

```
项目设计 ──→ 审定注册 ──→ 检测 ──→ 核查核证
                                          │
                                          ↓
                      交易 ←────── 发放CER
```

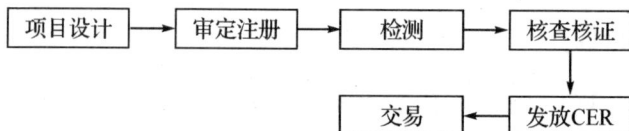

（1）项目设计。包括项目的总体描述、采用的基线方法学、采用的监测方法学和监测计划、估计人为温室气体汇清除、项目的环境及社会经济影响，以及获利方法的评论等。

（2）审定注册。根据项目参与方提供的信息和收到的评审意见，决定是否对拟议的造林、再造林项目活动予以审定，并通知项目参与方。如果独立的第三方审定/核查机构确定拟议的项目是合格有效的，将以报告的形式提交登记申请。

（3）核查核证与发放核证减排量 CER。将根据以前的监测计划独立的对项目产生的人为温室气体减排进行监测。并把监测的结果以报告的形式提交给执行委员会，执行委员会根据提交的结果发放核证减排量 CER。

碳汇对于企业来讲，形成企业的一项无形资产，但碳汇的生产具有周期长、地域广阔、难于管理等特点，因此它遭受风险的概率较大，包括地震、洪水、火灾、旱灾等各种自然灾害以及病虫害等风险将始终伴随森林的生长过程，它们将导致碳储存流失，威胁到 CDM 林业碳汇项目执行。而无形资产也有研究和开发阶段，研究阶段的支出计入当期费用，开发阶段的支出要满足一定条件才能资本化，形成无形资产。第一条件，碳汇能够出售在技术上具有可行性。表明碳汇项目已在监测阶段，说明很大可能形成碳汇，很可能取得核证减排量。第二条件，企业具有完成碳汇项目使用或出售的意图。第三条件，碳汇能够为企业带来未来经济利益。是用于对外出售的，则企业应能够证明市场上存在对该碳汇的需求，开发以后存在外在的市场可以出售并带来经济利益的流入。如果内部使用，企业应能够证明碳汇在企业内部使用时对企业的有用性。第四条件，碳汇项目有足够的技术、财务资源和其他资源支持。第五条，归属于碳汇项目开发阶段的支出能够可靠地计量。企业对于碳汇项目开发活动发生的支出应单独核算，如发生的开发人员的工资、材料费等。

综上，如果独立的第三方审定/核查机构确定拟议的项目是合格有效的，将以报告的形式提交登记申请，可作为企业无形资产碳汇开始资本化的时点，发放 CER 作为企业无形资产碳汇开发完成的标志。

# 4 降低碳汇交易成本的途径

## 4.1 依靠科技进步，降低生产成本

由于各地自然资源、生产环境不同，依靠传统的自然资源高投入的潜力已经很少，只能更多地依靠技术进步提高单位面积碳汇量和其他经济效益性产量，从而降

低单位林产品的生产成本,例如:选择适合本地条件的树种,加强良种繁育,推广节水灌溉技术,加大综合防治病虫害的力度,加强宣传林区防火意识[3]。

可认证减排量成本价格随着造林面积的增大而逐渐减小,随着面积的增加,可认证减排量成本价格逐渐趋向于一个渐进线,在进行项目选择时,为了降低可认证减排量的成本价格,应尽量把造林面积选在适宜的地方。造林密度在林分的生长过程中起着关键的作用,它不仅影响林木的树冠结构,而且影响到林木的生长。根据研究表明,在同一立地条件下,造林密度对于树高的影响并不大,但是对于林分胸径、单株材积和林分蓄积及森林的固碳能力都有一定的影响。尤其在一些造林密度较大的地方,木材的出材率是很低的,甚至不能成材,从而直接影响到木材收益;但是造林密度较大的林地,其林分的固碳能力也有相应的较高。

### 4.2 碳汇造林

指在确定了基线的土地上,以增加森林碳汇为主要目的,对造林及其林分(木)生长过程实施碳汇计量和监测而开展的有特殊要求的造林活动。相比普通的造林,碳汇造林突出了森林的碳汇功能,增加了碳汇计量监测等内容,强调了森林的多重效益,并提出了相应的技术要求。只有按照碳汇造林技术要求的造林才称为碳汇林。

碳汇林经营与传统人工林经营不同之处在于更多的关注固定二氧化碳的净增量。传统的人工林经营中,强调的经营目标主要与各林种的培育目标有关,在目标指导下进行作业设计,实施作业措施,进行造林项目检查主要是造林的成活率与各种管护措施的落实情况,林分抚育项目检查主要是抚育强度和林分的出材量。碳汇林的经营管理也设立了项目经营目标,也是在目标指导下进行作业设计,实施作业措施,不过在进行碳汇项目检查时,人们更多的是关注二氧化碳的净固定量。在进行碳汇林的检查中,更多的是检查林分的碳贮量及人为导致的二氧化碳排放和各种施肥措施等引起的温室气体的排放,而对于各种措施的落实情况则很少关注。

### 4.3 简化碳汇交易程序

碳汇项目必须满足《京都议定书》的相关规则,即必须满足额外性、持久性以及促进主办国的可持续发展。要满足这些要求,需要繁杂的计量和检验程序,这也是导致碳汇交易费用高昂的主要原因。而且许多费用如审批成本、注册成本、监测成本以及核查和认证成本与对碳汇的计量和检验程序有关,可见,简化碳汇交易程序将有效降低碳汇的总交易成本。

### 4.4 扩大碳汇交易的项目规模

碳汇市场涉及供求双方的许多交易成本都是不变的,如搜寻成本、谈判成本和认证成本等,或随项目规模的扩大成本增加并不明显,如审批成本与核实成本等。可见,固定交易成本是构成碳汇市场总交易成本的重要部分,规模经济能够有效降低单位碳汇的交易成本。

### 4.5　加深与政府的联系,注重协调利益相关者的关系

林业碳汇项目往往地处偏远,当地社区和居民的市场和法律意识相对薄弱,这会给项目带来更大的不确定性,增加项目的交易成本。在这种情形下,从搜寻交易伙伴和谈判开始,就需要加深与地方政府、森林社区及其他利益相关者的联系,加强与他们的沟通,就相关问题咨询他们的意见和建议,并努力取得他们的理解和支持,这对保证项目的顺利实施和成功,降低项目的强制实施成本具有重要作用。

## 参考文献

[1]李建华.碳汇林的交易机制、监测及成本价格研究[D].南京林业大学,2008.

[2]杜奎峰.以经济学的思维审视会计发展方向[J].财务与会计,2011(10):76－77.

[3]韩枫,蔡凡隆.森林碳汇产品的生产成本分析[J].四川林业科技,2011(6).

# 二十、大众对碳汇交易的认知与参与意愿分析
## ——以温州为例[①]

温州科技职业学院　曹露露　卢盛若

**摘　要**　大众对碳汇交易的认知与参与意愿是了解碳汇交易与碳汇需求的基础。在对国内外森林碳汇研究现状进行总结的基础上，以浙江温州地区为范围，随机抽取 206 位公众进行调查，获有效问卷 204 份，并进行统计分析。结果显示：公众对森林生态功能有一定的认知水平，而且对购买森林碳汇服务的意识基础较好，特别是在购买生态彩票方面的潜力较大；公众对森林碳汇服务的购买意愿较强，不同群体对森林碳汇购买意愿存在差异。同时，分析结果表明，影响公众购买碳汇碳汇意愿的主要因素有"是否愿意为个人排碳付费"、"森林固碳是否应得到补偿"、"是否知道森林有固碳作用"、"个人是否有必要减排"和"性别"。最后提出了结论和两点建议。

**关键词**　碳汇交易；认知；公众调查

气候变暖和碳汇现已成为国内外学者关注和研究的热点。随着国际气候谈判的推进，国内外相关的研究也越来越丰富。国内外就碳汇问题的探讨和研究主要集中在碳汇背景、碳汇概念、碳汇意义、碳汇技术、碳汇市场、碳汇政策及碳汇项目等 7 个方面。其中，国内在碳汇交易方面的研究主要集中在碳汇交易市场的现状和潜力、市场融资机制、市场运行机制等方面。大众能否认可并接受是中国碳汇服务自愿交易是成功的关键。目前从大众角度研究碳汇交易的文献几乎没有。课题组旨在通过对大众碳汇交易的认知程度与参与程度的调查，分析目前影响大众碳汇交易认知和参与度的因素，从而提出增强大众碳汇交易意愿的具体对策，以期为发展碳汇交易市场提供科学依据。

## 1　调研设计和样本特征

### 1.1　调研设计和研究方法

为了解大众碳汇交易的认知情况和参与碳汇交易的意愿，课题组在浙江省温州市通过网络专业问卷调查网站发放调查问卷。将温州列为案例点主要基于以下

---

①　项目来源：浙江现代农业中小企业研究基地 2011 年度项目（项目编号：2011011），课题组成员：曹露露、卢盛若、刘章文、潘洁。

考虑温州市政府正在努力创建低碳城市和三生融合的幸福城市,市民对生态环境的保护意识在逐渐增强;同时兼顾了课题组调研的方便程度。问卷结构如表1所示。问卷设计充分考虑了被调查者的认知过程,由调查员根据"基本情况—对环境的认知—家庭排碳情况及支付意愿—对森林生态功能的认知—碳汇的支付意愿—碳汇交易的认同度与参与度"的逻辑顺序,层层深入,使被调查者一步步被引入正题。研究方法主要是调查问卷和统计分析。

表1 问卷结构与相应问题

| 问卷结构 | 调查内容 | 问卷对应问题 |
|---|---|---|
| 第一部分 | 基本情况 | 性别、年龄、文化程度、工作地点、月收入、工作单位性质、居住地 |
| 第二部分 | 环境的认知调查 | 气候是否异常,缓解气候变化的责任 |
| 第三部分 | 家庭排碳情况及支付意愿 | 个人是否有必要减排,是否愿意为个人排碳付费 |
| 第四部分 | 森林生态功能的认知情况 | 是否知道森林有固碳作用,是否听说过碳汇和碳交易,森林固碳是否应该得到补偿,森林固碳哪种渠道最优 |
| 第五部分 | 碳汇交易的认同度与参与度 | 对碳汇交易的认同度,是否愿意参与碳汇交易,何种碳汇交易形成方式更可靠 |

## 1.2 样本特征

课题组在温州市共对206位大众进行了调查,收回有效问卷204份,样本有效率达99%。表2显示了被调查者的基本情况:女性居多(62.25%);19~30岁的居多(78.92%);大学文化较多(75.98%);有52.94%的大众人均收入为1000~3000元每月,26.47%为3000~5000元每月;所在单位为企业的居多占了46.57%,其次是事业单位,占了25.98%,居住在城市的是大多数,有45.1%的比率。

表2 调查对象基本情况

| 变量分类 | | 样本数/人 | 比例% | 变量分类 | | 样本数/人 | 比例% |
|---|---|---|---|---|---|---|---|
| 年龄 | ≤18 | 1 | 0.49% | 月均收入/元 | ≤1000 | 9 | 4.41% |
| | 19~30 | 161 | 78.92% | | 1000~3000 | 108 | 52.94% |
| | 31~45 | 34 | 16.67% | | 3000~5000 | 54 | 26.47% |
| | 46~60 | 7 | 3.43% | | 5000~10000 | 21 | 10.29% |
| | >60 | 1 | 0.49% | | >10000 | 12 | 5.88% |

续　表

| 变量分类 | | 样本数/人 | 比例% | 变量分类 | | 样本数/人 | 比例% |
|---|---|---|---|---|---|---|---|
| 文化程度 | 小学及以下 | 1 | 0.49% | 工作单位性质 | 政府机关 | 7 | 3.43% |
| | 初中 | 2 | 0.98% | | 事业单位 | 53 | 25.98% |
| | 高中 | 10 | 4.9% | | 企业 | 95 | 46.57% |
| | 大学 | 155 | 75.98% | | 个体经营户 | 28 | 13.73% |
| | 研究生及以上 | 36 | 17.65% | | 其他 | 21 | 10.29% |
| 居住地 | 农村 | 39 | 19.12% | 性别 | 男 | 77 | 37.75% |
| | 乡镇 | 50 | 24.51% | | | | |
| | 县城 | 23 | 11.27% | | 女 | 127 | 62.25% |
| | 城市 | 92 | 45.1% | | | | |

## 2　一般性描述统计分析

### 2.1　大众对环境的认知

大众对环境问题的认知是参与碳汇交易的前提条件,课题组设置了"气候是否异常"和"缓解气候变化的任务(减少二氧化碳排放)该由谁负责"这2个问题。分析结果指出,82.35%(168 份)的人认为现在气候异常;57.35%(117 份)的人认为缓解气候变化(减少二氧化碳排放)的任务应主要由政府来负责。

### 2.2　大众的家庭排碳情况及其支付意愿

在减排的必要性和支付意愿方面,88.73%(181 份)的人认为,个人和家庭有必要减排;30.39%(62 份)的人愿意为个人排碳付费,69.61%(142 份)不愿意。在个人对碳排放进行支付的渠道选项中,选择"个人交森林生态税"、"购买森林生态专项基金(或彩票)"和"从水电费中支付"分别占 30.65%,48.39%和 20.96%。

### 2.3　大众对森林生态功能的认知情况

大众对森林生态功能的认知在一定程度上影响到大众对碳汇的认知。调查表明,知道森林有吸收二氧化碳作用的人占 97.06%(198 份);认为森林固碳应该得到补偿的占 87.25%(178 份);其中,选择"政府直接补偿"、"开发利用森林单位给予补偿"和"设立森林生态税"分别占 19.12%,37.75%和 43.13%。上述结果显示大众对森林生态功能及其支付有一定的认知水平,但 48.04%(98 份)的人表示对"碳汇"、"碳汇交易"或"碳交易"完全不了解。

### 2.4 大众对碳汇交易的认同度与参与度

调查得知,有75%(153份)的人认为如果真实有效,有必要建立碳汇交易;73.04%(149份)的人认为如果计量方式和交易制度合理,愿意参与碳汇交易;64.71%(132份)的人认为由政府监管,由基金会和相关公益机构发起组织的交易的形成方式更为可靠。

## 3 影响碳汇交易认知及支付意愿的交叉列表分析

### 3.1 影响碳汇交易认知的交叉列表分析

从理论上看,影响碳汇交易认知的主要因素有性别、年龄、文化程度、月收入、工作单位性质、居住地、对个人减排必要性的认知、对森林固碳以及对森林固碳是否应得到补偿的认知等。课题组对以上各个变量与碳汇交易认知度进行分析,基本结论如下:

(1)男性相对女性对碳汇交易的认知度更高,男性对碳汇交易非常了解的占男性总人数的2.6%,而女性非常了解碳汇交易的人数为零。知道相关概念和大致运作方式的男性占男性总人数的15.58%,而女性此比例仅为7.87%。

| 性别 | 完全不了解 | 有所耳闻 | 知道相关概念和大致运作方式 | 非常了解 | 小计 |
|---|---|---|---|---|---|
| 男 | 27(35.06%) | 36(46.75%) | 12(15.58%) | 2(2.60%) | 77 |
| 女 | 71(55.91%) | 46(36.22%) | 10(7.87%) | 0(0.00%) | 127 |

(2)对碳汇交易的相关概念和大致运作方式了解较多的年龄段为31~45岁,占了17.65%,有所耳闻的同样是这个年龄段,比例为58.82%,19~30岁的参与者半数以上完全不了解碳汇交易。

| 年龄 | 完全不了解 | 有所耳闻 | 知道相关概念和大致运作方式 | 非常了解 | 小计 |
|---|---|---|---|---|---|
| ≤18 | 0(0.00%) | 1(100.00%) | 0(0.00%) | 0(0.00%) | 1 |
| 19~30 | 85(52.80%) | 60(37.27%) | 15(9.32%) | 1(0.62%) | 161 |
| 31~45 | 7(20.59%) | 20(58.82%) | 6(17.65%) | 1(2.94%) | 34 |
| 46~60 | 5(71.43%) | 1(14.29%) | 1(14.29%) | 0(0.00%) | 7 |
| >60 | 1(100.00%) | 0(0.00%) | 0(0.00%) | 0(0.00%) | 1 |

(3)文化程度越高,对碳汇交易了解程度越深。研究生及以上文化程度的参与者非常了解、知道概念、有所耳闻的比例在所有的参与者中都是最高的,分别是2.78%、16.67%、58.33%。

| 文化程度 | 完全不了解 | 有所耳闻 | 知道相关概念和大致运作方式 | 非常了解 | 小计 |
|---|---|---|---|---|---|
| 小学及以下 | 1(100.00%) | 0(0.00%) | 0(0.00%) | 0(0.00%) | 1 |
| 初中 | 2(100.00%) | 0(0.00%) | 0(0.00%) | 0(0.00%) | 2 |
| 高中 | 8(80.00%) | 2(20.00%) | 0(0.00%) | 0(0.00%) | 10 |
| 大学 | 79(50.97%) | 59(38.06%) | 16(10.32%) | 1(0.65%) | 155 |
| 研究生及以上 | 8(22.22%) | 21(58.33%) | 6(16.67%) | 1(2.78%) | 36 |

(4)对碳汇交易了解程度最深的参与者主要来自城市,其次是县城。

| 居住地 | 完全不了解 | 有所耳闻 | 知道相关概念和大致运作方式 | 非常了解 | 小计 |
|---|---|---|---|---|---|
| 农村 | 21(53.85%) | 14(35.90%) | 4(10.26%) | 0(0.00%) | 39 |
| 乡镇 | 34(68.00%) | 16(32.00%) | 0(0.00%) | 0(0.00%) | 50 |
| 县城 | 13(56.52%) | 9(39.13%) | 0(0.00%) | 1(4.35%) | 23 |
| 城市 | 30(32.61%) | 43(46.74%) | 18(19.57%) | 1(1.09%) | 92 |

(5)收入越高的人,对碳汇交易的了解程度越深,非常了解和知道概念的参与者最多的是月收入超过1万的,月收入3000元至5000元的参与者大部分听说过碳汇交易。

| 月均收入(元) | 完全不了解 | 有所耳闻 | 知道相关概念和大致运作方式 | 非常了解 | 小计 |
|---|---|---|---|---|---|
| ≤1000 | 7(77.78%) | 2(22.22%) | 0(0.00%) | 0(0.00%) | 9 |
| 1000~3000 | 61(56.48%) | 41(37.96%) | 6(5.56%) | 0(0.00%) | 108 |
| 3000~5000 | 17(31.48%) | 28(51.85%) | 9(16.67%) | 0(0.00%) | 54 |
| 5000~10000 | 7(33.33%) | 9(42.86%) | 4(19.05%) | 1(4.76%) | 21 |
| >10000 | 6(50.00%) | 2(16.67%) | 3(25.00%) | 1(8.33%) | 12 |

(6)工作单位在政府机关的,更了解碳汇交易,其次是事业单位,这可能跟碳汇交易目前更多的是处于政策层面和研究层面,真正进入人民生活的不多。

| 工作单位性质 | 完全不了解 | 有所耳闻 | 知道相关概念和大致运作方式 | 非常了解 | 小计 |
|---|---|---|---|---|---|
| 政府机关 | 1(14.29%) | 4(57.14%) | 1(14.29%) | 1(14.29%) | 7 |
| 事业单位 | 14(26.42%) | 32(60.38%) | 7(13.21%) | 0(0.00%) | 53 |
| 企业 | 48(50.53%) | 36(37.89%) | 10(10.53%) | 1(1.05%) | 95 |
| 个体经营户 | 19(67.86%) | 7(25.00%) | 2(7.14%) | 0(0.00%) | 28 |
| 其他 | 16(76.19%) | 3(14.29%) | 2(9.52%) | 0(0.00%) | 21 |

(7)认为个人有必要减排、愿意为个人排碳付费、知道森林有固碳功能和认为森林固碳应该得到补偿的大众对碳汇交易的认知程度更深。

### 3.2 影响碳汇交易参与度的交叉列表分析

影响碳汇交易参与度的主要因素有性别、年龄、文化程度、月收入、工作单位性质、居住地、个人是否有必要减排,是否愿意为个人排碳付费以及碳汇交易形成方式等。课题组对以上各个变量与碳汇交易参与度进行分析,基本结论如下:

(1)女性相对男性对碳汇交易的参与度更高,女性愿意参与碳汇交易的比例占女性总人数的77.17%,男性此比例仅为66.23%。

| 性别 | 愿意 | 不愿意 | 小计 |
|---|---|---|---|
| 男 | 51(66.23%) | 26(33.77%) | 77 |
| 女 | 98(77.17%) | 29(22.83%) | 127 |

(2)碳汇交易参与度最高的年龄段处于46岁以上,其次是19~30岁,然后是31~45岁。

| 年龄 | 愿意 | 不愿意 | 小计 |
|---|---|---|---|
| ≤18 | 1(100.00%) | 0(0.00%) | 1 |
| 19~30 | 117(72.67%) | 44(27.33%) | 161 |
| 31~45 | 23(67.65%) | 11(32.35%) | 34 |
| 46~60 | 7(100.00%) | 0(0.00%) | 7 |
| >60 | 1(100.00%) | 0(0.00%) | 1 |

（3）文化程度为高中及以下的参与者，最愿意参与碳汇交易。

| 文化程度 | 愿意 | 不愿意 | 小计 |
|---|---|---|---|
| 小学及以下 | 1(100.00%) | 0(0.00%) | 1 |
| 初中 | 2(100.00%) | 0(0.00%) | 2 |
| 高中 | 9(90.00%) | 1(10.00%) | 10 |
| 大学 | 110(70.97%) | 45(29.03%) | 155 |
| 研究生及以上 | 27(75.00%) | 9(25.00%) | 36 |

（4）碳汇交易参与度最高的参与者主要来自县城。

| 居住地 | 愿意 | 不愿意 | 小计 |
|---|---|---|---|
| 农村 | 31(79.49%) | 8(20.51%) | 39 |
| 乡镇 | 35(70.00%) | 15(30.00%) | 50 |
| 县城 | 19(82.61%) | 4(17.39%) | 23 |
| 城市 | 64(69.57%) | 28(30.43%) | 92 |

（5）最低收入和最高收入的人群，愿意参与碳汇交易的程度高过中等收入的人。

| 月均收入（元） | 愿意 | 不愿意 | 小计 |
|---|---|---|---|
| ≤1000 | 8(88.89%) | 1(11.11%) | 9 |
| 1000～3000 | 84(77.78%) | 24(22.22%) | 108 |
| 3000～5000 | 32(59.26%) | 22(40.74%) | 54 |
| 5000～10000 | 15(71.43%) | 6(28.57%) | 21 |
| >10000 | 10(83.33%) | 2(16.67%) | 12 |

（6）个体经营户的碳汇交易参与度最高，为78.57%，其次是其他行业，再次是企业和事业单位。

| 工作单位性质 | 愿意 | 不愿意 | 小计 |
| --- | --- | --- | --- |
| 政府机关 | 2(28.57%) | 5(71.43%) | 7 |
| 事业单位 | 38(71.70%) | 15(28.30%) | 53 |
| 企业 | 71(74.74%) | 24(25.26%) | 95 |
| 个体经营户 | 22(78.57%) | 6(21.43%) | 28 |
| 其他 | 16(76.19%) | 5(23.81%) | 21 |

(7)认为个人有必要减排、愿意为个人排碳付费的大众更愿意参与碳汇交易。

(8)认为碳汇交易的形成方式该由政府监管,然后由基金会和相关公益机构发起组织的人群对碳汇交易的参与度最高。

| 碳汇交易形成方式 | 愿意 | 不愿意 | 小计 |
| --- | --- | --- | --- |
| 由政府监管,由基金会和相关公益机构发起组织的交易 | 101(76.52%) | 31(23.48%) | 132 |
| 由政府监管,根据某种需要自发形成的碳汇交易 | 37(67.27%) | 18(32.73%) | 55 |
| 完全由政府相关部门负责定价和运营的碳汇交易 | 11(64.71%) | 6(35.29%) | 17 |

# 4 结论与建议

## 4.1 结论

大众对森林生态功能有相当的认知水平,而且对碳汇交易支付服务的意识基础较好,特别是在购买生态彩票方面的潜力较大。有88.73%的人认为,个人和家庭有必要减排;30.39%的人愿意个人排碳付费;知道森林有吸收二氧化碳作用的人占97.06%;在森林固碳的补偿渠道选项中,选择"设立森林生态税"的占最大比例,43.14%。但在个人对二氧化碳排放进行支付的渠道选项中,选择"购买森林生态专项基金(或彩票)"的最多,其次是"个人交森林生态税"和"从水电费中支付"。说明大众对碳汇交易支付服务有较好的意识基础,特别是在购买生态彩票或捐资绿色碳基金方面的潜力较大。大众对碳汇交易的参与意愿较强,不同群体存在差异。根据交叉统计分析,相比较而言更愿意参与碳汇交易的人群特征为:女性、年龄在46岁以上、高中以下文化程度、居住地在县城、收入在1000元每月以下或10000元每月以上、工作单位性质为个体经营户。根据计量分析结果,影响大众碳汇交易支付服务的主要因素有:(1)多数人(69.61%)不愿意为个人排碳付费;(2)大部分人(87.25%)认为森林吸收二氧化碳应得到补偿;(3)多数人(97.06%)对森林固碳的作用有所了解；(4)绝大多数的人认为个人有必要减排；(5)女性(80.2％)相对男性(77.17％)更愿意参与碳汇交易。

## 4.2 建议

倡导低碳生活方式，使用排碳量少的交通工具和家用电器等，降低生活中个人和家庭的碳排放，实现消费方式从高碳向低碳的转变。可考虑逐步对排碳量较高的产品征收碳税，将其中的一部分作为碳汇基金进行造林增汇；也可通过税费和水电费结构改革，将个人收入所得税和水电费中一定比例划入森林保护专项基金，而且要保证基金使用的透明度，完善基金管理制度；另外，还可考虑发行生态彩票以拓展绿色碳基金的融资渠道。

提高大众对碳汇的认知程度，引导大众参与造林增汇活动加强对企业和个体经营户在碳汇方面的宣传，特别是排碳量较大的企业，使其认识到碳汇交易支付是为企业形象所做的最好的正面宣传，从而激发其参与碳汇交易以抵消其部分碳排放；此外，积极宣传碳汇，可以通过发行生态彩票，可考虑和其他彩票一起发售，而且最好在超市或地铁站等方便的地方就能买到，从而吸引大众参与造林增汇活动。

# 二十一、温州市国有林场改革之路[①]

温州科技职业学院　朱莲芬

**摘　要**　本课题通过对温州国有林场的调研,掌握了温州国有林场的林场面积、林木蓄积量、种植的主要树等基本状况,了解了温州国有林场在发展中存在的主要问题和障碍,通过实地考察,文献查阅等方法提出促进温州国有林场发展的一些思路和对策。

**关键词**　温州;国有林场;对策

## 1　温州市林场基本状况

我市地处亚热带,属典型的季风气候,雨水充沛,光照充足,有着丰富的植被,目前我市有 16 个国有林场,分别为永嘉的四海山林场、正江山林场,苍南县林场;泰顺县的罗阳林场、上佛洋林场,平阳县林场,文成县的石垟林场、叶胜林场、山华林场、金朱林场,瑞安的福泉林场、红双林场、奇云林场和乐清的雁荡山林场、白龙山林场、岭底林场。主要林场的基本情况如表 1-1:

**表 1-1　温州市主要国有林场基本状况表**

| 林场名称 | 林场面积(公顷) | 活立木总蓄积量:(万立方米) | 林场森林覆盖率% |
|---|---|---|---|
| 四海山林场 | 2565 | 24.7 | 92.5 |
| 雁荡山林场 | 13893 | 4 | 94 |
| 苍南县林场 | 2379 | 23.63 | 98 |
| 罗阳林场 | 2398 | 4.3 | 61.6 |
| 上佛洋林场 | 2887 | 5.27 | 90 |
| 平阳县林场 | 2119 | 14.7 | 97.5 |
| 石垟林场 | 5440 | 53.8 | 95.4 |
| 叶胜林场 | 2727 | 19.1 | 94.3 |
| 福泉林场 | 1490 | 1.53 | 80.9 |
| 正江山林场 | 1667 | 7 | 94.7 |

① 项目来源:浙江现代农业中小企业研究基地 2011 年度项目(项目编号:2011010),课题组成员:朱莲芬、刘秀梅、陈琛凝、林莲华。

我市的 16 个国有林场,是从上世纪 90 年代初开始建森林公园。1990 年,全市第一个森林公园——雁荡山森林公园正式挂牌成立,到目前,全市 16 个国有林场均开发了森林旅游,而且均是国有林场自己投资开发建设的。全市已建立 5 个国家级森林公园、12 个省级森林公园、8 个市级森林公园、11 个省级林业观光园区,加上适度开展森林旅游的乌岩岭国家自然保护区,规划总面积达 600 多平方公里,占全市国土面积的 5.0%。通过发展森林旅游,解决了我市的国有林场 2300 多职工的后顾之忧,职工全部有了养老保险等"五金"保障。另外,全市森林公园也广泛吸引社会投资 1.5 亿多元,建设了一批三星、四星级的服务接待设施,带动了林业工人加入到森林旅游业中,而全市森林公园的旅游人数从 2000 年的 86 万人次,增至 2008 年的 300 多万人次;旅游总收入也从 2000 年的 2600 多万元,增至 2008 年的 7.1 亿元。到 2010 年全市森林游客接待量 380 多万人次,旅游总收入 12.57 亿元,

## 2 温州市国有林场存在的主要问题

### 2.1 管理体制不完善、经营机制不灵活

我市国有林场的管理带有浓厚的计划经济体制色彩,吃大锅饭现象较为普遍,职工的劳动报酬主要依据资格、工龄等指标,未能建立有效的个人绩效考核机制,这种弊端不利于发挥职工个人的积极性,抑制了经营者的创造性,阻碍了林区经济的发展。长期以来顶着事业单位的帽子,捧惯了铁饭碗,即使林场经济不景气,也未能积极主动谋求出路,经营机制不灵活,总是等上级立项目拨款,向政府要钱,养成不良习惯。

### 2.2 基础设施落后

我市国有林场的基础设施较为落后,我市几大国有林场都地处边缘山区,交通设施落后,道路、停车场都不完善。在一定程度上制约了林场的快速发展。如瑞安红双林场双坑到花岩的乌红公路仅 4 米宽,难以满足交通需求,尤其在国家要求国有林场努力建设森林公园的号召下,狭窄的道路交通状况成为发展的瓶颈;另外国有林场的通讯设施、消防设施等也难以满足发展的需要,如:瑞安的红双林场至今还有 3 个林区未能通电话,一旦发生森林火情,无法及时传送信息,势必增加防火的难度;还有瑞安福泉林场入口的道路比较狭窄。而这些问题在我市的其他国有林场中并非个别现象。

### 2.3 林种结构不合理

在计划经济年代,较为侧重社会效益和生态效益,追求造林数量和消灭荒山速度,忽略了造林林种的合理搭配,使国有林场森林林种单一、林种结构不合理。以苍南县林场为例,苍南县林场用材林 4.13 万公顷,占有林面积的 87.4%;毛竹林 0.16 万公顷,占有林面积的 3.4%;经济林 0.43 万公顷,占有林面积的 9.2%。比

例偏低。全省林地面积 667.97 万公顷,森林面积 584.42 万公顷。用材林面积 305.26 万公顷,约占森林面积的 52.23%,经济林面积 112.52 万公顷。约占森林面积的 19.25%。全省竹林面积 78.29 万公顷,约占森林面积的 13.4%,我市的不合理的林种、树种结构,严重制约了国有林场的经济发展。林场增加收入难度大,不利于林场开发建设。

### 2.4 产业结构失衡,没有发挥二、三产业应有的作用

2008 年我国国国有林区企业总产值为 4001154 万元,其中,第一产业的产值是 2070184 万元,占 51.74%;第二产业的产值是 1223788 万元,占 30.59%;第三产业的产值是 707182 万元,占 17.67%。据 2007 年浙江省国有林场财务报表统计,全省 101 个国有林场,林产品销售收入占总经营收入的 44.6%,第二、三产业收入占总收入的 55.4%,而国有苍南县林场 2007 年总经营收入为 73.6 万元中,以林产品收入为主达 60.8 万元,占总收入的 82.6%,而其他副业收入仅 12.8 万元,仅占林场总收入的 17.4%;低于全省平均水平 38 个百分点。由此可见,国有苍南县林场目前经营收入是以林业产品为主,二、三产业十分薄弱。而永嘉四海山林场 2011 年经营收入中:木材收入,83 万元;房租收入等 11 万元;四海山庄承包收入;26 万元。其中林产品收入占 61.5%,也高于全省水平,二、三产业收入明显偏低,经济上对林产品的依赖程度依然很高。

### 2.5 资金紧张,难以满足林场改革发展的需要

国有林场正都处于改革的关键时刻,但资金的缺口问题一时难以解决资金。如国有苍南县林场要加快玉苍山国家森林公园的开发和建设,以满足旅游需求,但遭遇资金瓶颈问题。经过认真测算,该场每年职工的基本经费需 300 万元,每年林分改造 33.33hm$^2$ 需投资 80 万元,维修防火线 70 万元,玉苍山国家森林公园基础设施建设每年需 150 万元,累计需经费 600 万元;根据目前经费来源看,林场多种经营收入 100 万元,事业费拨款 150 万元,其他专项拨款 50 万元,收入来源约 300 万元,资金达缺口 300 万元,缺口率达 50%。永嘉四海山林场于 1992 年建立四海山森林公园,是楠溪江国家风景名胜区的重要组成部分。四海山林场平均海拔 750 米,年均气温 14.4℃,夏季最高也气温约在 30℃ 左右,为避暑胜地,素有“清凉世界”、“绿色迷宫”、“永嘉承德”之称。因林如海、花如海、雾如海、雪如海而得名。是温州市四大城市“绿肺”之一,四海山林场植被茂盛,景色秀丽,气候宜人。以奇峰怪石、飞瀑碧潭、林间清泉、云海雾凇而称著,造就了四海山“绿、奇、险、悠、静”的特色。是一处集避暑、休闲、度假、观光、会议为一体的生态旅游胜地。但四海山林场内仅有一家宾馆——四海山庄,周边又没有村庄,无法就近发展农家乐,旅游旺季时顾客需提前好长时间才能预定到床位,而且宾馆的各项设施较为落后,满足不了顾客的高端需求。难以发挥其避暑胜地的作用,旅游资源未得到充分的利用。白白失去潜在的大量收入。而且独家经营所带来的缺乏竞争,使山庄的服务、设施

等停滞不前。

## 2.6　劳动力相对剩余

国有林场由于历史原因,人浮于事的现象也非常普遍,国有苍南县林场下设 4 个林区、15 个护林站,荒山造林已经全部完成,现阶段的主要任务是森林资源保护和少量的林分改造。根据该场现在的经营状况来看,实际需要劳动力 52 人,其中管理人员 10 人,森林管护人员 15 人,林分改造 10 人,森林公园开发与建设 15 人,相对剩余劳动力 63 人,人浮于事的情况颇为严重。国有林场在改革过程中如何安置富余劳动力是摆在政府和林场领导前面的又一道难题。同样规模的四海山林场的总人数为 157 人,离退休 70 人,在岗 89 人。劳动力剩余现象也很突出。

# 3　产生问题的原因

## 3.1　自然条件

我市国有林场大都地处边缘山区,如永嘉四海山林场位于永嘉县北部,距离温州市区 80 公里,虽然在近年来交通条件才有所改善,但商品信息不灵,二、三产业难以发展,造成单一的营林生产结构,制约了林场经济发展。

## 3.2　人才缺乏

由于地理位置的限制,林场大都位置偏远,职工生活枯燥、周边的教育等条件落后,因此难以吸收优秀专业人才落户,森林管护人员和林场经营管理人员的的数量和质量都满足不了现代林场的需求。

## 3.3　管理制度不适应

长期以来,国有林场沿袭事业单位的管理制度,没有实行经济独立核算,缺乏适应市场的管理制度,林场的领导者以执行政府命令为己任,不能主动适应市场的变化,林场的管理体制缺乏新的生命力。

# 4　改革对策

## 4.1　转变思想,更新观念,适应市场的变化

随着国家改革力度的加大,市场经济的不断发展,国有林场的经营管理方式正在发生转变,铁饭碗即将被打破,随之而来的是引入企业经营管理理念和管理机制的,这给林场的经营管理带来新的挑战,因此,国有林场领导和职工要加强学习,更新旧有的观念,主动适应市场经济的改革和发展。

## 4.2　完善管理制度

企业改革的实质是管理体制的改革,因此国有林场必须深化内部改革,建立适宜的经营机制和管理制度,首先要打破大锅饭,摔掉铁饭碗,改革劳动报酬分配制

度,职工的收入与植树量、成活率、养护面积及养护范围内的病虫害的发生等挂钩,调动员工劳动的积极性。其次要推行干部竞争上岗制,增加干部职工优胜劣汰的竞争意识,推选有才能的人领导林场。建立一套与该场特点相适应的经营机制和管理制度。一是改革人事制度,打破原有的任命制人事管理模式,建立场长目标责任制,全面推行干部目标聘任制、全员劳动合同制为主要内容的人事劳动制度,以增强干部职工的竞争意识,能上能下,能进能出,最终实现优化组合。二是在劳动报酬上,要取消固定工资制和平均分配制,实行计件、按劳取酬和资本、技术等生产要素参与收益分配的制度,同时还要适当拉开档次,在工资和奖金分配上向生产第一线和苦、脏、累岗位倾斜,以真正体现效益优先、兼顾公平的原则。三是建立健全各项规章制度,使全场干部职工有章可循,有法可依。平时要加强遵纪守法和职业道德教育,做到奖惩分明。

### 4.3  完善保障制度,维护劳动者的权益

国有林场的艰苦生活条件,不利于吸引和留住优秀人才,因此必须创造良好的条件,保障职工的利益,如为员工购买各种保险金,解决他们的后顾之忧。

### 4.4  开发林下产品,增进收益

借鉴北方国有林场在一些浅山区开展菌类养殖等林下产品,增加林场收入经验,我市的林场可开展竹笋生产等产品,既可增加收入,同时还可安置富余劳动力。

### 4.5  开发旅游资源和水资源,优化产业结构

国有苍南县林场的玉苍山林区是省级名胜风景区和国家级森林公园,具有较高的旅游开发价值。据统计,玉苍山国家森林公园和景区建成后,来此旅游和度假的游客逐年增加,仅 2005 年游客流量达 6 万人次,门票收入 50 万元,再加上住宿、用餐等消费,可以给该场带来经济收入 120 万元。因此,加快玉苍山国家森林公园的开发和建设势在必行,它不仅能满足广大游客的要求,而且今后将成为该场的主要经济增长点。但在森林旅游产品的开发上,要发挥优势,注重特色。自然和生态是国有林场的基础,也是国有林场的优势所在。使国有林场成为宣传林业建设成果、弘扬生态文明的重要阵地和场所;要强化森林旅游的教育功能,向全社会普及生态知识,培养人们热爱自然、保护自然的高尚情操,为建设生态文明作出更大贡献。

### 4.6  招商引资、筹集建设所需资金

国有林场要建设森林公园需要大量的资金,如玉苍山国家森林公园自创建以来,已由国家与林场投资 1000 余万元。但作为景区,其设施还根本无法满足游客的需要。因此,加快招商引资、多渠道融通资金才是林场发展建设和发展森林公园的关键。林场可引进股份制形式,以其自然资源为基本,吸引各方投资者共同投入资金,采用股份制明确投资各方的权利和义务,以共同开发、共同受益、共担风险为原则。

　　为了搞好开发建设工作,应该抓好以下几项工作:①切实加强森林公园的领导地位。②注重特色,合理开发。在景观资源的利用上,要突出生态旅游特点,以保护为主,保护与合理开发相结合;在景点开发上,要注意景区的特色,以自然景观为主,自然景观与人文景观相结合。③大力宣传,提高知名度。可以通过电视、录像、广告、交通地图、公交车、景区气候、报刊、书籍以及图片等宣传,将景区中具有观光价值的旅游资源及度假、专项活动等介绍给大家,使广大游客广为知晓。④广开渠道,多方融资。如玉苍山国家森林公园自创建以来,已由国家与林场投资 1000 余万元,但其设施还根本无法满足游客的需要。因此,必须通过招商引资和股份制形式,多方融资,加强基础设施建设,做好吃、住、行、游、购、娱的全方位服务。

　　国有林场的发展之路艰难而又光明,随着人们对优质生态环境的向往,有着丰富植被、面积广阔的国有林场必成为人们向往的地方,虽然前进的道路曲折而艰险,但国有林场必将迎来美好的明天。

## 参考文献

　　[1]江民锦.江山森林旅游资源优势与市场前景探析[J].安徽农业科学,2009,37(32):35-37.

　　[2]王延成.原山林场改革发展探索与研究[J].国家林业局林业干部学院学报,2010(2):12-14.

　　[3]陈友荣.林场有限公司——集体林权制度改革的新模式[J].林业经济问题,2006(10):457-460.

# 新山区建设

## 二十二、温州市山区发展战略问题研究[①]

温州科技职业学院　陈国胜　钟小娜　高光照　周胜芳　付寅俊
温州市委党校　潘忠强
文成县人民政府　陈永格　王国林　黄武刚

**摘　要**　山区是指以山地这种特殊自然综合体为基础,并包括一部分与人类社会经济活动有内在联系的相邻非山地,由自然、经济、社会各个互为环境子系统复合形成的动态大系统。在我市经济转型和可持续发展的新形势与新背景下,山区在资源环境、绿色产业、人力资源等方面的发展潜力巨大。建设新山区是建设"三生融合·幸福温州"的重要体现。在新形势新背景下,如何既实现山区科学发展和跨越式发展,又确保山区资源环境开发利用的可持续性?如何走出一条绿色发展、生态富民和科学跨域的发展路子?是政府和社会各界迫切求解的问题。基于我市山区发展现状分析,本课题组借鉴国内外山区发展经验,指出我市山区发展的机遇和优势、困难和制约,提出我市山区发展的总体思路和路径、新山区建设的保障措施,并提出促进山区科学发展的政策建议。

**关键词**　温州;山区;发展战略

山区是指以山地这种特殊自然综合体为基础,并包括一部分与人类社会经济活动有内在联系的相邻非山地,由自然、经济、社会各个互为环境子系统复合形成的动态大系统。山区是一种特殊的社会地域空间,是动态地域。总的山区面积要比总的山地面积大。所以,要从全局出发来看待、考察和处理山区与非山区、各山区间以及山区内部各局部间的关系和存在的问题。

---

① 项目来源:温州市决策咨询委员会 2012 年度课题(项目编号:20120115),课题组成员:陈国胜、潘忠强、钟小娜、高光照、周胜芳、付寅俊、陈永格、王国林、黄武刚。

　　温州是个山区资源极其丰富的地区,素有"七山二水一分田"之称。温州山区不仅是整个温州的生态屏障区,而且是海西经济区和长三角地区极为重要的生态屏障区、休闲旅游区和潜在增长区。发展山区经济有利于促进我市海陆联动、山海协作发展,有利于转变山区经济发展方式和保障生态安全。打造新山区是建设"三生融合·幸福温州"的重要体现。加快新山区建设,不仅对山区的跨越式发展和可持续发展具有极为重要的意义,而且对于整个温州市经济社会的转型发展、可持续发展和全面小康社会、现代化战略目标的实现,都具有极为重要的意义。为此,市委政研室与温州科技职业学院合作,开展我市山区发展战略问题研究。

# 1 国内外山区发展战略研究综述

## 1.1 国内研究综述

　　中国是山地大国,山地面积约占国土面积的70%(含丘陵和高原)。山地人口约占全国的一半。山区在全国的社会、经济发展中具有重要的战略地位。但其发展严重滞后,是中国区域发展不平衡的重要板块。党的十七大和十七届三中全会提出加快全面建设小康社会、统筹城乡发展、建设社会主义新农村的任务,要实现这一目标,如何促进山区又好又快地发展已成为不容回避的问题。笔者通过对国内外山区发展研究成果进行综述,以期为我国山区科学发展的理论研究和实践提供一定的参考。

### 1.1.1 理论研究综述

　　(1)山区科学发展研究必要性论证。在探讨山区如何科学发展这个问题之前,国内学者花费了不少心血论证了研究山区发展这一命题的必要性。张鹏顺(2011)以区域理论为视角探讨了研究山区发展的合理性,他认为随着全球化的发展,经济意义上的"国家状态"日益让位于"区域状态",区域成为真正意义上经济利益体。以区域为单元,研究经济、人文和社会现象成为社会科学研究一种新的方法。陈国阶(2004)以区域均衡发展理论为基础,论证了研究山区转型发展的必要性,他的观点是中国山区是中国区域发展不均衡,或者说区域差异强烈的主要贡献者,没有山区的发展就没有全国的发展;没有山区经济的现代化就没有整个国民经济的现代化;没有山区脱贫致富全国就不可能实现富裕和文明。沈海平、肖飞(2009)则从经济外部性理论的视角分析了山区发展的价值,认为山区为全国的生态保障做出了巨大的贡献,因此必须得到补偿,加快山区的社会、经济发展。

　　(2)山区科学发展模式的理论分析。山区的科学发展是一个综合性的命题,在研究具体的发展举措之前离不开对发展模式的探究。目前,国内学者对山区发展模式的研究主要有两种思路。一是以某一经济发展理论为支撑,对山区发展的模式做出选择。如蒋培、蔡燕燕、李明华(2010)基于内在式发展理论,旨在解决生态保护和经济增长之间的矛盾,提出山区的发展应当选择内在式发展模式,主动进行技术开发,且在保护环境的前提下,合理利用资源,依据本地区文化与特点,实现经济发展,提高居民的福祉。又如张鹏顺(2011)以区域经济增长理论为基础,将极化效应和扩散效应引入到山区发展模式的研究中,强调山区发展应当选择外向型模式,借助周边发达地区的带动力量来发展自己。二是基于实证研究,在分析国内山区发展现状的前提下,对山区未来发展的模式给出自己的看法。如陈国阶(2009)认为原来的脱贫扶贫战略已不适应当代山区发展的要求,进而提出"建设社会主义新山区"的发展模式。

(3)山区科学发展路径的理论探讨。国内学者对于山区发展路径的理论探讨总体而言调子比较统一,农业产业化、生态旅游开发等路子学界的争议较小。关于发展路径的争议,主要集中于山区发展是否要走工业化道路的问题上。部分学者认为工业化是山区转型发展的必然选择,如方一平(2009)认为工业化不仅是现代化的起点,而且贯穿于现代化实现的整个过程当中,中国山区作为一个面积大、人口多的区域,应当是全国工业化战略的有机组成部分。而阳恭(2003)则认为山区选择工业化是一个有争议的理论问题,并依据舒尔茨的改造农业理论,提出山区的发展应当将农业、农村和农民问题,作为"重头戏、主要组成部分",只有把农业搞上去,才能实现传统农业向现代农业的过渡。只有实现了农业现代化,山区的工业化和城市化才有坚实的基础。

### 1.1.2 山区发展的现状、特点研究综述

在山区发展研究的众多文献中,对我国山区发展现状和特点的探讨比较深入,学者们所选择的视角不尽相同,所采用的方式方法也呈现了多样化。

(1)山区发展现状的研究。有的学者从全局出发,对我国山区发展现状进行了宏观评述,比较有代表性的如陈国阶(2009)在对国内外山区发展状况进行对比的前提下,提出中国山区发展呈明显的过渡现象,比发达国家滞后,又强于一般的发展中国家,总体上既未进入发达行列,又大大有别于过去"捆绑式"贫困的状态。当前我国山区发展已进入一个新阶段,原来的脱贫扶贫战略已不适应当代山区发展的要求。此外,陈国阶(2004)在比较我国东、中、西三大地带发展现状的基础上,指出我国同区域间经济发展总体上呈现出平原好于丘陵、丘陵优于山区的态势。而山区之间又表现为东部的山区发展快于中部山区和西部山区,中部山区和西部山区间差距较小,差距扩大的速度也较缓慢。

更多的学者所采用的方式是通过数据的统计、分析对我国山区或者某一区域山区的发展现状进行介绍。如房慧玲《广东山区发展的现状、问题与对策》(2003)中对广东山区发展的现状分析。采用这一种研究方法的学者所截取的研究范围从纵向上看,一般是以某一特定的行政区域为研究对象。从横向上看,往往探讨的是山区转型发展过程中的某一方面,如山区工业发展的现状。由于山区发展内在的差异性,笔者很难对这些研究的内容进行总结,但就总体而言,国内学者对我国山区发展现状的研究从数量上和质量上看都是可观的。

(2)山区发展特点的归纳总结。国内学者对我国山区发展特点的研究同样由点和面构成。所谓的点是指许多的研究在对象的选择上是特定的区域。如李光全(2011)选取了浙江省这一区域,从浙江省山区经济发展的水平特征、结构特征、阶段特征三分方面对山区经济发展的特点进行了归纳。所谓的面就是基于全国的纬度,对我国山区发展的特点进行高度的概括。如李光明(2003)认为目前山区经济主要表现为"五低五弱":一是开放程度低,外向型经济弱;二是工业化水平低,区域经济弱;三是市场化程度低,企业竞争力弱;四是城市化水平低,辐射带动能力弱;五是科技贡献率低,经济发展后劲弱。此外,也有学者的研究是由点及面、点面结合的。如陈蛟(2008)指出总体而言我国山区受自然条件恶劣、交通不便、信息闭塞等影响,在特点的提炼过程中又分别以广西壮族自治区、南宁市马山县为例,加以佐证。

### 1.1.3 山区发展实践经验

(1)山区工业发展的经验。山区受制于先天条件的不足,工业的发展较为滞后。近年来,理论界和实务界对山区的工业化发展进行了诸多探索。但从目前的情况看,大部分山区采用的仍是利用土地、税收等方面的优惠政策吸引投资,发展工业的模式,总体而言创新性不强。但在长期的探索中,仍有一些成功的经验值总结推广。

一是借助"外力"的推动力求发展的模式。较为成功的如广东省兴宁市,以"双转移"战略为契机,发挥山区自然资源和劳动力丰富、生态环境好的优势,发展新型绿色工业,发展绿色生态经济。有选择性地承接珠三角地区转出的产业,选择机电制造、食品加工、生物产业、太阳能光伏等四大产业为兴宁市新型绿色主导产业,并积极引导新型绿色产业园区化发展。又如浙江省武义县,利用临近发达城市的产业集群,引进其部分配套产业,成为发达城市产业集群的延伸部分,通过园区与发达城市产业集群的较强关联性获得产业发展的支撑。

二是利用山区自然资源优势,发展产业集群模式。如广东省南康市,利用森林资源优势,发展家具产业集群的发展方式。这种规模经济优势为后进入的企业创造了劳动力市场、生产和生活用的基础设施、中间产品的获得渠道,甚至是生产地点的知名度,从而直接从中获益。随着企业的不断聚集,规模经济效应又不断扩大,从而进入规模经济优势的良性循环(钟运动,2005)。与此相近的还有浙江省安吉县的竹制品产业集群等。

三是发展特色工业,以巧取胜的发展模式。如北京市门头沟区龙泉镇发展乡村工业旅游,将工业的发展与旅游业有机的结合,既促进当地工业的发展,也带动了旅游业的发展。龙泉镇按照乡村性、生态性、生活性的原则,根据工业旅游的特点和地区实际,选择了高科技工艺企业(瑞驰钻石厂)、传统工艺美术品制造业(潭柘紫石砚厂、麦秸画厂)、建材业(西山琉璃瓦厂)以及食品加工业,有方向有重点地选择若干合适的产品与企业进行培育。(傅晓莺等,2008)

(2)山区现代农业的发展经验。山区由其禀赋决定了不可能完全脱离农业而发展。但受到传统农业造血功能不足的限制,目前我国农业对山区发展所带来的促进作用是有限的。因此,农业现代化成了山区转型发展的重要内容。各地在发展的过程中探索出了一些比较好的现代农业发展模式。较为典型的有以下两种:

一是发展生态农业。如山东省莱芜市以生态学和生态经济学原理为指导,遵循生态和生态经济规律,依据系统工程的优化方法进行农业生产实践的新型农业模式。利用山区地势高差大,在多层次立体设施建设的基础上进行立体开发和规模化经营,提高资源利用产出率。此外,农户充分利用住宅的房前房后以及四周的空隙地和富余劳动力,与其他生产要素互相匹配,进行种植业、养殖业、加工业等方面的经济活动,实现资源的优化组合。

又如北京市密云县,作为北京市的水源保护地,密云县根据本县实际情况,少用或不用化学农药、化肥等,发展生态种植业和绿色养殖业,不仅有效地保护和改善了本县的生态环境,为保护北京市水环境作出了贡献,同时也为本县绿色有机食品加工业的发展提供了原料,促进了绿色有机食品加工业的发展。

再如北京延庆县,该县积极开发生态农业,并在生态农业建设中重点开发绿色有机食品,如蔬菜、葡萄、葡萄酒等,形成了生产—加工—销售一体化的绿色有机食品产业链条,有力地促进了全县的农村经济发展,提高了农民的收入。

二是发展高效规模农业。如江苏泰州市围绕"一镇一业"、"一村一品"的发展思路,大力推进高效规模农业。全市至 2008 年年底,全市新增高效种植面积 5.1 万亩,总面积达到 29.2 万亩;生猪、蛋禽、肉禽的规模养殖比重分别达到 51.5%、62% 和 73%。2009 年上半年,全市新增高效农业面积 6.98 万亩,其中新增高效种植面积 6.51 万亩,新增高效渔业面积 0.47 万亩;设施农业新增 1.24 万亩;建设连片 2000 亩以上高效种植、年出栏万头生猪、2000 头山羊、10 万只家禽等大项目 86 个。(何洁、匡军国 2010)

(3)山区扶贫开发的经验。我国山区的扶贫开发正在经历从"输血式"向"造血式"的转换过程当中。相关的文献资料和各地的扶贫措施中,也直观地反映了这一变化的一些动态。目前,我国山区扶贫特点是力度大,方式方法多样化,各种新的扶贫开发模式不断涌现。如四川省昭觉县在扶贫过程中实施了新农村扶贫工程、移民扶贫工程、教育扶贫工程、卫生扶贫工程能。(徐孝勇等,2007)又如井冈山山区的产业扶贫模式,通过对技术的组装配套,实施科技项目开发,重点扶持了具有井冈山区域特色的七大主导产业,如今畜禽养殖、果茶、蚕桑、绿色食品、特色旅游、经济作物、农产品加工这七大产业,已成为三县一市强县富民的支柱产业。(李慎宁,2011)再如广州北部山区的工农对接产业化扶贫开发模式,在扶贫过程中推进城乡对接和工农对接,促进先进制造业、现代服务业、战略性新兴产业与现代农业的融合,促进当地产业升级。(李启文等,2012)此外,在各地的扶贫开发中还有体外工业园建设、对口扶贫等多种扶贫方式。

(4)其他经验。山区转型发展研究是一个巨大的体系,其研究的范围非常之广,各地促进山区发展的经验也是举不胜举。除了上述的几个大项外,还包括山区旅游业发展的经验、山区生态移民的安置经验、山区生态补偿机制构建的经验、山区转型发展要素保障的有益探索等等。

## 1.2 国外研究综述

山区发展问题是一个世界性难题。山区发展滞后是全球普遍的现象。国际上对山区发展研究十分重视,众多学者进行了大量的研究,各国政府也对山区的发展进行了诸多有益的探索。

### 1.2.1 各国促进山区发展的普遍做法

(1)选择相似的发展路径。众多文献表明,实施山区发展战略,加速山区的发展在许多国家已有悠久的历史,尤其是发达国家,如法国在 20 世纪 50 年代末就开始着手山区的发展及整治。通过多年经验的积累和国际间的交流的加强,目前各国山区的发展呈现出共同的特点。通过相关文献的梳理,我们发现,大部分国家都选择了以可持续的方式促进山区社会经济的发展,通过制定山区森林、土壤和水资源的保护条例来保护山区环境。许多国家针对山区的发展建立了具有特定职责的机构;通过改善基础设施、教育、卫生和其他服务以及专项资金、贷款、补贴、制定标识及其他激励措施来促进山区经济活动的开展。

(2)加强国际合作。在经济全球化的背景下,许多国家加强了跨国山脉的共同开发。比较典型的阿尔卑斯山脉在欧盟委员会的支持下,实现了 8 个国家的共同开发,制定了统一的阿尔卑斯山区政策。此外,在国际层面还制定了针对山区的约束性文件,如《21 世纪议程》第 13 章所规定的内容。在区域层面,针对两个跨国山脉——阿尔卑斯山和喀尔巴阡山——颁布了具有约束力的公约。

(3)以法律作为山区发展的源动力。各国通行的做法是通过立法的形式促进山区的发展。如法国的《山地绿化法》和《山地复兴法》。据 2006 年联合国粮农组织(FAO)出版的《山区和法律和法律:新趋势》的统计表明,到 2006 年为止,已有 15 个国家针对山区颁布了相关法律法规。包括的国家主要有阿尔及利亚、古巴、法国、希腊、吉尔吉斯斯坦、意大利、罗马尼亚、瑞士和乌克兰。

### 1.2.2 发达国家的山区发展的经验

(1)法国。法国山区在历史上曾有过非常繁荣的时期。但是,由于山区环境的不利因素,以及屡遭战争侵袭,山区人口开始外流,山区成为贫穷落后的象征。为消除经济落后地区(尤其是山区)与发达地区之间的不平衡,法国政府决定进行山区整治。在发展途径上,因各山区经济、文化、自然、历史的不同而不同,但主要有以下几方面:①制订《山地绿化法》和《山地复兴法》,保护山区环境。②加强基础设施建设,50 年代起,法国致力于开发山区水力资源,在阿尔卑斯山区就建设了小型水电站 40 余座,从 60 年代起,法国大力发展交通运输和电信事业。③扶持发展山区农业,实行多种经营。法律明文规定:在山区,最好的土地必须保留给农业利用,山区必要的基础设施建设,必须尽量少占或不占用农地,严格限制旅游业和新建市镇占用农田。与此同时,对山区农用地进行适当调整,进行土地整治,合并小块农田,扩大农场面积,并给予山区农业以各种补偿性的补贴、奖励金,以维持农业的生存与发展。④对山区不利自然条件的补助:如山区特殊补贴,是对经营3公顷以上农地、40头以下大家畜的山区农民给予每个大家畜单位200法郎的补助,又如山区农场设备现代化的补贴。此外,山区还享受一定限额的用水、用电的优惠税率。⑤按海拔高度的特定条件,将山区发展的方向可分为3种类型:高山区发展方向主要是旅游业资源的开发利用,同时也发展放牧畜牧业的夏场。中山区是生产性山区,其农业劳力占整个山区的30%,主要发展农业,以谷物——畜牧业为主,实行多种经营,发展农产品就地加工业。在条件适宜地区,发展手工业、商业和中小型工业。谷地则向城市化发展,发展工业、尤其是发展为高山旅游业服务的工业和商业。

(2)意大利。意大利位于欧洲南部,国土总面积30.1万平方公里,其中山地占35%,丘陵占42%,平原占23%。意大利山区开发建设的主要做法:①建立合作社。通过社员自行销售入股的方式把分散的农户组织起来,解决了农户小规模分散经营与社会化大生产、国内外大市场之间的矛盾。②加强政策引导和宏观调控,大力发展市场引导型的特色丘陵山区农业。③坚持公众参与,因地制宜制定区山区开发总体规划,在进行规划的过程中一是充分吸收了从议员到业务部门到专家学者再到农户的多方面的意见;二是从综合部门到业务部门的多次反复,突出强调了开发工作的综合和配套功能;三是上下结合,从宏观到微观,层层制定,从而使山区开发建设保持了正确的方向和区域化合理布局,有力地保证了丘陵山区开发工作的连续性和科学性。④政府的大力引导和扶持。在整个意大利丘陵山区开发的进程中,政府出台了一系列的优惠、支持和引导政策,包括对转产项目的扶持,补贴粮食生产,稳定山区农业,发展山区旅游业,推广适用于丘陵山区的各类先进技术,加强和普及职业教育,提高农民素质和劳动者的生产技能,鼓励和支持农民成立各种各样的合作社,极力加强基础设施和公用设施建设,改善投资环境,减轻农民负担等。

(3)日本。日本国土的大约70%都属于中山间地域。中山间地域水资源丰富,是粮食生产以及保持生态平衡的重要地区,人口占全国总人口13.7%。日本对于山中间地域的开发主要的措施有:①以法律为依据,以计划为引导。日本政府无论是对全国性开发,还是对地方性开发或特殊性开发,都制定了相应的法律。②各级政府的大力扶持与产业结构调整。③注重社会基础设施的建设。

(4)其他发达国家。除上述国家外,其他的许多国家山区发展的政策、措施也发挥了良好的效果。如瑞士是欧洲第一个颁布山地法律的国家(山区投资法,1974),而且发展了较为完善的山地政策体系。《山区投资法》并不是通常意义上的综合法律(把与山区公共政策相关的每一个领域都囊括在一部法律内),而是通过对公共基础设施(道路、教育,医疗、文化、体育以及提供日常需求的商业)的投资来改善山区的综合生活水平。又如德国实施独特的财政平衡政策,德国的财政平衡政策有横向平衡和纵向平衡之分。横向财政平衡是指各州、各地方之间实行的财政转移支付,即财力强的州拿出部分税收收入捐给财力弱的州。纵向财政平衡即上下级政府间的财政转移支付,主要是指联邦政府对州和州对地方两个层次的财政支持。在政府投资方面,德国联邦政府60%的投资资金都流向了经济欠发达山区,促进了山区的发展。

### 1.2.3 简评与启示

通过对国内外山区发展相关文献的梳理和实践经验的分析,我们至少可以得出如下结论:

目前,国内学术界关于山区转型发展的研究文献较多。从研究视角上看,有立足于全国山区发展宏观战略的研究,也有基于某一区域山区发展对策和实践的研究,其中又以后者占多数。从研究方法上看,主要有对策性研究方法和经验分析方法两种,基本属于"提出问题—解决问题"的模式,理论性不强。从研究内容上看,主要集中在山区脱贫、山区资源开发、山区旅游、山区特色农业、山区工业发展上,且呈现出较为分散的结构,多数文章只探讨了山区发展过程中的某一个问题,全局把握不足,系统性不够。在山区发展对策提出和经验总结的过程中,又过于抽象,反而显得理论性过强,实践性和针对性不强。

从发展趋势上看,山区发展的理论研究将是亟待填补的一块空白,但实证研究方法仍会是主流,大量的数据和信息将来自基层一线。"提出问题—解决问题"的研究模式仍会是多数学者首选的模式。此外,关于山区发展存在的问题的研究已经比较深入,接下去天平将会向"解决问题"这一边倾斜。目前的研究,尚停留在山区转型发展阶段,对山区科学发展的研究偏少。

通过山区发展的域外考察,笔者发现,国外山区发展的推动力量往往是一系列的政策、法律,在空间上多表现为全国性,在时间上往往历经了几十年,在内容上表现得十分详尽。而我国却鲜有旨在促进山区发展的法律文件。山区发展的相关指导性文件对表现为相关的文件或会议精神,在空间上,各地差异性大,在时间上通常是短时的,在内容显得过于抽象。这导致了我国山区发展缺乏有力的、明确的法律保障,也没有清晰的发展方向和发展预期。因此,如何将山区发展理论研究和实践探索所取得的成果提炼、上升为国家意志将成为该领域的一大热点。

此外,法国、意大利、日本等国家的发展措施主要集中在山区发展的扶持、基础设施的投入、土地的总体规划利用、促进农业发展等方面。这与国内的研究在内容上存在差异性,突出表现在山区工业化、城市化这一点上。也许中国有自己特殊的国情,与上述几个发达国家的发展阶段亦不相同,但笔者认为,上述国家的做法仍值得进行更深层次的研究探讨。

以上这些理论对山区科学提供了许多积极的思路,但在我市不能照搬,要结合我市实际情况提供相应对策。

## 2 温州山区发展现状

从全省情况来看,2010 年,山区生产总值突破万亿大关,达到 11161.19 亿元,约占全省的 40.3%,人均地区生产总值 39704 元,三次产业结构 7.4:54.7:37.9,经济增长保持较好的态势。但多数山区县山地丘陵面积高达 70%以上,生态脆弱性高,环保要求严,山区发展空间短缺,资源开发成本居高不下。

温州市山区面积约 9500 平方公里(据《温州生态市建设规划》),占全市陆域面积的 80.62%。包括文成、泰顺全部和永嘉、瓯海、乐清、瑞安、苍南、平阳等 6 县(市、区)的山区。其中泰顺、文成又处于我省重点欠发达县,占我市全部山区县数量的 33.33%,是课题组本次调研的重点地区。

随着发展阶段的演进以及外部条件的变化,山区在区域发展格局中的地位已不同于以往,发展潜力正逐步显现。但从总体上看,温州市山区县域经济的发展要落后于发达地区,而且各县之间发展也有差距。我们通过对统计数据的分析,从发展水平、产业结构、空间结构和阶段特征等几个方面来研究山区县域经济发展的现状与特点。

### 2.1 山区县域经济发展水平

从我市情况来看(见表 1),永嘉、文成、泰顺、苍南、平阳、乐清等 6 个山区县(据《浙江省山区经济发展规划》)陆域面积 11786 平方公里,2010 年人口 7868015 人,分别占全市的 78.6%、58.3%;生产总值占全市的 42.34%,财政收入占全市的 36.73%,财政支出占全市的 46.42%,固定资产投资仅占全市的 28.5%;农村人均纯收入除乐清市外,均远低于全市平均水平,山区县域经济发展水平整体落后,水平较低。

我市 6 个山区县中,泰顺、文成 2 个山区县的经济综合实力处于浙江省县域经济的最后一个等级,属于重点欠发达县,占全部山区县数量的 33.33%。总体而言,该两个山区县域经济的经济水平明显落后于全市的总体水平,经济发展呈现基础薄弱,人均产出水平较低。从经济总量上看,这 2 个山区县的县域经济规模小,GDP 和财政收入分别占到全市的 2.74%和 2.28%,与其人口(2010 年人口 739715 人)占全市 9.4%和土地面积占全市(县陆域面积 3054.9 平方公里)25.92%的地位明显不能相称;从人均上看,2 个县人均 GDP 为 10853.45 元,远低于温州市平均的 37176.44 元,2 个县人均财政总收入为 1268.95 元,仅为温州市平均水平的 24.27%。

**表1　温州市山区县域经济水平的比较**

| 指标 | 土地面积<br>（平方公里） | 总人口<br>（人） | 生产总值<br>（万元） | 财政收入<br>（万元） | 财政支出<br>（万元） | 固定资产<br>投资（万元） | 农村人均纯<br>收入（元） |
|---|---|---|---|---|---|---|---|
| 全市 | 11786 | 7868015 | 29250426 | 4114302 | 3110478 | 9259795 | 11416 |
| 文成 | 1293.4 | 376360 | 405163 | 47378 | 146990 | 205788 | 6158 |
| 泰顺 | 1761.5 | 363355 | 397683 | 46488 | 154203 | 168907 | 6010 |
| 苍南 | 1261.1 | 1297767 | 2547974 | 242468 | 281223 | 906325 | 8939 |
| 永嘉 | 2674.1 | 946318 | 2050517 | 267503 | 244746 | 633214 | 8756 |
| 平阳 | 1051 | 867337 | 2025917 | 220145 | 227514 | 724470 | 9274 |
| 乐清 | 1223.3 | 1240544 | 4958356 | 687214 | 389167 | 1406451 | 13798 |

资料来源：根据《温州统计年鉴（2011年）》数据处理所得。

### 2.2　山区县域经济发展的产业结构特征

#### 2.2.1　产业结构纵向比较：结构逐步优化，三产有待提升

由山区6个县产业结构情况的纵向分析可知。近六年来，温州山区县域经济在自身经济总量提升的同时，产业结构的优化也取得了一定成就（见图1）。从第一产业的比重看，整体呈下降趋势，2005年到2008年下降速度先快后慢，下降幅度较大，近两年第一产业的比重有回升的势头，6年间从6.79%下降到5.24%；从第二产业的比重变化看，整体的上升态势存在但相对不够明显；从第三产业的比重变化看，整体的上升态势存在但增幅平缓。总而言之，从产业结构的纵向比较看，山区县第一产业的下降份额由第二、三产业的上升共享，其中三产的上升对一产的下降影响较大。

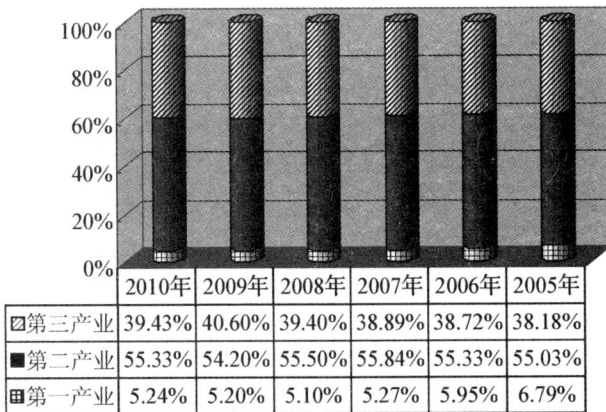

| | 2010年 | 2009年 | 2008年 | 2007年 | 2006年 | 2005年 |
|---|---|---|---|---|---|---|
| 第三产业 | 39.43% | 40.60% | 39.40% | 38.89% | 38.72% | 38.18% |
| 第二产业 | 55.33% | 54.20% | 55.50% | 55.84% | 55.33% | 55.03% |
| 第一产业 | 5.24% | 5.20% | 5.10% | 5.27% | 5.95% | 6.79% |

图1　温州山区产业结构纵向比较

#### 2.2.2　产业结构横向比较：演化程度仍然滞后

通过横向分析我们知道目前温州市山区县域经济仍有很大的调整空间。我们

对 2010 年温州市 6 个山区县平均水平,2 个重点欠发达山区和温州市平均水平的产业结构进行比较(见图 2)。结果发现,6 个山区县平均的第一产业比重高于温州市平均水平,第二产业比重高于温州市平均水平,第三产业的比重低于温州市平均水平;2 个重点欠发达山区县的第一产业比重又高于 6 个山区县平均水平,第二产业明显低于 6 个山区县平均水平,第三产业的比重又高于 6 个山区县平均水平。总而言之,6 个山区县平均水平的产业结构优于 2 个山区重点欠发达县,但低于温州市平均水平。2 个山区重点欠发达县的第二产业发展相对滞后,远远低于温州市平均水平。这说明目前温州市山区县域经济的宏观经济结构的演化程度仍然滞后。

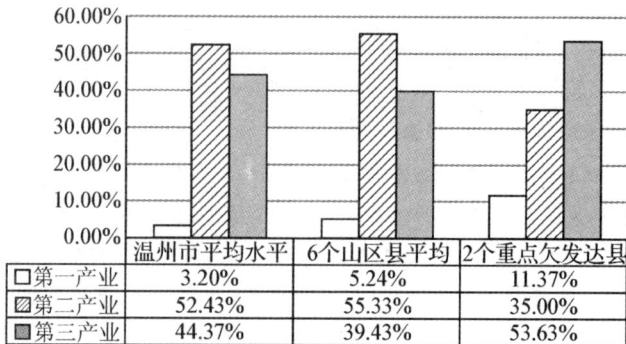

| | 温州市平均水平 | 6个山区县平均 | 2个重点欠发达县 |
|---|---|---|---|
| □第一产业 | 3.20% | 5.24% | 11.37% |
| ▨第二产业 | 52.43% | 55.33% | 35.00% |
| ■第三产业 | 44.37% | 39.43% | 53.63% |

图 2　温州区域间产业结构横向比较

### 2.3　山区县域经济发展的阶段特征

#### 2.3.1　山区经济的整体阶段特征

2010 年两个重点欠发达县的县域经济人均 GDP 为 10853.45 元,剔除通货膨胀和货币汇率两个影响因素,折合为 1998 年的人均 GDP 为 1055.92 美元,6 个山区县域经济的 2010 年的平均人均 GDP 为 24325.19 元,剔除通货膨胀和货币汇率两个影响因素,折合为 1998 年的人均 GDP 为 2366.57 美元。而温州市的 2010 年人均 GDP 为 37176.37 元,折合为 1998 年的人均 GDP 为 3616.85 美元。根据钱纳里工业化阶段划分转换模型,可以判断目前温州市山区县域经济整体上正处于第二发展阶段,即工业化初级阶段末期,已经实现了从农业向工业转型的时期,完成了工业对传统农业的改造,农业产业发展取得一定进步。工业发展未能有效带动和促进第三产业的发展。而整个温州市平均水平已步入第三发展阶段向第四发展阶段的转换时期,即工业化中期阶段的末期。

#### 2.3.2　山区经济的个体阶段特征

对 6 个山区县 2010 年的人均 GDP 进行剔除通货膨胀和货币汇率两个影响因素的操作并折合为 1998 年的人均 GDP,结果发现 6 个山区县的人均 GDP 差异较大,散布在 1065—3891 美元之间。根据钱纳里工业化阶段划分转换模型,可以判断目前温州山区县中文成县、泰顺县、苍南县、永嘉县和平阳县处于工业化初级阶段,发展较快的乐清处于工业化中级阶段。同时为了进一步分析每一阶段内部山区县发展阶段的先后差异,把每一阶段的区间二等分,形成各个阶段的开始时期、加速时期和结束时期。结果发现,处于工业化初级阶段的文成和泰顺均处于该阶段的开始时期,苍南县处于该阶段的中期,永嘉县和平阳县处于该阶段的结束时期;乐清处于工业化中级阶段的加速时期。

表2 山区经济的个体阶段特征

| 发展阶段 | | | 县区 |
|---|---|---|---|
| 初级产品生产 | 第一阶段 | 初期(人均 GDP:601～800 美元) | 无 |
| | | 中期(人均 GDP:800～999 美元) | 无 |
| 工业化初级 | 第二阶段 | 初期(人均 GDP:1199～1600 美元) | 文成、泰顺 |
| | | 中期(人均 GDP:1600～2101 美元) | 苍南 |
| | | 末期(人均 GDP:2101～2402 美元) | 永嘉、平阳 |
| 工业化中级 | 第三阶段 | 初期(人均 GDP:2402～3203 美元) | 无 |
| | | 中期(人均 GDP:3203～4004 美元) | 乐清 |

注:(1)资料来源:根据《温州统计年鉴(2011 年)》数据处理所得,并对所缺数据进行了插值填补;(2)所有县区的划分都是依据折算后数据;(3)发展阶段初期、中期、末期三个阶段的划分主要是来自于笔者细化考察山区经济发展阶段而进行的分析。

## 2.4 温州市山区发展的机遇和优势

### 2.4.1 国家重视欠发达地区发展的政策机遇

近几年,各级政府相继出台了加快欠发达地区发展的意见,实施了山海协作、欠发达乡镇奔小康、百亿帮扶致富三大工程,在资金、项目分配等方面向欠发达地区倾斜。特别是"三年特扶"项目深入实施,有效带动了农民增收致富,也给我市山区经济发展注入了强劲动力。山海协作战略的实施为山区发展带来新的发展机遇,温州、瑞安等地大量企业落户文成百丈漈工业基地、樟山产业基地等产业发展平台,将极大地推动山区发展。决策层最近又启动了新一轮(2013 年至 2017 年)扶贫开发计划,浙江省从 2012 年起将提高扶贫标准至 4600 元人民币,这将给山区跨越式发展带来新的机遇和巨大的挑战。

### 2.4.2 对接长三角和海西区的区域合作发展机遇

文成县、泰顺县是长三角和海西区辐射发展通道的重要节点县。国家出台了长三角区域规划和支持海西区发展政策,为接轨长三角、融入海西区,加速区域产业与市场对接,发展生态休闲产业带来了区域合作机遇。在交通地位上,将从全省的神经末梢嬗变成浙闽两省的交通枢纽地。在区位上,将从浙江最西南的偏远山区嬗变成浙江省融入海西区的"桥头堡"和先行地,区位劣势换一个角度成为区位优势。在发展目标定位上,将由长三角地区的边缘地嬗变为长三角经济区与海峡西岸经济区两大经济圈的生态后花园和交集地。

### 2.4.3 利用自然条件建设生态文明的发展机遇

浙江省委作出了关于推进生态文明建设的决定,明确了推进生态文明建设的总体要求、主要目标和政策举措。突出区域特色,充分发挥山水优美、文化灿烂、生态优质、特产丰富的优势,立足资源环境承载能力谋发展,走清洁、低碳、高效发展道路。强化全社会节能环保意识,大力发展绿色经济、低碳经济和循环经济,在节能环保中实现经济增长,促进环境、经济、社会与人的全面发展,实现人口、资源与环境协调,增强可持续发展能力。我市山区生态良好,文成、泰顺等县是国家级生态示范区。文成县2006—2010年累计建成生态公益林380万亩,森林覆盖率达60.3%。空气质量优于国家一级标准,地面水环境符合国家一类标准。旅游资源得天独厚,雁荡山荣膺国家5A级景区称号,平阳南雁荡山、文成铜铃山、乐清中雁荡山荣膺国家4A级景区。泰顺县内廊桥、氡泉、乌岩岭三大景区真正快速建设中,央视影视城等项目前期工作也已逐步开展,谋划飞云湖、九峰、南浦溪、天关山森林公园、三魁森林公园等景区景点开发。随着生活方式的改变,人们更重视旅游、休闲和养生,这对环境良好的山区来讲,是个发展当地经济很好的机遇。

### 2.4.4 充分利用人文资源优势

我市历史文化源远流长,底蕴浓厚。如北宋名相富弼、明朝开国元勋刘基等诞生于文成。其中以刘基最为著名,《大明第一谋臣——刘伯温》在央视《百家讲坛》栏目播出,"刘伯温传说"、"太公祭"被列入国家非物质文化遗产,现存有人文气息浓郁的国家文保单位刘基庙、刘基墓和刘基故居、武阳书院、辞岭亭等。又如泰顺至今仍保存着200多座木拱廊桥、木平廊桥和石拱廊桥,是"中国桥梁之乡"。尤其是"长虹饮涧、新月出云"的木拱廊桥最具科学、历史、艺术和观赏价值,被誉为"世界最美的廊桥",古廊桥文化近年引起了国内外专家、学者的广泛关注。

### 2.4.5 发挥区位优势促进山区发展

杭州湾跨海大桥、温福铁路等一批涉及长三角、海西地区重大基础设施建成,为温州扩大对外经济联系、拓展外部市场空间带来了新的历史机遇。对台直航必然促进两地经贸、文化间的合作与交流,将给港口、物流基地、交通枢纽建设带来机遇。状元岙港区离台湾基隆138海里,是浙江沿海到台湾海上航线距离最短的港口,对台直航极大地拉近了温州与海西的时空距离,提升了港口的地位,有助于温州形成多层次综合型的海陆交通运输网络,有助于温州成为浙南闽北及赣皖地区对外开放和走向世界的海上门户。

### 2.5 我市山区发展的困难和制约

#### 2.5.1 经济发展基础弱、体量小

农业发展受耕地面积的限制,以发展生态农业、效益农业、观光农业为主,形成了一定特色,但基础设施落后,自然灾害频发,效益提高慢、规模小,政策优势不突出,由于总量小所以省市以奖代补的政策享受不到。山区县农业主导产业优势不突出,产业分布不合理。多数农业龙头企业规模小、档次较低,带动农户和产业发展的能力较弱,尤其缺乏能推动我市山区主导优势产业和特色产业发展的骨干型农业龙头企业。农产品品牌知名度不高,市场竞争力不强。

泰顺有工业企业 500 多家,规模以上企业 19 家,2011 年产值 34.75 亿元,工业企业投入和产出不足,总量不大、质量较差。近年来,文成县为了保护"大水缸",库区已拒绝上百亿元的工业投资,致使自身发展动力严重不足。工业尚处于工业化的初级阶段,工业化进程相当缓慢。工业经济总量偏小、产业层次低、知名企业和名牌产品少、管理方式粗放等问题比较突出,工业对整个县域经济的支撑不足。小水电开发受到制度限制无法开展,泰顺石多数是未经加工原石出售,产品附加值低。

泰顺第三产业的发展以旅游业为主,景区相对分散没有形成品牌,旅游资源丰富但是很多未开发或开发程度低,廊桥、乌岩岭是文物保护或自然保护区无法大力开发,作为重点项目准备开发的影视城项目正在积极筹划中。

#### 2.5.2 经济发展限制条件过多

绝大部分欠发达地区地理位置偏远,资源禀赋不足,交通设施落后,信息闭塞和科技进步滞后。如泰顺、文成两县至今未通高速公路,物流、出行成本较高,水利资源开发、电网设施建设等项目亟待进一步推进。县内土地资源缺乏,山地面积较大,由于国家土地政策用地指标受到很大限制,特别是很多坡地没有得到良好的利用。

水资源丰富却限制了经济发展,文成、泰顺等县是温州重要的水源保护地,珊溪水库承担着全市 600 多万市民饮水供给,是名副其实的"大水缸"。近几年,省市对水资源保护越来越重视,要求越来越高,政策文件不断出台,珊溪库区允许发展的环境容量越来越小,产业发展、建设空间等诸多方面受到了严重制约。珊溪水库库区 2/3 的水域在泰顺县内,全县 46% 的面积是库区,由于水源保护的原因导致部分地区无法大力发展工业,却又未充分享受省市生态补偿专项政策。

节能降耗给经济发展带来一定压力,因为山区地区工业企业相对较少,用电量中大部分是居民耗用很难降低,所以只能压缩本已较少的工业用电,使工业发展受限。

#### 2.5.3 居民收入低、社会发展水平低

对照"低收入集中村的纯收入要高于全国水平"的具体目标要求,2011 年,全市仍有 458 个集中村纯收入低于全国平均水平,占全部集中村的 39.3%,大部分

分布在山区。由于山区经济基础薄弱,农民致富门路狭窄,外出务工一直是低收入农户家庭最主要的收入来源和增长点,但是,从近年来市统计局的监测调查数据来看,外出务工人数首次出现下降态势,外出务工收入对纯收入增长的贡献率逐年降低,在外务工人员人均收入增长速度低于平均水平。2011年我市欠发达地区低收入农户新增劳务输出年度目标全面落空。以泰顺县为例,2011年,该县还有农民人均收入低于4000元的低收入农民1.25万人,低收入农户集中村21个,这部分的低收入农户因基础更加薄弱,增收难度更大。

基础设施基础差,教育、文化、卫生等发展在全市平均水平以下,急需政策和资金支持才能跟上其他地区发展步伐。正在开展的农村产权制度改革、"三分三改"等工作也因县内地理条件和资金条件的限制受到一定阻力。农房集聚工作难度较大,村民移居距离较远,农村建房成本堪比县城,移居后的生计问题也比较难以解决。

### 2.5.4 资金不足、人才扶持力度不够

文成、泰顺是全省6个重点欠发达县之一,地方财政十分困难。如文成县这几年连续投入上亿元资金对传统畜禽养殖进行大规模的综合整治,这使该县本就困难的财政更是捉襟见肘,在发展中频频出现资金要素制约;土地建设指标严重偏少,每年才300多亩,使得很多项目难以"落地",这也影响了山区经济社会发展。

各级政府扶贫政策对山区发展作用明显,但文成县、泰顺县享受了省里对于贫困县的三年特扶政策后,各部门应给予的其他政策扶持减少,导致接受的扶持资金和往年相比增长不多。资金使用中省级部门管得比较严、没有灵活性,必须严格按照规划实施,如果调整计划则需要省级部门层层审批。省市计划下达要求县里配套资金的项目,有些规定县财政进行资金配套,往往由于县财政紧张无法落实。由于省特扶资金拨付迟缓,特扶项目实施部门资金压力大,严重影响特扶项目进展速度。

山区县中高级专业技术人才十分短缺,由于各方面条件的限制,存在"本地人才留不住,外地人才不愿来"的情况,特别是教育、卫生、文化等社会事业的专业技术人才更是稀缺,影响了山区社会公共产品的服务质量。

## 3 温州山区科学发展的总体思路与路径

### 3.1 温州山区科学发展的总体思路

以科学发展观为统领,立足山区生态资源,统筹山区发展要素,发挥山区后发优势。走绿色发展道路,发挥生态资源优势,坚持生态保护开发与绿色经济发展协调,着力发展绿色经济、低碳经济、循环经济,强化生态文明理念,推进节能减排和环境保护;走开放发展道路,将引进来和走出去相结合,丰富经济开放合作内涵,形成内外合作、多方联动、互利共赢的开放型区域合作发展态势;走和谐发展道路,通过统筹协调推进社会事业发展,改善民生以维护社会和谐稳定,改善山区人民生活水平。加快适合山区特点的工业化,城镇化和农业现代化进程,加快山区百姓致

富,实现山区科学跨越和可持续发展。

## 3.2 温州山区科学发展的愿景

把温州山区建设成为经济繁荣、社会和谐、居民富裕、环境优美的现代化山区,成为山区人民幸福、城市居民向往的新山区,成为山区绿色发展、生态富民、科学跨越的宜居、宜游、宜业的幸福家园。

## 3.3 温州山区科学发展的路径

### 3.3.1 统筹城乡发展,优化空间结构

(1)统筹山区城乡规划体系

要加快我市山区经济发展,就必须要在推进城镇化进程上实现新突破。要按照统筹城乡改革"1650"大都市总体空间架构,认真实施主体功能区规划、县市域总体规划和土地利用总体规划,完善城镇体系规划和村庄布局规划。要按照"人口集中、产业集聚、功能集成、要素集约"的要求,以要素市场化为导向,以"三分三改"为核心,大力推进城乡统筹综合改革,加快城镇化和新农村建设步伐。按照"拉开框架、优化布局、提升品位"的要求,稳步推进新区建设和旧城旧村改造。加快中心镇建设,坚持把特色文化建设、产业平台建设、公共设施建设和旅游项目开发结合起来,因地制宜培育经济强镇、文化名镇、特色城镇,进一步增强中心镇的集聚和辐射功能,吸引更多农村人口到城镇安居。加快推进"美丽乡村"建设,深入实施中心村培育工程,把中心村建设与村庄整治、下山搬迁、农房改造等工作有机结合起来,打造一批布局合理、环境优美、生活舒适、文明和谐、自然人文特色彰显的特色中心村和农村新社区。

(2)优化发展空间布局

以高速公路、省道为依托,以县域中心城市为核心,以中心镇为主体,打破传统行政区划,完善城镇体系,推进人口、产业和要素的集聚与优化配置,全面优化空间发展布局。通过生态旅游产业与农村城镇化互动发展,促进城镇群的整体发展,强化城镇群基础设施、旅游接待、教育文化等设施一体化建设,提高城镇群的人口、产业集聚能力。大力发展以交通为主的重大基础设施,认真实施交通"内畅外快"工程。即对内,加快构建县内骨干公路网建设,实现县城至主要乡镇"半小时"交通圈;对外,通过建设龙丽温等高速公路,实现"半小时"抵达温州,加快融入温州经济圈。加快配套设施建设,做好景区管理文章。逐步建立和完善景区景点配套基础设施建设和行、住、食、购、娱等服务功能。以县城、中心镇为核心,加强省道沿线地区开发,统筹沿线生态旅游、生态工业的开发和发展,使其成为交通便利、人口集中、产业聚集的经济社会发展主轴。

(3)发展社会主义新农村公共事业

一是规划与建设好中心村,坚持下山移民、旧村改造、农村用地改革等工作紧密结合,有序推进生态移民。加快推进中心村道路、文体设施、公益设施建设,加强

乡村生态环境整治。二是推进农村教育资源整合,改善农村办学条件,促进城乡义务教育均衡发展。使欠发达地区中小学布局调整基本到位,使优质教育资源的受惠面不断扩大,教育公平程度明显提高,并进一步提高欠发达地区农村学前教育发展水平。三是建立并完善新型农村合作医疗制度,加强以镇卫生院为重点的农村卫生基础设施建设,健全农村医疗卫生服务和医疗救助体系,加强农村计划生育服务网络和设施建设,形成农村三级医疗卫生服务网络。四是加大对农村文化发展的投入,加快构建农村公共文化服务体系。组织送文化下乡活动,培养农民文化队伍,丰富农民文化生活,加强文化产品创作生产,深入实施文化作品提升工程,着力打造一批体现山区特色的精品力作。五是逐步将各类人员纳入社会保障覆盖范围,实现城乡统筹和应保尽保。

(4)提高农民整体素质

大力发展农村职业教育,组织和开展各种形式的农民教育培训,加快培养懂经营、会管理、多技能的新型农民。推进农村中等职业教育免费进程。强化农业生产经营者、农业科技推广人员的培训,进一步提高农民增收能力。加快农村劳动力向第二、三产业转移,降低农业就业人口比例,提高农业人口素质。加快山区小企业创业基地建设,着力营造以县城、中心镇为主要载体的非农产业创业平台和以规模化基地为主要载体的现代农业创业平台。健全创业就业服务体系,加大创业就业政策扶持,支持各类人才到山区创业,鼓励能人带动下的合作创业,形成以全民创业带动充分就业的格局。

3.3.2 提升产业结构,建设绿色产业体系

(1)发展绿色休闲旅游,促进山区旅游产业化提升

加快我市山区经济发展,就必须要在旅游资源大市向旅游经济强市转变上实现新突破。充分发挥一流生态质量和丰富旅游资源优势,推进生态休闲旅游、历史文化旅游、生态休闲农业等为特色的生态休闲旅游业加快发展。今后我市山区旅游业发展目标是立足生态和旅游资源优势,打造"浙南最佳旅游休闲度假基地"。通过打造集自然山水风光、人文景观于一体的精品旅游线,推动旅游大发展。建立浙南闽北旅游行业客源互送、资源共享、线路互联、利益分享的区域合作机制,积极建立浙南闽北旅游发展圈,拓宽旅游客源市场。逐步建立和完善景区景点配套基础设施建设和行、住、食、购、娱等服务功能,推进旅游产业与关联产业的融合,促进三次产业结构优化升级。

发挥市级旅游主管部门的作用,整合旅游营销资源,通过政府主导加市场化运作,建立旅游景点形象宣传、旅游产品整体营销和利益共享机制,改变以往多头投入、分散营销的情况,形成温州绿色旅游的整体战略。促进旅游企业持续聚集,与文化、商业、体育、信息等产业融合,争取在重点功能区和重大项目建设取得突破,以带动我市山区旅游全面发展,完善基础设施与相关服务,使绿色旅游成为区域经济发展的重要支撑,增强市场活力,理顺管理体制,提升旅游业对区域可持续发展

的贡献。

(2)培育发展绿色生态工业,促进山区工业生态化提升

切实把工业发展战略导向战略性新兴产业和生态性工业,力争使山区工业增长水平高于全市平均水平,工业总量进一步上升。如文成、泰顺县要重点扶持发展生态环保型工业产业,在高海拔、生态环保相对严格区域,大力扶持发展农、林产品深加工、小水电等无污染工业,继续发展壮大来料加工业,努力扩大工业经济总量;同时,大力发展来料加工业。

①发展来料加工产业。把发展来料加工业作为推进农村劳动力转移、实现农民增收的有效途径加以培育,把来料加工业与农民就业增收、城乡统筹综合改革、新农村建设等工作有机结合。加快来料加工点建设和示范点培育,形成相对集中的加工基地。给予来料加工产业政策扶持,在工商登记、税费缴纳、信贷融资等方面提供优惠政策,加大对来料加工经纪人和加工点的扶持力度。通过培训经纪人提高其经营管理能力,培训从业人员提升其操作技能和从业能力,增强山区来料加工业市场竞争能力。

②加快竹木加工业发展。温州山区有丰富的竹木资源,具备将资源优势转化为产业优势的条件,并扶持利众行业等一批具备一定规模的龙头企业。在产业聚集地建立竹木产业园,扶持竹木加工龙头企业,鼓励和支持企业完善工艺提高生产技术水平,治理和控制污染,形成名优品牌,提高企业核心竞争力。大力发展速生丰产林,积极开展植树造林,不断提高竹木资源的蓄积量。推进横向一体化,通过加强引导、推动资产重组等方式,推动同行业企业加强横向联合,组建行业协会甚至企业集团,变同行业企业的内部竞争关系为统一协调关系。推进纵向一体化,充分发挥市场机制的作用,推动原材料生产基地、加工企业和销售公司以合同、契约等形式,建立起稳定的、紧密的利益共同体,走产加销一体化的路子,增强开拓市场的能力。采取切实可行的措施,着力推进企业规模化,扶优扶强,提高产业集中度,推动竹木加工企业从量变向质变飞跃。

③发展绿色食品产业。以优势农产品开发为重点,发挥龙头加工企业的带动作用,着重发展茶叶、中药材、果蔬、竹笋等绿色食品加工,优化产品结构,促进转型升级。实现零星经营向品牌经营转变,特色农业向绿色农业转变,传统农业向现代农业转变,强力推进绿色食品产业经营,全面提高农业整体素质和综合效益。加快绿色食品企业产、加、销一体化进程,引导企业广泛采用先进的加工工艺和技术,按照国际质量标准和要求建立从原料生产到加工配送的全程质量控制体系。充分发挥财政资金的导向作用,增加绿色食品发展专项资金。建立和完善绿色食品产业投入机制,集中一定比例的资金用于扶持发展绿色食品加工业。加大筹资、融资力度,积极搭建银企合作平台。加大指导服务力度,充分发挥行业协会和职能部门作用,引导和推动绿色食品加工企业,推行现代企业管理制度,培育新型企业家队伍。完善各政府部门工作机制,形成各部门鼎力推进绿色食品产业的工作合力,促进绿

色食品产业又好又快发展。

④发展矿石加工业。进一步推进矿产资源整合开发,推进叶蜡石、辉绿石等矿产品加工业的整合,严格执行国家、省、市有关矿业生产规定,严禁无证开采和过度性开发。依靠科技进步和科学管理,强化改造提升,减少浪费和污染,鼓励企业产品深加工、精加工,提高产品附加值,推进综合利用和精深加工。

⑤整合小水电产业。针对老电站装机容量偏小、技术落后、设备陈旧老化问题,开展老电站的挖潜改造提升。针对生态休闲旅游发展需要,有序调整、关闭部分小水电站。加快电网建设,优化电网结构,有效消除电网建设滞后对小水电发展的瓶颈制约。推进与福建有关县市的协同合作,加快小水电站的开发。

(3)发展绿色生态农业,促进山区农业精品化提升。

我市山区要大力发展都市农业,把农业打造成融一产、二产、三产于一体的综合性部门,延长产业链,提高附加值,为打造"三生融合·幸福温州"发挥生力军的作用。

①以现代农业"两区"建设为突破点,促进农业协调发展。根据现代农业园区建设总体规划,从欠发达地区经济发展水平、资源区位条件、产业现实基础出发,立足高起点、高标准、高水平,在产业相对集中连片的区域,通过统筹规划、整合优化、改造提升,集中力量建设一批规划布局合理、生产要素集聚、设施装备先进、主体责任明确、经营机制完善、辐射效应明显的现代农业功能区。

②以生态资源为立足点,挖掘农业特色资源。立足欠发达地区的资源优势,深入推进农业结构战略性调整,优化农业区域布局,壮大农业主导产业,建设一批扶贫特色农业产业带和块状经济,加快特色农业强县强镇强村建设。

③优化农业产业结构。针对安全、优质、绿色农产品需求量大的特点,大力发展以"特色农业、有机农业、品牌农业"为特征的高效生态农业及精品农业,发展生态循环农业,努力提高农业经济规模和经济效益。

④加强农产品品牌建设。注重特色农业产业基地认证和品牌培育工作,强化对认证基地和认证农产品的管理,大力发展绿色有机农产品。树立绿色农产品品牌形象,制定和完善农产品生产技术规范、加工技术标准和产品质量标准,统一打造区域品牌,提升知名度。

⑤大力发展休闲创意农业。引进文化兴农的理念,将绿色农业、旅游业和文化产业结合,积极开发乡土气息浓郁的观光采摘、休闲度假、农事民俗体验等形式的观光农业、体验农业、休闲农业,构筑"生态、绿色、休闲"的生态休闲旅游农业体系。

3.3.3 推进生态文明建设,保障可持续发展能力

(1)注重生态建设,优化山区生态本底

加快山区生态乡镇和生态村建设,以建设"美丽乡村"为契机,大力推进村庄绿化,提高村庄人均绿化面积;全面推行农村生活垃圾"户集、村收、镇运、县处理"模式。加强污染防治和生态修复,加大污染物减排力度,推进污染源达标排放,提高

山区主要污染物的达标排放率;加快推进坡耕地及林地水土流失综合治理,加强耕地污染防治;严控污染企业向农村和山区转移,深化农药、化肥、养殖业等污染防治,保护和改善山区农村生态环境。强化环境保护,切实加强对珊溪、楠溪江等水源地保护,营造良好的水生态环境。

(2)创新产权制度,活化山区资源利用

明确山区水资源、山林资源、山地资源、耕地资源、矿藏资源、宅基地资源、碳汇资源和其他资产资源的所有权、使用权、处置权和收益权,强化各类资源产权归属和权能属性,确定资源可利用和开发的用途和价值。加快推进山区养殖水面承包经营权、林地使用权和林木所有权、荒地使用权、土地承包经营权、农村房屋所有权、农村宅基地使用权、农业知识产权、农村集体经济组织股权、农业生产设施使用权等为主体的确权颁证工作,确保主体明确到位。加快建立山区资源产权交易平台,最终实现资源资本化。建立山区资源产权交易平台,以市场化方式实现资源资本化,实现山区资源的活化利用、整合利用和可持续利用,以促进山区经济的集聚发展、集约发展、集成发展。加快制定资源产权交易平台运行的辅助政策及管理体系,在起步阶段给予财政支持,支持城市产权交易公司入驻,提供资源产权交易服务。

(3)推进节能减排,加强污染防治

落实国民经济各领域节能减排措施,推进清洁生产,促进单位生产总值能耗下降。淘汰落后生产能力,大力发展绿色新型产业,发展低能耗、高效益的现代服务业,促进低碳经济、循环经济、生态经济发展。在生产、流通和消费各领域积极开展节能、节水等各种节能降耗活动,优化利用资源以创造最大的经济效益和环境效益。加强环境污染综合治理,依靠科技进步对生产过程中产生的"三废"进行综合利用,提高资源的综合利用率。强化污染减排激励和约束机制,严格环境准入,从源头上限制能耗高、污染重的行业和企业发展。

(4)建设生态文化,构建美好乡村

弘扬生态文化,开展创建活动,提高全民生态文明素质,推进生态文明法治保障建设,加强发展宣传教育,形成人人自觉环保的良好局面。以山水保护、野生动物保护、民俗风情保护等作为生态文化保护的重点,积极弘扬生态文明、繁荣生态文化,推进绿色消费观念,倡导绿色产品生产消费、物资回收利用、对生产环境的保护意识。科学编制生态文明建设规划,按照统筹协调、资源整合的标准,以"三生融合"发展为要求开展美好乡村建设。

# 4 新山区建设的保障措施

## 4.1 建立科学发展评价考核体系

衡量山区发展水平的高低,不能机械照搬平原地区发展指标。改革以 GDP 和财政为主要指标的考评体系,探索使用绿色 GDP 和幸福民生考评为导向,涉及经济增长、生态保护、民生改善和文化发展等多方面指标的山区经济发展政绩考评体系,赋予生态保护和民生改善相对更多的权重。山区的发展必须体现自身的特点、遵循自身的规律,切忌一刀切。如节能降耗考核,由于山区本来基数就低,却要实施与平原发达地区不同的标准,并对小水电也纳入减排考核指标,显得不公平。要不要坚持"共同但有区别的责任"原则,一直是国际气候谈判难以达成的核心问题。其实对我市发达的平原地区和欠发达山区,也是一样的道理。

### 4.2 创新山区资源补偿机制

按照"谁保护、谁受益","谁改善、谁得益","谁贡献大、谁得益多"原则,逐步建立科学的生态补偿标准体系。建立区域生态环境保护标准,明确生态补偿的责任主体,确定补偿的对象和范围,形成破坏生态环境受到处罚、占用环境容量赔偿损失、保护生态环境给予褒奖的良好氛围。健全分类补偿与分档补助相结合的森林生态补偿机制,逐步提高生态公益林补偿标准。建立以生态环境容量为依据的生态补偿专项基金,鼓励实行以排污权指标为依据的生态配额交易,积极探索碳源碳汇计量为依据的碳汇市场交易机制。

### 4.3 加大山区开放开发力度

#### 4.3.1 山区低丘缓坡综合开发

积极向上级争取类似于金衢丽国家级低丘缓坡开发利用试点的政策,加快低丘缓坡开发,坚持保护与开发相结合、因地制宜与依法依规相结合,把低丘缓坡资源开发作为山区拓展空间的重要途径,这也是解决我市继瓯飞滩工程之后下一步土地要素制约的主要途径。要进一步摸清低丘缓坡资源家底,全面掌握低丘缓坡重点区块的区位、面积、权属、利用状况等情况,建立管理完善的基础数据库。加大政策扶持力度,适度加大土地指标、资金保障、税收减免等方面的支持。创新开发机制,鼓励采用 BT、BOT 等市场化融资模式,引导社会资金参与低丘缓坡开发建设。

#### 4.3.2 出台山海协作山海联动发展新政策

积极推动山海产业联动发展,培育一批具有区域特色的陆海联动发展的产业集群,形成分工明确、结构合理、功能互补的陆海产业新格局。出台《关于加强实施山海协作工程工作的若干意见》,逐步完善政策措施,如"用地优先"、"财税优惠"、"规费减免"、"门槛灵活"和"财政扶持"等政策。积极推进山海协作从二产向一产、三产延伸,从经济领域向人才、教育、科技、卫生、新农村建设等社会领域拓展,从一般性的项目投资向共同培育特色产业发展。构建新的合作载体,建立对口共建山海协作园区制度,每个发达市县到对口的欠发达市县合作共建一个产业集聚园区,支持园区基础设施、科技创新平台建设和招商引资。

#### 4.3.3 完善山区基础设施和公共服务体系

要重点实施龙丽温(泰)高速公路、绕城高速西南线、甬台温高速公路复线瑞安至苍南段工程等高速公路项目,104国道温州西过境公路永嘉张堡至苍南分水关、104国道平阳段郭庄至陈峡改建工程、41省道南复线永嘉岩头至瓯北段、41省道永嘉上塘至福佑段等国省道及重要干线项目。加快千库保安、重点小流域堤防工程建设,继续加快山区农村饮水安全保障工程建设。不断完善山区教育、卫生、文化、体育、保障等公共服务体系,基本形成城乡一体化、均等化的公共服务格局。

### 4.3.4 制订科教兴山政策

一要制订山区人才特殊政策,大力引进高技能人才。二要加大山区劳动力素质和技能培训力度,提升农村劳动力转移就业技能。三要出台促进山区创新能力提升的财政扶持专项,在现有的科技计划支撑体系内,在星火计划、农业科技成果转化项目等方面,增加对山区的支持比例,并在绿色有机农产品研发、节能减排、低碳循环、生态环境保护等领域予以重点扶持。充分发挥各高等院校和科研机构知识、人才、信息密集的优势,积极为欠发达地区解决技术难题。四要组建高校、科研院所专家咨询服务团,定期到欠发达地区开展科技服务与交流;充分发挥科技特派员、科技富民强县两个专项的作用,实现科技资源与山区经济社会发展的有效结合。

### 4.3.5 山区金融综合改革

农村金融改革是我市金融综合改革国家战略的重要组成部分。要加快农村合作金融机构股份制改造,扩大和深化为“三农”服务的小额贷款公司或担保公司试点,推动村镇银行、农村资金互助社试点,开展农村资金互助联合会组织试点,启动民间借贷登记服务平台建设试点,推进涉农贷款担保创新,改善农村金融服务,加大保险支农力度。深入推进与完善农村承包地使用权、“四荒地”使用权、养殖水面承包经营权、林权证和林木所有权、农业知识产权、农房房产证、农村宅基地使用权和农业生产性设施使用权等多途径抵押贷款。鼓励建立民间商业化担保公司和会员制担保公司。推行专业合作社联保、生产经营户联保、农户多户联保等形式,为山区经营组织和农户提供贷款担保。积极推进农村信用体系建设,建立和完善守信激励和失信惩罚的担保机制。建立政策性和商业性农业保险体系,增强农业抵御和防范风险的能力,化解农村金融机构的信贷风险。深入开展山区县和乡镇投融资体制改革、投融资平台组建,拓展投融资渠道,最大限度地发挥政府性资金的引导作用和乘数作用,为加快城乡一体化创造良好融资条件,但不强求“一镇一平台”。

## 5 促进山区科学发展的建议

### 5.1 对省市安排的公益性建设项目,逐步取消重点欠发达县县级配套资金

一是党的十七届三中全会和国家国民经济与社会“十二五”发展规划纲要都有“对老少边穷地区省安排的公益性建设项目,取消县级配套并逐步减少市级配套资

金"的精神;二是我省财力较好,向来贯彻落实中央帮扶政策一直走在全国前列,完全有能力加大对欠发达县的扶持;三是在重点欠发达县试行,有利于总结经验后再面向全市各地推广。

### 5.2 建立山区经济发展专项资金

整合扶贫等相关资金,设立连续 3 年、每年规模较大的山区经济发展专项资金。做好山区经济发展专项资金使用评估以及运作监管管理。并在加大财政专项扶持"输血"的同时,通过多途径、宽指标、惠政策等方式培养山区"造血"功能。鼓励民营资本注入,鼓励商业资本运营,鼓励华侨、温商回归,鼓励建立省际边界产业转移平台。

### 5.3 设立体外工业园区

文成、泰顺是全省少数没有省级开发区的欠发达县,建议建设一个省级产业开发区,或参照景宁、磐安两县分别在丽水、金华设立体外工业园区的做法,为文成、泰顺两个重点欠发达县在温州瓯飞滩各设立一面积 5 平方公里以上的体外工业园区,并纳入浙江省山区经济发展规划。这样一方面可以解决欠发达山区县发展要素制约的问题,另一方面可以缓解欠发达山区县因财力不足而建设滞后的问题。

### 5.4 给予水利枢纽库区更多的财政支持

由于文成、泰顺等县财政十分困难,非常薄弱,又是温州"大水缸"——珊溪水库的所在地,95%的县域面积是水源保护区,环境容量严重不足,产业发展受制严重,发展生产和改善民生的任务特别繁重。因此,建议省政府在一个较长时期内对文成、泰顺等县予以区别性的财政优惠政策,给予这些县持续性的增量扶持,延续"三年特扶"政策,并督促温州市政府尽快兑现每年 2000 万元的生态补偿费。

### 5.5 增加税收支持力度

一是加大山区工业发展税收支持力度,对山区经济开发区和承接产业转移园区等企业上缴的增值税、营业税、所得税地方增收部分,给予返还奖励;二是加大山区农业生产税收支持力度,尝试加大对产粮大县的税收返还奖励力度或对产粮大县农业基础设施特别是农田水利建设的奖励性投入;三是加大山区农产品加工业的税收支持力度,对山区农产品加工业在税收上给予更优惠的政策。

### 5.6 创新结对帮扶模式,提升扶贫开发成效

以往省级结对帮扶因项目分散,实施成效很有限。因此,建议从新一轮扶贫开发政策启动时,改革以往的结对帮扶模式,建立省、市领导联系负责制模式,具体是,以省委常委联系一个重点欠发达县、各市领导联系一个乡镇、县领导联系一个重点社区,由联系领导牵头、部门参与,组成一个组团式、捆绑型的帮扶团队,全面负责所联系范围的结对帮扶工作。这样有利于整合帮扶资源,做大做优结对帮扶项目,提升扶贫开发成效。

## 参考文献

[1]张鹏顺.区域理论视野下的旅游扶贫[J].理论探讨,2011(2):100.

[2]陈国阶.中国山区发展面临的问题与挑战[J].科技导报,2004(6):55.

[3]沈海平,肖飞.改革与创新——浙江山区发展新路径[J].科技和产业,2009(2):39.

[4]蒋培,蔡燕燕,李明华.山区内在式发展政策探究[J].环境与可持续发展,2010(5):20—21.

[5]陈国阶.中国山区发展需要转变战略思维[J].战略与决策研究,2009(5):461—462.

[6]方一平.中国山区发展的战略影响与国家导向[J].决策咨询通讯,2009(2):14.

[7]阳恭.粤北山区发展的新观念[J].南方经济,2003(9):79.

[8]李光全.浙江省山区经济发展的主要特征分析[J].统计科学与实践,2011(10):7—9.

[9]李光明.新形势下山区经济发展的战略思考[J].嘉应大学学报,2003(1):31.

[10]陈蛟.山区县域经济发展问题研究[J].中国集体经济,2008(4):45.

[11]尚海洋,张志强,熊永兰.国际山区发展政策与制度热点分析[J].世界科技研究与发展,2011(4):679—680.

[12]姚懿德.法国山区发展及其整治[J].中国人口·资源与环境,1993(3):74—76.

[13]全国山区综合开发技术与管理培训团.意大利的山区开发[J].林业科技通讯,1993(3):38—39.

[14]杨勇华.意大利山区开发对江西丘陵山区农业发展的启示[J].江西教育学院学报,2003(5):33—36.

[15]陈育宁.日本山区农业经济发展对我国的启示[J].中国软科学,2003(8):106—108.

[16]韩喜平,李二柱.日本农业保护政策的演变及启示[J].现代日本经济,2005(4):55—57.

# 二十三、温州市山区特色产业发展思路及建议[①]

温州科技职业学院　陈国胜　周胜芳　钟小娜

温州市发改委周建清　汪浩　洪东世　金坚　张奇妙

温州是个山区资源极其丰富的地区，素有"七山二水一分田"之称。山区也是温州市经济发展相对缓慢的地区。推进温州现代化建设，难点在山区，潜力在山区。山区如何立足自身的区位条件、资源禀赋、产业基础，探索走出具有特色的现代化之路是今后建设现代化温州的重大课题。我市山区丘陵地带较多，具有农业人口多、耕地资源少、财政困难的特点，不可能走大幅增加投入、扩大生产规模的外延扩张型发展之路，只能发挥特色产业的优势，走提升产业品质、提高产品附加值的内涵挖潜型发展之路。本文立足我市山区特色产业发展现状及存在的问题，探讨山区特色产业发展思路，并给出我市应重点发展的特色产业及其发展趋势、产业发展方向、重点领域和发展建议，具有重要的现实指导意义。

## 1　特色产业选择的理论基础

### 1.1　特色产业的内涵

特色产业即是在一国（或区域）范围内，以自身独特资源为基础，制造或提供特色产品与特色服务，具有鲜明得地域性、排他性，经济效益较高，发展前景广阔，能生产满足公众需要的特色产品的产业体系[②]。

关于特色产业的内涵解释，学界目前为止还没有统一的定论，但可以从以下几个方面来描述其特征：(1)特色产业是具有比较优势的产业；(2)特色产业是以特色产品为前提而存在的；(3)特色产业是区域内的主导产业、支柱产业；(4)特色产业具有较强的市场竞争力；(5)特色产业是具有地域性、规模性、差异性。

### 1.2　特色产业的形成

关于特色产业的形成可用图1表示。

---

[①]　浙江省农业区划 2012 年度课题，课题组成员：周建清、汪浩、陈国胜、洪东世、金坚、周胜芳、钟小娜、张奇妙。

[②]　路富裕. 把特色产业做大做强[J]. 探索与求是,2001(11):27－28.

特色资源 —挖掘/培育→ 特色产品 —技术/形成→ 特色产业

图 1　特色产业示意图

特色产业的形成仅仅依靠独特的自然资源和社会资源是不够的,还需要利用专业的生产技术和独特的生产工艺以及具有专业知识的人力资源的集聚。特色产业的产出过程也是需要具有特色的。而这些特色,可能是受到了这一区域的自然条件的影响,比如说当地独特的地形地貌或是独特的气候状况;也有可能是受到了当地传统习俗和文化的影响;或是当地的劳动力在长期分工合作中掌握的独特技术影响了特色产业的结构;或是当地政府部门对本地劳动力创新能力的引导和保护以及对特色产业成长的扶持政策。正是由于特色产业的这一系列特色保证了生产的产品和提供的服务的特色性,反之,由于这些特色产品与特色服务在市场上受到要求越来越高的消费者的欢迎,市场占有率扩大,又对特色产业的发展起到支持和促进作用,特色产业的经营规模不断扩大,产出水平不断提高,最终形成了产业集聚[1]。

## 1.3　特色产业的基本特征

特色产业的基本特征可以概括为三个方面:地域性、优势性、层次性。这三个方面缺一不可,共同构成了特色产业区别于、优于其他普通产业的特征。

### 1.3.1　地域性

由于自然资源和社会资源的禀赋在空间上具有不均匀性,所以就导致了某些稀缺资源在某个特定地区比较富足,因而也就给特定的特色产业提供了成长的土壤。同时,特色产业的形成还需要与之相适应的特色工艺水平,熟练劳动力以及上下游一体化的生产流程和管理方式,而这些特点都是根植于特定的区域内的。

### 1.3.2　优势性

特色产业的优势性可以分为绝对优势和比较优势。绝对优势可以使特色产业具有其他普通产业无法超越甚至模仿的独特优势。在比较优势方面,特色产业可以通过整合本地富足的某种自然资源,当地具有特殊技能的熟练劳动力,一体化的专业化设备以及与之相适应的经营管理方式,从而将比较优势保持并发扬。利用这些优势资源,通过具有优势的生产和提供方法,产出优于其他普通产业的产品和服务。特色产业的产出需要表现出明显的差异性和难以替代性,能够满足人们对产品和服务日益增长的多样化要求。

### 1.3.3　层次性

由于特色总是依附某一特定的区域的,所以某个特色产业可以直接依附于某个较小的区域,同时也依附于高一层级的较大的区域。一般直接依附于一个较

---

① 杨继涛.区域产业技术创新联盟与产业集群协调发展研究[J].科技情报开发与经济,2010(10).

小区域的特色产业,其特色最明显,对本地区的资源专属性也最强①。所以随着这一特色产业所属的区域扩大,层级的提高,其特色性逐渐降低,对某一特色资源的独有性也随之降低。

## 1.4 特色产业相关理论依据

特色产业作为一个产业范畴,其理论基础既服从产业经济学的一般理论,又体现了较鲜明的理论特色,本节依据产业经济学、区域经济学理论从市场竞争理论、生命周期理论系统理论和地域分工理论及宏观调控理论等方面分别阐释,并从学术探讨角度给出若干理论流派,以全面把握特色产业赖以生存的理论基础。

### 1.4.1 市场竞争理论

市场竞争理论主要包括供求理论和价格理论。供求理论就是供求关系理论,即:市场价格随着供求关系的变动而上下波动,在市场竞争中供给与需求之间的关系对于市场上的竞争者行为具有极为重大的影响。价格理论是揭示商品价格的形成和变动规律的理论。

西方经济学理论认为,市场竞争形式主要包括价格竞争和非价格竞争。价格竞争仅通过价格的变动来刺激消费,达到竞争的目的,而非价格竞争主要是通过产品差异化进行的竞争,包括产品升级,技术革新,质量改良,品牌建树,超值服务等多种手段增强竞争力。经济学家认为,产品之间的市场竞争是由产品的差异性决定的,差异程度越大,产品之间竞争的弹性就越大。基于此,本文将市场竞争理论作为浙江山区特色产业的理论基础,通过选择和发展差别化的、凝聚地区特色的产业来提升山区整体实力。

### 1.4.2 生命周期理论

产品生命周期理论是美国著名经济学家雷蒙·维农提出的,后经克鲁伯、威尔斯和马斯卡斯进行了补充和验证。该理论认为,由于技术的创新和扩散,制成品和生物一样具有生命周期,先后经历四个不同的阶段,即:①创新阶段,②成长和成熟阶段,③标准化阶段,④衰退阶段。同一种产品,在产品生命周期的不同阶段显现出不同的特点。该理论的提出为落后地区或欠发达地区通过技术创新扭转发展不利局面和改变区域分工格局,提供了技术层面和制度层面的可能性,有助于其突破区域分工的不平衡性,打造符合自身实际的优势产业,为欠发达地区发展特色产业提供了理论依据。

产品的生命周期要求强化产品创新和适时进行产品淘汰,培育和打造优势产业、适时进行产业淘汰与转移,这就为温州山区发展特色产业创造了良好的机遇。

### 1.4.3 系统理论和地域分工理论

系统理论是美籍奥地利人、理论生物学家 L. V. 贝塔朗菲(L. Von. Bertalan-

---

① 王胜.兴化市特色产业发展研究[D].南京林业大学硕士论文,2012.

ffy)于 1932 年创立,他提出了系统论的思想,之后其他经济学家又不断丰富完善,形成了现在的系统理论。贝塔朗菲强调,任何系统都是一个有机的整体,它不是各个部分的机械组合或简单相加,系统的整体功能是各要素在孤立状态下所没有的新质,整体性、关联性,等级结构性、动态平衡性、时序性等是所有系统的共同的基本特征。系统论认为,要发挥系统的最优功能,必须统筹协调系统内部结构,优化各要素之间关系,使系统达到优化目标①②。

地域分工理论强调,地域分工的目的在于最大限度地发挥区域比较优势,定或调整区域产业结构和区域发展方向,有利于避免产业结构趋同现象。地域分工理论认为,分工与合作是相辅相成的,分工是合作的前提,合作有利于分工更好实施和区际专业化的发展,由此获得整体大于部分的"合成效应",同时有利于提高协作区域在上一级区域中地域分工的地位和作用。

从系统理论和地域分工理论可以看出,一个地区产业发展时既要从整体上考虑产业结构的优化,又要注意加强地区间的分工合作,以使产业更好地适应区内外环境的要求。因此,根据这一理论,温州山区特色产业的发展既要注重与其他地区的分工合作,又要合理调整内部结构,以期从整体上达到最优的效果。

## 2 温州山区特色产业发展现状

### 2.1 山区经济发展总体概况

从我市情况来看(见表 1),永嘉、文成、泰顺、苍南、平阳、乐清等 6 个山区县(据《浙江省山区经济发展规划》)陆域面积 9264.4 平方公里,2011 年人口 5164884 人,分别占全市的 78.6%、64.7%;生产总值占全市的 41.84%,财政收入占全市的 38.07%,财政支出占全市的 48.57%,固定资产投资仅占全市的 47.68%;农村人均纯收入除乐清市外,均远低于全市平均水平,山区县域经济发展水平整体落后,水平较低。

表 1    温州市山区县域经济水平的比较

| 指标 | 土地面积<br>(平方公里) | 总人口<br>(人) | 生产总值<br>(万元) | 财政收入(万元) | 财政支出<br>(万元) | 固定资产<br>投资(万元) | 农村人均<br>纯收入(元) |
|------|------|------|------|------|------|------|------|
| 全市 | 11786 | 7983601 | 34185315 | 4856156 | 3704471 | 17515175 | 13243 |
| 文成 | 1293.4 | 386469 | 474145 | 63950 | 206282 | 341821 | 7435 |
| 泰顺 | 1761.5 | 366714 | 466745 | 60987 | 186265 | 295056 | 7221 |
| 苍南 | 1261.1 | 1316480 | 2949153 | 296793 | 351397 | 1898030 | 10280 |

①    迈克尔·波特. 国家竞争优势[M]. 李明轩,邱如美译. 华夏出版社,2002.
②    项义军. 国际贸易[M]. 经济科学出版社,2004:47—53.

续表

| 指标 | 土地面积（平方公里） | 总人口（人） | 生产总值（万元） | 财政收入（万元） | 财政支出（万元） | 固定资产投资（万元） | 农村人均纯收入（元） |
|---|---|---|---|---|---|---|---|
| 永嘉 | 2674.1 | 960409 | 2376574 | 320732 | 308919 | 1370065 | 10365 |
| 平阳 | 1051 | 874542 | 2324608 | 285233 | 288683 | 1479186 | 10615 |
| 乐清 | 1223.3 | 1260270 | 5711673 | 821224 | 457727 | 2966630 | 15730 |

资料来源：根据《温州统计年鉴（2012 年）》数据处理所得。

### 2.2 山区特色产业发展状况

山区各乡镇坚持不懈抓产业、调结构，近年来的特色优势产业得到迅速发展。

#### 2.2.1 大力发展生态特色高效农业

近年来，我市山区充分利用当地独特的自然和气候条件，打特色牌、走特色路，大力实施特色优势农产品区域布局规划，深入实施"特色农产品改造提升工程"，推动主导产业上规模、上档次。目前，全市山区共有 15 个中国"特产之乡"，形成了粮食、蔬菜、畜牧、水产、水果、茶叶、笋竹、花卉苗木、食用菌、中药材十大各具特色的主导产业。蔬菜是温州市优势农产品之一，已形成马站盘菜、平阳人头芋、隆山早芥、大荆冬瓜、永嘉茄子、南田盘菜、文成、泰顺的野生蔬菜等特色蔬菜生产基地，2011 年山区蔬菜播种面积 54.5 万亩，实现总产量 79.14 万吨，实现总产值 13.21 亿元。在畜牧业方面，我市大力发展羊、兔、牛等食草动物和特色优势畜牧业。目前正在重点建设永嘉、苍南、平阳、乐清等县（市）的生猪基地，乐清、苍南的优质蛋鸭基地和永嘉、乐清的优质鸡基地，文成、泰顺等山区、半山区的优质禽养殖基地。在中草药方面，已形成苍南岱岭畲族乡的金银花生产基地，鹤盛镇的葛藤、高山金银花、铁皮枫斛、姜黄生产基地；大荆镇双峰、镇安片区铁皮石斛产业以及高楼镇的桔梗、金银花和铁皮石斛生产基地 300 亩。

#### 2.2.2 发挥资源优势，发展特色工业

山区各乡镇的工业主要分布在农产品加工业、矿产开采行业、来料加工业以及承接经济发达地区的产业转移项目。例如，苍南桥墩镇形成了卤制品、糕点、茶叶、山茶油等为主导产品，全力打造特色食品加工基地；矾山镇积极发展矿山井巷行业和南宋锡箔业；泰顺利用低成本优势，承接周边产业转移，在橡胶塑料制品业、汽摩配、装饰材料等新兴产业迅速发展；观美镇的来料加工业生产势头强劲。

#### 2.2.3 依托休闲旅游，带动第三产业发展

温州山区生态资源条件优越，旅游资源富有特色，拥有北雁荡山、楠溪江、文成铜铃山、百丈飞瀑等国家重点风景区，同时拥有多个国家自然保护区、国家级森林公园、全国环境优美镇、省级森林公园、省级生态乡镇、市级生态村等生态资源，并拥有丰富的红色旅游资源。以生态产业为主的山区集聚了全市 65% 的旅游总收入。在乡村旅游行业的带动下，促进了当地购物、食宿、交通、房地产等产业的迅速发展。

## 2.3　杭宁温山区产业发展的横向比较

### 2.3.1　杭宁温山区综合实力比较

温州包括乐清、永嘉、文成、泰顺、苍南和平阳六个县(市)在内,山区土地面积总计9227平方公里,是杭州市山区总面积的68.2%(杭州市山区包括富阳、临安、建德、桐庐和淳安,土地面积合计为13528平方公里),是宁波市的1.54倍(包括余姚、奉化、象山和宁海在内,总计为5994平方公里)(见表2)。但各县(市、区)人均生产总值平均数只占杭州的46.52%,宁波的39.60%;城镇居民可支配收入平均数为25352元,低于杭州市的26407元,也低于宁波市的33260元;农村居民人均纯收入为10274元,低于杭州市的12516元,同时也低于宁波市的15284元。所以,综合而言,我市山区总体发展水平均落后于杭州和宁波两地。

**表2　杭宁温山区经济主要指标的比较**

| 地区 | 县(市)名称 | 土地面积 | 生产总值 | 第一产业 | 工业 | 规模以上企业个数 | 第三产业 | 人均生产总值 | 城镇居民可支配收入 | 农村居民人均纯收入 |
|---|---|---|---|---|---|---|---|---|---|---|
| 杭州 | 富阳市 | 1808 | 491.10 | 33.16 | 277.86 | 663 | 160.71 | 75320 | 29250 | 15369 |
| | 临安市 | 3124 | 340.39 | 31.10 | 183.19 | 515 | 110.58 | 64661 | 27594 | 13926 |
| | 建德市 | 2364 | 224.01 | 23.86 | 116.95 | 354 | 73.14 | 43846 | 25827 | 11536 |
| | 桐庐县 | 1780 | 233.52 | 18.33 | 127.93 | 347 | 73.20 | 57858 | 27130 | 13460 |
| | 淳安县 | 4452 | 140.17 | 24.88 | 46.59 | 122 | 54.91 | 30779 | 22238 | 8291 |
| | 合计 | 13528 | 1429.19 | 131.33 | 752.52 | 2001 | 472.54 | 54493 | 26407 | 12516 |
| 宁波 | 余姚市 | 1501 | 658.77 | 40.38 | 368.02 | 1058 | 224.10 | 78971 | 33611 | 16074 |
| | 奉化市 | 1268 | 259.87 | 26.03 | 110.17 | 410 | 107.81 | 53725 | 32893 | 15654 |
| | 象山县 | 1382 | 318.21 | 53.02 | 112.52 | 366 | 116.03 | 58818 | 33492 | 14653 |
| | 宁海县 | 1843 | 323.32 | 34.49 | 164.46 | 425 | 105.64 | 52752 | 33045 | 14757 |
| | 合计 | 5994 | 1560.17 | 153.92 | 755.17 | 2259 | 555.58 | 61066 | 33260 | 15284 |
| 温州 | 乐清市 | 1174 | 571.17 | 18.40 | 326.50 | 903 | 326.50 | 45704 | 34449 | 15730 |
| | 永嘉县 | 2674 | 237.66 | 9.17 | 127.06 | 315 | 127.06 | 24901 | 25422 | 10365 |
| | 平阳县 | 1051 | 232.46 | 12.73 | 102.76 | 264 | 102.76 | 26691 | 26084 | 10615 |
| | 苍南县 | 1272 | 294.92 | 23.78 | 122.37 | 283 | 122.37 | 22563 | 25855 | 10280 |
| | 文成县 | 1294 | 47.41 | 5.46 | 11.62 | 29 | 11.62 | 12520 | 20810 | 7435 |
| | 泰顺县 | 1762 | 46.67 | 5.37 | 10.35 | 19 | 10.35 | 12723 | 19497 | 7221 |
| | 合计 | 9227 | 1430.29 | 74.91 | 700.66 | 1813 | 700.66 | 24183 | 25352 | 10274 |

注:资料来源于浙江省统计年鉴2012

单位:土地面积—平方公里;产业—亿元;收入—元;生产总值—元。

2.3.2 杭宁温山区特色产业发展的比较

(1)杭州山区特色产业发展基本状况

杭州在山区特色产业发展上,已形成了水果、干果、蚕桑、中草药、蜂业五大特色农业产业,生物医药、机械装备制造、农副食品加工业等特色优势制造业,文化创意产业和山水文化旅游业等产业。

在文化创意产业方面,杭州规划打造桐庐分水制笔创意设计园、千岛湖姜家风情文化创意园、临安太湖源国际生态文化村创意基地、桐庐分水创意设计园、临安青山湖科创新城、桐庐大奇山——剪溪坞地区文化创作创意基地、富阳富春山居创意创业园、建德洋安新城创意产业基地等区域。

在山水文化旅游业方面,以千岛湖风景旅游度假区、天目山自然生态旅游区、新安江——富春江山水文化旅游区为主要依托。

(2)宁波山区特色产业发展基本状况

宁波在农业上已经形成了以水果、茶叶、花木和竹为主的林特生态产业,以南美白对虾、贝类、梭子蟹、青蟹、海藻、紫菜等名优鱼类等为重点水产养殖产业,以及蔬菜瓜果、畜禽养殖、粮食等特色产业。其中,蔬菜瓜果、榨菜、蔺草、竹笋、茶叶、水果、花卉、水产养殖、生猪、禽蛋等十大主导产业产值占农业总产值60%以上。在工业上,已经形成了象山服装、宁海精品文具、余姚高档模具和品牌家电、奉化船舶产业等优势特色制造业。在服务业方面,已经形成了生态休闲旅游、文化创意、商贸流通等特色产业。

温州与杭州、宁波特色产业发展比较分析

①温州应借鉴杭州,进一步挖掘茶叶产业发展潜力。在茶叶方面,杭州山区春茶、夏茶和秋茶总产量分别为 13551 吨、2946 吨、3284 吨,温州的春茶、夏茶和秋茶产量分别为 3041 吨、1100 吨和 582 吨,分别占杭州总量的 22.44%、37.33% 和 17.77%。温州茶叶不仅要在产量上有所提升,同时要更好地开发利用夏茶和秋茶,以此进一步提高茶农的收益水平。

②温州可借鉴杭州,发展养生旅游产业。在杭州一些山区,已经将中药材和旅游结合起来,打造养生旅游,这种一产连接三产的模式不仅带动了中药材行业的发展,同时也促进了当地乡村旅游业的发展。例如,富阳香莲山庄位于富阳洞桥岩岭湖畔,占地 1500 亩,是一座集养生、观光、度假等功能于一体的休闲山庄。山庄内独有的九品香水莲花,具有很强的观赏、食用、美容和养生功效。香莲花不仅花型美观,全身上下仅是宝:花朵泡茶,香味浓郁;花根入菜,可治胃疾;经冲泡后的香莲,花内饱含的胶原蛋白是护肤美容佳品。山庄还自行研发了香莲茶、莲花酒、胶原蛋白原液等香莲产品。在建德市寿昌镇周村村的 200 亩名贵药用江南春堂植物文化园中,种植和展示着多种珍稀名贵天然药用植物。文化园将"现代农业、生态农业、园艺农业和观光农业"融为一体,既是名贵中药材料科学化、标准人工大面积有机栽培的试验示范样板基地,又是多种野生药用植物的集中展示窗口和开展草

本养生文化科普传播的平台,也是建德市休闲养生旅游线路中的重要站点之一。我市目前已有大规模的铁皮石斛、"浙八味"道地药材的大规模生产,具备发展中药材养生旅游产业的基础。

③温州应借鉴杭州、宁波,发展林业产业。林业产业的发展对于推动山区经济发展,增加农民就业,提高农民收入水平都有重要的作用。森林是温州的优势所在,全市现有林业用地面积 77.77 万公顷,占全市土地总面积的 67.30%,有林地面积 67.71 万公顷,林木蓄积量 2298 多万立方米,森林覆盖率达到 60.03%。但温州市林业产业发展在全省相对较为落后,2011 年全省林业总产值达到 3154.8 亿元,杭州达到 691.9 亿元,宁波市 305.6 亿元,而我市仅为 152.3 亿元,仅占全省的 4.8%。林业产业包括经济林产品的种植与采集,花卉的种植,木、竹、苇浆造纸,林业旅游与休闲服务等多个行业。我市森林资源较为丰富,在政策扶持、发展机制、优化服务等方面努力创新,林业产业具有较大的发展潜力。

④温州应借鉴杭州,发展文化创意产业。杭州临安市文化创意产业发展形势好。临安立足县域特色,围绕吴越钱王文化、昌化国石文化、森林生态文化等优势资源,大力发展钱王文化创意产业、国石文化创意产业、生态文化创意产业、科技文化创意产业、民俗文化创意产业和养生文化创意产业等临安特色文创产业,探索以文化创意产业引领经济转型升级。从 2007 年起,文化创意产业增加值 13.29 亿元,在临安市九大重点发展产业中以 22.2% 的比重坐上了服务业的"头把交椅",到 2012 年上半年,仍以 25.8% 的比重占据第一的位置,增加值为 13.44 亿元,同比增长 15.5%。5 年来,平均发展速度达到 17.4%,比服务业增加值平均增速和 GDP 的平均增速分别高出 2 个和 3.2 个百分点。单位家数迅速发展和壮大,2011 年达到 4117 家,比 2008 年增加 714 家,其中限上单位 206 家,比 2008 年增加 101 家,它正从一个"稚嫩"的新兴产业,逐步成为这座城市重要支柱产业和经济发展的新引擎[①]。温州具有良好的文化底蕴,但目前文化创意产业的发展力度还不够。

⑤温州可借鉴宁波余姚市发展四明山的做法,在部分生态要求高山区发展中减少工业经济考核比重,发展生态经济。四明山宁波重要的生态功能区和饮用水源地。2011 年开始,余姚四明山、梁弄、大岚、鹿亭等山区乡镇被全面取消,其中 20 分的工业经济指标转移给生态高效农业、乡村休闲旅游业和生态环境保护等,新考核体系还增加了花木产业转型升级等指标。余姚用生态指标取代工业指标,把环境保护与干部绩效挂钩,引导山区科学发展。

---

① 立足特色差异发展  提升城市软实力——临安市文化创意产业发展之路探析.杭州统计信息网.2012-11-26.

## 2.4 国内其他地区山区发展成功经验

### 2.4.1 广东省福冈县的集约、生态工业发展模式①

佛冈是广东省的一个山区县,地窄,1302平方公里的面积,八山一水一分田,可大量用于开发的土地面积有限,注定先天难走粗放型发展道路。但佛冈有两大看得见、感受得到的优势:一是地理位置好,南下广州中心城市只有72公里,穿城而过的京港澳高速公路在全县南北设有三个出入口,交通十分便利,融入了广州一小时经济圈;二是生态环境保持优良,所经京港澳高速、国道106线佛冈段,路边、远处多是郁郁葱葱,而据有关部门统计,佛冈空气质量365天都是优良。凭以上两个优势,佛冈就吸引不少商家的目光,工业、旅游、房产等企业争先抢滩进驻。而且,抢得先机的多数企业都已经营得风生水起,比如工业有约克、建滔、国珠、新菱等,旅游有聚龙湾、森波拉、黄花湖等,这些企业早已声名远播。

佛冈率先实施"三圈四园"经济园区化战略,集中节约用地,加快产业集聚,一方面淘汰低产高耗企业,一方面围绕园区、产业链招商引资,瞄准一批高科技、高附加值、高税收及产业带动性强的重点项目。目前,佛冈已初步形成工业园区化、园区产业化、产业集群化的发展格局。

佛冈县发展与用地限制矛盾尤为紧张。用最少的地,创造最大的效益,约克的"地半功倍"模式已成为佛冈加快经济发展方式转变、突破土地瓶颈的一个法宝。世界排名267位的约克空调是世界上最大的空调和冷冻设备制造商,佛冈的工厂是其在中国的一个效益示范基地,因采取"精益生产"模式,在其占地仅4.85公顷的"L形"厂房内,2010年产值高达近17亿元,平均每公顷土地产出约3.5亿元。经过总结推广"约克模式",佛冈已拥有加多宝集团等一大批技术强、效益高的优质项目。佛冈正在积极转变经济发展方式,以发展新型工业为指引,注重引进和培育科技含量高、附加值高、污染小的产业和项目,努力提高工业用地的投资密度和效益,促进工业向资金、技术密集型和集约化转型。

### 2.4.2 河南安阳市内黄县林下经济模式②

安阳内黄县充分利用林下资源,大力发展林下经济,实现了林业产业由平面到立体、由分散向集约转变,有效拓宽了林业发展空间。

内黄县境内有国有农林场7万余亩,根据土壤特点、林分郁闭度、市场行情等因素,该县积极引导农民进行立体开发,形成了林药、林禽、林畜、林苗等多种林下经济发展模式。农户在未郁闭的林地内种植较耐阴的杭白菊、芍药、牡丹、板蓝根、金银花等中药材3万亩,年产值9000万元;在郁闭的林下饲养柴鸡、肉鸡、肉鹅,年产值1.5亿元;在林下饲养牛、羊,年产值1200万元。农户在枣树下套种小麦、尖

---

① 黄嘉锋、胡蕾斯、朱志鹏、郑秀红.佛冈闯科学发展新路当全省山区县排头兵[N].南方日报2011-09-23.

② 王海平.林业资源巧利用安阳内黄林下经济有"钱"途[N].安阳日报,2013-3-25.

椒立体种植模式的基础上,探索发展了枣菜、枣果套种 3 万亩,产值达 1 亿元。在经济林或用材林下培育白蜡、国槐、合欢、法桐等绿化苗木幼苗 2000 亩,年产值达 800 万元。该县依托丰富的林业资源,每年举办颛顼帝喾陵祭祖节、桃花节、红枣文化节等,通过发展林游模式吸引大批游客前来寻根拜祖、观赏桃花、采摘红枣,年均接待游客 30 万人次,实现产值 1300 万元。

在发展林下经济中,该县采取统一供苗、统一技术、统一加工、统一销售的运作模式,催生了林下经济合作社。全县共组建林业及林下经济合作社 46 家,社员 3200 人,带动农户 1.5 万户,年收益达 4680 万元,实现了林业经济效益和林业生态保护的"双赢"。投资 450 万元的阳光林下菊花种植基地入社农户 460 户,种植林下菊花 8200 亩,年销售中药材杭白菊 820 吨,实现产值 2000 多万元,建成了菊花深加工企业,年加工菊花 320 万公斤,产品销至安徽、江苏等地,走出了一条"合作社+基地+农户"的产业化发展道路。投资 500 万元的三源林下经济生态养殖基地以林下饲养柴鸡和种植金银花为主,存栏柴鸡 8 万只,种植金银花 100 亩,年销售柴鸡 30 万只、柴鸡蛋 200 吨,实现产值 1000 多万元。

### 2.4.3 丽水遂昌县的生态经济

通过大力保护环境,遂昌逐步建立了包括乡村休闲旅游业、生态制造业、原生态精品农业、生态林业、生态文化在内的生态体系,产业结构逐步优化,生态产业基本确立。游客人次以及旅游综合收入实现井喷式增长,2005 年全县接待游客人次仅为 24.11 万,旅游综合收入为 0.69 亿元,到 2010 年,这两项数据分别为 402.83 万、16.27 亿元,分别是 2005 年的 16.69 倍和 23.4 倍,年均增长率分别为 75.3%和 87.6%。乡村休闲旅游业成为推动遂昌投资环境改善、带动产业结构调整的第一大产业。

在生态制造业方面,以产业集群和品牌培育为突破口,积极扶持金属制品、特种纸、竹木加工等传统优势产业发展壮大,培育竹炭、电动自行车、镍氢电池、LED 新能源等新兴低碳产业,其产值占比从"十一五"末的 2.7%提高到"十二五"末的 3.6%。遂昌成为国内最大的金属制品生产基地和特种纸生产、研发基地、国内最大的竹炭制品生产、加工和出口基地。

遂昌的生态林业建设取得显著成效。省级以上重点公益林面积达到 195.1 万亩,位居浙江省首位。以发展林产品精深加工业促进林业转型升级,截至目前全县引进竹木加工企业 238 家,其中规模企业 20 家,建成了国内首个集生产研发、应用展示、文化旅游、商贸流通和科普教育于一体的竹炭产业园区,2010 年竹产业实现产值 7.9 亿元,占同年林业产值的 34.6%。①

### 2.4.4 湖州长兴县顾渚村和杭州临安市九思村的乡村休闲养老业

由于城市老龄化程度不断加深导致的城市养老资源不足,同时乡村休闲旅游

---

① 沈满洪,王隆祥.绿水青山就是金山银山——以浙江省遂昌为例[C].山区转型发展研讨会论文集[Z],2011-11.

快速发展,越来越多的都市老人选择季节性移居附近环境优美、交通便利的乡村休闲养老。异地乡村休闲养老不仅可以缓解城市养老压力,而且可以解决淡季乡村休闲旅游设施的闲置问题,推动乡村环境的改善和当地村民的就业致富。浙江长兴县顾渚村、临安的九思村两地形成了乡村休闲养老产业。

(1)顾渚村的自发模式

顾渚村作为乡村休闲养老目的地,其形成路径是政府引导下自发形成的,它经历了乡村观光、乡村休闲再到乡村休闲养老几个阶段。顾渚村位于浙江省长兴县东北,太湖西南,因靠近顾渚山而得名。顾渚山因为优美的生态环境孕育出"茶文化圣地"而吸引众多的游客前来度假。

顾渚村人最早开始经营"农家乐"旅游。"吃农家饭、住农家屋、干农家活、享农家乐"是当时顾渚农家乐的主打招牌。近年来,顾渚村委为了接轨周边大城市乡村休闲需求,成立了村农家乐协会,让他们自律经营、共同发展。随着村庄环境的改善,农家乐发展迅猛,来休闲养老的上海老年人也逐年增多。通过上海老人之间的口口相传,如今已发展成为了一个"上海村"。"人丁兴旺"时,顾渚村会同时迎来2000多位常住的上海老人,同当地的居民人数差不多。其中,"回头客"占三分之一。如今,顾渚村的农家乐已告别农民分散、零星经营的局面,进入由村里统一管理的有序经营阶段。每家农家乐在开办前,卫生、消防等必须达到统一标准。村行政班子介入农家乐管理,与农家乐协会一起开展工作,避免价格方面的恶性竞争。为了正确引导当地乡村休闲业的发展,长兴县委、县政府还提出了"打造长三角生态休闲度假新村"的战略目标,制定了农家乐管理的系列政策体系,在税收、信贷、基础设施建设方面启动经费补助,县旅游局对经营业主进行了服务指导和培训,带着农家乐主跑上海,不断营销长兴的"山水",如今,顾渚村已发展成为长三角城市老人乡村休闲养老的重要目的地。[①]

(2)九思村的联众模式

九思村位于临安西天门山景区内,离临安一个小时的车程。这里是浙江联众休闲产业有限集团公司创造的"联众模式"的发源地。其运作模式是:公司与选定的某个村签订合约,由公司出资对整个村子做整体改造,并对当地村民的住房在原址上进行改建。改建后的住房产权仍归农民所有,一楼交给农民自己住,二三四楼交由企业统一对外经营30年。30年后,所有房子的经营权全部归农家。在30年的经营期内,村民房主每个月还可以从"联众"得到500元工资,管理二层至四层的房屋。如果有客人居住,每打扫一个房间,公司另支付10元服务费;公司出资对村庄整体环境进行整治,具体内容包括建设相应的服务配套设施,如设置太阳能路灯,开展沟、池、小溪清理工作,建立污水处理设施;对原村庄道路进行油化改造或

---

① 李松柏.老龄化背景下都市圈老人乡村休闲养老研究[C].山区转型发展研讨会论文集[Z],2011-11.

新建,改善通行条件;新建停车场、中心广场、生态公厕和公共绿地等。另外,由联众公司下属乡村休闲俱乐部统一营销、组织客源,并对村民进行免费职业技术培训,提高农民朋友服务技能。同时充分挖掘当地民俗文化,邀请民间艺人进行艺术交流,丰富农村休闲的文化内涵。通过几年的实践,来此休闲度假的主要是季节性移居养老群体,而且这种模式受到了村民的欢迎,呈现出很好的发展前景。对企业来说这种模式也获得了成功。投资方还在临安天目山、淳安千岛湖、德清莫干山、安吉大溪等多个风景区挑选了多个村落进行合作。

### 2.4.5 湖州德清县莫干山的生态旅游

在德清,翠碧环绕的莫干山日渐成为德清西部生态旅游的典型代表。从自然生态的农家乐到风生水起的户外休闲活动,一静一动皆与如今倡导的低碳生活很搭调。

农家乐是德清休闲旅游的一大亮点。在莫干山,"洋家乐"则成了时尚标签。2008 年,南非小伙子高天成在三九坞"租用农家小院,并将其改建成别具风味的"洋家乐",并取名裸心谷。自此以后,英国、比利时、丹麦、韩国等十多个国家等十多个国家的外国人和德清本地人纷纷效仿,到莫干山建"洋家乐"。从此,这种"无景点度假游"的"洋家乐"休闲旅游迅速兴起。目前德清县已建成并开业的"洋家乐"有 35 家,另有 30 多家正在建设中。

洋家乐与一般的农家乐经营理念不同,其崇尚的是一种追求自然、返璞归真的感觉,提倡低碳环保。所有的洋家乐都不是'圈地'新建的。客人在洋家乐的主要活动是爬山、散步、骑车、钓鱼,静听鸟鸣声、竹叶的摇曳声,与一般的观光游迥然不同。此外,游客在这里的生活也被要求"低碳",比如,如鼓励游客自己动手做饭,要求节水节电,毛巾不每天更换,不许在室内抽烟,室内装潢及设施强调就地取材,尽量从当地农家寻找旧家具加以利用,或就地取材等等。短短几年年时间,小小"洋家乐"吸引了 50 个国家 300 多座城市的游客前来探访,不仅因其坐落山水间的自然环境之美,也因其迎合了低碳休闲旅游的世界潮流。"洋家乐"使德清旅游业蓬勃发展,2011 年,该县接待境内外游客已达 712 万人次,实现旅游总收入 53.7 亿元,旅游已成为该县的一大支柱产业。

近几年德清的自行车运动也悄然兴起,并受到越来越多时尚环保人士的推崇。凭借莫干山独特的地理优势,"自行车嘉年华"也已成为当地旅游一大盛会,杭州骑行网上也开通了"莫干山单车俱乐部",为德清车友建低碳结伴出行的平台。

从自然生态的"洋家乐"到风生水起的户外休闲活动,莫干山旅游已从单一的避暑度假,逐渐走向集运动、健身、度假于一体的综合旅游,并带动周边乡村旅游蓬勃发展。

## 2.5 温州特色产业发展中存在的问题

### 2.5.1 尚未真正发挥山区优势,形成优质高产高效的农业特色产业

结合我市山区发展的实际,同时对比杭州、宁波等地现代农业的发展,不难发现我市山区农业在规模和产值上都相对较为落后。特别是在山区林业的开发力度

还远远不够,2011年山区林业产值总额仅占杭州和宁波的1/4左右,缺乏经济林的规模种植,农民收益不高。我市在乐清和苍南的一些山区乡镇已有铁皮石斛、金银花等药材的大面积种植,但在规模和效益上还与杭州等地有较大距离,需要进一步挖掘潜力。茶叶已成为泰顺、永嘉、苍南、文成等地的特色产业,但我市山区对于夏茶和秋茶的开发利用还较弱,应进一步深度开发。另外,农业产业组织化程度不高。由于龙头企业数量较少,覆盖面和辐射能力较弱,带动作用不明显。

**2.5.2 尚未结合山区的生态优势,建立生态工业发展体系**

我市大多数山区工业的发展水平与宁波、杭州和湖州等地还存在不小的差距。应结合山区的资源优势,发展高加工、高附加值的生态工业体系。同时,政府还需要改善山区的交通条件和投资环境以及用地指标困难,积极进行产业集群和品牌培育,改善山区工业基础薄弱现状。

**2.5.3 乡村休闲观光旅游业的深度挖掘还不够**

虽然乡村旅游业已成为我市许多山区乡镇经济发展的重要产业,但该产业的深度挖掘还不够,尚未实现一、二、三产业的融合发展,实现更高的经济效益。应学习临安、长兴、遂昌等地的经验,将乡村旅游业与休闲养生、养老相结合。同时要结合文化、创意等产业,进一步提高乡村旅游业发展水平,使其成为山区农民致富的重要途径。

# 3 温州山区特色产业发展思路

## 3.1 山区产业发展背景

当前,我市山区经济发展的背景呈现以下四个阶段特征:

**3.1.1 经济增长进入战略机遇期**

随着我市山区个乡镇经济社会发展环境的不断改善,以及生态资源优势日益突现,有利于为我市山区迎来新一轮快速发展机遇期。此外,温州市现正打造都市经济圈,努力形成"大温州"的区域发展新格局。大力推进经济转型升级,工业进入到加快结构调整期,显现实行产业扩张和梯度转移的大趋势。加之建设用地严重不足、地价居高不下,企业招工难问题突出,为了突破土地和劳动力等要素制约,工业向外拓展发展空间的态势显然。目前温州已成为全国资本输出最多的地区之一。这为山区提供了承接产业转移的难得机遇。

**3.1.2 产业结构进入优化提升期**

国内外经验证明工业快速发展是工业化中期阶段的重要特征和主导动力。我市山区工业基础相对薄弱,工业增长贡献率偏低,而工业经济仍是我市今后一段时间内经济发展不可或缺的重要成分。但作为生态县和面对稀缺土地资源,按照一般性工业扩张不符合市情要求,注重工业生态性,选择特色成长性生态工业项目,建立稳定支撑性工业项目基地仍是要重点培育和支持的主要方向。正确处理培育生态型工业与优化生态产业结构关系,把握产业重点与方向,发挥优势与规避约束是重点与着力点。

### 3.1.3 城镇化进程加速期

随着我市以农房改造集聚建设为切入点的城乡统筹综合改革的不断推进,农村人口、资本、信息等各种要素不断向山区交通便捷的地方集聚,政府也将会推进各类产业集聚发展的平台,将会为山区产业的发展带来很好的发展机遇。

### 3.1.4 消费结构进入稳步升级期

我市山区人民生活水平从温饱向富裕迈进,居民消费支出结构由衣食为主的温饱型向发展型、享受型转变,对休闲旅游、科技教育、医疗卫生、文化娱乐等方面需求增加,更加注重人与自然的和谐相处,将对经济社会发展模式产生重要影响。

## 3.2 产业发展趋势

我市山区在产业发展上将呈现以下两大趋势:

### 3.2.1 产业集聚化

产业集聚化是产业呈现区域集聚发展的态势,就是指在一个适当大的区域范围内,生产某种产品的若干个同类企业,为这些企业配套的上下游企业,以及相关的服务业,高密度地集聚在一起,形成产业集群。产业基地、开发区和各类工业园区是产业集群的表现形式,是各级政府经上级政府批准,专门划出一块特定的区域,通过一定的政策引导和资金投入,创造出优于其他区域的投资环境,实现产业集聚和企业集群为目标的特殊空间。产业集群的崛起是产业发展适应经济全球化和竞争日益激烈的新趋势,是为创造竞争优势而形成的一种产业空间组织形式,它具有群体竞争优势和集聚发展的规模效益是其他形式难以相比的。产业集聚化也是我市山区产业发展的大势所趋。

### 3.2.2 产业间融合

产业融合指的是即不同产业或同一产业内的不同行业相互渗透、相互交叉,最终融为一体,逐步形成新产业的动态发展过程。而在山区,主要表现为产业间的延伸融合,即通过产业间的功能互补和延伸实现产业融合,通过赋予原有产业新的附加功能和更强的竞争力,形成融合型的产业新体系。例如旅游与生态农业相结合,乡村旅游发展与养老相结合,农业、农产品加工业和农产品销售流通业相融合等等。产业融合发展能为我市山区农业的未来发展带来更多的经济效益。

## 3.3 山区特色产业发展总体思路

### 3.3.1 温州山区科学发展的总体思路

以科学发展观为统领,立足山区生态资源,统筹山区发展要素,发挥山区后发优势。

(1)走绿色发展道路。发挥生态资源优势,坚持生态保护开发与绿色经济发展协调,着力发展绿色经济、低碳经济、循环经济,强化生态文明理念,推进节能减排和环境保护。

(2)走开放发展道路。将引进来和走出去相结合,丰富经济开放合作内涵,形成内外合作、多方联动、互利共赢的开放型区域合作发展态势。

(3)走和谐发展道路。通过统筹协调推进社会事业发展,改善民生以维护社会和谐稳定,改善山区人民生活水平。加快适合山区特点的工业化,城镇化和农业现代化进程,加快山区百姓致富,实现山区科学跨越和可持续发展。

### 3.3.2 温州山区科学发展的愿景

把温州山区建设成为经济繁荣、社会和谐、居民富裕、环境优美的现代化山区,成为山区人民幸福、城市居民向往的新山区,成为山区绿色发展、生态富民、科学跨越的宜居、宜游、宜业的幸福家园。

具体地说,表现在:叫响原生态农产品,是温州山区农业的未来发展前景。块状经济向现代产业集聚转型升级,是工业经济发展方向。发挥生态优势,建设休闲养生福地。建好基础设施网络,为山区科学发展提速。着力培育小城市、中心镇,全面提升城市化水平。人才"招得进,留得住,用得起",加快山区发展。把握现阶段山区经济发展的规律和特点,在工业化、城市化深入发展中同步推进农业现代化,力争科学发展走在全国山区城市前列。

### 3.3.3 温州山区特色产业发展的基本思路

根据我市山区经济发展所处的阶段、产业发展状态以及未来产业发展的两大趋势,我市应加强山区农业特色产业的规模化发展,建立生态工业体系,大力发展现代服务业,强化人才、土地、资金等要素支撑,实现特色产业的快速发展。

(1)发展绿色休闲旅游,促进山区旅游产业化提升。充分发挥一流生态质量和丰富旅游资源优势,推进生态休闲旅游、历史文化旅游、生态休闲农业等为特色的生态休闲旅游业加快发展。今后我市山区旅游业发展目标是立足生态和旅游资源优势,打造"浙南最佳旅游休闲度假基地"。通过打造集自然山水风光、人文景观于一体的精品旅游线,推动旅游大发展。建立浙南闽北旅游行业客源互送、资源共享、线路互联、利益分享的区域合作机制,积极建立浙南闽北旅游发展圈,拓宽旅游客源市场。逐步建立和完善景区景点配套基础设施建设和行、住、食、购、娱等服务功能,推进旅游产业与关联产业的融合,促进三产结构优化升级。

(2)培育发展绿色生态工业,促进山区工业生态化提升。切实把工业发展战略导向战略性新兴产业和生态性工业,力争使山区工业增长水平高于全市平均水平,工业总量进一步上升。如文成、泰顺县要重点扶持发展生态环保型工业产业,在高海拔、生态环保相对严格区域,大力扶持发展农、林产品深加工、小水电等无污染工业,继续发展壮大来料加工业,努力扩大工业经济总量;同时,大力发展来料加工业。

(3)发展绿色生态农业,促进山区农业精品化提升。我市山区结合现代农业"两区"建设,大力发展都市农业,把农业打造成融一产、二产、三产于一体的综合性部门,延长产业链,提高附加值,为打造"三生融合·幸福温州"发挥生力军的作用。

## 4 温州山区特色产业的发展建议

### 4.1 发展特色农业产业

特色农业是以追求最佳效益(即最大的经济效益和最优的生态效益、社会效益)和提高产品市场竞争力为目的,依据区域内整体资源优势及特点,突出地域特色,围绕市场需求,坚持以科技为先导,高效配置各种生产要素,以某一特定生产对象或生产目的为目标,形成规模适度、特色突出、效益良好和产品具有较强市场竞争力的非均衡农业生产体系。农业特色经济的特色来源于自然环境、资源、技术、文化等因素。我市山区应立足于其丰富的山区资源特色,规避农地较少的发展瓶颈,深入挖掘传统农业,形成特色农业产业。

#### 4.1.1 发展趋势

都市型农业是依托大城市发展起来的,拥有先进的科学技术、管理技术和现代化设施,是都市经济发展到较高水平时,农村与城市、农业与非农产业等进一步融合过程中的一种发达的现代农业。随着温州市"1650"规划的推进,温州农业将会发生根本性的变化,具有经济、生态、社会、服务等功能的都市型农业将取代以传统经济功能为主的乡村农业(偏远地区)和城郊型农业,而成为温州大都市区重要的有机组成部分。都市型农业,它有利于解决城市化和工业化的快速进程中农业比较效益低下和农业从业人口减少的问题,有利于延缓温州现代农业生产要素逐渐流失、农业发展空间不断缩减的矛盾,也有利于缓解城市生态环境的压力、为城市居民提供良好的休闲空间。因此,一、二、三产高度融合的都市型现代农业也是温州山区农业的发展趋势。

#### 4.1.2 产业发展方向

积极培育绿色有机农业、生态循环农业、休闲观光农业和精品农业,形成具有温州山区特色的生态农业体系。

#### 4.1.3 重点领域

做强做优有机茶叶、精品(山地)蔬菜、蘑菇、杨梅、雪梨、瓯柑、四季柚、猕猴桃等林果产业,做好肉兔、长毛兔、蛋鸽、家鸡、山羊、生态猪、珍禽等畜禽养殖业,以及油茶、中药材、马蹄笋、笋竹两用林、花卉苗木等特色产业。发展以体验"吃农家饭、住农家屋、干农家活、享农家乐、购农家物"为主要内容的观光采摘型、休闲度假型、农事民俗体验型、餐饮住宿休闲型等观光农业、体验农业和休闲农业。温州各山区县农业主导产业见表3。

**表3 温州各山区县农业主导产业一览表**

| 地区 | 重点发展产业 |
| --- | --- |
| 乐清 | 蔬菜、茶叶、杨梅、生猪、鸡、铁皮石斛 |
| 平阳 | 茶叶、橄榄、蛋鸽、梅花鹿、生猪、野生动物驯养繁殖、坛紫菜、蘑菇、黄栀子 |
| 苍南 | 蔬菜、茶叶、脐橙、瓯柑、獭兔、珍禽、野生动物驯养繁殖、鲍鱼、对虾、刺参、笋竹、蘑菇 |
| 永嘉 | 蔬菜、茶叶、杨梅、香柚、兔、南方红豆杉 |
| 文成 | 蔬菜、茶叶、杨梅、肉鸽、毛竹、油茶、花卉 |
| 泰顺 | 蔬菜、茶叶、杨梅、兔肉、山羊、飞云源特色渔业、油茶、薏苡 |

#### 4.1.4 发展建议

（1）应重视高效益特色经济林木发展。我市山区应借鉴临安、湖州等地，重视特色经济林木发展，寻找适合我市山区种植的类似于板栗、山核桃、香榧等高档经济林木，将此作为山区农民脱贫致富奔小康的重要途径，政府应鼓励和扶持农民加大经济林木的种植。

（2）以现代农业"两区"建设为突破点，促进农业协调发展。根据现代农业园区建设总体规划，从山区经济发展水平、资源区位条件、产业现实基础出发，立足高起点、高标准、高水平，在产业相对集中连片的区域，通过统筹规划、整合优化、改造提升，集中力量建设一批规划布局合理、生产要素集聚、设施装备先进、主体责任明确、经营机制完善、辐射效应明显的现代农业功能区。重点发展永嘉县沿江省级现代农业综合区、苍南县马站省级现代农业综合区和文成县高山台地省级现代农业综合园区等3个省级现代农业综合区建设；加快乐清镇安铁皮石斛、清江蔬菜、芙蓉枇杷，永嘉县碧莲早香柚，平阳县梅溪蛋鸽、水头茶叶，苍南县五凤茶叶，文成县黄坦蔬菜、大岇杨梅、黄坦厚朴，泰顺县彭溪茶叶、雅阳生猪、西旸薏苡等13个省级主导产业示范项目建设。

（3）挖掘农业特色资源，优化农业产业结构。立足山区的资源优势，深入推进农业结构战略性调整，优化农业区域布局。针对安全、优质、绿色农产品需求量大的特点，大力发展以"特色农业、有机农业、品牌农业"为特征的高效生态农业及精品农业，发展生态循环农业，努力提高农业经济规模和经济效益。积极创建现代农业园区，大力发展大棚番茄、时鲜蔬菜、食用菌、槟榔芋、四季柚、脐橙、杨梅、茶叶、油茶、马蹄笋、花卉苗木等特色农林业，积极发展肉兔、山羊、獭兔、肉牛及奶牛等食草型、节粮型畜牧业，提高精品农业发展水平。

（4）加强农产品品牌建设。深入实施名牌战略，推进农业标准化和品牌化经营，注重特色农业产业基地认证和品牌培育工作，强化对认证基地和认证农产品的管理，重点抓好茶叶、水果、蔬菜、畜禽、中药材等品牌建设工作，树立起"安全、优质、健康"的农产品品牌形象，扩大品牌效应。尤其要把茶叶作为山区重要的农业品牌，强化市场规划、营销运作、品牌建设和产业文化培育。制定和完善农产品生产技术规范、加工技术标准和产品质量标准，统一打造区域品牌，提升知名度。

（5）推进农业产业化经营。推进农业与工业、现代商贸融合发展。重点加强山区农产品加工园区建设，加快建成一批具有一定规模的农产品交易市场、绿色农产品配送中心。鼓励村集体、农民等大力发展农产品精深加工，加速种养业向加工业延伸、向商贸领域拓展。以提高农业规模化经营为目标，扶持发展一批辐射面广、带动能力强，有品牌、上规模、连基地、带农户的加工型、流通型农业龙头企业。扶持农民专业合作社、农业行业协会等农民新型合作组织发展，鼓励农民以土地、资金、技术等要素入股，提高农民组织化程度，培育一批具有较强实力农业专业合作社，带动山区农业走生产（产业基地）＋加工（龙头企业）＋营销组织（合作社）的新型农业发展模式。支持农业龙头企业应用现代信息技术改造传统农业，发展精准农业、数字农业和农产品电子商务。鼓励土地流转经营，引导工商资本进入农业领域。加大扶持和补助力度，鼓励农业龙头企业、种养大户"走出去"，积极发展"域外"农业。

（6）扶持家庭农场和生态农庄的发展。家庭农场和生态农庄是迄今为止世界上农业生产中最可靠、最有效率的经营模式，提升了农业生产者的人均耕种面积，很大程度上可以降低生产成本投入，提升人均产出，并可为城镇化发展提供更多人口和劳动力。家庭农场和生态农庄是中国农业生产中一次专业化和经营化发展方向的转变。这种转变也必然推动农资供应体系的进步和发展。农业家庭经营之所以具有如此广泛的适应性，是基于农业生产的特殊性质和家庭经营的特殊优势。这种模式解决了农业生产中的合作、监督、激励，以及农产品追溯等问题，是农业生产经营的先天最佳组织形式，也是世界各国农业生产中占绝对优势的经营形式。从我们对部分农场主和生态农庄主的采访来看，他们反映最多的是土地流转、融资贷款等难题，目前最迫切希望出台认定管理、税收、用地、金融、保险等相关政策。在项目扶持上，适宜家庭农场申报的农业项目优先安排家庭农场；鼓励农业科技人员和大中专毕业生到家庭农场和生态农庄工作。同时，健全土地流转服务体系，为供求双方提供法律咨询、供求登记、信息发布、中介协调、指导鉴证、代理服务、纠纷调处等服务，为土地流转搭建便捷的沟通和交易平台，积极有序地推进农村土地流转。

## 4.2 发展生态工业产业

利用西部地区低丘缓坡土地资源相对丰富，区域交通条件加速改善，电力、供水等基础设施加快完善的有利条件，以及西部地区与温州大都市主城区和东部地区文化习性相通、人脉资源交融的历史文化优势，加强准入管控，以无污染、低能耗的环保型、生态型、科技型工业为核心，以产业集群发展为载体，加快促进生态工业集聚发展，形成西部地区特色的生态工业体系。

### 4.2.1 发展趋势

改革开放30年来，我国工业经济快速发展。但与此同时，我国能源与资源匮乏问题日益突出,环境保护压力日渐增长。在"十二五"乃至以后很长一段时期内,我国工业持续快速发展的需要与资源环境约束不断加剧之间的矛盾仍将持续凸显,对我国工业经济发展方式的根本转变提出了迫切要求,发展生态工业将会成为我国工业经济发展的必然选择。对于温州山区来说,需要协调经济发展与生态环境保护,所以生态工业也是山区未来经济发展的重要出路。

### 4.2.2 产业发展方向

要从节约资源和保护环境的角度出发,主动接受现代企业和周边产业的辐射,优先发展资源消耗少、环境污染小、劳动密集型的家庭工业、来料加工业和绿色农产品加工业,鼓励发展异地工业。

### 4.2.3 重点领域

重点加大对茶叶、果蔬、山珍食品、竹笋、油茶、干鲜果、中药材、淡水产品和畜禽肉食品等绿色农产品加工业;重点扶持竹炭、竹制餐具、木制小家具、玩具、新型木塑复合板以及竹木工艺品,以及具有民间艺术特色、畲乡文化特色和现代气息的精美创业文化产品、旅游产品;积极发展矿泉水、纯净水加工业;积极引进发展电子元器件、新材料、新能源、先进装备制造等具有较高技术含量、较大成长潜力的新兴产业;发展服装、鞋包、眼镜、装饰品、环保袋等特色产品的来料加工业。

### 4.2.4 发展建议

(1)有效整合生态科技资源,构建生态工业发展示范园,实现工业生态化发展。加强生态科技创新资源整合,以生态技术创新、生态制度政策创新为重要动力,构建生态工业发展示范园,加快构建产学研一体化的区域工业生态技术创新系统,推进工业生态技术创新驱动,通过工业生态技术创新试点,提升工业生态技术创新和工业生态技术应用能力,加快建设工业生态技术创新型山区。通过采取财政、税收、金融等相关优惠政策,吸引国内外生态先进技术和资金投资发展生态型工业。加快生态技术产业化应用,推动工业生态化发展。

(2)按照生态功能区规划的要求,严格产业准入门槛,严禁"二高一资"产业到水源保护区、江河源头地区及水库库区入户。鼓励跨县建设一批工业园区,搭建绿色制造业集聚发展平台。按照循环经济的理念,大力推进清洁生产和工业园区的生态化改造,打造一批生态经济的先行区、示范区,建设符合新型工业化要求的生态工业体系。培育一批企业内资源循环利用和企业间资源循环利用的生态工业园区,开展产业与产业、生产与消费之间资源循环利用的循环经济实验区。深入实施"百家升级工程",推动乡村企业到乡村工业功能区集聚,严格执行污染物排放标准,集中治理污染。推动"技术创新推进工程"和"落后产能淘汰推进工程"在农村的实施,推行"循环、减降、再利用"等绿色技术,调整乡村工业产业结构。

(3)扶持龙头企业和中小企业的发展。在产业聚集地建立产业园,扶持加工龙头企业,鼓励和支持企业完善工艺提高生产技术水平,治理和控制污染,形成名优品牌,提高企业核心竞争力。推进横向一体化。通过加强引导、推动资产重组等方式,推动同行业企业加强横向联合,组建行业协会甚至企业集团,变同行业企业的内部竞争关系为统一协调关系。推进纵向一体化。充分发挥市场机制的作用,推动原材料生产基地、加工企业和销售公司以合同、契约等形式,建立起稳定的、紧密的利益共同体,走产加销一体化的路子,增强开拓市场的能力。采取切实可行的措施,着力推进企业规模化,扶优扶强,提高产业集中度,推动加工企业从量变向质变飞跃。

(4)绿色农产品加工业。以优势农产品开发为重点,以龙头加工企业培育为抓手,重点发展茶叶、果蔬、山珍食品、竹笋、油茶、干鲜果、中药材、淡水产品和畜禽肉食品等绿色农产品,山野菜和山药材等山珍旅游商品加工,干货等土特产等加工业。积极推进现有加工企业改进传统工艺技术,引导企业广泛采用先进的加工工艺和技术,提高精深加工程度,做精绿色农产品加工业。强化食品质量安全意识,全面实施食品质量安全(QS)认证,推进食品企业良好作业规范(食品 GMP)等质量安全管理控制体系建设,按照国际质量标准和要求建立从原料生产到加工配送的全程质量控制体系。

(5)竹木加工业。扶持竹木加工龙头企业,支持龙头企业改善生产工艺,努力提高生产技术水平,治理和控制污染,提高企业及产业的核心竞争力。着力提高竹木产品创意设计和工艺水平,优化产品结构,着重开发科技含量高、市场前景好、附加值高的产品,重点扶持竹炭、竹制餐具、木制小家具、玩具、新型木塑复合板以及竹木工艺品,以及具有民间艺术特色、畲乡文化特色和现代气息的精美创业文化产品、旅游产品。

(6)发展来料加工业。重点对接温州及周边地区的特色产业集群,发展服装、鞋包、眼镜、装饰品、环保袋等特色产品的来料加工业,尤其是品牌产品的来料加工。按照"政府推动、龙头带动、群众主体、市场运作"的思路,完善以经纪人为龙头、以家庭为骨干、以设点集中加工和分散到户加工为主要模式的来料加工经营发展格局,引导来料加工业向专业化、规模化、工厂化、基地化方向发展。加强中心镇来料加工基地建设,引导更多山区乡镇发展新的加工点。在工商登记、税费缴纳、小额信贷、就业援助等方面,加大对来料加工项目支持力度,加强来料加工中介组织建设和经纪人培育,提升组织化程度。

(7)发展水电产业和矿泉水、纯净水加工业。巩固发展水电工业,加大水电资源开发力度,稳步发展水电工业。加快电网建设,优化电网结构,有效消除电网建设滞后对小水电发展的瓶颈制约。推进与福建有关县市的协同合作,加快交界区域水电开发。发挥西部地区水资源丰富、水质优良的优势,积极发展矿泉水、纯净水加工业,重点引进扶持发展知名度高、设备先进、效益明显的知名品牌和企业。

(8)发展矿石加工业。进一步推进矿产资源整合开发,推进叶蜡石、辉绿石等矿产品加工业的整合,严格执行国家、省、市有关矿业生产规定,严禁无证开采和过度性开发。依靠科技进步和科学管理,强化改造提升,减少浪费和污染,鼓励企业产品深加工、精加工,提高产品附加值,推进综合利用和精深加工。

(9)培育壮大新兴产业。按照"集约发展、效益优先、生态环保"的原则,通过园区、基地、项目等平台,扶持、引进、消化、吸收汽车配件、电子元器件、风电、太阳能开发及美术工艺等附加值高、投资回报率大、节能降耗、生态环保的新兴产业,引导企业围绕主导产品开展专业化分工协作,鼓励相关产业领域的企业向产业链的上下游扩展,推进产业结构升级,形成新的经济增长点。

(10)完善山海协作园区。借鉴丽水、金华等市扶持景宁、磐安的做法,在东部沿海产业带市围垦区划出专门区域,设立产业层次定位更高、合作范围更广的新的温州综合山海协作区园区,重点作为文成、泰顺建立县外工业园区——飞地工业区。通过开发投资股份合作,园区开发、建设、招商、运营和管理统一、园区税收分成等方式,建立山海协作园区合作新机制。

## 4.3 发展森林碳汇产业

在适应与减缓全球气候变化中,森林具有十分重要和不可替代的作用。如何减排 $CO_2$,降低温室效应,减轻污染,是摆在各级政府面前的严峻问题,而森林的功能效益是任何一个产业所不能替代的,森林的作用与碳汇问题越来越受到人们的重视。

### 4.3.1 发展趋势

着力推进绿色发展、循环发展、低碳发展,是"美丽中国"建设的必经之路。中国作为全球最大的温室气体排放国,承担的减排任务日益加重,发展碳汇交易市场已经迫在眉睫。目前,森林碳汇已呈现出产业化趋势,并逐渐成为推进生态文明建设的一个重要载体。碳汇林业是对传统林业功能的进一步深化。发展碳汇林业是我市山区经济社会可持续发展中的一件大事,也是我市山区的优势所在。我市的森林碳汇资源藏量巨大,应该充分发挥森林碳汇资源在生态保护和缓解气候变暖中的作用,处理好森林利用与保护的关系,提高森林的固碳能力,积极开展森林碳汇基地项目试点工作,探索林业发展的新模式。

### 4.3.2 产业发展方向

要抓住国有林权制度改革的契机,制定碳汇林业的投入机制,积极发展碳汇经济;加强碳汇经济自我创新和集成创新能力,通过引进林业新品种和新技术,提高森林利用率和质量,促进碳汇经济发展。

### 4.3.3 重点领域

从源头加大生态建设保护力度,是发展碳汇产业的先决条件。要持续实现森林面积和活立木蓄积量的双增加。积极筹划建立碳金融体系和林业碳汇交易市场。

(1)开展碳汇造林试点示范项目,推进碳贸易战略。在现有造林规划的基础上,开展碳汇造林试点,即在确定了基线的土地上,对一切造林活动和林分(木)生长过程都进行碳汇计量和监测,以探索具有中国特色、温州特色并与国际规则接轨的碳汇造林模式,建立与"三可"(可测量、可报告、可核查)相匹配的碳汇计量监测技术体系,为我市森林生态系统增汇固碳开展"三可"奠定基础。

(2)加强林业与气候变化研究,支撑林业碳汇扩增战略。加强林业重点工程政策研究、切实加大对林业应对气候变化科研支持力度,深入开展森林对气候变化响应的基础研究、林业减排增汇的技术潜力与成本效益分析、森林灾害发生机理和防控对策研究,以及森林、湿地、城市绿地等生态系统的适应性研究,并提出适应技术对策。结合林业资源调查,运用遥感、地理信息、空间定位技术,研究与国际接轨、适应中国国情的林业碳汇计量与监测关键技术。

(3)推进林业应对气候变化工作法制化建设。在有关部门推进应对气候变化立法进程中,充分反映林业内容,逐步将林业应对气候变化管理工作纳入法制化轨道。推动中国应对气候变化公益事业的发展,为企业和公众搭建参与造林增汇的自愿减排平台,建立健全林业增汇减排的政策和激励机制。

### 4.3.4 发展建议

(1)加快碳汇林业发展。必须通过加强森林保护和培育促进林业碳汇发展,要做好加减法。一是通过造林增加林地面积;二是开展森林抚育,改善林分质量,提高林木蓄积量;三是强化林地管理,减少林地流失;四是加强森林火灾和病虫害防控;五是合理采伐,调整结构;六是建立适应林业产业化发展的市场体系。市场既是林产品生产的启动器,也是林产品生产的必然归宿,是检验林业产业化经营绩效的最有效手段。抓市场建设主要抓两条:一是抓市场体系的建设,二是抓流通组织体系的建设。

(2)完善区域森林生态补偿制度。我国现在实施的森林生态效益补偿制度,主要是国家财政出钱"买单"。但是由于国家财力有限,补偿标准偏低且"一刀切",没有真正体现森林生态服务功能的价值。因此,我市应在国家补偿的基础上,结合地方补偿、市场补偿和社会补偿,对森林生态服务价值进行科学计量和评估,按照"受益者付费、损害者赔偿"的原则,在完善政府财政转移支付制度的同时,充分发挥市场机制对生态环境资源供求的引导作用,建立公平、公开、公正的生态利益共享及相关责任分担机制。

(3)建立林业碳汇交易市场。目前的林业碳汇生态补偿办法尚属于半市场化的一种行为,而真正成熟的碳交易,需要完全市场化的交易平台,依靠市场杠杆的调节,实现森林碳汇的价值。林业碳汇交易市场机制的基本要素包括供需机制、价格机制、竞争机制、风险保障机制等,而影响林业碳汇市场形成的关键要素包括供需机制、价格机制和市场保障机制三个方面。要积极筹划建立环境产权交易所和能源交易所等碳交易平台。

(4)建立碳金融体系。组织研究与森林碳汇交易有关的碳金融业务,重点落实森林吸碳吐氧功能评价计价、碳汇交易市场建设、碳汇金融体系建设、森林碳汇产业的科技支撑等具体实施项目。

#### 4.4 发展山区文化产业

文化产业,是一种在经济全球化背景下产生的以创造力为核心的新兴产业,强调一种主体文化或文化因素依靠个人(团队)通过技术、创意和产业化的方式开发、营销知识产权的行业。文化产业是山区是充分利用地域文化元素提升特色优势产业的重大支撑。

##### 4.4.1 发展趋势

"十二五"温州处于人均 GDP 5000 美元向 10000 美元发展的阶段,经济社会将在坚实的基础上向新的发展方式加快转变。随着温州确立现代化国际性大都市目标定位,并向建成更高要求的惠及全市人民的小康社会迈进,全市人民对先进文化、精神生活的需求愈加强烈。温州已经确立了将"先进文化引领"作为"十二五"乃至更长时期的重大战略之一,文化发展理念和地位被上升到战略高度,为山区文化产业的发展带来绝佳契机。文化产业已经逐步成为温州经济发展的一个新的增长点,更是山区特色产业发展的新增长点。

##### 4.4.2 产业发展方向

立足县域山区特色,围绕民俗文化、红色遗迹、古村文化、名人故居和森林生态文化等优势资源,大力发展古村落文化、刘基文化、妈祖文化、畲族文化、红色文化、华侨文化、宗教文化、影视文化、红色革命文化、永嘉桥下教玩具文化创意产业、生态文化创意产业、科技文化创意产业、民俗文化创意产业和养生文化创意产业等山区特色文化产业,探索以文化产业引领经济转型升级。

##### 4.4.3 重点领域

重点发展创意农业产业,古村落文化创意产业,泰顺石文化创意产业园和永嘉双桥文化创意产业基地,茶文化产业园,平阳木偶戏、文成刘伯温传说、泰顺药发木偶戏等民间艺术。

##### 4.4.4 发展建议

(1)政府应积极扶持文化产业的发展。政府要安排年度文化创意产业专项资金,用于文化创意企业引进、重大项目推进、产业基地(园区)和公共服务平台建设、投融资支持、人才队伍建设、各类文创活动等。

(2)支持文化产业园区建设,鼓励文化创意产业的集聚和发展。要大力扶持山区初步形成的文化创意产业园区建设,对园区中的文化创意企业,要给予相关方面的资金扶持。支持重大文化创意项目的实施,加大对山区具有地域文化元素与现代高新技术相结合、具有自主知识产权的文化创意产业的培护。

(4)支持和引导我市充裕的民间资本进入山区文化产业。同时,通过政府创业投资引导基金,采用跟进投资的方式,吸引国内外的风险资本投向初创型文化创意企业。

(5)完善人才开发政策,加强文化人才队伍建设。要重视和发掘我山区市现有的文化创意产业人才队伍。对申报文化创意产业项目,要给予优先立项。加大对文化创意人才进修、研修、考察和参加国内外学术交流的资助力度,对文化创意产业组织开展的产业人才专项培训、引进海外专家和智力开展文化创意活动等项目,给予财政支持。

### 4.5　发展养生旅游业

随着社会经济的发展,普通大众生活水平的提高,也更因为生活在都市中的高压力,使得许多人都处在亚健康状态,现代科学表明,当今世界约 75％的人处于亚健康状态,因此追求健康长寿,保养生命成为人们共同的心愿。旅游的动机有很多,但在旅游过程中能够身心愉悦,获得精神和肉体的放松,这一点是被大众所认可的。在山区风景优美的地方,温泉、森林、高山这些旅游资源在客观上对人的养生有很大的作用。山地空气中富含有益于人类长寿的负离子,而负离子被誉为“空气的维生素”,对人的健康非常有益。所以,旅游和养生可以完美结合。

#### 4.5.1　发展趋势

当前,养生旅游产业已经得到迅速发展,并于 2007 年演绎成为全国时尚旅游热点①,许多景点或风景名胜区、旅游胜地都在积极构筑养生旅游产业,相继推出“养生游”、“养生之旅”、“休闲养生旅游”等养生旅游产品。如 2005 年 12 月,峨眉山利用清新的空气、优美的环境、迷人的景色,推出休闲养生游;2007 年 4 月,黄山徽州区围绕“2007 中国和谐乡村游”主题年活动,推出“休闲养生在徽州”五大系列乡村旅游产品;四川泸州方山旅游区推出的“方山休闲养生之旅”、“休闲养生深度6 日游”、“养生强身体休闲之旅”、“夏日休闲养生旅游”等等。在网络上,有“中国十大养生旅游地”提法,这个被推荐的旅游地分别是杭州西湖、海南三亚、承德避暑山庄、湖北武当山、黑龙江五大连池、福建武夷山、牡丹江镜泊湖、江苏天目湖、浙江天台山、湖北神农架。纵观目前流行或开发的养生旅游地,大多原本即是著名的风景名胜之地、运动武术起源之地、著名膳食药材有关之地或者著名养生文化之地。

#### 4.5.2　产业发展方向

可以打造“温泉休闲养生度假区”、“森林疗养保健休闲养生园”、“茶养生文化园”、“休闲养生竹园”、“道教文化养生园”、“中草药养生园”。

#### 4.5.3　重点领域

围绕泰顺氡泉,乐清铁皮石斛,苍南、文成、泰顺等地的茶叶以及各地良好的森林资源,发展相关养生旅游业。

#### 4.5.4　发展建议

我市可以借鉴其他地区的做法,在风景优美、森林覆盖率高或中草药种植范围较广的地区等区域积极推动养生旅游业的发展。

挖掘养生旅游内涵,结合当地资源特色重点开发。发展养生旅游要借助一定

---

① 叶小青.欠发达地区发展养生旅游的思考[C].山区转型发展研讨会论文集[Z].2011 - 11.

的资源禀赋或挖掘当地的某一与养生相关的文化内涵,不同地区的资源禀赋不一样,要结合当地资源特色重点开发。养生旅游产品以某一主打产品为核心,比如森林养生、温泉养生、浴场养生、饮食养生等。这些养生产品一定要有特色,且具有养生功能。配套产品为围绕核心产品开发出的比如运动养生产品、农业养生产品、观光、休闲康体、健康科普等。通过合理规划,以市场为导向,突出"生态"、"休闲"、"养生"、"度假"这些主题,可以打造"温泉休闲养生度假区"、"森林疗养保健休闲养生园"、"茶养生文化园"、"休闲养生竹园"、"道教文化养生园"等等结合当地特色的生态养生旅游基地。

重视宣传,构建养生旅游目的地。要将"养生游"与传统的山水观光游相区别,重视挖掘当地养生内涵,通过各种传媒途径对外树立养生形象,营造养生旅游气氛。

注重专业背景知识和人才的培养和储备。整个养生旅游的发展过程中都离不开专业知识和技能的指导。养生旅游是一种高等级的旅游形式,在整个旅游过程中都涉及养生知识的传播和养生技能的授予,这些都是需要有专业知识背景的专业人才才能胜任,比如传统养生运动、中医穴位养生保健、食品养生知识等等都需要具有专业知识背景的人。因此政府要鼓励大专院校加强对具有养生知识的人才进行培养,做到人才的积极储备,支持养生旅游业的可持续发展。

### 4.6 发展乡村休闲养老业

乡村休闲养老是我国现代化建设进程中老人养老方式的一种新选择,体现了社会进步和老人养老能力的增强,是现代生活方式的体现,政府应予以积极引导和扶持。都市圈附件环境优美、交通便捷、乡村观光旅游基础较好的县、乡(镇)、村可以把满足周边城市乡村休闲养老需求作为未来山区经济转型的一个方向。

乡村休闲正确引导有条件的村镇发展乡村休闲养老产业。不是所有郊区县都适合把乡村休闲养老作为一个产业来培育。相对来说,区域内乡村旅游发展具有一定基础的村镇具有一定优势。乡村旅游一般会经历乡村观光到乡村休闲的转变,游客先前的乡村观光经历会影响到他们退休后的乡村休闲养老目的地的决策。有条件发展乡村休闲养老产业的村镇在拓展乡村休闲养老业务时,应该加强农村基础设施建设,提高农村整体环境质量。

#### 4.6.1 发展趋势

近年来,长三角都市圈地区越来越多的都市老人选择季节性移居都市圈附近环境优美、交通便利的乡村休闲养老。这一发展趋势是都市圈老龄化程度不断加深导致的城市养老资源不足和乡村休闲旅游快速发展的共同结果。异地休闲养老不仅可以缓解城市养老压力,而且可以解决淡季乡村休闲设施的闲置问题,推动乡村环境的改善和当地村民就业致富。我市山区山清水秀、环境优美,在吸引都市老人季节性前来休闲养老具有得天独厚的优势。

#### 4.6.2　产业发展方向

在都市圈附近环境优美、交通便捷、乡村观光旅游基础较好的山区乡镇、村发展满足周边城市乡村休闲养老需求产业。

#### 4.6.3　重点领域

围绕温州的资源优势和产业特点,重点发展生态休闲旅游业、养生(养老)房地产业、养生(养老)医疗与健康管理业。

#### 4.6.4　发展建议

(1)完善乡村休闲设施,丰富老年人养老生活。乡村休闲养老者在移居地停留的时间较长,带有休闲度假性质。一方面,需要有一个较好的环境,另一方面,也需要一些配套的休闲设施(或项目)让老人的生活更加丰富多彩。当地政府和村委会应该结合各地实际,在加大村庄整治的基础上,开发一些具有当地特色、富含民俗文化内涵的休闲项目。根据移居老年人的兴趣,组织一些活动,或成立志愿者组织,让那些有一技之长的老年人能为当地乡村的发展出谋划策,发挥他们的余热,丰富他们的生活。

(2)强化对乡村休闲服务的管理,维护老人的正当权益。政府相关部门应该在乡村休闲服务的管理、标准的制定和乡村休闲养老信息交换平台建设等方面发挥更大的作用。要加强对农家乐业主的培训,使其掌握老年人心理学和饮食保养等方面的知识,学会与老年人沟通的技巧,以此来带动提高相关服务人员的服务技能。老人移入地政府应加强与老人移出地政府的交流与合作,积极争取资金,改善村级医疗站的条件。另外,还应为异地休闲养老者建立畅通的投诉渠道,维护老人的合法权益。

(3)解决医疗保险的异地使用问题。身处异地进行休闲养老的老人,最担心生病。长三角都市圈在一体化方面已具有一定基础,今后应加大区域内的养老保险和医疗保险的合作,大的医疗机构可以尝试异地连锁经营,解决老人们异地休闲养老的后顾之忧。移出地政府和他们的原单位应考虑以一种合理的方式来补贴这些异地休闲养老者,鼓励低龄老人异地养老。移入地政府也应给予移居老人在乘坐公交、进出公园等方面的优惠。移居者占主体的移出地政府应该与移入地政府共同出资完善老人所在村级卫生所的医疗条件和必要的休闲项目。

(4)金融支持民间资本和外来资本进入休闲养老产业。为了鼓励发展休闲养老产业,温州可以考虑设立休闲养老基金会。一方面以金融综合改革、农村综合改革的优势、生态优势、潜在的消费群体和巨大的商机来向社会和企业募集运作基金,吸引大型企业来温州投资建设养老产业需要的基础设施,建造休闲养老度假胜地。另一方面也可以申请提供该产业扶持金和生态补偿金,用于维持发展休闲养老产业引起的人口流动费用及生态补偿费用。

# 二十四、温州市西部山区经济发展报告<sup>①</sup>

温州科技职业学院　陈国胜　周胜芳
温州市委农办　李碎贤　季旭仁

温州西部地区<sup>②</sup>以山地地形为主,陆域面积 7665 平方公里,面积占全市国土面积的 65％以上,是著名的革命老区,也是我市水源保护区和全省重要的生态功能区。这里不光有丰富独特的绿色生态资源,而且红色旅游资源富集、历史人文积淀深厚,具有极大的发展潜力。然而,由于受自然环境、交通条件及其他历史原因的限制,温州西部山区的发展大大落后于温州其他地区,一直是严重制约温州经济快速发展的瓶颈。因此,充分发挥温州西部山区良好的生态环境、丰富的自然和人文资源优势,推进西部山区的发展是我市区域统筹发展的需要,有助于是提高我市经济发展整体水平,增强地方综合竞争力。

## 1　当前温州西部山区发展概况

由于地理位置、资源禀赋、生态保护、基础设施等条件限制,仅仅依靠市场力量去推动西部山区经济发展,显得困难重重。当前,我市在推进西部山区经济发展主要着眼于增加农民收入、增强内生功能、提升民生水平、破除发展制约。近几年来,在全市上下的共同努力下,有效推动了西部山区的发展。

### 1.1　居民收入水平不断增加

西部山区城镇居民人均可支配收入由 2005 年的 12230 元增加到 2011 年的 20150 元,年均增长 8.7％;农村居民人均纯收入由 2005 年的 3200 元增加到 2011 年的 7320 元,年均增长 14.78％。2012 年上半年,泰顺县累计人均可支配收入 9893 元,同比增长 15.49％,居全市首位;农民人均现金收入 4093 元,比上年同期增加 539 元。我市各级政府积极引导各种力量参与西部山区的发展,通过开展农民劳动力素质培训、政策扶持、社会救助、结对帮扶、劳动力转移等途径促进西部山

---

① 温州市扶贫办 2012 年度课题。课题组成员:李碎贤、陈国胜、周胜芳、潘伟琪、林晓飞、吕卫、曹露露、季旭仁。

② 温州西部地区包括文成、泰顺全县,苍南的桥墩镇、矾山镇、马站镇、凤阳乡、岱岭乡和灵溪镇观美办事处,平阳的腾蛟镇、山门镇、南雁镇、顺溪镇、水头镇和青街乡,瑞安湖岭镇、高楼镇、瓯海区的泽雅镇,鹿城区的藤桥镇,永嘉的桥头镇、桥下镇、大若岩镇、碧莲镇、巽宅镇、岩头镇、枫林镇、岩坦镇、沙头镇、鹤盛镇,乐清的芙蓉镇、大荆镇、仙溪镇和雁荡镇。

区居民增收。在社会帮扶方面,我市以"139 富民攻坚计划"、"共同跨越六大行动"为抓手,积极发动社会各种力量参与,通过挂钩帮扶、人才支援、实施山海协作工程和开展"百侨百会助百村联千户"活动等形式帮助山区居民致富。截至目前,泰顺彭月山海协作功能区共引进"山海协作工程"项目 36 个,合同投资总额 22.63 亿元,到位资金 6.5 亿元。我市积极发展域外经济,促进劳动力转移。例如,乐清市仙溪镇土地资源匮乏,政府鼓励农户以投资、合作和订单等形式大力发展"走出去"农业,通过发放小额扶贫贷款,财政给予贴息,小额扶贫贷款为做大做强"域外企业"提供支持。

## 1.2 山区内生发展功能不断增强

通过扶持现代农业、来料加工、生态旅游等特色产业发展,支持二三产业发展平台建设,推进西部山区经济发展生态化、农业生产园区化、农副产品标准化不断增强西部山区内生发展能力。西部山区依托自身资源优势,在增强内生发展功能方面积累了许多经验。在现代农业扶持方面,永嘉县岩坦镇重点扶持种养大户,形成毛竹、迟熟杨梅、高山蔬菜、中药材、白茶、虎纹蛙、獭兔、瓯柑、茭白、本地鸡、本地猪等多个特色种养殖基地。在来料加工方面,苍南县灵溪镇观美办事处、桥墩镇等西部山区已发展成为来料加工产业比较集中的重点乡镇,来料产品品种包括宠物饲料、礼品工艺、服装皮革等 30 多个大类几百个品种,订单范围从本县的发达乡镇扩大到瑞安、温州、台州、义乌、江苏等地。在生态旅游方面,文成县深入实施"生态旅游县"发展战略,2007 年以来已累计投入 3.32 亿元用于景区开发和旅游配套设施建设,创成两个国家 4A 级旅游景区、1 个 3A 级旅游景区和两个省级森林公园,并发展出 54 家"农家乐"经营户(点)。

## 1.3 民生发展水平不断提升

通过加大美丽乡村建设和异地搬迁力度,扶持教育、卫生、文化、社会服务和基础设施建设,着力推进公共服务均等化。瑞安市湖岭镇扎实开展"美丽乡村"行动,2011 年共完成 21 个村的"千百生态村"建设工作和 15 个村、绿化造林 3000 余亩。泰顺县通过异地搬迁走出了一条西部山区欠发达地区集聚发展新路子。泰顺县近几年实施了"一镇带三乡"规划,以培育司前中心镇为龙头,大力实施整乡搬迁工程,将人口少、资源缺乏、交通不便、居住分散的峰门、黄桥、竹里等乡作为一个整体,有组织、分阶段地搬迁到司前中心镇,协调推进农民下山脱贫和中心镇培育,促进了人口集聚、设施集聚和产业集聚。文成县 2007 年以来,共建成了县电业调度大楼、巨屿 110 千伏输变电、泗溪河治理三至五期工程、县城污水处理厂、县城垃圾无害化填埋场、县社会公共服务中心、环城南路等一批重大公共基础设施项目,开工建设县客运中心(旅游集散中心)等项目,完善了中心镇水、电、路等一批基础设施。

### 1.4 农村改革实现新突破

坚持农村各项改革,不断破除发展制约。如永嘉县桥下镇全面开展三分三改工作,2011 年末,全镇 138 个村已全部完成股改、地改工作,林改已启动 138 个村,完成了 92 个村的林改工作。成立镇农村合作经济组织联合会,推进农村产权交易和流转服务平台建设,流转土地 4530 亩。同时,完善出台了一系列相关政策,全力推进方岙口新区、下斜、连村三个农房集聚点的建设进度。泰顺县创新推进农村资金互助组织建设,截至 2012 年上半年,已试点建立 23 个村级资金互助会,共筹集资金 656 万元,共借出资金 747 次 535 万元,互助资金回收顺利。

## 2 西部山区经济发展面临的主要问题

尽管通过全市上下多年的共同努力,西部山区经济发展取得了一定的成绩,但是西部山区经济落后的局面仍未根本改观,一些困扰发展的深层次矛盾和问题仍未根本解决。相对而言,西部山区主要面临着以下几个方面的问题:

### 2.1 经济总量偏小

我市西部山区经济规模小,基础薄弱,与沿海和平原地区相比差距大。例如,文成和泰顺两县土地面积总计 3054.9 平方公里,总人口数为 753183 人,占西部比例分别为 39.86% 和 28.02%,占全市比例分别为 25.92% 和 9.4%。但 2012 年 1—9 月份,累计规模以上工业总产值仅占全市 8.19%,限额以上固定资产投资占全市 2.84%,工业性投资占全市 1.98%,限额以上批零、住宿餐饮业销售(营业)总额占全市 0.4%。具体如表 2－1 所示。又以苍南县为例,西部山区 2011 年各乡镇工农业总产值均低于东部沿海及平原地区的各乡镇。其中,龙港镇工农业总产值是马站镇的 41.2 倍,岱岭乡的 1429.2 倍,凤阳乡的 3233.6 倍。做大经济总量,缩小与东部沿海和平原地区的差距,是西部山区的首要任务。具体如表 2－2 中所示。

**表 2－1　文成、泰顺两县与全市经济水平比较**

| 地区 | 土地面积(平方公里) | 总人口(人) | 规模以上工业总产值(亿元) | 限额以上固定资产投资(亿元) | 工业性投资(亿元) | 财政总收入(亿元) | 地方财政收入(亿元) | 地方财政总支出(含上级)(亿元) | 限额以上批零、住宿餐饮业销售(营业)总额(亿元) |
|---|---|---|---|---|---|---|---|---|---|
| 文成 | 1293.4 | 386469 | 15.24 | 25.28 | 3.22 | 4.11 | 2.97 | 13.68 | 3.277 |
| 泰顺 | 1761.5 | 366714 | 14.99 | 25.14 | 2.64 | 5.21 | 4.03 | 12.90 | 3.85 |
| 全市 | 11786 | 7983601 | 368.9 | 1415.68 | 296.24 | 406.88 | 228.74 | 262.69 | 1780.83 |

数据来源:根据泰顺县统计信息网 2012 年 9 月份信息卡和《温州统计年鉴(2012 年)》数据处理所得。

表 2-2  苍南县各乡镇经济发展情况                    单位:万元

| 乡镇 | | 工业产值 | 农业产值 | 工农业总产值 | 人均收入(元) | 财政收入 |
|---|---|---|---|---|---|---|
| 东部沿海及平原地区 | 灵溪镇 | 1422800 | 56674 | 1479474 | 11100 | 108995 |
| | 龙港镇 | 3190025 | 111486 | 3301511 | 12013 | 131000 |
| | 宜山镇 | 566912 | 2210 | 569122 | 11253 | 9268 |
| | 钱库镇 | 1103562 | 15751 | 1119313 | 9734 | 12891 |
| | 金乡镇 | 723202 | 45801 | 769003 | 10941 | 14968 |
| | 藻溪镇 | 69023 | 5672 | 74695 | 8279 | 450 |
| | 赤溪镇 | 7969 | 34915 | 42884 | 8497 | 438 |
| 西部地区 | 桥墩镇 | 13632 | 20562 | 34194 | 7046 | 1345 |
| | 矾山镇 | 11632 | 7186 | 18818 | 7654 | 2646 |
| | 马站镇 | 13369 | 66763 | 80132 | 7156 | 373 |
| | 岱岭乡 | 432 | 1878 | 2310 | 6808 | 140 |
| | 凤阳乡 | 6 | 1015 | 1021 | 7220 | 147 |

数据来源:根据《苍南县统计年鉴(2011年)》数据处理所得。

## 2.2  投入严重不足

　　西部山区由于社会事业和公共服务发展滞后,同时受到土地因素制约,对外来的资金、项目、人才缺乏吸引力,对深层次的文化底蕴挖掘不够,各类要素的集聚程度非常低。以乐清市为例,西部山区的芙蓉镇、大荆镇、仙溪镇和雁荡镇四镇2012年1—9月份累计固定资产投资合计为140515万元,仅占全市17乡镇(街道)的5.67%,其中工业性投资仅占2.96%。与东部沿海及平原地区的柳市镇、城南街道、城东街道和虹桥镇四个强镇(街道)比较,其固定资产投资只占其比例的9.35%,工业投资仅占其比例的8.46%。如表2-3所示。可见,与东部沿海及平原地区相比,西部山区吸引资金和项目的能力非常弱。

表 2-3  乐清市西部山区与东部沿海及平原地区各街道固定资产投资比较

| 地区 | | 固定资产投资(万元) | 工业投资(万元) |
|---|---|---|---|
| 西部山区 | 芙蓉镇 | 37751 | 3328 |
| | 大荆镇 | 61877 | 9711 |
| | 仙溪镇 | 11946 | 1821 |
| | 雁荡镇 | 28941 | 4688 |
| | 合计 | 140515 | 19548 |

| 地区 | | 固定资产投资(万元) | 工业投资(万元) |
|---|---|---|---|
| 东部沿海及<br>平原地区 | 柳市镇 | 450153 | 85387 |
| | 城南街道 | 401321 | 10499 |
| | 城东街道 | 380006 | 35879 |
| | 虹桥镇 | 271609 | 99168 |
| | 合计 | 1503089 | 230933 |
| 全市 | | 2474100 | 660300 |

数据来源:乐清市 2012 年 1—9 月份统计报表。

## 2.3　发展模式不合理

西部山区经济结构不尽合理。2011 年山区整体第一产业增加值为 47.75 亿元,第二产业增加值为 141.61 亿元,第三产业增加值为 222.29 亿元,三次产业比例为 11.6∶34.4∶54。其中,文成县三次产业增加值分别为 54567 万元、161593万元和 257985 万元,三次产业比例为 1.03∶3.05∶4.88。泰顺县三次产业增加值分别为 53735 万元、164572 万元和 248438 万元,三次产业比例为 1.87∶5.71∶8.63。目前的经济结构为"三、二、一"模式,这是一种理想的经济结构,但对于西部山区来说,这是一种畸形的结构,没有经过工业化的发展阶段,缺乏工业的发展是难以支撑长远发展的。西部农业产业化经营水平还不高。虽然各地都有各自的特色产业,但由于农民的小农意识浓厚、创业创新意识不强、缺乏科技引领、农业基础设施欠缺等原因导致产业经营规模偏小,集约化程度偏低。工业基础薄弱,层次较低,优势不明显,市场竞争力较弱。现代服务业发展水平不高。例如,泰顺县西部山区服务业仍以传统的交通运输业、商贸业为主,现代物流、金融保险、中介、科技、休闲旅游等现代化服务业发展不充分,高技术、高附加值的现代服务业严重缺乏。

## 2.4　土地要素制约明显

温州西部山区境内地形地貌以中低山、丘陵为主,平地和耕地资源少。同时,山区土地农保率高,建设用地总规模和建设用地指标明显偏低。但随着我是山区经济社会的快速发展和产业转型升级,城镇建设、产业发展、交通、水利、旅游等用地需求快速增加,土地供给与需求的矛盾日益突出,土地资源紧缺已成为制约我是山区经济社会发展最大的要素瓶颈。如文成县全境山地、丘陵面积占全县总面积的 82.5%,素有"八山一水一分田"之称。根据第二次全国土地资源调查,该县实有耕地面积 38.93 万亩,城乡建设实际用地 25.09 平方公里。而按照省政府浙政土审〔2009〕12 号文件,下达给该县的新一轮土地利用规划指标为:耕地保有量 39.48 万亩,超过了实有耕地面积 0.56 万亩,其中基本农田保护面积为 37.52 万亩,比例高达 96.4％;全县城乡建设用地规模 23.4 平方公里,比原实际建设用地还少 1.69 平方公里(约 2535 亩)。省里下达给文成的(2006—2020 年)新增建设用地总规模为 9.86 平方公里(1.48 万亩),其中城乡建设用地总规模 7.28 平方公里(1.09 万亩),按此要求需要复垦原有建设用地 8.97 平方公里(1.35 万亩)。由此造成规划指标执行难度很大,唯一可行的办法就是加大低丘缓坡综合开发利用。

### 2.5 生态环境保护任务繁重

西部山区作为温州水源保护区和全省重要的生态功能区,一方面群众要求加快发展的呼声很高,另一方面在执行产业政策、环保要求方面约束更严,自身发展所需的环境容量相对更小。同时,我市山区多数县(镇、乡)山地丘陵面积高达70％以上,山洪、滑坡、泥石流等自然灾害易发,生态较为脆弱。因此,西部山区必须创新发展思路,优化发展方式,实现加快发展与生态保护的良性互动。

### 2.6 财政实力薄弱

受到经济发展水平的限制,多数西部山区财政基础薄弱:文成和泰顺两县 2012年 1—9 月份累计财政收入仅占全市总额 2.29％;苍南县岱岭乡 2011 年财政收入只有龙港镇的 0.11％;苍南县凤阳畲族乡 6 个行政村基本上没有固定的村集体经济收入,对上级部门出台的有关扶持政策,多数民族村难以筹集配套资金,错过发展机遇。地方财政实力薄弱,导致了西部山区生态绿化和民生事业欠账较多,在交通、教育、医疗、文化、体育等基本公共服务设施建设存在不足,公共产品的供应短缺问题比较突出,社会事业发展还不能很好地满足人民群众的需求。例如苍南县矾山镇,由于镇财政基础薄弱,全镇的道路、排污、垃圾处置等基础设施多建于上世纪 80—90年代,老化严重,对群众的生活、生产造成影响。同时因为该镇前些年的负债,难以筹集配套资金用于大设施、大项目的建设,制约了城镇下一步的发展。

### 2.7 农民收入水平低,增收渠道少

2011 年温州市农村居民纯收入达到 13243 元,但大部分西部山区各县镇农民收入水平处在 6000～9000 元的水平,仍未突破万元大关。其中,平阳县顺溪镇为5549 元,只达到全市农村居民收入水平的 41.9％。具体如表 2－4 所示。造成这一现象的根本原因主要有以下几个方面:一是,农民整体素质偏低,工资收入增长潜力不足。山区农民大多数整体素质仍然较低,务工靠苦力,务农靠经验,致富能力较差的现象仍然较为普遍。二是,农民增收渠道少,非经营性收入比重偏低。财产性收入和转移性收入是农民收入的重要组成部分,但由于所在区域不具区位优势,社会保障体系不完善,农村宅基地无法流转等原因,导致山区居民这两项收入的比重偏低。例如,泰顺县 2012 年上半年农村居民财产性收入和转移性收入合计为 401 元,仅占总收入的 9.8％;而城镇居民村居民财产性收入和转移性收入合计为 4368 元,其比例达到 38.47％。具体如表 2－5 所示。三是,山区产业化程度低,限制了农民经营性收入水平。

表 2-4 西部山区乡镇农民人均纯收入比较　　　　单位：元

| | | |
|---|---|---|
| | 全市 | 13243 |
| | 文成县 | 7435 |
| | 泰顺县 | 7221 |
| 苍南县 | 灵溪镇观美办事处 | 7280 |
| | 马站镇 | 7156 |
| | 桥墩镇 | 7046 |
| | 矾山镇 | 7654 |
| | 凤阳乡 | 7220 |
| | 岱岭乡 | 6808 |
| 平阳县 | 腾胶镇 | 7940 |
| | 山门镇 | 5725 |
| | 南雁镇 | 6174 |
| | 顺溪镇 | 5549 |
| | 水头镇 | 7075 |
| | 青街乡 | 6230 |
| 瑞安市 | 湖岭镇 | 7596 |
| | 高楼镇 | 8715 |
| 瓯海区 | 泽雅镇 | 7295 |
| 鹿城区 | 藤桥镇 | 8550 |
| 永嘉县 | 桥头镇 | 16430 |
| | 桥下镇 | 7271 |
| | 大若岩镇 | 6850 |
| | 碧莲镇 | 6287 |
| | 巽宅镇 | 5862 |
| | 岩头镇 | 7508 |
| | 枫林镇 | 6963 |
| | 岩坦镇 | 6200 |
| | 沙头镇 | 6239 |
| | 鹤盛镇 | 6292 |
| | 芙蓉镇 | 6162 |
| 乐清市 | 大荆镇 | 6700 |
| | 仙溪镇 | 6313 |
| | 雁荡镇 | 7447 |

数据来源：西部山区各乡镇提供（2011 年）。

表 2 – 5　泰顺县与全市农村人口人均现金收入比较

| 地区 | 人均现金收入(元) | 工资性收入(%) | 家庭经营收入(%) | 财产性收入(%) | 转移性收入(%) |
|---|---|---|---|---|---|
| 全市农村人口 | 8526 | 3614(42.39%) | 3418(40.09%) | 577(6.77%) | 916(10.74%) |
| 泰顺县 | 4093 | 2388(58.34%) | 1304(31.86%) | 92(2.25%) | 309(7.55%) |
| 泰顺县城镇居民 | 11353 | 5405(47.61%) | 2234(19.68%) | 1962(17.28%) | 2406(21.19%) |

数据来源:温州市统计局和泰顺县统计局网站(2012 年 6 月)。

# 3　他山之石

## 3.1　国内成功经验

### 3.1.1　山区工业发展的经验

一是借助"外力"的推动力求发展的模式。较为成功的如广东省兴宁市,以"双转移"战略为契机,发挥山区自然资源和劳动力丰富、生态环境好的优势,发展新型绿色工业,发展绿色生态经济。有选择性地承接珠三角地区转出的产业,选择机电制造、食品加工、生物产业、太阳能光伏等四大产业为兴宁市新型绿色主导产业,并积极引导新型绿色产业园区化发展。又如浙江省武义县,该利用临近发达城市的产业集群,引进其部分配套产业,成为发达城市产业集群的延伸部分,通过园区与发达城市产业集群的较强关联性获得产业发展的支撑。

二是利用山区自然资源优势,发展产业集群模式。如广东省南康市,利用森林资源优势,发展家具产业集群的发展方式。这种规模经济优势为后进入的企业创造了劳动力市场、生产和生活用的基础设施、中间产品的获得渠道,甚至是生产地点的知名度,从而直接从中获益。随着企业的不断聚集,规模经济效应又不断扩大,从而进入规模经济优势的良性循环。与此相近的还有浙江省安吉县的竹制品产业集群等。

三是发展特色工业,以巧取胜的发展模式。如北京市门头沟区龙泉镇发展乡村工业旅游,将工业的发展与旅游业有机的结合,既促进当地工业的发展,也带动了旅游业的发展。龙泉镇按照乡村性、生态性、生活性的原则,根据工业旅游的特点和地区实际,选择了高科技工艺企业(瑞驰钻石厂)、传统工艺美术品制造业(潭柘紫石砚厂、麦秸画厂)、建材业(西山琉璃瓦厂)以及食品加工业,有方向有重点地选择若干合适的产品与企业进行培育。

### 3.1.2　山区现代农业的发展经验

山区由其禀赋决定了不可能完全脱离农业而发展。但受到传统农业造血功能不足的限制,目前我国农业对山区发展所带来的促进作用是有限的。因此,农业现代化成了山区转型发展的重要内容。各地在发展的过程中探索出了一些比较好的现代农业发展模式。较为典型的有以下两种：

一是发展生态农业。如山东省莱芜市以生态学和生态经济学原理为指导,遵循生态和生态经济规律,依据系统工程的优化方法进行农业生产实践的新型农业模式。利用山区地势高差大,在多层次立体设施建设的基础上进行立体开发和规模化经营,提高资源利用产出率。此外,农户充分利用住宅的房前房后以及四周的空隙地和富余劳动力,与其他生产要素互相匹配,进行种植业、养殖业、加工业等方面的经济活动,实现资源的优化组合。

又如北京市密云县,作为北京市的水源保护地,密云县根据本县实际情况,少用或不用化学农药、化肥等,发展生态种植业和绿色养殖业,不仅有效地保护和改善了本县的生态环境,为保护市水环境作出了贡献,同时也为本县绿色有机食品加工业的发展提供了原料,促进了绿色有机食品加工业的发展。

再如北京延庆县,该县积极开发生态农业,并在生态农业建设中重点开发绿色有机食品,如蔬菜、葡萄、葡萄酒等,形成了生产—加工—销售一体化的绿色有机食品产业链条,有力地促进了全县的农村经济发展,提高了农民的收入。

二是发展高效规模农业。如江苏泰州市围绕"一镇一业"、"一村一品"的发展思路,大力推进高效规模农业。全市至 2008 年年底,全市新增高效种植面积 5.1 万亩,总面积达到 29.2 万亩;生猪、蛋禽、肉禽的规模养殖比重分别达到 51.5%、62% 和 73%。2009 年上半年,全市新增高效农业面积 6.98 万亩,其中新增高效种植面积 6.51 万亩,新增高效渔业面积 0.47 万亩;设施农业新增 1.24 万亩;建设连片 2000 亩以上高效种植、年出栏万头生猪、2000 头山羊、10 万只家禽等大项目 86 个。

### 3.1.3　山区扶贫开发的经验

我国山区的扶贫开发正在经历从"输血式"向"造血式"的转换过程当中。目前,我国山区扶贫特点是力度大,方式方法多样化,各种新的扶贫开发模式不断地涌现。如四川省昭觉县在扶贫过程中实施了新村扶贫工程、移民扶贫工程、教育扶贫工程、卫生扶贫工程。又如井冈山山区的产业扶贫模式,通过对技术的组装配套,实施科技项目开发,重点扶持了具有井冈山区域特色的七大主导产业,如今畜禽养殖、果茶、蚕桑、绿色食品、特色旅游、经济作物、农产品加工这七大产业,已成为三县一市强县富民的支柱产业。再如广州北部山区的工农对接产业化扶贫开发模式,在扶贫过程中推进城乡对接和工农对接,促进先进制造业、现代服务业、战略性新兴产业与现代农业的融合,促进当地产业升级。此外,在各地的扶贫开发中还有体外工业园建设、对口扶贫等多种扶贫方式。磐安地处浙江中部,是钱塘江、曹娥江、瓯江、灵江四大水系的发源地和重要的水源保护区之一,事关东阳、天台、仙居、缙云、新昌等下游地区 400 多万人的饮用水安全,属生态敏感区。对下游区域来说,磐安不搞工业,保护好当地生态环境,是对下游的最大贡献,但是作为一个贫困县,如果不发展工业,仅靠"输血式"扶贫,很难从根本上摆脱贫困。为此,经浙江省政府批准,金华市政府启动实施"造血型"生态补偿举措,在金华经济开发区划出3.8平方公里土地,设立金磐扶贫经济开发区,作为磐安县异地开发脱贫的一个工业基地,其税收等收益均归属于磐安县。如今,这块开发区已成为磐安经济发展重要增长点,也使得磐安县结束了"村村点火、户户冒烟"办工业的局面,境内生态环境得到极大改善。

### 3.1.4 山区破解要素瓶颈经验

**衢州低丘缓坡治理经验**。近5年来,衢州市共投入22.6亿元支持低丘缓坡综合开发利用项目,实施项目401个,增加耕地11.33万亩,通过低丘缓坡开发增加建设用地6.85万亩,连续17年实现耕地占补动态平衡,大大缓解用地紧张矛盾。2012年该市被列入全国首批低丘缓坡综合开发利用试点地。衢州低丘缓坡治理的主要做法为:一是加大资金投入力度。市财政每年安排专项资金用于低丘缓坡开发,同时加强与国开行等金融机构联系,争取项目贷款,拓宽投融资渠道。二是提升节约集约水平。严格控制建设用地规模,严格执行国家供地政策,提高项目用地准入门槛,同时通过发展"台地工业、坡地村镇",优化土地资源配置,促进丘陵山区乡村城镇化,推动区域和城乡协调发展。三是强化资金监管。实施低丘缓坡综合开发利用项目资金全过程监管。

**丽水农村金融改革经验**。丽水自2003年开始农村金融改革,目前已建立"银行卡助农取款服务、农村信用体系建设、林权抵押贷款"等金融体系。便民助农取款点目前已经在丽水农村达到了全覆盖。从2009年开始丽水市政府就牵头建设农村信用体系,截至2012年一季度,全市行政村信用评价面达到100%,农户信用评价面达到92%。同时,为使农民资产变现资本,推行林权抵押贷款,在全市9个县建立起林权管理中心、森林资源收储中心、林权交易中心和森林资源调查评估机构的"三中心一机构",全面推广"林权IC卡",建立从林权评估、登记、抵押担保到发生不良贷款处置的一整套制度。

## 3.2 国外成功经验

### 3.2.1 法国

法国山区在历史上曾有过非常繁荣的时期。但是,由于山区环境的不利因素以及屡遭战争侵袭,山区人口开始外流,山区成为贫穷落后的象征。为消除经济落后地区(尤其是山区)与发达地区之间的不平衡,法国政府决定进行山区整治。在发展途径上,因各山区经济、文化、自然、历史的不同而不同,但主要有以下几方面:(1)制订《山地绿化法》和《山地复兴法》,保护山区环境。(2)加强基础设施建设。20世纪50年代起,法国致力于开发山区水力资源,在阿尔卑斯山区就建设了小型水电站40余座,从60年代起,法国大力发展交通运输和电讯事业。(3)扶持发展山区农业,实行多种经营。法律明文规定:在山区,最好的土地必须保留给农业利用,山区必要的基础设施建设,必须尽量少占或不占用农地,严格限制旅游业和新建市镇占用农田。与此同时,对山区农用地进行适当调整,进行土地整治,合并小块农田,扩大农场面积。并给予山区农业以各种补偿性的补贴、奖励金,以维持农业的生存与发展。(4)对山区不利自然条件的补助:如山区特殊补贴,是对经营3公顷以上农地、40头以下大家畜的山区农民给予每个大家畜单位200法郎的补助,又如山区农场设备现代化的补贴。此外,山区还享受一定限额的用水、用电的优惠税率。(5)按海拔高度的特定条件,将山区发展的方向可分为3种类型:高山区发展方向主要是旅游业资源的开发利用,同时也发展放牧畜牧业的夏场。中山区是生产性山区,其农业劳力占整个山区的30%,主要发展农业,以谷物—畜牧业为主,实行多种经营,发展农产品就地加工业。在条件适宜地区,发展手工业、商业和中小型工业。谷地则向城市化发展,发展工业尤其是发展为高山旅游业服务的工业和商业。

### 3.2.2 意大利

意大利位于欧洲南部,国土总面积30.1万平方公里,其中山地占35%,丘陵占42%,平原占23%。意大利山区开发建设的主要做法:(1)建立合作社。通过社员自行销售入股的方式把分散的农户组织起来,解决了农户小规模分散经营与社会化大生产、国内外大市场之间的矛盾。(2)加强政策引导和宏观调控,大力发展市场引导型的特色丘陵山区农业。(3)坚持公众参与,因地制宜制定区山区开发总体规划,在进行规划的过程中一是充分吸收了从议员到业务部门到专家学者再到农户的多方面的意见;二是从综合部门到业务部门的多次反复,突出强调了开发工作的综合和配套功能;三是上下结合,从宏观到微观层层制定。从而使山区开发建设保持了正确的方向和区域化合理布局,有力地保证了丘陵山区开发工作的连续性和科学性。(4)政府的大力引导和扶持。在整个意大利丘陵山区开发的进程中,政府出台了一系列的优惠、支持和引导政策,包括对转产项目的扶持,补贴粮食生产,稳定山区农民,发展山区旅游业,推广适用于丘陵山区的各类先进技术,加强和普及职业教育,提高农民素质和劳动者的生产技能,鼓励和支持农民成立各种各样的合作社,极力加强基础设施和公用设施建设,改善投资环境,减轻农民负担等。

### 3.2.3 日本

日本国土的大约70%都属于中山间地域。中山间地域水资源丰富,是粮食生产以及保持生态平衡的重要地区,人口占全国总人口13.7%。日本对于山中间地域的开发主要的措施有:(1)以法律为依据,以计划为引导。日本政府无论是对全国性开发,还是对地方性开发或特殊性开发,都制定了相应的法律。(2)各级政府的大力扶持与产业结构调整。(3)注重社会基础设施的建设。

### 3.2.4 其他国家

除上述国家外,其他的许多国家山区发展的政策、措施也发挥了良好的效果。如,瑞士是欧洲第一个颁布山地法律(《山区投资法》,1974)的国家,而且发展了较为完善的山地政策体系。《山区投资法》并不是通常意义上的综合法律(把与山区公共政策相关的每一个领域都囊括在一部法律内),而是通过对共有基础设施(道路、教育,医疗、文化、体育以及提供日常需求的商业)的投资来改善山区的综合生活水平。又如德国实施独特的财政平衡政策,德国的财政平衡政策有横向平衡和纵向平衡之分。横向财政平衡是指各州、各地方之间实行的财政转移支付,即财力强的州拿出部分税收收入捐给财力弱的州。纵向财政平衡即上下级政府间的财政转移支付,主要是指联邦政府对州和州对地方两个层次的财政支持。在政府投资方面,德国联邦政府 60% 的投资资金都流向了经济欠发达山区,促进了山区的发展。

# 4 政策性建议

## 4.1 总体要求

### 4.1.1 指导思想

以科学发展观为统领,立足山区生态资源,统筹山区发展要素,发挥山区后发优势。走绿色发展道路,发挥生态资源优势,坚持生态保护开发与绿色经济发展协调,着力发展绿色经济、低碳经济、循环经济,强化生态文明理念,推进节能减排和环境保护;走开放发展道路,将引进来和走出去相结合,丰富经济开放合作内涵,形成内外合作、多方联动、互利共赢的开放型区域合作发展态势;走和谐发展道路,通过统筹协调推进社会事业发展,改善民生以维护社会和谐稳定,改善山区人民生活水平。加快适合山区特点的工业化、城镇化和农业现代化进程,加快山区百姓致富,实现山区科学跨越和可持续发展。

### 4.1.2 总体目标

通过几年的努力,努力把温州西部地区建设成为“华东生态文明引领区、海西生态经济示范区、浙江山区转型发展先行区、温州宜居宜业生态区”。

## 4.2 主要任务

### 4.2.1 优化山区发展布局

综合西部山区地形地貌条件、交通网络建设基础、兼顾未来发展潜力,实施《温州西部生态产业带发展规划》,积极构筑“一带五轴、三区十块”的空间开发格局,聚集各类发展资源。衔接温州市“1650”现代化网络型组团式大都市空间战略,重点建设 4 个都市型功能区、4 个生态型旅游功能区,积极推进西部地区空间开发结构的优化提升。依据国家产业政策,制定实施山区产业发展指导目录,严格城市建设和产业发展的环境准入,严禁重污染、高能耗企业向山区转移。

以高速公路、省道为依托,以县域中心城市为核心,以中心镇为主体,打破传统行政区划,完善城镇体系,推进人口、产业和要素的集聚与优化配置,全面优化空间发展布局。通过生态旅游产业与农村城镇化互动发展,促进城镇群的整体发展,强化城镇群基础设施、旅游接待、教育文化等设施一体化建设,提高城镇群的人口、产业集聚能力。

### 4.2.2　完善山区基础设施

要想富,先修路;要想快速富,就得修高速路。大力发展以交通为主的重大基础设施,认真实施交通"内畅外快"工程。即对内,加快构建县内骨干公路网建设,实现县城至主要乡镇"半小时"交通圈;对外,通过建设龙丽温等高速公路,实现"半小时"抵达温州,加快融入温州经济圈。要重点实施龙丽温(泰)高速公路、绕城高速西南线、甬台温高速公路复线瑞安至苍南段工程等高速公路项目,104 国道温州西过境公路永嘉张堡至苍南分水关、104 垟国道平阳段郭庄至陈峡改建工程、41 省道南复线永嘉岩头至瓯北段、41 省道永嘉上塘至福佑段等国省道及重要干线项目。

加快能源基础设施建设。加强骨干电网建设,增强电网吸收消纳能力。依托"第二次电网改造",深入推进集约农网和农村电气化建设。"十二五"期间,我市计划在文成新建 1 座 220kV 变电站,4 座 110kV 变电站,投资 4 亿元;泰顺新建 1 座 220kV 变电站,1 座 110kV 变电站,扩建 1 座 110kV 变电站,投资 5.56 亿元。支持有条件地区因地制宜发展生物质发电、风电、太阳能、沼气等可再生能源。

加快水利等基础设施建设。加大对水利基础设施建设的投入力度,加强防洪减灾建设,推进小型农田水利工程建设,加快农村饮水安全保障工程建设,支持农村自动气象站建设,加快山区现代通信网络和农村信息综合应用服务平台建设。

### 4.2.3　加快低丘缓坡造地力度

今明后三年在围垦效益出来之前,低丘缓坡造地力度须加大力度,同时补助的资金也要加大力度,使西部山区县的中心镇可用于产业发展和城市化农房集聚。

争取省里按照"宜耕则耕、宜建则建、宜林则林"的原则,把文成、泰顺列为全省低丘缓坡土地综合开发利用试点县,以此破解该两县发展亟待解决的土地要素保障问题。加快低丘缓坡开发,坚持保护与开发相结合、因地制宜与依法依规相结合,把低丘缓坡资源开发作为山区拓展空间的重要途径,这也是解决我市继瓯飞滩工程之后下一步土地要素制约的主要途径。要进一步摸清低丘缓坡资源家底,全面掌握低丘缓坡重点区块的区位、面积、权属、利用状况等情况,建立管理完善的基础数据库。加大政策扶持力度,适度加大土地指标、资金保障、税收减免等方面的支持。创新开发机制,鼓励采用 BT、BOT 等市场化融资模式,引导社会资金参与低丘缓坡开发建设。

### 4.2.4　大力发展干净而美丽的产业

**(1)大力发展高效生态都市农业。**要在完成"三分三改"基础上,由政府主导,采取出租、入股、转让等有效方式,推进土地规模流转,促进土地集中,开展招商引资,吸引工商资本下乡发展都市农业和现代服务业,推动产业转型升级。以现代农业"两区"建设为突破点,促进农业协调发展。在稳定粮食综合生产能力的基础上,做强做优有机茶叶、精品(山地)蔬菜、蘑菇、杨梅、雪梨、瓯柑、四季柚、猕猴桃等林果产业,做好肉兔、长毛兔、蛋鸽、家鸡、山羊、生态猪、珍禽等畜禽养殖业,以及油茶、中药材、马蹄笋、笋竹两用林、花卉苗木等特色产业。支持工商企业投资发展高效生态农业,延长农业产业链,提高农业附加值。加大对农田水利建设、设施农业发展、农机具购置、林区道路修建、农业科技推广、农产品品牌培育等扶持力度,着力支持发展一批带动农民增收的农业龙头企业、农民专业合作社等现代农业经营主体。加快推进农业集聚、规模化发展,重点推进省级现代农业综合区、省级主导产业示范区、特色农业精品园、生态休闲农业园区,以及粮食生产功能区和农产品加工园区等建设,实现资源要素向园区集中。

(2)**大力发展现代服务业**。要坚持生态生产生活相融合,努力让城里人所需要的生活方式成为山区的生产方式。要把现代服务业作为产业发展方向,结合现代农业,大力发展休闲、养生、旅游、观光等现代服务业。抓好县域风景旅游发展规划和重点景区规划编制,加强通景公路等旅游基础设施建设,扶持各类旅游经营主体做大做强,加快形成以重点景区为龙头、骨干景点为支撑,农家乐休闲旅游点、休闲观光农业园为基础的发展格局。把美丽乡村建设与农家乐休闲旅游业发展有机结合起来,扶持建设一批省市级农家乐休闲旅游业特色县、示范乡(镇、村)和休闲观光农业园。大力发展森林旅游业,抓住"中国森林旅游试验示范区建设"的契机,充分利用欠发达地区得天独厚的森林风景资源优势,大力发展森林休闲养生、旅游观光等生态经济,积极打造具有江南山水特色的"中国森林休闲中心"。统筹规划西部区域旅游资源开发、旅游线路规划和旅游产品设计,积极开展县(市、区)、区域、景区多渠道的旅游开发合作,整合多方力量共同推进区域生态旅游资源开发。我市各级政府要优先认定一批农家乐休闲旅游村(点)作为政府会议定点采购单位。省市旅游发展专项资金、农家乐发展扶持资金等进一步向西部山区倾斜安排。

加快配套设施建设,做好景区管理文章。逐步建立和完善景区景点配套基础设施建设和行、住、食、购、娱等服务功能。以县城、中心镇为核心,加强省道沿线地区开发,统筹沿线生态旅游、生态工业的开发和发展,使其成为交通便利、人口集中、产业聚集的经济社会发展主轴。

要在"三分三改"基础上,加快农房改造集聚和土地规模流转,并结合山区文化、自然生态等优势,大力发展现代农庄。把现代农庄作为产业发展的基础性平台,形成"一庄一品"的特色,吸引城里人下乡来休闲养生旅游,促进整个现代服务业将会得到大发展。

(3)**发展生态工业**。支持现有工业园区扩容和提升,推进工业园区生态化,支持发展绿色生态环保产业和工业循环经济,鼓励跨县建设一批工业园区,推进文成百丈漈生态产业园、泰顺彭月产业基地等在内的10个生态农业产业基地建设,搭建绿色制造业集聚发展平台。进一步加大对来料加工业的扶持力度,支持来料加工、专业村、工厂化基地、集中小区建设和经纪人创业,引导发达地区劳动密集型加工企业、外贸企业到西部山区欠发达地区发展来料加工基地。重点对接温州及周边地区的特色产业集群,发展服装、鞋包、眼镜、装饰品、环保袋等特色产品的来料加工业,尤其是品牌产品的来料加工。按照"政府推动、龙头带动、群众主体、市场运作"的思路,完善以经纪人为龙头、以家庭为骨干、以设点集中加工和分散到户加工为主要模式的来料加工经营发展格局,引导来料加工业向专业化、规模化、工厂化、基地化方向发展。在工商登记、税费缴纳、小额信贷、就业援助等方面,加大对来料加工项目支持力度,加强来料加工中介组织建设和经纪人培育,提升组织化程度。

### 4.2.5 协调推进新型城市化和新农村建设

无论是产业发展,还是扶贫开发、污染整治,都必须围绕城市化来推进。城市化是解决贫困问题的根本出路,是解决农村面源污染的根本途径。城市化会带来乡村生态环境改善,促进空间布局调整和产业转型升级,是经济社会转型发展的主动力。要通过统筹城乡改革发展,加快推进城市化。要加快农房改造集聚,提高城镇保障房的规模档次,引导农民到县城和主要中心镇安居乐业,实现农民生活方式和生产方式非农化,共享城市文明。

(1)**加快推进大都市功能区和中心镇建设**。大力推进城乡统筹综合改革,积极推动以2个温州大都市区山区副中心(文成大峃、泰顺罗阳)为核心,9个区域副中心(文成珊溪－巨屿、泰顺泗溪－雅阳、永嘉岩头－枫林、苍南桥墩、平阳水头－腾蛟、乐清雁荡－大荆、瑞安高楼、鹿城藤桥、瓯海泽雅)为骨干、百丈漈镇等29个中心镇为网络的温州西部地区城镇体系。把文成和泰顺2个山区副中心以及29个中心镇作为西部山区转型发展的重要平台,逐步理顺其财税、投融资、用地、户籍、城镇管理等方面政策体制,合理调整优化三大产业,提升山区副中心区和中心镇的人口产业集聚功能和公共服务辐射功能。

(2)**加快中心村新社区建设**。深入实施"千村整治、百村示范"工程,结合农村环境连片整治项目的实施,着力推进连线成片整治,配套推进基础设施建设,打造一批各具特色的美丽乡村。推进中心村培育建设和农村土地综合整治,推动自然村落整合和农居点缩减,提高西部山区农村人口集中居住度和农村土地集约使用水平。继续实施农村环境"五整治一提高工程",健全村庄环境卫生长效保洁机制。

(3)**加快山区人口内聚外迁**。深入实施以"三分三改"为核心的城乡统筹综合改革,完善城镇落户政策,保留户口迁移农民在农村原有的土地承包经营权、宅基地使用权、集体经济收益分配等经济权益,鼓励其自愿有偿流转土地承包经营权、退出宅基地使用权,引导山区人口有序向县城和中心镇转移。把县城、中心镇和中心村作为主要迁入地,大力推进高山远山下山搬迁、重点水库出库搬迁、地质灾害避让搬迁,促进人口向中心镇、中心村集聚,从整体上改善低收入农户的居住条件和发展环境,提高农民生活质量,实现安居乐业。

### 4.2.6 加快山区生态文明建设

(1)**加强生态文明建设**。积极弘扬生态文明、注重发展生态文化,着力提升城乡居民综合素质和文明程度。广泛开展生态文明建设与宣教工作,大力实施城乡绿美工程,深入开展创建省级和国家级"生态县"、"生态集镇"、"生态村"、"绿色学校"和"绿色社区",以及国家级卫生县城、省级文明示范县城、省级园林城市、省级和国家级森林城市等系列创建活动。

(2)**加强生态建设和保护。**加快西部山区生态乡镇和生态村建设,以建设"美丽乡村"为契机,大力推进村庄绿化,提高村庄人均绿化面积;全面推行农村生活垃圾"户集、村收、镇运、县处理"模式。加强污染防治和生态修复,加大污染物减排力度,推进污染源达标排放,提高西部山区主要污染物的达标排放率;加快推进坡耕地及林地水土流失综合治理,加强耕地污染防治;严控污染企业向农村和山区转移,深化农药、化肥、养殖业等污染防治,保护和改善山区农村生态环境。强化环境保护,切实加强对珊溪、楠溪江和泽雅水库等水源地保护,营造良好的水生态环境。积极新建文成黄寮、石垟等自然保护区。

要以统筹城乡推进城市化为根本,以控制养殖业总量、强化养殖业污染治理和环保基础设施建设为举措,全力做好水源地保护工作。要加大水质监测力度,加密水质监测频次,加强督查,强化考核,形成整治污染的强大声势和浓厚氛围,进一步凝聚水源地保护的合力。

(3)**完善生态补偿机制。**积极贯彻《温州市人民政府办公室关于建立生态补偿机制的意见》,进一步调整优化市级财政支出结构,加大对生态补偿和生态环境保护的财政支持力度。用好市级生态补偿专项资金,确保其向西部地区倾斜,重点用于西部地区水源地生态屏障体系、农用地综合治理体系、生态缓冲带保护体系以及人居环境整治体系等四大体系的建设经费;重点支持珊溪水利枢纽工程库区的泰顺及文成的生态补偿,尤其要强化对库周乡镇的生态补偿。鼓励西部地区相关县(市、区)加快建立生态补偿机制。加大各种资源费使用中用于生态补偿的比重,并重点向西部地区倾斜。建立和完善排污权有偿使用与交易机制和污染损害、生态破坏责任赔偿制度。大力发展碳汇林业,探索建立碳汇交易机制并开展试点。

### 4.2.7 提升公共服务水平

(1)**大力提高全民创业就业能力。**加大山区劳动力素质和技能培训力度,提升农村劳动力转移就业技能。加快西部山区小企业创业基地建设,着力营造以县城、中心镇为主要载体的非农产业创业平台和以规模化基地为主要载体的现代农业创业平台。健全创业就业服务体系,加大创业就业政策扶持,支持各类人才到欠发达地区创业,鼓励能人带动下的合作创业,形成以全民创业带动充分就业的格局。

(2)**完善社会保障制度。**统筹推进山区社会保障体系建设,逐步将各类人员纳入社会保障覆盖范围,实现城乡统筹和应保尽保。建立健全面向欠发达地区农业劳动者的社会养老保险制度,完善城乡社会救助制度,逐步提高城乡低保、农村五保、医疗救助、教育救助、住房救助等社会救助水平,切实保障农村贫困家庭、在校贫困大学生等基本生活。充分发挥慈善事业对政府救助体系的补充作用,加大对低收入农户助医、助学等方面的救助力度。

(3)**加快社会事业发展。**完善山区中小学和乡镇中心幼儿园布局,推进义务教育学校标准化建设,支持山区中高等职业教育发展,加强山区教师队伍建设。推进基层医疗卫生机构综合改革,加快公共卫生专业机构、县级医院、乡镇卫生院标准化建设,实现村级公共卫生服务全覆盖。支持山区文化事业发展,加强历史文化名城、名镇、名村和街区保护。加快山区"避灾工程"建设,完善防灾减灾应急机制。加强外出务工人员与流动人口的服务和管理。

### 4.2.8 推进山区扶贫开发工作

(1)**强化职能扶贫**。发挥职能部门的扶贫功能,职能部门要制订西部山区欠发达地区扶贫对象的"普惠"和"特惠"政策。我市将继续采取"四套班子领导＋机关企事业单位＋重点民营企业＋乡镇(街道)"的新模式来开展新一轮的扶贫挂钩帮扶工作。加强职能部门之间的工作协调,协同推进产业开发、技能培训、社会事业、社会保障、基础设施、村庄整治、农房建设等各项工作,形成职能部门全面参与、分工协作、合力帮扶的扶贫"大合唱"格局。加强对市级部门职能扶贫工作的绩效考核,市政府将职能扶贫绩效纳入对部门的年度工作目标责任制的考核。

(2)**积极引导社会扶贫**。充分发挥工商联、工会、共青团、妇联等的作用,进一步动员民营企业、爱心人士参与扶贫开发。发挥慈善基金会、扶贫基金会等社会团体的作用,动员社会力量捐赠扶贫事业。结对帮扶单位确保组织领导到位、人员配备到位、帮扶资金到位、项目实施到位,有效促进联系村经济社会发展、低收入农户收入水平提高。深入开展"百侨百会助百村联千户"活动和广泛开展行政、科技、教育、卫生等人才下乡活动。同时,引导扶贫挂钩结对企业履行应尽的义务,积极开展进村入户帮扶活动。

(3)**推动山海协作和开放发展**。深入实施山海协作工程,拓展山海协作内涵,完善山海协作机制。支持山区围绕特色产业、生态产业开展产业链招商,引进重大项目和特色优势企业。开展"温商回归山区行"等招商活动,引导省外温商到山区尤其是欠发达山区投资兴业。完善投资促进机制,在省市举办的大型招商活动中专场举办山区投资推介会,组织境外投资促进机构、商会协会到山区考察、洽谈项目和对接产业。支持山区企业"走出去"发展,对接海洋经济发展示范区建设。支持山区加强口岸建设,推行便捷通关模式,进一步提升山区投资贸易便利化水平。创新资源与产业合作途径,充分发挥山海协作工程政策优势,积极探索新的区域合作模式,以互利双赢为目的,广泛开展体外工业园的研究推进,异地工业园的合作共建,飞地经济的探索,为温州的经济转型优化提供更多的资源和发展模式。

### 4.2.9 推进山区体制机制创新

充分利用我市成为国家级金融综合改革试验区和农村产权制度改革试验区的契机,以乡镇行政区划调整为突破口,以要素市场化"三分三改"为核心,以农村住房改造集聚建设为切入点,以功能区和中心区建设为平台,以政府推动和政策支撑位保障,努力加快形成统筹城乡发展和城乡一体化的机制体制。

(1)**完善农村土地承包经营权流转制度**。在确保农民土地承包权、流转决定权和流转收益权的前提下,以创新流转机制、深化流转服务、规划流转管理、强化纠纷调处、保障流转权益和完善政策扶持为主线,完善农村土地承包经营权流转制度,加快欠发达地区农村劳动力转移,促进农民增收、农业增效和城乡一体化发展。

(2)**建立农村集体建设用地使用权交易制度。**规范农村集体建设用地使用权二级市场交易行为。农村已依法取得经营性集体用地使用权交易,可以采取租赁、作价出资(入股)、转让等有偿方式进行。

(3)**深化农村集体资产产权制度改革。**推进村经济合作社规范健康发展,加强合作社资金、资产、资源管理,健全村经济合作社组织建设。农房改造集聚建设比较迫切的城中村、城郊村和城边村,可先行试点改革农村集体资产产权制度,组建股份经济合作社,建立现代农村集体经济产权制度。

(4)**推进农村户籍制度改革。**建立以实际居住地为管理依据的"居住地人口登记制度"、"居住地人口迁移制度"、"居住地人口统计制度"等新型户籍管理制度。逐步建立和推行以实有房屋信息登记为主要内容的居住管理制度。按照"大整合、大联动、大平台"的要求,建立以社会联动为目标的实有人口综合管理制度,进一步提升社区人口综合服务管理能力。

(5)**推进农村金融体制改革。**推进温州市金融综合改革试验区建设试点,鼓励金融机构到山区特别是欠发达山区设立分支机构和金融服务网点,积极发展村镇银行、小额贷款公司、农村资金互助社等新型农村金融组织。推进金融服务创新,完善农村信贷担保机制和政策性保险制度,扩大林权抵押贷款覆盖面,探索开展土地承包经营权、农村住房、农村集体经营性建设用地使用权等抵押贷款试点。启动民间借贷登记服务平台建设试点,推进涉农贷款担保创新,改善农村金融服务,加大保险支农力度。完善农户信用信息平台。加强农户信用信息采集和更新工作,加快农户信用档案电子化、规范化进程。鼓励和支持涉农金融机构、农村资金互助组织将现有的农户信用档案信息与"浙江省农户信用信息管理系统"平台进行对接,并将农户信用信息平台纳入温州市个人信用信息系统,实现资源共享。

(6)**推进农村投融资平台建设。**深入开展欠发达县和乡镇投融资体制改革、投融资平台组建,拓展投融资渠道,最大限度地发挥政府性资金的引导作用和乘数作用,为加快城乡一体化创造良好融资条件。

### 4.3 保障措施

#### 4.3.1 加强组织领导

市委农办要充分发挥牵头协调、督导检查作用,各相关单位要围绕山区科学发展的工作目标,积极履行工作职责。各县(市、区)要切实加强对山区科学发展工作的领导,建立专门工作机构,积极探索,大胆实践,确保各项任务顺利完成。

#### 4.3.2 强化财政扶持

进一步整合扶持山区发展的各项资金,集中支持山区产业平台建设、低丘缓坡重点区块开发、特色产业发展、科技研发和人才培养引进、生态环境建设等重点项目建设。各县(市、区)、乡镇(街道)要切实落实新山区建设、运行和保障经费,制定出台新山区建设的各项奖励扶持政策和财政自然增长机制,积极争取国家、省、市的扶持项目和资金。

### 4.3.3　强化土地要素保障

完善西部地区土地利用总体规划,努力扩大城镇建设、旅游开发及生态工业用地,合理安排城镇建设、旅游开发及生态工业发展等用地的空间布局与合理规模。对西部地区重大基础设施建设用地,经济和社会发展重点行业、领域的重点工程,在土地供应上优先考虑和安排。充分发挥山区低丘缓坡资源优势,紧抓国家低丘缓坡开发利用试点的机遇,按照"台地工业、坡地城镇"的总体思路,积极探索低丘缓坡开发利用新路子,为山区经济发展拓展新空间。加强土地资源的综合开发利用,进一步挖掘土地资源潜力,重点包括整理利用好闲置的国有土地、厂房以及未开发用地,加快消化征而未用土地,缓解土地需求压力。充分利用各类扶持政策,确保用地指标向西部地区适当倾斜,通过省下达我市的新增建设用地计划指标和省奖励指标,合理使用省下达的欠发达地区专项新增建设用地指标,以及积极申请使用省预留新增建设用地指标等方式,努力增加西部地区的建设用地指标。积极推进土地市场化改革进程,完善土地征用制度,建立健全合理的土地征用补偿机制,建立土地出让增值的共享机制,完善经营性用地招标拍卖挂牌出让和非经营性用地公共供地制度,促进土地集约、节约利用。

### 4.3.4　强化科技人才支撑

加大政策扶持力度,着力营造人才"引得进、留得住、用得好"的发展环境,不断强化山区发展的科技支撑,增强山区发展的内生动力。深入实施支持欠发达地区人才开发"希望之光"计划、"151人才工程"、农村"两创"人才培训计划,加大对山区农业经营管理人才、生态旅游人才、产业实用技术人才以及乡土适用人才培育与引进的扶持力度。建立有利于各类人才到山区创业就业的激励机制,通过实施住房补贴、创业支持等政策引进与留住高层次稀缺人才和创新团队,吸引高校毕业生到山区工作。规划建设一批农副产品深加工、种子种苗繁育、资源综合开发与利用、特色产业发展、生态环境保护、重大疾病防治等领域的研发机构和专业技术创新平台。通过聘请专家、技术要素入股等形式,鼓励和吸引大专院校、科研院所与欠发达山区合作共建中试基地、科技示范基地、科技服务中介机构等创新平台。

### 4.3.5　完善考核机制

衡量山区发展水平的高低,不能机械照搬平原地区发展指标。改革以GDP和财政为主要指标的考评体系,探索使用绿色GDP和幸福民生考评为导向,涉及经济增长、生态保护、民生改善和文化发展等多方面指标的山区经济发展政绩考评体系,赋予生态保护和民生改善相对更多的权重。山区的发展必须体现自身的特点、遵循自身的规律,切忌一刀切。逐步建立科学发展评价考核体系。

# 综合改革

# 二十五、政府购买社会组织服务的调查与研究①

温州科技职业学院　薛无瑕

**摘　要**　政府购买社会组织服务,是政府创新管理社会的一种新方法,对提升公共服务质量、降低财政支出压力、推进政府转型升级具有积极意义,正在被各地方政府越来越广泛地应用。如何推进政府购买,更好地满足人民群众日益增长的公共服务需求,是值得我们思考的问题。为此,我们以温州市社会组织为调查对象,随机选取在民政部门注册登记总数的10%,进行电话调查、实地访谈等调研,了解其发展的现状及参与政府购买服务的能力与意愿,调查政府购买社会组织服务的现状与问题,然后从降低财政经费支出、提高财政经费使用效益、保证财政经费使用安全有效等视角,提出设置专职管理机构、配套事业单位改革、购买经费纳入年度财政预算、推行代理记账等对策。

**关键词**　政府购买;社会组织;公共服务;机构设置;会计核算

政府购买社会组织服务,是政府将承担的公共服务事项交由社会组织来提供,政府对社会组织所提供的服务数量和质量进行监督与考核,并按照签订的协议支付费用,以实现政府公共服务职能的行为。社会组织,是自发成立的、不以营利为目的的非政府组织,如协会、学会等社会团体及民办非企业单位。政府购买社会组织服务,作为政府创新管理社会的一种方法,对推进社会自主管理、构建多元化社会管理体制具有积极意义。随着经济体制改革和政治体制改革的推进,政府购买

---

① 项目来源:温州市哲学社会科学规划课题(编号:12wsk249),课题组成员:潘杨福、钟小娜、林莲华。

社会组织服务作为社会管理体制改革的重要组成部分,已被提上日程。

# 1 温州市社会组织参与政府购买服务的现有条件和意愿的调查

截止 2012 年 8 月底,我市社会组织总体数量,在民政部门登记取得法人资格的有 4399 家。其中,学术团体 79 家,行业协会等其他社团组织 1831 家,民办非企业单位 2489 家。此外,还有社区社会组织,登记的 846 家,备案的 10343 家。我们从中随机选择 40 多家,进行电话调查、实地访谈等调研,发现大多数社会组织具备参与政府购买服务的能力,参与政府购买服务的意愿比较强烈。

## 1.1 从现有条件看,社会组织有能力参与政府购买服务

### 1.1.1 专业人才最聚集,具备参与政府购买服务的人才资源

社会组织以专业为核心而自发成立,是专业人才最集中的地方,具有丰富的人才资源,具备参与政府购买服务的首要条件。社会组织的个人会员,一般都有一定专业技术资格、职称或者在某一专业领域有一定钻研的人才,这是入会的先决条件。领导班子成员都是社会精英。行业性商会或协会的会长,基本上是业内龙头企业的懂事长,常务理事是业绩突出企业的厂长或经理;学术性协会或学会的会长,都是企事业单位中层以上的领导干部,常务理事是专业领域内的骨干或领头人;培训学校等民办非企业单位的一把手,大多是具有一定社会贡献理念、具备一定经济实力、熟知某一行业运作、有一定专业技术特长、有一定社会活动能力的人士,不仅能够倾注自己的最大能量,还能够组织行内其他人士发挥专长奉献于社会。一个组织要开拓创新、持续发展,不仅需要有专职的工作人员、优秀的领导班子,还需要有专业技术人才,专业技术人才是组织生存发展的源泉。社会组织专业人才最聚集,拥有庞大的人才资源。比如市医学会,拥一个 600 多人的专家团队,医疗事故纠纷鉴定在我国首屈一指。

### 1.1.2 办公设施齐全,参与政府购买服务不需要前期财政投资

在设施条件方面,社会组织都有相应的办公场地、完善的办公设备、独立的网站或网页,具备参与政府购买服务的基本条件。在社会组织参与政府购买服务之前,政府不需要办公设施方面的财政投资。社会组织的办公场地,有租用和会长所在单位无偿提供两种基本方式,少数社会组织有其自有的办公场地。这部分社会组织,由于成立时间较早,社会活动搞得较好,领导班子决策得力,不仅有少量的剩余资金,还购置了房产作为固定的办公场地或用于出租。比如,市珠算协会、护理学会等。不管社会组织的办公场地是租用、无偿使用,还是民间资本投资,其办公设备如办公桌椅、电脑、文件柜等,都是自行购置的。多数社会组织还拥有独立的网站或网页,用现代化的手段发布信息、沟通交流、开展工作。比如,市医学会、市服装商会、市护理学都有独立的网站网页。当然,也有少数社团组织,由于专职工作人员年龄偏大,现代化设施应用不怎么内行,连电脑都没有配置,就没有网站或

网页了。

### 1.1.3 经费自收自支,具备参与政府购买服务的资金运作能力

社会组织开展日常工作经费,全额自收自支。在经费收支方面,一般能够收支相抵,略有节余。其经费来源,主要有提供服务收入、会员会费收入、企业赞助、社会捐赠等。行业协会,会员会费收入多一些,其他收入少一些;学术团体,提供服务收入多一些,其他收入少一些;民办非企业单位,主要靠提供服务取得收入。其经费支出,一般用于维持日常运行,如专职工作人员工资性报酬、日常办公开支等,大型活动经费一般由相关单位赞助。行业协会、学会的大型活动,一般由理事会员单位赞助;民办非企业单位的公益活动,一般靠拉知名企业赞助,并为其做一些广告效应的宣传作为互利性的回报。在资金运作方面,社会组织具备了一定的经验和能力。

### 1.1.4 治理机制相对完善,具备参与政府购买服务的资金管理能力

在治理机制方面,社会组织一般都分工设置职能机构,分别负责各模块事务。岗位设置,做到不相容职务相分离,相互监督牵制,内部控制制度相对比较完善。在资金管理方面,社会组织具备基本的管理能力。出纳一般由专职工作人员兼职,会计一般外聘代理记账,总账、日记账、明细账等会计资料比较健全,会计档案及其他文档材料建档也比较规范。大多数社会组织,年初有工作计划,年末有工作总结,年度内有相对固定场次的会议,策划活动方案、商讨活动内容、交流活动情况等,组织活动开展得有声有色,工作业绩累累。只有少数社会组织,内部治理机制不够健全,日常活动很少开展,通常只有年初一次碰头会议,年末一次聚集会议,档案资料没有建立,管理比较松散,连年检都勉强通过。

## 1.2 从内在职能看,社会组织有参与政府购买服务的主动意愿

### 1.2.1 社会组织公益职能突出,与政府购买服务标的一致

在社会职能方面,社会组织公益贡献突出,很大程度弥补政府职能的不足,与政府购买服务标的一致。民办非企业单位,是顺应市场运行规则自发成立的社会组织,在自给自足状态下生存发展的同时还发挥社会公益作用。比如梦工场艺术培训学校,为提高社会知名度、扩大招收培训生源,全部活动经费靠拉企业赞助,已连续四年无偿组织承办"环保小卫士"比赛,以"绿色、环保、低碳、阳光"为主题,发动广大市民关注环保,培养低碳环保生活习惯,为促进幸福温州·生态城市建设发挥了实效。社团组织以服务会员为宗旨,帮助政府传达政策信息,向政府反映民众需求,在政府与民众之间起桥梁沟通作用。比如市经济师协会,每季出刊《温州经济师》、每月印发《生产经营决策参考》,传达政府重大经济决策,交流生产经营管理经验,在推动我市经济发展方面起到积极作用。还有一些行业协会成立智囊团队,帮助政府分析国际形势,促进行业或企业发展。比如市服装商会外贸服装分会,拥有一支10多人的外贸营销智囊团,借助华商海外资源,规划境外服装营销体系分布策略,制定境外服装贸易平台方案,为我市服装出口贸易作出较多贡献。2008

年金融危机最困难时期,我市服装出口额由负增长转为正增长,实现浙江省第一个行业转机突破,市服装商会外贸分会起了很大的作用。

### 1.2.2 受社会利益驱动,参与政府购买服务的意愿并非被动

调研发现,社会组织参与政府购买服务的意愿比较强,70%以上的社会组织愿意参与政府购买服务,不到30%的社会组织表示无所谓。70%以上的社会组织认为,参与政府购买服务能够提高社会知名度、公共信誉度,创造一定的经济价值、社会价值,与自身公益职能不冲突,这是社会组织创新发展的机遇。因此,参与政府购买服务的态度比较积极、意愿比较强烈、行为主动。持无所谓态度的社会组织,认为不大可能得到政府购买服务的机会,对政府购买服务表示质疑。持这种态度的社会组织,一般是松散型社会组织。比如市台州商会、网球协会、冬泳协会等,其枢纽职能良好,对社会贡献也较大,但从其自身治理机制与服务宗旨来看,不具备购买政府服务的能力或必要,这种现象属正常。此外,草根组织购买的愿望比较强烈,但表现的态度比较消极。这表明,纯民间社会组织和政府之间的关系,还处于生疏状态,需要加强双方的沟通与交流。

上述调研情况表明,社会组织有丰富的人才资源,现有办公设施齐全,日常运营全额自收自支,有一定的资金运作经验和管理能力,生存发展状况良好,公益职能与政府购买服务标的一致,有主动参与政府购买服务的意愿,是政府购买服务交易中的理想买家。

## 2 政府购买社会组织服务的现状与问题分析

### 2.1 购买主体的态度,体现出动力不足

购买主体,是指政府向社会组织购买服务的单位,人事编制纳入国家管理,经费由财政承担的机关、事业单位或群团组织。多数购买主体或者说职能部门,对推进政府向社会组织购买服务并不积极。究其缘由,钱与权是其动力不足的两大内因。

### 2.1.1 购买经费面临政策限制

钱的问题,是各职能部门纠结的核心。政府向社会组织购买服务是新生事物,在现行体制下,尚无向社会组织购买服务的法律依据,面临政策限制。在现行《政府采购法》中,采购对象为货物、工程和服务,但服务仅限于政府自身运作的后勤服务,不包括公共服务。在公共财政预算安排中,没有向社会组织购买公共服务的科目,政府购买服务没有划拨专项经费。调研发现,大部分社会组织得不到政府职能部门的购买服务。在我市,已接受政府购买服务的社会组织只有百分之几的个位数,签约的社会组织寥寥无几。由于财政没有专项划拨,在财政经费吃紧的情况下,签约的资金往往被移作他用,已签约的社会组织,也只能苦苦期盼资金的到位。

### 2.1.2 观念误区影响购买行为

权的问题,是目前推行政府向社会组织购买服务的另一个难度。许多机关事

业单位,存在理论认识与思想观念的误区,担心会因此而弱化其自身职权。错误地认为,将自身职能部门提供的公共服务内容转移到社会组织,公职岗位和职责发生变化,其行政职权会削弱。当有新的公共服务项目或事项增加时,不是优先考虑向社会组织购买,而是要求增设部门、增添编制、增拨经费、扩大办公场地。这样,职能单位的规模是扩大了,可是行政成本提高了,工作效率低下,出现人浮于事的现象。一旦工作情况有变化,这些公职人员由政府安排,其结果是政府拨款养人,加大了政府财政经费的负担。

### 2.2 社会组织的发展,受现有制度制约

调研中发现,社会组织对工作业绩谈得比较多,困难讲得比较少。所有提到的问题,虽然受现行体制或制度的制约,但只要政府有决心,都是可以解决的。

#### 2.2.1 人事编制仍受禁锢

给人的问题,也就是人事编制问题,是少部分社会组织当前的困扰。现行制度规定,财政资金不能用于养非政府体制范围的人。社会组织属于政府体制外的组织,社会组织的人员不纳入国家编制。但实际工作中,少部分社会组织是占用了财政经费承担的国家编制的人员。比如市医学会,12 位专职工作人员中就有 4 位是国家编制的,但他们都不是以医学会的名义占用国家编制,其人事编制及财政工资,3 位在医学院,1 位在中医院。其实,对政治上可靠、可以代行一部分政府职能的社团组织,政府是可以考虑其人事编制的。这不仅能够更好地理顺人事管理,也有助于促进社会组织的发展,推动政府购买社会组织服务机制的进展。这一点,浙江省医学会、省内部分县市医学会,已有成功的尝试。

#### 2.2.2 购买支付方式局限于财政经费

给钱的问题,也就是政府购买社会组织服务支付的财政经费问题,财政部门未将其纳入公共财政预算。在现实工作中,公共服务涉及多个领域,存在一个部门提供多种服务和同一服务由多个部门提供的交叉情况。在以部门为单元编制财政预算的现行体制下,将其纳入公共财政预算,确实存在一些预算编制上的难度,财政预算也没有购买社会组织服务这项科目。其实,政府购买服务支付方式可以灵活多样,提供场地、减免税费、购买设备、薪酬补贴、赋予资格等等,都可以作为政府购买社会组织服务的支付手段,都是解决钱的办法,不必拘泥于财政经费支付一种方式。

#### 2.2.3 承接政府转移职能缺乏制度依据

给事的问题,是社会组织纠结的另一个难题,就是既得利益部门不愿意将有关的职能转移出去。社会组织培育扶持政策刚刚起步,社会组织承担政府转移职能的相关制度尚未出台,许多政府职能部门对社会组织存在不信任心理,在缺乏制度依据的情况下,既得利益部门不会主动转移其持有的政府职能。一些事务性的公共服务,社会组织根据自身专业特点和能力,是完全可以胜任的,也很希望能够承担,并且无偿承担。可是,就是得不到做这项事务的权利或机会,只有眼睁睁看着

机关单位嚷嚷工作太忙、事务太多而无能为力。比如,经济师评审工作及经济师考试报名组织工作,我市经济师协会多年争取至今未果。

### 2.3　买卖双方信息沟通不对称,竞争购买难以开展

#### 2.3.1　买卖主体平等观念尚未形成,市场条件尚待建立

长期以来,公共服务由政府及所属事业单位垄断,没有形成较为健全的公共服务市场体系。政府购买社会组织服务,具有商品的供求关系和交换活动的特征,需通过市场实现交易资源最优配置。市场需具备基本功能,比如:实现交易及社会和经济价值最大化;提供均等的交易信息;为交易主体提供平等竞争等功能。在市场体系中,政府与社会组织是平等的契约、合作、伙伴关系。但作为购买方的主体——相关职能部门,受固有观念影响,尚未形成与卖方主体平等的观念,市场条件尚待建立。

#### 2.3.2　缺乏沟通网络平台,公开信息难以实现

调研发现,政府和社会组织缺乏沟通的平台或信息网络,公开信息难以实现。政府部门对基层组织开展服务不甚了解,购买对象的选择往往局限在依附于其的各类学会或协会;社会组织因没有相关信息渠道,无法得到真实、有效的购买信息,申报服务项目仅仅基于自身单方面考虑。双方信息不对称,政府有了项目不知向谁买,社会组织不知政府购买什么项目、什么时候有购买项目。竞争购买难以开展,购买服务的数量和质量也难以保障。

## 3　政府购买社会组织服务的对策建议

基于上述的调查与分析,归纳起来无非是人的问题、钱的问题、权的问题,其核心是财政经费使用问题。从财政经费视角,思考如何降低开支、提高使用效益、保证使用安全等,建议政府层面采取以下对策。

### 3.1　设置独立机构,构建沟通网络枢纽平台

政府购买社会组织服务是一项系统工程,需要机构编制、财政、民政等多个部门联合执行。由于涉及部门利益问题,各部门很难形成一股合力。合力治理,容易导致各部门职责不清、相互推诿。公共服务内容涉及多个领域,信息不对称容易造成公共服务重复购买,浪费有限的资源;该买的公共服务项目,由于没有部门负责购买,造成服务购买空白。因此,我们很有必要在行政体系内设置独立机构,专职管理政府购买公共服务,统筹规划本地方政府的公共服务购买,统一安排购买公共服务的财政经费,审查买卖双方的条件、资质、内容,负责监督检查社会组织提供服务的数量、质量、效果等。

在职能上,发挥行政角色,确保财政资金的使用效益,努力使花下去的财政资金带动更多的社会资本投入。在服务上,发挥中介机构作用,搭建信息网络平台,统一发布购买公共服务信息,建立政府购买社会组织服务数据库等。在级别上,直

接归属于当地政府,不隶属于某个行政职能部门。在推进政府购买公共服务进程中,会遇到很多改革的阻力,如果管理机构级别不够高,当涉及需要协调事项时,会因级别太低而无法有效协调。在组织类型上,应当选择首长负责制。因为委员制常常会出现久议不决、决而不行的局面,一旦出了问题,集体责任也很难追究。首长负责制,赋予行政首长充分决定权,首长可以不采纳成员意见独立拍板,能够确保决策快、执行快、监督快,保证政府购买公共服务制度的落实。但首长必须对自己的决定承担最终的责任,我们可以设置绩效管理、监督检查、问责机制、投诉机制等资金管理手段,以限制首长的武断和违法乱纪行为,确保财政资金的有效使用。

### 3.2 配套事业单位改革,形成政府拨款养事态势

政府购买社会组织服务,还必须配套事业单位改革,否则很难推动政府购买社会组织服务机制的进展。一直以来,绝大部分基本公共服务都是由政府及其下属事业单位承担的,现在把职能部门的服务内容转移到社会组织,其岗位和职责应作适当调整。在职责上,转变公共服务的实施者为指导人或监督者,这有利于提高公共服务质量。在岗位上,要根据工作任务轻重及时作出调整,使职责明晰、权责分明、层级合理、程序简便、人数合理,防止因权责不清导致管理不到位或相互推诿的现象,避免人浮于事造成财政养事又养人的后果。有效的事业单位改革,能转变政府拨款养人局面,促成政府拨款养事的良性态势。

### 3.3 购买经费纳入财政预算,确保购买资金高效到位

政府购买社会组织服务是一项行之有效的、快捷服务的社会管理方式,让政府部门从难以顾及的一些公共服务事务中抽身出来,让社会组织有效地将公共服务具体事务接手过去,让政府部门得到实实在在的减负,让社会组织获得更大的发展空间,是市场经济发展的必然趋势。在公开公平公正的基础上,政府与社会组织开展广泛领域、高层次的合作,应当合理支付相应的费用,所需资金必须统筹规划,财政经费开支理应纳入财政预算管理。由设置的独立机构负责统计政府购买服务的种类、对象、内容、标准等工作,报送给财政部门统一编制年度预算,并由财政通过国库集中支付给直接提供服务的社会组织。购买经费纳入财政预算,有利于政府统筹规划所需资金,有利于加强财政支出控制。由国库直接拨付给社会组织,能够缩短工作流程,提高行政效率,确保购买服务资金到位。

### 3.4 推行代理记账,保障财政资金使用安全

政府购买社会组织服务,需要考虑运行成本,考虑提高服务工作质量,考虑财政经费开支的合理有效、安全可靠。因此,很有必要对这部分财政经费支出加强管理。统一会计核算,是资金有效管理的主要手段。取得法人资格的社会组织,财务管理与核算一般能够自主进行,统一会计核算,不仅有利提高其财务透明度、提升其社会公信力,还有利于政府对其加强监督。非法人身份的社会组织,财务管理与核算通常不能自主,其申报项目的财政经费,有必要统一会计核算,以保障财政资

金使用安全有效。统一会计核算,不仅有利于国家宏观管理,也有利于社会组织培育发展,扩大了政府购买服务对象范围,让不具备法人资格的社会组织也参与进来。

需要说明的是,这里的统一会计核算,只是代理记账,资金的所有权、决策权、执行权、监督权在社会组织,资金收支自主支配,资金往来自行管理。代理记账采取自愿原则,具备法人资格的社会组织可以要求常年代理或只代理购买的项目,也可以不要求代理;不具备法人资格的社会组织,其购买的项目必须申请代理记账,其他业务可以选择代理或不代理。纳入代理记账的社会组织,社会公信力必然增加,可以考虑作为申请购买的资质条件。至于承担代理记账单位,可以由市会计核算中心开辟一个职能科室暂时代理。取得一定经验之后,再单独设置代理机构,将社区会计核算也纳入进来,专职代理社区、社会团体、民办非企业单位的会计核算。

综上所述,政府购买社会组织服务,政府只负责支付项目费用,不需要承担人员编制的压力,少了许多其他麻烦,是政府出钱养事不养人的有效举措,是地方政府降低财政经费压力的有效措施,也是政府构建多元化社会管理的有效方式。

## 参考文献

[1]于国安.政府购买公共服务评析及政策建议[J].经济研究参考,2011(46):36.

[2]项显生.政府购买公共服务管理机构的设置问题研究[J].中共福建省委党校学报,2012(3):39.

[3]李斌.政府购买公共服务研究[J].陕西行政学院学报,2012(5):40.

[4]虞维华.公共服务市场的性质及其缺陷分析[J].学会,2012(9):18:24.

[5]庄琰.努力提升学会公共服务的能力[J].学会,2012(9):41:42.

# 二十六、关于温州金融综合改革问题的几点思考①

温州科技职业学院　陈美丽

永嘉县金融办　胡文显

**摘　要**　温州金融综合改革正如火如荼地开展,已取得了一定的成效,但金融创新工作的开展也还存在许多的不足,需要进一步加强探索和创新。本文通过对浙江省的鄞州区、绍兴县、嵊州市金融工作的考察,介绍其先进经验,希望对温州各市县金融工作创新和发展具有一定的借鉴意义和作用。

**关键词**　金融综合改革;金融创新;经验介绍

笔者跟随永嘉金融办于 2012 年 9 月 17—18 日对宁波鄞州区、绍兴县和嵊州市三地的金融工作进行了考察,就金融综合改革背景下各地金融工作开展情况,与三地金融办进行了深入交流和研讨。总体上而言,鄞州区和绍兴县经济相对发达,金融体系完善,金融业态先进,能较好服务于当地的实体经济;嵊州市经济相对欠发达,总体规模和产业结构相对落后,在金融方面与温州某些县市具有较强可比性。本次考察学习,顺利实现了既定的目标,既有鄞州区、绍兴县金融工作的标兵可供学习,也有发展水平相当的嵊州市可供参考。对温州金融综合改革的探讨具有一定的启示作用和借鉴意义。

## 1　温州金融综合改革工作的现状及存在的问题

### 1.1　地方资本市场建设方面

近年来,温州大力推进企业上市工作,积极发挥资本市场对转型升级的服务和促进作用。尤其是随着温州金融改革试验区各项任务的不断推进,我市企业密集上市,企业纷纷借助资本市场高效的资源配置效应,突破企业融资瓶颈,加速改造提升传统产业。目前,全市已有境内外上市公司 13 家,融资金额达 172.73 亿元,其中首发融资 124.25 亿元,再融资 20.48 亿元,发行公司债 28 亿元,资本市场的"温州板块"在经济发展中崭露头角。但是从上市规模、上市渠道、上市后备资源等

---

① 基金项目:浙江现代农业中小企业研究基地 2012 年度课题[zny2012003]。

作者简介:陈美丽(1981—　　),女,浙江瑞安人,温州科技职业学院经贸系讲师,硕士,主要研究方向:民间金融;胡文显(1981—　　),男,浙江永嘉人,永嘉县金融办总经济师,硕士,研究方向:金融监管。

方面看,与此次考察的宁波市与绍兴市相比,还存在一定的差距和不足。

温州经济高度依赖间接融资,导致融资渠道单一,企业上市融资、股权融资、债权融资等融资模式发展不快,且企业直接融资比重偏低,区域资本市场发展严重滞后,与温州经济地位与经济总量极不相称。证券化水平偏低在一定程度制约了优秀企业进一步做大做强。

### 1.2 金融组织体系建设方面

据温州银监分局最新统计数据显示,截至 2012 年 6 月末,全市共有政策性银行、大型商业银行、股份制商业银行、邮政储蓄银行、城市商业银行、农村合作银行、村镇银行、农村资金互助社等八大类 44 家银行业金融机构,1329 个营业网点遍布城乡,是浙江省银行业机构种类最齐全、网点数量最多的地市之一。虽然解决,一些关键问题,但温州的金融发展模式仍然较为传统,金融组织体系的建设与温州民营经济发展仍不相适应。在组织架构方面,除温州银行、农村合作金融机构、村镇银行和小额贷款公司以外,温州的其他金融机构均为分支机构,总部性质的金融机构数量不多,实力还比较薄弱。特别是针对中小企业融资业务的开拓,还缺乏更多组织的有效运作支持。

浙江省金融工作暨温州金融综合改革试验区工作动员大会提出,温州金改完善地方金融组织体系的主要目标:2012 年新增小额贷款公司 30 家,2013 年总数达到 100 家,实现都市功能区和中心镇全覆盖;2012 年银行金融机构市级分行基本设立小企业专营机构,完成农村合作金融机构股份制改造工作;2013 年村镇银行等新型农村金融机构及分支机构实现县(市、区)全覆盖。要深化发展新型地方金融组织,大力推进小额贷款公司、村镇银行、农村资金互助社在我市试点工作。出台引进民资设立村镇银行、信托投资公司、保险公司和融资租赁公司的实施方案,发挥民间力量,激活民营经济。这是温州以"增量改革"方式解决中小企业融资难问题的一大举措,但其发展还处于起步阶段,其有效运转还遭遇各种各样的发展障碍,如信贷资金总量不足、金融服务覆盖面不广、业务创新能力弱和抗风险能力差等。因此,面对广大中小企业仍然面临的"两多两难"困境,我们仍需积极探索发展各种新型金融机构和其他专门服务中小企业的组织机构。

### 1.3 金融产品和服务创新方面

一是金融产品创新不足。目前温州各县域信贷业务仍以传统的房产抵押贷款为主,新型的应收账款抵押贷款、农村土地承包经营权贷款、林权抵押贷款等新的担保产品远未全面普及。如知识产权贷款推广以来,目前全市仅有温州银行瓯海支行一家开展此项业务,8 个县(市)都还没有开展这项业务。二是广大农村中小企业和农户由于缺乏抵押物融资担保难。农村中小企业一般规模不大,房产价值不高,抵押品不足或信用度不高,这很大程度上制约了中小企业融资。三是县域银行信贷审批权有限束缚其放贷自主权。县级支行贷款审批权限一般核定在较小的额度内,贷款需层层审批,难以满足中小企业和"三农"贷款"短、频、快"的需求。

### 1.4 金融监管方面

温州金改试验中,温州金融办专门成立了温州市地方金融监管服务中心。该中心主要负责股权投资公司、民间资本管理公司、寄售行和其他各类投资公司的监督和管理,以及负责小额贷款公司、融资性担保公司、典当行等各类新兴金融行业的专项检查等。

温州金改及其引发的全国范围的金改热潮,对地方金融监管体系将形成挑战,而且这一监管主体缺乏法律层面的支持,也缺乏专业监管水平的支撑。目前地方政府金融管理部门及队伍建设处于起步发展阶段,监管力量较为薄弱,监管制度尚不健全。对小额贷款公司等准金融机构基本上只做准入监管和数据统计,监管的方法与手段不足等。

## 2 鄞州区、绍兴县、嵊州市三地金融工作先进经验介绍

浙江省县域经济以产业集聚和块状经济为特色,经济金融工作方面存在很多共性,也存在诸多各自特色。下面从地方资本市场体系、金融组织体系、金融产品和服务体系和金融监管体系方面分别介绍先进经验。

### 2.1 地方资本市场体系特色介绍

地方资本市场体系建设很大程度上是与经济发达度高度相关,经济水平越高,资本市场体系就越发达,直接融资水平就越高。鄞州区和绍兴县属于我省经济发达地区,2011年鄞州区GDP达945.5亿元,地方财政收入达124.9亿元;同期绍兴县GDP达到920亿元,地方财政收入117亿元。据鄞州区金融办相关负责人介绍,上市工作主要与该地的企业集中度高、企业规模大有直接关系。因此,在省内,鄞州区和绍兴县上市工作方面起步较早,上市企业数和融资规模较大,行业覆盖面较广,企业上市带动地方产业经济发展效益显著。

一是上市规模较大。鄞州区在2008年年底上市企业数就达到6家,至2012年8月底,达14家,占全市上市企业总数的25%;2012年下半年准备申报4家,占全市54.5%,可见在全市上市工作上也独占鳌头。截止2012年9月份,绍兴县共有上市企业14家,累计募集资金达76.9亿元。

二是上市渠道多元化。就以绍兴为例,境内外上市各占半壁江山,境外分别在香港、新加坡、澳大利亚等地上市;上市方式也较为灵活,有直接IPO,有买壳上市,也有通过境外控股公司实现红筹上市。嵊州市就针对目标市场在欧洲的优势,在法国上市1家。

三是上市后备资源丰富。绍兴县共有未上市股份有限公司30多家,确定为上市后备企业50家,已报会有2家;鄞州区上市后备企业30家,已在证监会、香港联交所申报材料在审企业5家,计划下半年再报审4~5家,位居全市首位。

此外,鄞州区和绍兴县两地股权投资业发达,政府性股权投资引导基金均已建立,促进科技型企业作用明显。鄞州区于 2003 年成立第一家股权投资企业——鄞州区科技创业投资有限公司,现有在册各类股权投资机构和管理机构达到 44 家,合计注册资本 30 亿元,注册资本 1 亿元以上 14 家。绍兴县则有股权投资类企业 53 家,合计注册资本 44.71 亿元,投资项目 72 个,投资额 30.33 亿元;绍兴县依托公共资源交易中心,计划筹建非国有企业产权交易服务中心。

### 2.2 金融组织体系发展介绍

三地金融组织体系均比较健全,银行业、保险业、证券业、期货业均已涉及;相对而言,鄞州、绍兴两地机构数量较多,嵊州市相对较少;地方法人机构较为发达,新型业态逐步出现。

一是鄞州、绍兴两地地方法人机构改制到位,实力雄厚。鄞州银行,2003 年改制为合作银行,今年 7 月末存贷款余额分别为 467 亿和 340 亿元;同时在外主发起设立 11 家村镇银行,正在筹建 13 家,参股 6 家金融机构。绍兴农村合作银行在 2011 年初完成改制,更名为瑞丰银行,截止 8 月末,注册资本 9.9 亿元,总资产 557.35 亿元,各项存贷款余额分别为 465.05 亿和 331.14 亿元。2008 年开始在外设立村镇银行,2011 年在义乌异地开设支行。

二是新型金融业态逐步出现,产业带动效益显现。鄞州依托区位优势,吸引了新型业态入驻,已经具备金融高端要素集聚的条件。国骅融资租赁公司、广信融资租赁公司等相续入驻鄞州,大道商业保理在鄞州区创设。还相续引进民泰、泰隆、杭州科技银行、稠州银行等中小微企业专业银行机构。

金融业的发展与实体经济相辅相成,鄞州区产业结构比较均衡,商务金融业发达,各个细分行业产值占比没有超出 10% 比重,该区金融办周主任明确表态并不大力支持小贷公司等支农金融机构发展,该区小贷公司才 2 家;而以纺织业为主体产业的绍兴县、嵊州市则相对重视小贷公司的发展,绍兴县现有 6 家小贷,筹建中 3 家;嵊州市现有小贷公司 2 家,企业申请设立小贷公司积极性较高。

### 2.3 金融产品和服务体系创新经验介绍

金融业态决定了金融产品和服务创新程度,鄞州和绍兴在这方面同样走在前列。鄞州区信托产品、融资租赁产品、保理保函服务商贸企业效益较为显著,绍兴县和鄞州区的小微企业专业机构服务小微企业较为突出,嵊州市则相对重视农合行和小贷公司服务三农和小微企业的作用。综合而言,呈现以下特点:

一是小微企业专营机构服务能力较强。鄞州区自 2009 年以来,共有 17 家银行设立中小微专营机构,相续引进民泰、泰隆、稠州银行等多家专为小微企业服务的专业小型银行。而绍兴县则利用本地商业银行资源,政策引导设立小微专营机构,绍兴县的招商银行、华夏银行和瑞丰银行在这方面均出台文件和设立实体。

二是依托经济特色拓宽融资渠道。绍兴县和嵊州市在拓宽抵押、质押范围取得成效,开展了林权、住房和涉农承包权、经营权、股权的抵押质押信贷工作;同时两地对农村信用体系构建非常重视,推进信用村信用镇建设,对信用良好农户授信信贷额度。鄞州区则开拓信托、融资租赁、股权投资、私募债券等渠道为政府性建设项目和中小企业融资服务,甚至还对接国家开发银行、农业发展银行等政策性银行为基础项目融资。鄞州区加大了对科技型中小微企业的金融支持力度,年初设立了杭州银行宁波科技支行,设立 1000 万元"风险池基金",用于科技支行信贷风险代偿,设立 1000 万元科技金融专项资金,对科技支行科技贷款按银行贷款基准利率 20% 给予补贴,对科技信贷担保业务按其日均担保总额给予不超过 4% 担保费补贴。

### 2.4 监管体系建设情况介绍

嵊州市设立了人行市支行和银监办,金融风险管控方面具有优势。绍兴县和鄞州区金融监管有点特殊,没有人行,也没有银监,主要依托当地金融办,金融工作协调压力和难度较大。

一是监管相关制度比较完善。以绍兴市为例,相继出台了《绍兴市小额贷款公司监督管理细则》、《绍兴市小额贷款公司财务管理暂行办法》、《绍兴市小额贷款公司信贷业务操作流程》及《绍兴市小额贷款公司风险管理办法》等文件。

二是金融行业服务机制方面。鄞州区建立了区级金融协会,构建行业自律、维权、协调、交流和宣传等综合性行业服务平台。

## 3 对温州金融综合改革工作的启示和思考

### 3.1 依托产业特色做好金融工作创新

金融和实体经济共生共长,三个县市(区)的金融工作都是紧紧围绕产业特色推进创新工作,如绍兴县明确金融机构要安排 30 亿元专项资金支持印染产业集聚升级,仅 12 年,就向"绿色印染集聚区项目"投放 8.7 亿元贷款,协调 13 家金融机构与即将落户开工的印染企业达成 14.43 亿元融资意向。

温州各县市金融工作必须依托传统产业特色,服务优势产业,培育战略新兴产业。温州各市县均拥有各自的特色产业,因此金融组织、服务等方面创新上,首先要突出产业特色,服务好传统产业和块状经济。其次要加大政策扶持力度,改变"低、小、散"现状。做好上市后备企业跟踪服务和动态管理,引导各县市主要行业中的单体企业加强研发,逐步形成核心技术,强化核心竞争力,鼓励龙头企业多渠道开拓上市渠道。

### 3.2 立足区位优势做好金融工作创新

区位很大程度上决定了该地区产业经济发展态势,鄞州和绍兴区位优势较好,取得产业和金融发展先发优势。从区位角度看,一是三江片对接温州滨江商务区。三江片和温州金融集聚区一江之隔,做好产业发展规划,积极引进金融服务外包产业,有效对接温州金融集聚区。二是旅游和金融的对接。楠溪江流域山清水秀,借助金改东风,定位精英市场,打造旅游金融品牌。

### 3.3 拓展政策空间做好金融工作创新

温州各县市经济结构相对传统,高科技企业比重不高,风险投资可选项目源较少,发展股权投资行业条件不够。但是,股权投资行业是培育战略性新兴产业和传统产业升级转型的助推器,不重视不发展绝不是良策。因此政府职能部门完全可以借鉴鄞州、绍兴先进地方经验,率先做好产业发展的战略规划,政策出台上具备前瞻性。一是可以考虑由本地商业银行设立科技银行,由政府出台相关的扶持政策对科技银行和科技担保进行财政贴息。二是配合温州市股权投资发展,建立各县域平台投资引导基金和风险投资引导基金,吸引外来股权投资企业入驻。三是推进行业服务政策,引导企业到浙江股权交易中心、温州股权交易中心等平台挂牌,逐步提高直接融资比重,发挥直接融资服务实体经济的作用。

### 3.4 依托小微专营服务机构做好金融工作创新

绍兴县和鄞州区依托小微企业专业机构服务小微企业,嵊州市则更重视农合行和小贷公司对"三农"和小微企业的服务,三地小微企业专营机构服务小微企业的能力均较强,较好地服务了当地的实体经济。

温州中小企业融资难问题比较突出,但是却缺乏专门服务小微企业的金融机构。温州要充分发挥现有金融机构设立中小微专营机构的作用,引进类似民泰、泰隆、稠州银行等多家专为小微企业服务的专业小型银行,并利用本地商业银行资源,政策引导设立小微专营机构。另外,不断开拓和发挥新型金融机构服务"三农"和中小企业的作用。

## 参考文献

[1]温州市人民政府金融办.温州市金融业发展"十二五"规划[J].金融改革创新调研报告,2011:1-23

[2]温州市人民政府金融办.2011年温州市金融运行情况分析[J].金融改革创新调研报告,2011:47-53

[3]温州市人民政府金融办.关于我市中小企业融资情况汇报[J].金融改革创新调研报告,2011:76-81

[4]温州市人民政府金融办.浅谈加快温州地方金融发展的策略及建议[J].金融改革创新调研报告,2011:100-105

[5]宁波市鄞州区金融办.鄞州区金融办工作情况汇报[J].2012

[6]绍兴市嵊州市金融办.嵊州市金融办工作情况汇报[J].2012

[7]绍兴市绍兴县金融办.绍兴县金融办工作情况汇报[J].2012

# 职业农民培育

# 二十七、农类高职院校学生发展型职业能力构建研究[①]

温州科技职业学院　陈国胜　叶剑强　黄武刚　邹良影　吕卫　朱莲芬

## 1　导　言

### 1.1　研究背景和意义

我国是一个发展中的农业大国,"三农"问题是党和国家一切工作的重中之重。《国家中长期教育改革和发展规划纲要(2010－2020 年)》明确指出,"要加快发展面向农村的职业教育,把加强职业教育作为服务社会主义新农村建设的重要内容"。这给农类高职院校发展带来了很好的发展机遇。

全面提高教育教学质量,培养学生职业能力是农类高等职业院校加强内涵建设、形成核心竞争力急待解决的问题。在就业市场瞬息万变的情况下,高职教育就如何培养能够适应职业流动性的人才提出了新的课题,即综合职业能力的培养,使之能够"帮助青年人在谋求职业时有最适度的流动性"。据调查,通常一名高职高专毕业生平均在一个固定岗位的时间为一至三年(依据专业不同),因此专业型技能的有效使用年限多为一至三年。而这样的人才有效使用年限过短,不符合我国现阶段需大量高层次人才的需求。而通用型技能则具有很强迁移性,属于终生学习及发展能力的培养。

科学发展是当代社会的主题,是解决一切问题的关键。在科学发展的所有活动中,人是决定性的因素。构建发展型职业能力培养体系是农类高职院校落实科学发展观的要求。要把学生职业能力培养,作为当前与未来一个时期内职业教育改革与发展的一个重点。目前我省农类高职院校中职业能力培养还存在诸多问题,如培养特色不明显,未能很好地突出"农"字特色,不能很好地为"三农"服务等(研究者也很少,几乎处于空白)。因此,探索建立具有农类高职教育特色的发展型职业能力培养体系,为农村输送"适销对路"的高素质人才,对提高毕业生就业质量,促进新农村建设具有非常重大的意义,这也正是本课题的研究意义所在。

---

[①] 项目来源:全国农业职业教育"十二五"科研课题(编号:120),课题组成员:陈国胜、叶剑强、黄武刚、邹良影、吕卫、朱莲芬。

## 1.2　理论与现实意义

全面提高教育教学质量,培养学生职业能力是农类高等职业院校加强内涵建设、形成核心竞争力急待解决的问题。

高等职业教育主要以培养生产、服务、技术和管理第一线的高素质技能型专门人才为目标。全面提高教育教学质量,培养学生职业能力是高等职业院校加强内涵建设、形成核心竞争力急待解决的问题。我们必须清醒地看到,虽然我国职业教育事业已经取得巨大成就,但还不完全适应国家经济社会发展的要求。

当前,高职院校在学生职业能力培养方面仍然存在一些问题。在高职学生职业能力培养中,学生基础能力不扎实、专业能力不凸显、关键能力不被关注成为制约高职教育学生职业能力发展的瓶颈。只有树立培养职业能力的观念,不间断地监控学生职业能力的缺失部分并以职业市场需求为导向,构建发展型职业能力培养体系,才能解决高职教育面临的问题。要把学生职业能力培养,作为当前与未来一个时期内职业教育改革与发展的一个重点。

### 1.2.1　构建发展型职业能力培养体系是高等职业教育发展的必然要求

教育部《面向21世纪深化职业教育教学改革的原则意见》指出:"职业教育要培养同21世纪我国现代化建设要求相适应的,具备综合职业能力和全面素质的,直接在生产、服务、技术和管理第一线工作的应用型人才。"教育部明确规定了高职人才培养的标准"同我国现代化建设要求相适应","具备综合职业能力和全面素质"。

### 1.2.2　构建发展型职业能力培养体系是体现农类高职院校办学特色的必然要求

职业能力的培养是高职教育的目标和特色,是农类高职学生综合素质与能力培养的重点。职业能力教学体系的改革是高职教育办出质量、办出特色的关键。高职院校将培养学生的综合职业能力作为教育目标,是全面推进素质教育的重要途径,也体现了办学特色。

### 1.2.3　构建发展型职业能力培养体系是农类高职学生发展的需要

在就业市场瞬息万变的情况下,高职教育如何培养能够适应职业流动性的人才提出了新的课题,即综合职业能力的培养,使之能够"帮助青年人在谋求职业时有最适度的流动性,便于他从一个职业转移到另一职业或从一个职业的一部分转换到另一部分"。通常一名高职高专毕业生平均在一个固定岗位的时间为一至三年(依据专业不同),因此专业型技能的有效使用年限为一至三年。而这样的人才有效使用年限过短,不符合我国现阶段需大量高层次人才的需求。而通用型技能则具有很强迁移性,属于终生学习及能力的培养。

### 1.2.4　构建发展型职业能力培养体系是农类高职院校落实科学发展观的要求

科学发展是当代社会的主题,是解决一切问题的关键。在科学发展的所有活动中,人是决定性的因素。必须把人的发展放在首位。科学发展观强调发展是第一要义,核心是以人为本。两者中,必须清楚人是第一要素,是决定科学发展的关键所在。只有发展的人,只有人的现代化发展,才能推进科学发展,也才能实现科学发展。发展是永恒的主题,过去、现在和未来都是如此。但以往各个历史时期,由于我们所处的环境不同、条件有别,实践和认识也有所局限,因此对发展的理解在循序渐进,对发展内涵的认识在逐步深入。对高职教育来说,要实现以就业为导向,提高学生的就业率,必须加强学生的职业能力培养,使学生具备较强的就业竞争能力、从业能力、岗位适应能力和发展创新能力。大学阶段是学生身心发展最迅速的时期,大学生的心理尚未发展成熟,缺乏社会经验,易出现适应能力差、情绪不稳定、心理失衡等心理障碍。显然,随着时代特征及外部环境的不断变化,适用传统的教育理论已很难满足社会、高等教育和大学生主体发展的需求,迫切需要贯彻科学发展观,坚持"人本主义",适用行为科学理论,更好地培养人发展人。

1.2.5 构建发展型职业能力培养体系是农类高职院校落实《国家中长期教育改革和发展规划纲要(2010-2020 年)》的需要

《纲要》明确指出,当前大学生适应社会和就业创业能力不强,创新型、实用型、复合型人才紧缺。要加快发展面向农村的职业教育。把加强职业教育作为服务社会主义新农村建设的重要内容。推进城乡、区域合作,增强服务"三农"能力。加强涉农专业建设,加大培养适应农业和农村发展需要的专业人才力度。支持各级各类学校积极参与培养有文化、懂技术、会经营的新型农民。农类高职教育必须以服务为宗旨,以就业为导向,积极为新农村建设培养和造就数以千万计的高技能应用型人才。农类高职以就业为导向目标的实现,其落脚点是使学生能顺利地走向社会,适应工作岗位和社会发展要求,提高学生的就业率。

目前我省农类高职院校中人才培养还存在诸多问题,如专业特色不明显,未能很好地突出"农"字特色,不能很好地为农业企业服务等。因此,探索建立具有农类高职教育特色的发展型职业能力培养体系,为农业企业输送"适销对路"的农业人才,提升农业企业的综合竞争力,服务地方经济,促进现代农业及我国"三农"的发展具有非常重大的意义,这也正是本课题的研究意义所在。

## 1.3 研究内容、框架

### 1.3.1 研究内容

本报告的主要内容集中在以下几个方面:

(1)调查分析当前农业企业对农类高职学生职业能力的需求状况。本研究将设计调查问卷发放给农业企业,取得宝贵的第一手资料,同时跟企业相关人员(如人力资源部经理)进行面对面的访谈和交流,分析当前农业企业对农类高职专业人才职业能力的需求状况及特点,为构建适合农业企业需求的农类高职学生发展型职业能力培养体系奠定现实基础。

(2)研究分析目前我省农类高职学生职业能力培养的现状及存在的问题,为构建适合农业企业需求的农类高职学生职业能力培养体系奠定理论基础。

(3)构建农类高职学生发展型职业能力培养体系。从农业企业对农类高职人才的需求特点出发,构建符合农业企业需求特点的职业能力培养新体系。在本校率先进行农类高职学生发展型职业能力培养体系的探索实践。该体系将由四大子体系构成：

①专业能力培养子体系：通过搭建校企合作平台，构建专业能力培养子体系，促进学生专业能力提升。研究重点为农类高职专业人才培养模式创新。

②社会能力培养子体系：通过搭建社会实践平台，构建社会能力培养子体系，促进学生社会能力拓展。研究重点为面向"三农"的暑期社会实践活动创新。

③方法能力培养子体系：通过搭建创业教育平台，构建方法能力培养子体系，促进学生方法能力提高。研究重点为大学生现代农业创业园建设。

④个性能力培养子体系：通过搭建拓展训练平台，构建个性能力培养子体系，促进学生个性能力培育。研究重点为农类高职学生自信心、责任心和吃苦耐劳精神的塑造。

### 1.3.2　研究框架

根据上述研究的主要内容，设定本报告分析的框架（见图 1）

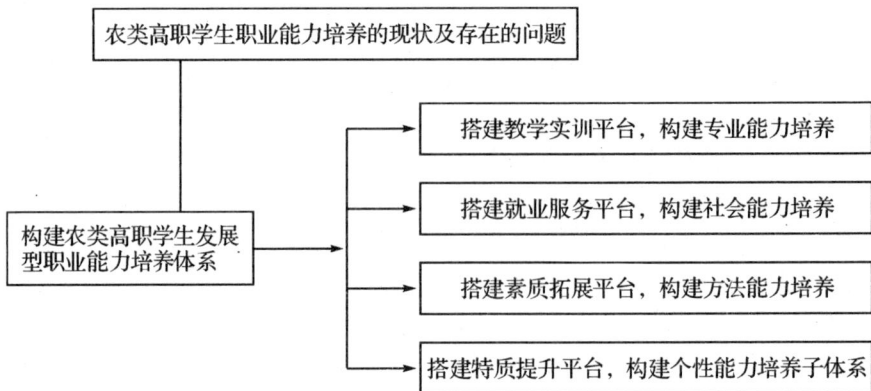

图 1　本报告的框架

## 1.4　研究思路、方法

本文在调查研究的基础上，通过文献综述总结现状和存在的问题，并根据实施情况详细介绍，通过具体实施案例分析，分析整个过程，为农类高职院校学生发展型职业能力提出建设性的意见。

本文在调查法、访谈法、文献综述法和理论研究法综合运用的基础上，通过实证分析法对成功经验做法进行分析。通过上述方法的综合运用对具体举措提出建设性的意见。

## 2　研究综述

### 2.1　国外关于同类课题的研究综述

在职业教育中培养学生的关键能力是目前国际职业教育界普遍关注的问题。

近年来,在职业教育中发展关键能力的问题已引起了世界范围的关注。英、美、德、澳大利亚、加拿大等国都相继提出要把培养关键能力作为今后职业教育的一个重要目标。

由于国情差异和侧重点不同,世界各国对关键能力的内涵理解是有差别的,但对德国社会教育学家梅腾斯于上世纪 70 年代提出的关于"关键能力"的定义均较为认可。他认为关键能力是从事任何职业都需要、适应不断变换和飞速发展的科学技术的综合职业能力,是跨专业的能力,即一般所说的跨专业的知识技能和能力。1979 年美国也提出了高等职业教育的关键能力观,将关键能力的内容调整为 6 项:交流、数字应用、信息技术、与他人合作、学习与业绩的自我提高和问题的解决。可见关键能力观是核心职业能力的前身。随后,美国高等职业教育又相继提出了综合能力观和新职场能力观。在世纪之交提出的综合能力观认为,职业能力在内涵与外延上具有广泛的概念,它不再局限于具体岗位的专门知识与技能,而被视为多种能力和品质的综合体现;而新职场能力观着眼于技术手段、生产模式的变动性和劳动者的职业流动性,要求具有收集、整理、使用信息和新技术的能力,以增强适应性和应变能力。但未发现这些国家明确提出农类高职学生发展型职业能力培养体系的概念。

### 2.2 国内关于同类课题的研究综述

职业能力的内涵界定目前则未形成共识。余芳(2009)认为核心职业能力是当前高等职业教育研究领域广泛提及的一个概念,主要有两种主流观点:一种观点从素质教育的角度出发,把综合职业能力等同于综合素质;另一种观点从借鉴国外职业教育发达国家的经验出发,引入关键能力的概念,把综合职业能力等同于关键能力。冯倩(2009)认为,核心职业能力指学生所掌握的、通用的、可迁移的,适用于不同职业领域的关键能力。李杨(2009)也认为,就某个具体专业而言,核心职业能力必然包含基础职业能力和专业职业能力,基础职业能力范围较宽,专业职业能力要求较窄,核心职业能力多指专业职业能力。杨青云(2009)也提出了类似的观点:在新时期社会不仅需要劳动者具有熟练的操作技能,更重要的是具备与之相应的能力结构,如创新能力、适应能力、竞争能力等关键能力。

胡重庆(2009)对发展型职业教育进行了研究,认为发展型职业教育是相对于生存型职业教育提出来的,它在职业教育的理念以及发展机制方面具有与生存型职业教育截然不同的特点。发展型职业教育中的发展首先强调的是职业教育对象——人的发展,强调在尊重个性发展和选择自由的基础上实现职业教育的社会经济功能。

目前高等职业院校对于职业能力培养体系的认识还处于归纳总结阶段,对于综合职业能力如何体现人才培养目标的认识还不够深入。关于综合职业能力培养体系的理论研究深入不够,对发展型职业能力培养体系的研究极少。构建职业能力培养体系的实践仍处于外延建设阶段,需要进一步加强内涵建设。

对农类高职发展型职业能力培养体系的研究,我们分别以"发展型职业能力培养体系"、"农类高职学生职业能力培养体系"和"农类高职学生发展型职业能力培养体系"为关键词,在中国知网全文数据库、万方数据库、维普科技期刊全文数据库、百度均未检索到论文。

综上所述,针对农类高职学生院校发展型职业能力培养体系的研究方面尚无论著,一些相关的期刊论文为本文的研究提供了理论上的准备。本课题的研究目的、研究重点与研究对象和现有的相关研究有所不同。目前专门针对高职学生发展型职业能力培养体系的研究很少,尤其是对农类高职学生发展型职业能力培养体系的研究则根本没有,仍属空白,而这正是本课题要重点解决的问题。

## 3　现状分析

### 3.1　基本概况

浙江省共有高职院校 45 所,涉及第一、第二、第三产业 19 个专业大类,共设置了 260 多个专业,在校高职生 20 余万。其中涉农院校 8 所,分别为金华职业技术学院、温州科技职业学院、嘉兴职业技术学院、丽水职业技术学院、浙江同济科技职业学院、台州科技职业学院、杭州万向职业技术学院、浙江农业商贸职业学院,招生人数年均 2500 余人,农类在校高职学生共计 10000 人左右。

### 3.2　我省农类高职学生职业能力培养中存在的问题

目前我省农类高职院校中人才培养还存在诸多问题,如专业特色不明显,未能很好地突出"农"字特色,不能很好地为农业企业服务等。由于农类高职学生职业能力培养教育工作面临教育主体、客体、环境以及介体的变化,在一定程度上加大了培养教育的难度。具体问题表现在以下几个方面:

一是重视程度不够。目前大部分学校更多关注的是学生的就业问题,以及是否体面就业,而学生内在的职业能力培养较少涉及,发展性的常态教育更是没有建立。虽然各高校都开设就业指导课、生涯规划课以及相关教育内容,但是这种教育的力度依然不大,手段比较缺乏,有效性得不到保证。

二是面临主客观困难。从客观方面而言,有些高职院校的农类专业处在刚设立阶段,专业教育本身还不够成熟,深层次人才培养更是难以实行;还有些院校基础设施不到位或是处在建设阶段,专业实习、素质教育的场地或是基地还不充足,难以满足学生深层次发展;从主观方面而言,顶层设计没有及时更上,发展型职业教育理念还不具备,师资力量更不上,部分教师的教育能力薄弱,意识不强,几乎不会涉及这方面的教育。

三是教育有效性缺乏。目前学生职业能力培养缺乏明确的目标引导、缺少具体内容、缺失适切的教育方式方法。就教育目的而言,存在着两种倾向,一方面是教育目标理论过强,往往会出现空洞的说教;另一方面是没有明确的目标,造成了教育的缺失。就教育内容而言,往往只关于思政教育、职业发展和就业创业等方面引导教育,而学生职业能力培养方面的具体内容还比较缺乏,呈现出空乏的教育状态。就教育方式方法而言,还是以课堂教育为主,过程比较简短,效果难以实现。

四是有效模式尚未健全。高职院校学生职业能力培养教育在很大程度上还处于自发自为的零散状态,甚至不作为状态,没能建立起完整有效的教育管理体系。

### 3.3　当前农业企业对农类高职学生职业能力的需求特点

目前,我国各地正在建设各具特色的现代农业,现代农业建设需要一大批创新型农业人才,农业专业已成为社会需求量大,实用能力强的高职重点专业。人才的培养是高等农业职业教育今后一个时期工作的重点,但是农业企业的发展也对人才的需求提出了更高的要求。具体要求有以下几个方面:(1)要有一定的专业基础,在理论学习中更强调的是理论在实践中的运用。(2)相关知识面要宽,因为在第一线生产实践中,技术应用问题更为复杂、综合,往往涉及的不只是某一专业的知识,需要具有较宽的专业知识面,甚至是相关专业的基本知识。(3)具备综合应用理论知识解决实践问题的能力。尤其应具备解决现场突发性问题的应变能力,还应具备一定的操作技能。(4)由于第一线的工作是群体协同工作,因此还要求技术性人才具备与人共事、处理好人际关系、组织协调群体活动的能力。

| TOP5 | 工作要求具备的主要技能 | 举例说明 |
| --- | --- | --- |
| 1 | 基本技能——积极学习 | 例如:理解一条新闻的启示。 |
| 2 | 基本技能——有效的口头沟通 | 例如:迎接游客并介绍景点。 |
| 3 | 基本技能——学习方法 | 例如:从他人那里学到完成任务的不同方法。 |
| 4 | 社交技能——协调安排 | 例如:根据他人的变化来调整自己的日程。 |
| 5 | 基本技能——批判性思维 | 例如:判断下属是否有正当的迟到理由。 |

| TOP5 | 类别 | 工作要求的智体能力 | 具体要求 |
| --- | --- | --- | --- |
| 1 | 认识智能 | 对问题的敏感度 | 指出错误或有可能出错误的能力这并不包括解决该问题,而只是指发现该问题。 |
| 2 | 认识智能 | 会话理解能力 | 通过倾听理解口头词句所包含的信息和思想的能力。 |
| 3 | 认识智能 | 口头表达能力 | 与他人进行口头交流,使其明白自己传达的信息和思想的能力。 |
| 4 | 感觉能力 | 近距离视力 | 在近距离内(几米之内)辨认细节的能力。 |
| 5 | 认识智能 | 演绎推理能力 | 将总体规则运用到具体问题中,并据此找出有意义的答案的能力。 |

续　表

| TOP5 | 工作要求具备的性格 | 具体要求 |
|------|----------------|---------|
| 1 | 细微观察 | 要求工作者在工作中注重细节,完美地完成任务。 |
| 2 | 可靠性 | 要求工作者可靠地、有责任感地、值得信赖地履行自己的职责。 |
| 3 | 正直 | 要求工作者诚实、有道德感。 |
| 4 | 协作精神 | 要求工作者乐于与他人协作,并在工作中表现出和善、合作的态度。 |
| 5 | 适应能力 | 要求工作者愿意(积极地或消极地)改变自己适应环境,能够接受工作环境的巨大变化。 |

### 3.4　构建发展型职业能力培养体系的必要性

(1)构建发展型职业能力培养体系是体现农高职院校办学特色的要求

农类高职院校的核心竞争力不在于规模,不在于硬件,而在于特色。高职教育的目标和特色就职业能力的培养,这也是农类高职学生综合素能力培养的重点。因而,职业能力培养体系的是高职教育办出质量、办出特色的关键。

(2)构建发展型职业能力培养体系是农类高生发展的需要

就业市场的瞬息万变,要求农类高职院校培能够适应职业流动性的人才,即开展综合职业能力的培养,便于毕业生从一个职业转移到另一职业或从一个职业的一部分转换到另一部分。通常一名高职高专毕业生平均在一个固定岗位的时间为一至三年(依据专业不同),这样专业型技能的有效使用年限也就为一至三年,时间过短,而通用型技能则具有很强迁移性。

(3)构建发展型职业能力培养体系是农类高职院校践行科学发展观的要求

发展型职业教育是相对于生存型职业教育提出来的,它在职业教育的理念以及发展机制方面与生存型职业教育截然不同。发展型职业教育中的"发展"首先强调的是职业教育对象——人的发展,体现了科学发展观的核心要义。

## 4　项目实施及成效

### 4.1　试点概述

温州科技职业学院于 2006 年 5 月经省人民政府批准在温州市农科院基础上筹建,2008 年 2 月正式建立。

学院的前身是 1950 年创办的浙江省立温州农业技术学校和 1958 年建立的温州专区农业科学研究所,至今已为社会培养和输送各类专业人才 1 万多名,科研工作曾受到国务院嘉奖。

高职办学五年来,学院规模稳步扩大,建立了 5 系 1 部 1 院,全日制在校生达到 5247 人,教职员工增加到 453 人,建筑面积超过 17 万平方米,教科研仪器设备价值超过 4000 万元,学院总体发展态势良好。

学院农类专业招生数和在校生居全省高职院校之首,20 个专业农类专业占一半以上,5 个系部中 3 个系是农类系。2012 年,学院农类专业招生 960 人,占全省高职农类招生总数的 36%,占学院招生总数的 40%。农类专业学生就业情况良好,就业率均在 96% 以上,就业对口率较高,一般在农业企业、合作社等单位就业。

### 4.2 农类高职院校应培养的职业能力

职业能力是人们从事某种职业活动必须具备的,影响职业活动效率的个人心理特征。人的职业能力是由多种能力叠加并复合而成的,它是人们从事某项职业必须具备的多种能力的总和,是择业的基本参照和就业的基本条件,也是胜任职业岗位工作的基本要求。

我国劳动和社会保障部《国家技能振兴战略》把人的职业能力分成三个层次,即:职业特定能力、行业通用能力和职业核心能力。

职业特定能力是每一种职业自身特有的能力,它只适用于这个职业的工作岗位,适应面很窄;但有一个职业就有一个特定的能力,1999 年,我国编制的《国家职业分类大典》细分有 1838 个职业,目前,新的职业还在不断产生,所以特定职业能力的总量是很大的。

行业通用能力是以社会各大类行业为基础,从一般职业活动中抽象出来可通用的基本能力,它的适应面比较宽,可适用于这个行业内的各个职业或工种,而按行业或专业性质不同来分类,通用能力的总量显然比特定能力小。

职业核心能力是从所有职业活动中抽象出来的一种最基本的能力,普适性是它最主要的特点,可适用于所有行业的所有职业,虽然世界各国对核心能力有不同的表述,相比而言它的种类还是最少的。

从定义中可以看出,职业核心能力是从事任何职业的基础,也是其他能力形成和发生作用的条件,所以,它应当处在最底层,最宽厚,它是支柱,是依托,是承载其他能力的基础。

职业核心能力是人们职业生涯中除岗位专业能力之外的基本能力,它适用于各种职业,能适应岗位不断变换,是伴随人终身的可持续发展能力。德国、澳大利亚、新加坡称为"关键能力",在我国大陆和台湾地区,也有人称它为"关键能力";美国称为"基本能力",在全美测评协会的技能测评体系中称为"软技能";香港称为"基础技能"、"共同能力"等等。

根据国际上的职业能力培养模式和我国的职业能力分类现状,本课题将职业能力分为基本职业能力和关键能力,基本职业能力主要是指专业能力,关键能力主要指社会能力、方法能力和个性能力。

专业能力主要是指从事某一职业的专业能力。指的是个体独立地、专业化地、方法性地完成任务并评价其结果的能力和意愿。这也包括逻辑的、分析的、抽象的、归纳的思考，以及对事物系统和过程的关系的认识。

社会能力是指与他人交往、合作、共同生活和工作的能力。社会能力既是基本生存能力，又是基本发展能力，它是劳动者在职业活动中，特别是在一个开放的社会生活中必须具备的基本素质。职业社会能力包括："与人交流"、"与人合作"等能力。

方法能力是指主要基于个人的，一般有具体和明确的方式、手段的能力。它主要指独立学习、获取新知识技能、处理信息的能力。方法能力是劳动者的基本发展能力，是在职业生涯中不断获取新的技能、知识、信息和掌握新方法的重要手段。职业方法能力包括："自我学习"、"信息处理"、"数字应用"等能力。

个性能力指的是个体在职业生涯、家庭和社会生活中判断和认清目标并发展自己聪明才智的能力和意愿。特别包括在构建人生发展中起重要作用的、对自己行为负责的态度、价值取向和行为准则。

### 4.3 项目的实施

#### 4.3.1 专业能力培养实施做法

温州科技职业学院积极借鉴先进高职院校的办学经验，牢固树立教学中心地位和学生主体地位，结合自身优势与特色，在人才培养过程中坚持以专业建设为灵魂、以人才培养方案设计为关键，狠抓教学质量，主动培养学生的专业能力。

学院大力实施教学质量提升工程，加大日常教学经费投入，加强内涵建设，在课程建设、教材建设、实训条件建设、制度建设、教学质量监控取得明显成效。

在专业建设上，要求明确人才培养目标，做到人文素质全、专业基础知识宽、专业核心知识精、岗位方向技能强，按照"认知实习→基础能力训练→专业技能实训→综合实践"的能力培养主线，精细安排实践教学环节，优化实践教学资源，创新校企合作运行机制，对接职业标准，推进"课证融合"，构建由公共基础课、专业基础课、专业核心课、岗位方向课组成的课程体系。在制订专业人才培养方案过程中，各部门协同配合，全面设计。

在人才培养模式上，积极创新，如在设施农业技术等农类专业试点实行"平台教学、专业分流、岗位培养"的人才培养模式改革，提升人才培养质量。

开展"3＋X"人才培养协同创新改革。以"导师＋项目＋团队＋X"的模式，注重培养学生的创新能力、创业能力、就业能力、实践能力、服务能力和人文素质。

结合麦可思报告和人才状态数据等信息，就专业报考率、报到率、巩固率、就业对口率、学生满意率等指标开展专业绩效考核。

学院鼓励"科研进课堂"，要求优秀的科研人员同时承担教学任务，提升"双师型"教师队伍素质；鼓励"学生做科研"，通过"导师制"形式让学生参与科研项目，培养学生的科学创新精神和实践能力。

4.3.2 社会能力培养实施做法

积极搭建职业发展平台,努力促使学生社会能力形成。一是加强课程建设,普及规划意识,进一步加强院重点建设课程《大学生职业发展与就业指导》的建设。同时学院对每位学生进行了职业测评,以便使他们更好地了解自己,了解职场,达到"人职匹配"的目的。二是完善基础建设,搭建发展平台。新增了6个活动教室(共8个),为全面开展小班化教学,为体验式教学模式提供了硬件保障。

搭建就业服务平台,充分锻炼学生的社会能力。一是开展访名企引名企。一是开展了访名企活动,了解其人才需求情况,洽谈深度合作事宜。二是开展引名企活动,邀请企业人员到校讲座、交流,形成校企互动的良好机制。三是注重毕业生就业质量举办底薪招聘会,切实发挥招聘会的作用,提高学生的就业质量。

搭建校企合作平台,强化学生社会能力作用。学院建立了政府、企业、行业和学院共同参与的校企合作办学四方联动机制,与企业共同设计人才培养方案、共同开发课程、共同建设实训基地、共同解决就业问题、共同研发技术与产品;学院发挥温州民营经济发达、中小企业众多的优势,邀请企业参与人才培养工作。目前,有大批企业优秀技术人员担任我院兼职教师,承担着实训、实习指导工作;学院与"三农"联系紧密,在校企合作方面得到了政府农业部门和农业企业、行业的大力支持;学院基于科研优势,与重点企业主动开展人才培养与科研合作,共同践行人才培养模式改革;学院严格实施教师下企业挂职锻炼制度,在提高教师实践能力的同时,推动了实训实习基地建设和科研合作,深化校企合作内涵。

加强暑期社会实践活动,充分锻炼学生的社会能力。一是打造暑期社会实践品牌活动。主要围绕社会热点话题同时结合我院特色,开展了有关食品安全、科技兴农、"千百工程"、"晚霞行动"等活动。做到暑期社会实践与服务社会相结合、与专业学习相结合、与温州区域特点相结合。二是强化"专业化、项目化"的志愿者服务。专业化主要指结合专业,如"食无忧"食品安全专业志愿服务队、"绿衣卫士"园林养护专业志愿服务队等;结合项目主要指以做项目的形式开展各项服务工作。如"绿色生活、低碳校园"宣传活动等。

4.3.3 方法能力培养做法

实施创新创业教育,加强学生方法能力培养。一是开展各类创新活动,如举办了以"绿色、农业、创新"为主题的第二届大学生科技文化节、科普长廊、科技项目对接会、科技沙龙、"3+X"项目结题评审、科技知识竞猜等系列活动。二是举办创新创业试验班,为更好地培养学院家庭经济困难学生创新、自立自强精神,提升学生社会实践、创业能力,促进学生的综合素质发展,举办了"助人自助"创业精英培训班。三是开展创新创业竞赛。如举办"挑战杯"大学生创新创业竞赛、"绿色"创业挑战大赛、学院大学生"创业之星"评选活动、温州市大学生职业生涯规划比赛等。

加强创业教育,培养创业能力。一是初步形成了具有自身特色的创业教育体系。通过创业教育的理念由技能型教育向素质型教育转型、教育对象由面向个别学生向面向全体学生转型、教育途径由第二课堂向第一课堂转型、教育资源由相对封闭向全方位开放转型、教育方法由借鉴型向本土化转型、教育动力由自下而上向自上而下转型、学生创业实践由自发向有组织的引导转型等七大转型,初步形成了具有自身特色的创业教育体系。二是加强创业基地平台建设。发挥全国大学生KAB创业教育基地、浙江小企业创业基地、浙江省农业中小企业研究基地、市大学生现代农业创业园、网商创业园、村官创业研究基地、温州青年创业学院等基地平台的作用,我院大学生自主创业率高于全省平均水平。三是结合专业创业、鼓励师导生创。依托园林系进行专业教育与创业教育相融合专业改革试点,推动了教学口出台《关于在人才培养中加强创业教育的指导性意见》;鼓励有创业相关经验的教师担任学生的创业导师,鼓励学生结合所学专业进行创业实践,推荐6个师生团队入驻温州市大学科技园;选拔2个学生团队参加浙江省第八届"挑战杯"大学生创业计划竞赛,获三等奖1项(历史最好成绩)。

开展校园文化活动,培养学生方法能力。学院经过多年的精心打造,初步形成了"三月、四节、五杯"(即雷锋月、读书月、红五月,艺术节、社团文化节、科技文化节、公寓文化节,温科杯、挑战杯、新生杯、金话筒杯、绿溪杯)的高职特色校园文化活动,打造了"五杯五球"十大校园精品赛事;为弘扬温州地方文化,学院先后成立了温州南拳队、舞龙舞狮队、温州市首支大学生龙舟队等特色团队,进一步丰富和充实了学生的方法能力培养。

### 4.3.4 个性能力培养实施做法

深入开展青年学生理想信念教育。开展"与信仰对话——社会主义核心价值体系学习教育活动"。开展"我们价值观"大学生讨论会、演讲赛、辩论赛和团日活动,引导团员青年树立正确的人生观、世界观和价值观。

挖掘选育各类先进典型。重视并加强优秀学生典型的挖掘、表彰和宣传工作。举行"五四"表彰大会、2011年暑期社会实践表彰大会、重点表彰了各类优秀团学组织、优秀学生干部、优秀团员、优秀志愿者。此外,开展了全校层面的"十佳大学生"、"十大学习标兵"、"十大志愿之星"、"十大创业之星"、"十佳自强之星"等评选活动,并加以宣传。在广大青年学生中树立可亲、可敬、可信、可学的榜样,扩大优秀典型在青年学生中的影响力和号召力。

开展践行七个一、服务新农村。"践行'七个一'、服务新农村"入党积极分子培养教育模式,为我院积极分子提供了服务"三农"的实践载体,可以结合所学专业知识,通过形式多样的实践活动,自觉发挥先锋模范作用,对于培养社会主义事业接班人,全面推进中国特色社会主义事业具有重大意义。

推行学生干部培养"经鹰班"。经鹰班是为了实现学生的自我管理,迎合需要成立的学生干部培养班。主要通过素质拓展,提高学生的合作能力、创新能力、观察和解决问题的能力。本学年经鹰班举办了第三届开班仪式,并成功开展了走出困境、团队破冰游戏、缩小包围圈、盲龙等素拓项目,锻炼出了高素质、高效率,感染力极强的学生工作队伍。

加强大学生心理健康教育。一是构建心理课程体系。心理健康课 2012 学年开始正式列入学院教学计划，成为公共必修课；对全院的心理委员进行了专业的课程培训；对寝室长举行心理健康知识讲座；开展"阳光心理大讲堂"活动，邀请心理专家到校讲座。二是构筑心理危机预防援助体系。完善心理危机预防援助体系四级网络的构筑，目前，逐步形成以心理健康教育中心为中心，辅导员、班主任为主力，大学生心理健康委员会和各系心理健康工作部成员为基础的四级心理健康教育网络体系；鼓励辅导员等教师参加心理咨询相关培训；规范心理危机处理机制，依据"筛查、干预、跟踪、控制"的一体化机制，及时发现学生心理问题，及早干预，防止问题严重化。三是创建心理文化宣传体系。学院因时开展各类心理健康宣传活动，9 月份的迎新生系列活动、10—11 月份心理课程教学与心理普测、12 月男生节、3 月女生节、4 月心理情景剧、5 月"5.25"心理健康宣传月。目前，已初步形成心理健康文化宣传体系。

## 4.4 实施成效

### 4.4.1 项目成功的实际效果

在温州科技职业学院率先进行农类高职学生发展型职业能力培养体系的探索实践，积极构建专业能力培养子体系、社会能力培养子体系、方法能力培养子体系、个性能力培养子体系，首创"发展型"职业能力培养体系，将专业能力与关键能力有机结合，不仅注重学生专业技术实践能力的培养，着眼于学生当前的发展，而且要重视学生未来的发展，着眼于学生创造性问题解决能力培养，不断加强和提高农类高职学生的专业能力、社会能力、方法能力、个性能力，为农业企业输送"适销对路"的农类高素质人才。

### 4.4.2 项目成果的实践价值

本项目实施后受到高校以及政府企业部门的高度肯定，对于提升农类高职院校学生的发展性职业能力有着重要的实践指导意义。该项目的实践操作性比较强，有利于为相关实践提供很好的实践借鉴。

### 4.4.3 项目成果的理论意义

该项目研究深入挖掘了农类高职院校学生发展型职业能力提升的潜在价值，以及如何通过搭建平台发展学生发展性职业能力的具体举措，对于高职学生能力培养的理论研究有着重要的作用。

## 4.5 存在的不足

农类高职学生发展型职业能力体系培养是一项系统而又复杂的工程，通过综合分析表明，发展型职业能力的培养不只凭学生个人意愿和努力就可以达到的，还严格受到教学理念、教学环境、学生素质等方面的制约。单纯从课堂讲授等方式灌输给学生职业能力培养的知识只能帮助学生个体认识职业能力培养的重要性，对学生个体职业能力的提升和发展并没有起到实质性的作用。农类高职院校当务之急,要处理好"职业技能"与"职业素养","技能培养"与"全面发展"这两对关系。研究发展型职业能力的培养就是要把握职业能力培养的规律并分析其制约因素,从而为职业能力培养提供一个良好的构架体系,并力图从理论上阐明构建发展型职业能力培养的有效机制。农类高职院校以培养发展型职业能力为目标,创新人才培养模式,逐步形成鲜明的办学特色,这是社会的需要,也是学校的出路。

## 5 农类高职院校学生发展型职业能力构建的建议

### 5.1 构建"政、行、企、校"四位一体的联动培养机制

政府主导,行业指导,企业参与,学校实施,才能促进校企合作制度化。只有这样,构建农类高职生发展型职业能力培养体系才有依托。在"政、行、企、校"四位一体的联动培养机制中,学生首先该是现代新型农民,然后才是学院的学生。

### 5.2 狠抓校园文化品牌建设

校园文化已成为学生综合能力培养的重要载体。农类高职校园环境应体现农类职业教育的特点,如建设动植物标本展示中心和农产品营销中心等;注重创业文化建设,培养和传播大学生创业精神。涉农类社团建设对于提高高职学生的综合职业能力,培育大学生的健康人格具有重要意义,社团活动应体现职业特色的多元文化交融的特征。

### 5.3 重视"双师"结构教学团队的构建

有什么样的教师,就有什么样的学生。构建农类高职学生发展型职业能力培养体系离不开一支专兼结合的"双师"结构的教学团队。优秀的专业教师,尤其是实践指导教师应来自于农业生产经营一线,这样才能具体指导学生在企业实践中的职业综合能力培养。农业龙头企业和农民专业合作社是锻炼师生的大熔炉。选派农村指导员和科技特派员是锻炼教师的好途径。

### 5.4 以"行动导向"的教育教学方法整合"关键能力"培养

获得职业能力的重要条件是行动的整体性和执行完整的行动。以实践技能培养作为载体,实现对农类高职学生综合能力和全面发展能力的培养,同时,以项目为载体,精心设计各种职业能力的培养计划并使之渗透于专业技术、技能培养的过程中,可避免因能力培养的分离而造成专业技能和职业综合能力培养"两张皮"的状况。

**图书在版编目(CIP)数据**

求索温州特色三农发展之路:转型、发展与制度变
革/陈国胜主编. —杭州:浙江大学出版社,2013.11
ISBN 978-7-308-12398-3

Ⅰ.①求⋯　Ⅱ.①陈⋯　Ⅲ.①农业经济—研究—温州
市 ②农村经济—研究—温州市 ③农民问题—研究—温州市
Ⅳ.①F327.553 ②D422.855.3

中国版本图书馆 CIP 数据核字(2013)第 247468 号

**求索温州特色三农发展之路——转型、发展与制度变革**

陈国胜　主编

---

| | |
|---|---|
| 责任编辑 | 傅百荣 |
| 封面设计 | 春天书装 |
| 出版发行 | 浙江大学出版社 |
| | (杭州市天目山路 148 号　邮政编码 310007) |
| | (网址:http://www.zjupress.com) |
| 排　版 | 杭州金旭广告有限公司 |
| 印　刷 | 富阳市育才印刷有限公司 |
| 开　本 | 710mm×1000mm　1/16 |
| 印　张 | 21.5 |
| 字　数 | 445 千 |
| 版 印 次 | 2013 年 11 月第 1 版　2013 年 11 月第 1 次印刷 |
| 书　号 | ISBN 978-7-308-12398-3 |
| 定　价 | 59.00 元 |

---

浙江大学出版社发行部联系方式　(0571)88925591;http://zjdxcbs.tmall.com